新经济 新模式 新会计

黄世忠
叶丰滢　陈朝琳 ◎ 著
李　诗　蒋艳虹

中国财经出版传媒集团
中国财政经济出版社

图书在版编目（CIP）数据

新经济　新模式　新会计／黄世忠等著．--北京：
中国财政经济出版社，2020.10
ISBN 978-7-5223-0060-3

Ⅰ.①新…　Ⅱ.①黄…　Ⅲ.①新经济-影响-财务会计-研究　Ⅳ.①F234.4

中国版本图书馆CIP数据核字（2020）第182433号

责任编辑：潘　飞　　　　责任校对：张　凡
封面设计：智点创意　　　责任印制：党　辉

新经济　新模式　新会计
XINJINGJI XINMOSHI XINKUAIJI

中国财政经济出版社出版
URL：http：//www.cfeph.cn
E-mail：cfeph@cfeph.cn

社址：北京市海淀区阜成路甲28号　邮政编码：100142
营销中心电话：010-88191537
北京富生印刷厂印刷　各地新华书店经销
787×1092毫米　16开　16印张　386 000字
2020年10月第1版　2020年12月北京第4次印刷
定价：78.00元
ISBN 978-7-5223-0060-3
（图书出现印装问题，本社负责调换）
本社质量投诉电话：010-88190744
打击盗版举报热线：010-88191661　QQ：2242791300

序　言

20世纪90年代以来，信息通信技术加速迭代，商业模式创新层出不穷，推动人类社会发展进入了新经济时代。新经济与其说是一种进化，不如说是一种颠覆，因为它突破了我们的认知极限，改变了我们的生活习惯，影响了我们的工作方式，重塑了市场的竞争格局，孕育了全新的增长模式。新经济对我们的颠覆性影响是广泛而深远的，留给我们的启示是全面而深刻的。

与新经济的飞速发展形成鲜明对照的是会计的龟速进化。如果从莱昂纳多·达·芬奇（Leonardo da Vinci）的数学老师卢卡·帕乔利（Luca Pacioli）1494年发明复式簿记算起，会计堪称一个古老的职业。这个有着500多年悠久历史的古老职业，经历了工业革命的洗礼，助推了股份有限公司的勃兴，总体上还焕发着青春活力，依据其不断演进的会计规则所提供的会计信息，在产品经济时代为优化资源配置（决策有用）和降低代理成本（受托责任）方面发挥着重要作用，作出了巨大贡献。然而，这个古老职业所奉行的会计规则具有重视物质资源轻视人力资源、重视财务资本无视智慧资本、重视有形资产忽略无形资产的鲜明印记。到了人力资源、智慧资本和无形资产占据主导地位的新经济时代，会计这个古老职业开始水土不服，在实现决策有用性和受托责任评价这两个财务报告目标时力不从心，最明显的症状莫过于会计信息的相关性江河日下、不断恶化。

在教学科研中，特别是讲授财务报表分析时，我和同事经常发现用现有的会计理论和方法分析新经济企业困难重重、颇具挑战。比如，2015—2019年，不论从资产规模（资产总额和净资产），还是从经营规模（营业收入和经营活动的现金净流量），或是从经营效益（净利润和净资产收益率）这些传统财务指标看，沃尔玛在大多数年度都超过亚马逊和阿里巴巴，但其股票市值却远低于亚马逊和阿里巴巴。又比如，特斯拉只是最近几年才开始盈利，营业收入也逊色于传统汽车公司，但其股票市值却高于丰田、通用和福特这三大汽车巨头股票市值之和。再比如，最近引起热议的蚂蚁集团，其估值介于1500亿—2000亿美元，远远超过具有105年历史的中国银行，但其资产规模和经营业绩却与中国银行相去甚远……凡此种种，不胜枚举。所有这些，既说明股票投资决策与传统会计信息的关联度不大，也意味着投资者对上市公司的估值大量利用了非会计信息，而且后者的作用并不逊色于甚至超过了会计信息。

在教学科研中对会计信息相关性的困惑，迫使我们思考和探索。2017年，我和叶丰滢、陈朝琳、李诗、蒋艳虹等4位同事投入了由安永会计师事务所、厦门国家会计学院和厦门大学会计发展研究中心共同承接的财政部竞标课题“企业会计准则全面修订完善”的研究，围绕商业模式及其创新对财务报告概念框架和会计准则体系的深远影响，提交了4万多字的调研报告，从商业模式的视角提出了改进和完善我国会计准则的政策建议。完成这项研究课题后，我和上述4位同事又承接了厦门国家会计学院的“新经济新模式新会计”研究课题。本书就是这个课题的研究成果。

新经济和新商业模式对会计的影响是全方位的，基于研究兴趣和篇幅限制的考虑，本书主要探讨新经济和新商业模式对财务会计的影响。本书共分三部分。第一部分为“新经济和商业模式综述”，由第一章和第二章组成。第一章介绍新经济的发展状况，展望新经济的发展趋势；第二章概述商业模式的研究视角、定义、构成要素与分类以及商业模式创新，为后续与商业模式相关的章节提供理论依据。第二部分为“新经济会计问题研究”，由第三章至第五章组成。第三章从实证研究和规范研究的角度，分析会计信息相关性持续恶化的现象；第四章从无形投资、网络效应、行业地位、用户聚集、数据资产、智慧资本、非常项目、估计判断、内外事项、业绩披露等10个维度，系统剖析会计信息相关性下降的原因；第五章在分析新经济对财务会计影响的基础上，探讨信息资源和智慧资本的确认、计量和披露问题，提出改进和完善会计准则的政策建议。第三部分为“商业模式会计问题研究”，由第六章至第八章组成。第六章从商业模式的角度论述企业理论与会计计量的相互关系，指出商业模式是连接企业理论与会计计量的天然桥梁，为混合计量模式的计量基础选择提供了逻辑基础和理论依据；第七章指出，商业模式在很大程度上影响了财务报表要素的分类、确认、计量和会计信息的列报，建议财务报告概念框架明确商业模式在财务会计中所扮演的角色和地位；第八章基于商业模式的视角，提出改进和完善基本准则、具体准则和会计处理的政策建议。

本书撰写的分工如下：第一章、第四章和第五章由黄世忠撰写，第二章由蒋艳虹撰写，第三章由李诗撰写，第六章由叶丰滢撰写，第七章和第八章由陈朝琳撰写，李诗参与了第四章部分内容的编写，黄世忠参与了第三章、第七章和第八章部分内容的编写。全书由黄世忠和陈朝琳负责总纂。

本书的主要创新之处在于：分析了新经济和新商业模式对财务会计的深远影响；提供了会计信息相关性在新经济时代不断下降的经验数据；论证了商业

模式与企业理论和会计计量之间的关系；提出了新经济时代如何改革和完善概念框架和会计准则的政策建议。本书的主要不足之处在于，从新经济和商业模式的角度提出的改革和完善建议，对于需要统筹兼顾新、旧经济企业的会计准则体系的适用性和可行性尚待评估。当然，由于学识所限，本书难免还存在其他的不足。

基于信息技术进步和商业模式创新的新经济方兴未艾，对财务会计、管理会计、财务管理、绩效评价、内部控制、内外审计等领域的影响将持续加大，挑战日益严峻，因此，格外需要呼唤会计界发挥跨界思维、跨界创新、跨界颠覆的精神，通力合作，与时俱进，借助人工智能、区块链、大数据、云技术、物联网等信息技术的赋能，为会计这一古老职业注入新含义、赋予新生命。衷心希望本书能够抛砖引玉，激发会计同行对新经济时代会计问题的研究兴趣。

黄世忠

2020 年 8 月于厦门国家会计学院

目　录

第一部分　新经济和商业模式综述

第二部分　新经济会计问题研究

第三部分 商业模式会计问题研究

第一部分

新经济和商业模式综述

第一章　新经济发展概述

进入21世纪，我们见证了信息通信技术加速迭代、商业模式创新日新月异、生产消费范式脱胎换骨、社会治理机制酝酿变革等重大环境变迁带来的勃勃生机和重重困惑，体验了新技术、新模式、新经济带来的新工作和新生活，感受了颠覆性创新所带来的前所未有的机遇和挑战。20世纪七八十年代的电脑普及化和企业信息化，孕育了新经济的雏形。20世纪90年代，互联网和移动电话的诞生和广泛运用，催生了新的工作方式和生活方式，新经济呱呱坠地，人类开启了经济发展的新篇章。进入21世纪以来，"大智云移"等信息通信技术集中爆发，数字经济、共享经济、知识经济等新经济生机勃发、如日中天，农业经济、工业经济、服务经济等旧经济旧业态疲态毕露、不断式微，技术密集、信息密集、智力密集的新经济新业态强势崛起，逐渐取代了土地密集、劳力密集、资本密集的旧经济、旧业态。建立在科学技术进步和商业模式创新基础上、以智慧资本和信息资源为主要驱动力的新经济，影响极其深远，遍及众多领域，呼吁经济社会进行全方位、多角度、深层次的改革与重塑。会计作为经济社会的一项制度安排（如财务会计、独立审计）和有效的管理工具（如财务管理、管理会计），面对新经济时代的机遇和挑战，不应因循守旧、踌躇徘徊、裹足不前，而应与时俱进、快马加鞭、奋蹄疾驰，在理论、理念、体系、方法上改革、创新、拓展。唯有如此，会计才能永葆青春、焕发活力，会计才能继续在投资信贷决策、受托责任评价、经济利益分配方面保持不可或缺、难以撼动的独特地位。

本章分成三节。第一节探讨新经济的定义与特征，第二节追溯新经济发展的驱动因素，第三节分析新经济的发展现状和趋势。

第一节　新经济的定义与特征

新经济一词尽管被广泛使用，但迄今缺少公认的定义。同样地，对新经济的内涵，学术界和实务界也是见仁见智，存在多种不同的解读。基于国内外的相关文献，本节试图对新经济的定义与内涵进行探讨，提出我们自己的见解，对比分析新、旧经济的主要不同特征。

一、新经济的定义与内涵

要对新经济的定义和内涵进行精确界定，几乎是不可能完成的任务。以下我们着重介绍国内外文献和研究报告的一些代表性观点，试图从不同视角下的定义和内涵寻找出共识。

（一）新经济的定义

1983 年 5 月 30 日《时代》杂志刊登了 Charles Alexander 撰写的封面文章“新经济”，用于解释以重工业为基础的经济向以新技术为基础的经济的根本转变（Alexander，1985）。维基英文百科认为，这是“新经济”第一次出现，但互联网当时尚未出现，新经济一词并不流行。1996 年 12 月 30 日，《商业周刊》刊登了 Michael Mandel 的文章《新经济的胜利：全球化和信息革命的强大回报》，此后，新经济这个术语频繁出现。Mandel 在该文中将肇始于经济全球化和信息革命、由科技创新驱动的经济发展模式称为新经济（Mandel，1996）。

得益于新闻媒体的宣传影响力，新经济逐渐成为脍炙人口的术语，但对于新经济的确切定义，学术界和实务界见仁见智，莫衷一是，各自基于自己的视角和认知，给新经济下了很多不同的定义。梳理国内外的学术文献可以发现，新经济可以从不同维度进行定义。从经济发展阶段的维度看，新经济是指相对于旧经济的新经济形态，从工业经济进化、转型为信息经济的发展现象，尤其指美国 20 世纪 90 年代由信息技术革命和经济全球化推动的经济结构转型，《商业周刊》给出的上述定义就是基于这种维度。从经济发展特征的维度看，新经济是指“三高”（高经济增长率、高劳动生产率、高经济效益）与“三低”（低通胀率、低失业率、低财政赤字）并存、无经济周期或经济周期不明显的经济发展模式，经济学家通常从这个维度定义新经济。从经济增长动力的维度看，新经济是指主要由研究开发、品牌信誉、人力资源、客户关系等无形投资驱动，而不是依靠存货和固定资产等有形投资拉动的经济发展方式。从经济发展载体的维度看，新经济是指建立在技术进步、知识获取、创新创业基础上的经济形态。例如，《美国新经济：联邦与州》一书的作者将新经济定义为信息经济、网络经济、知识经济、风险经济的总称（阿特金森、科尔特，2000）。Marco Tulio Zanini 在《新经济组织内部的信任》一书中，将新经济定义为“以信息通信技术作为手段和动力的一系列制度创新和新宏观经济架构”（Zanini，2007）。Kiel 世界经济协会则将新经济定义为“中间产品和最终产品主要由信息构成的经济”（Zanini，2007）。Argandona 认为，新经济是以获取、处理、转化知识和信息作为核心活动的经济形态（Zanini，2007）。美国信息技术与创新基金会（Information Technology & Innovation Foundation，ITIF）将新经济定义为依靠知识和创新获得经济增长的发展模式（ITIF，2017）。我国近年来提出的“四新经济”，也可归属于这个维度。根据 MBA 智库百科的表述，“四新经济”指“新技术、新产业、新业态、新模式”的经济形态，是在新一代信息技术革命、新工业革命以及制造业与服务业融合发展的背景下，以现代信息技术广泛嵌入和深化应用为基础，以市场需求为根本导向，以技术创新、应用创新、模式创新为内核并相互融合的新经济形态。

上述定义的视角不同，各有侧重，但也存在着一些共识性的看法，即新经济是信息技术革命和经济全球化的产物，都承认新经济是以知识、信息和创新等无形资源为主导的经济发展模式。

虽然经济学界对上述定义并不完全认同，迄今还未能就新经济的权威定义达成共识，但美国信息技术与创新基金会提出的衡量新经济的指标体系，显然有助于我们了解新经济的大致含义。在《2017 年美国各州新经济指数：对标各州经济转型》中，ITIF 将新经济评价体系分为五大类 25 个指标，如表 1 - 1 所示。

表 1-1　　美国各种新经济指数评价标准及权重

评价指标类别	序号	评价指标名称	权重
知识型工作岗位 Knowledge Jobs (5.00 分)	1	信息技术岗位数	0.75
	2	管理、专业和技术岗位数	0.75
	3	劳动力受教育程度	1.00
	4	知识型工人移民数	0.50
	5	美国知识型工人的内部迁徙数	0.50
	6	制造业增加值	0.75
	7	高薪交换服务数	0.75
全球化 Globalization (2.50 分)	8	外国直接投资	0.75
	9	制造业和服务业出口占比	0.75
	10	高科技产品出口量	1.00
经济活力 Economic Dynamism (3.00 分)	11	业务重构	0.75
	12	高成长企业数	1.00
	13	新股发行数	0.75
	14	发明专利数	0.50
数字经济 Digital Economy (2.50 分)	15	线上农业	0.50
	16	电子政务	0.50
	17	宽带通信	1.00
	18	健康信息技术	0.50
创新能力 Innovation Capacity (5.00 分)	19	高科技工作岗位数	0.75
	20	科学家和工程师数量	0.75
	21	专利数	0.75
	22	工业研发投资额	1.00
	23	非工业研发投资额	0.50
	24	清洁能源经济量	0.50
	25	风险资本量	0.50
合计			18.00

资料来源：ITIT，2017. State New Economy Index。

从这些评价指标可以看出，新经济本质上是一种知识经济，以智力、研发、创意、创新、数据、流量等无形资源为主要驱动因素，依靠信息技术进步和商业模式创新推动经济全球化的智慧型经济形态。

（二）新经济的内涵

新经济迄今尚无确切的定义，学术界和实务界对于新经济的内涵形成迥异的看法。韩同影（2002）和孙时联（2003）认为，新经济的内涵包括信息经济、高科技经济、知识经济、人本经济[①]、创新经济、风险经济、创业经济、共享经济、注意力经济、全球化经济、数字经济。在梳理学术文献和研究报告时，我们发现，与新经济密切相关甚至相互替代运用的其他术语包括数字经济[②]（Digital Economy）、共享经济（Sharing Economy）、知识经济（Knowledge Economy）和创新经济（Innovative Economy）。这四种经济形态的发展颇具规模，可以构成新经济的大致内涵，虽然它们难免交叉重叠，但各有侧重。

2016 年 G20 杭州峰会通过的《二十国集团数字经济发展与合作倡议》指出："数字经济是指以使用数字化的知识和信息作为关键生产要素、以现代信息网络为重要载体、以信息通信技术的有效使用作为效率提升和经济结构优化的重要推动力的一系列经济活动。"（数字经济发展研究小组等，2020）。中国信息通信研究院在《中国数字经济发展与就业白皮书（2020）》中指出："数字经济是以数字化的知识和信息为关键生产要素，以数字技术创新为核心驱动力，以现代信息网络为重要载体，通过数字技术与实体经济深度融合，不断提高数字化、网络化、智能化水平，加速重构经济发展与治理模式的新型经济形态。"阿里研究院给出的定义与此类似，在其发布的《2018 全球数字经济发展指数》中，将数字经济定义为"基于新一代数字技术、孕育全新商业模式的经济活动"，并指出，随着云计算、大数据、物联网、人工智能、下一代移动网络技术的逐步成熟和应用，以数据的深度挖掘和融合应用为主要特征的智能化，将成为未来数字化的主要特征，以此为基础的数字经济不仅是对传统经济的补充和融合，更是从底层进行的深刻变革，将重塑全球经济图景。阿里研究院认为，数字经济是以交易和账户为中心的经济体系，交易效率远高于生产效率。数字经济的发展，将对经济学带来三大冲击：一是诸如市场理论、产业经济学理论、边际成本理论、博弈论、就业理论、竞争理论等，需要重新思考；二是资源稀缺性、理性等基本假设需要重新评估；三是方法论需要重新构建。

国家信息中心分享经济研究中心发布的《中国共享经济发展年度报告（2019）》对共享经济的含义进行界定："共享经济是指利用互联网等现代信息技术，以使用权分享为主要特征，整合海量、分散化资源，满足多样化需求的经济活动总和。"该报告还指出，共享经济是信息革命发展到一定阶段后出现的新型经济形态，是整合各类资源、准确发现多样化需求、实现供需双方快速匹配的最优化资源配置方式，是信息社会发展趋势下强调以人为本和可持续发展、崇尚最佳体验与物尽其用的新的消费观和发展观。

20 世纪 90 年代以来，经济发展与合作组织（OECD）就一直致力于研究新经济，知识经济和智慧资本是其主要关注点。在《基于知识的经济（1996）》报告中，OECD 将知识经济定义为"直接建立在知识和信息的生产、分配和使用之上的经济形态"（OECD，1996）。OECD 认为，知识经济属于"新增长理论"的范畴，该理论试图诠释知识和技术在促进生产

① 孙时联（2003）和韩同影（2002）提出的人本经济，是指价值创造的最大贡献者不是手握雄厚资金的资本家，而是掌握了知识和技能的"知本家"。我们认同这种观点，本书在智慧资本相关章节中指出，进入新经济时代，智慧资本超越土地、劳动力和资本等生产要素，成为企业创造价值的重要驱动因素。

② 根据《中国城市数字经济发展报告（2019—2020）》，1996 年美国经济学家 Don Tapscott 在《数字经济：智力互联网时代的希望与风险》一书中首次提出了"数字经济"这一术语，他也因此被称为"数字经济之父"。随后，Manuel Castelles 撰写的《信息时代三部曲：经济、社会与文化》、Nicholas Negroponte 撰写的《数字化生存》等畅销书，极大地推广了数字经济的理念。1998 年，美国商务部发布了《新兴的数字经济》报告，数字经济被正式纳入美国官方统计。此后，UN 和 OECD 等国际组织纷纷提出数字经济的概念，带动了"数字经济"的流行。

力提升和经济增长方面的作用。与新古典理论（Neo - Classic View）不同，新增长理论直接将知识（特别是技术进步和研究开发溢出的知识）作为经济增长的外生变量（Exogenous Variable）。OECD 指出，知识和科学技术日益成为经济发展的重要生产要素①，数字化革命和信息通信技术进步，显著提升社会生产力，成为促进经济增长的动能，并极大改变了知识经济时代的雇用方式和就业市场，弹性雇用、多点就业更趋普遍，知识型岗位不断挤占其他工作岗位的空间，学习能力备受青睐和重视。

创新经济的理论基础可以追溯至约瑟夫·熊彼得（Joseph A. Schumpeter）的创新经济发展思想。早在 1912 年出版的《经济发展理论》中，熊彼得就阐明了创造性破坏（Creative Destruction）是竞争的前置条件，提出竞争和创新（特别是企业家主导的技术创新）是资本主义的内在特征，竞争、创新、知识和信息在不同程度上成为推动企业发展的动力。到了新经济时代，这种动力指数级增长，不仅颠覆了市场竞争格局，而且改变了经济发展模式。一些经济学家认为，新经济本身就包含了不同经济范式（Economic Paradigms）的颠覆进程。包括信息技术迭代和商业模式创新在内的经济范式，不断颠覆、创造性破坏，创新逐渐成为企业生存的必需品，适者（创新者）生存、劣者（不创新者）淘汰，成为新经济最鲜明的特征之一。因此，所谓的创新经济，是指以高频创新和技术进步驱动经济发展的经济形态。

基于上述观点，我们认为，肇始于信息革命、建立在信息通信技术进步和商业模式创新基础上的数字经济、共享经济、知识经济和创新经济，共同构成了新经济的基本内涵，如图 1 - 1 所示。

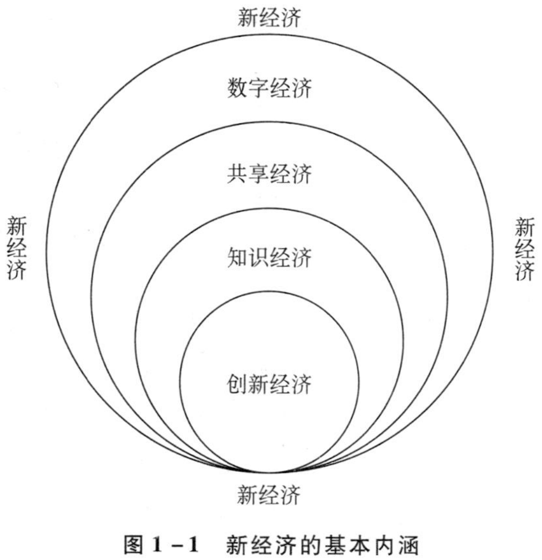

图 1 - 1 新经济的基本内涵

---

① 彼得·德鲁克在《后资本主义社会》（*Post Capitalism Society*）中指出，知识和信息已成为财富创造的主要和最具成效的来源，已经取代了土地、劳动力、资本和能源等传统生产要素。他认为，后资本主义社会的工人可分为两类：知识工人（Knowledge Worker）和服务工人（Service Worker），前者拥有知识、使用知识和管理知识，后者从事的工作以前者开发的知识为基础。

二、新、旧经济的不同特征

如前所述，从经济发展阶段的维度看，新经济是相对于旧经济的一种新型经济形态。不同的经济形态，在外部经营环境和内部经营环境方面，必然呈现出不同的特征。以下从新、旧经济时代价值创造驱动因素发生变化的角度，分析新、旧经济的环境差异，勾勒出新、旧经济的不同环境特征。

（一）外部经营环境的差异

信息通信技术的迅猛发展极大促进了信息流、资金流和物流的高效流动，在降低交易成本的同时，也加剧了市场的波动性，旧经济时代相对稳定、可预期的市场环境逐渐被新经济时代动态多变、难以预测的市场环境所取代，熊彼得所说的破坏性创新成为新常态，企业随时都可能因为新技术或新商业模式的出现，而陷于灭顶之灾。柯达被数码相机所灭，诺基亚被智能手机淘汰，报刊被新媒体取代，线下零售被线上电商碾压，都说明了新经济时代企业所面临的动态多变的市场环境。

在市场边界方面，信息通信技术进步和商业模式创新（如阿里巴巴、拼多多等）使企业特别是中小企业不再固守本土市场，为它们参与国际市场提供了高效的平台和难得的机会。诚如阿里研究院在《2018 全球数字经济发展指数》指出的：第一次全球化浪潮是由国家推动的，东印度公司就是典型代表；第二次全球化浪潮是由跨国公司推动的，6000 多家跨国公司主导了全球 80% 以上的贸易，沃尔玛就是其中的典型代表；第三次全球化浪潮是由小企业主、年轻人推动的，他们借助数字经济的基础设施，如阿里巴巴提供的覆盖了交易、支付、物流、云计算和市场营销的世界级的数字化平台，挣脱了服务半径的羁绊，“全球买”“全球卖”正在从梦想变为现实。

在产业结构方面，在旧经济时代占据主导地位的制造业不断式微，服务业成为新经济时代的新宠、创造就业机会的主力。中国人民大学劳动人事学院 2019 年 3 月发布的《阿里巴巴零售平台就业机会测算与平台就业体系研究报告》显示，阿里巴巴零售平台 2018 年为我国创造了 4082 个就业机会、其中包括 1558 个交易型就业机会、2524 个带动型就业机会。

在产品生命周期方面，信息通信技术加速迭代和商业模式创新日新月异，导致产品生命周期日益缩短，新经济时代企业面临的技术和市场风险日益凸显，固定资产和无形资产减值因技术进步和模式创新发生减值的风险骤增，持续经营不再成为理所当然的假设。

在融资渠道方面，越来越多的企业与银行贷款等间接融资渐行渐远，风险资本和资本市场日益成为高科技、高成长和高附加值企业的融资主渠道（如图 1－2 所示）。Wind 数据库显示，2018 年年末非金融类上市公司的平均负债率 45.92%，远低于中央国有企业 67.7% 的负债率和地方国有企业 61.3% 的负债率。

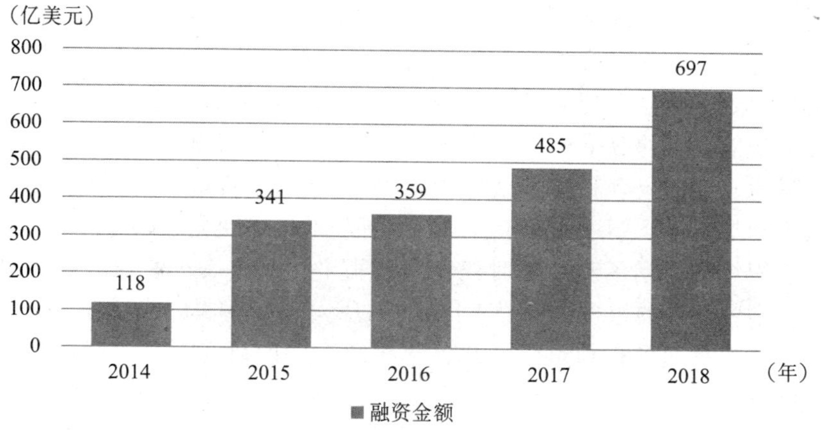

图 1-2 2014—2018 年互联网企业直接融资数量变动情况

资料来源：中国互联网协会．中国互联网发展报告 2019。

(二) 内部经营环境的差异

信息通信技术进步和商业模式创新不仅导致外部经营环境的变化，也促使企业改变经营方式。在制造模式方面，旧经济时代大批量、大众化的标准化生产模式，正逐步过渡到新经济时代的小批量、差异化的个性化定制模式，人工智能、区块链、云计算、大数据和物联网等技术创新，日益成为企业转型升级的动力。伴随着制造模式的改变，数字化、智能化取代了机械化、自动化，成为企业技术进步的驱动因素，智慧资本和其他无形资产取代了有形资产和财务资本，成为企业增长的关键驱动因素。创新驱动、市场反应取代了规模经济和成本节约，成为企业获取竞争优势的主要方式，规模优势在颠覆式变革和创新面前不堪一击。

在市场营销渠道方面，“渠道为王”有沦为“渠道为亡”之虞，线下营销遭受线上营销的残酷碾压，实体零售不断被网络零售蚕食（如图 1-3 所示），“流量为王，平台是金”成为新经济时代的座右铭。

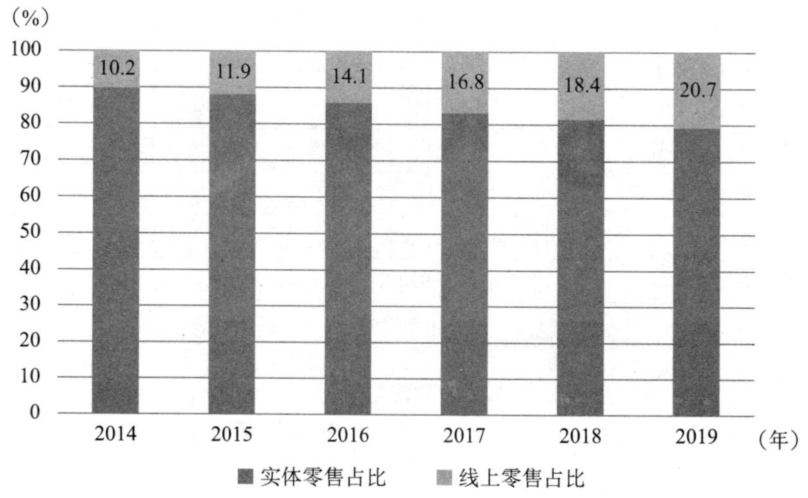

图 1-3 2014—2019 年零售市场份额变动情况

资料来源：国家统计局。

在企业边界方面，旧经济时代企业“单打独斗闯天下”的思维模式逐渐让渡于新经济时代“资源整合定成败”的崭新理念，联盟、外包、众包等资源整合方式的创新以及“无边界组织”的勃兴，导致企业边界不再泾渭分明，交叉重叠的企业边界成为新常态。海量数据的流动加上功能强大的数字化平台的出现，令数据成为商业活动的“发动机”，也促使企业之间开展灵活多样的组合和协作，新的组织边界日益呈现错综复杂的网状交融格局。

在组织结构和员工素质要求方面，为了应对环境的动态变化，旧经济时代等级化、决策冗长的集权式组织结构，到了新经济时代已经被扁平化、决策快速的分权式组织结构所取代，企业对员工学习能力的重视甚于对工作技能的要求，终身学习备受推崇，学习型组织日益盛行。阿里研究院在《解构与重组：开启智能经济》的研究报告中指出，技术手段决定组织方式。蒸汽机的出现，第一次要求人类与机器共事。随着机器数量和复杂程度的提高，组织规模不断扩大，逐渐形成了刚性化的组织结构。而到了智能经济时代，企业内部与外部的边界模糊化，“自由组织、自由流动”的液态化的组织结构将逐步取代刚性化的组织结构。在液态的组织结构内，部门将依然存在，但部门边界不复清晰，组织成员长期处于“共同创业”状态。

表 1－2 概括了新、旧经济时代在内外部环境方面存在的差异。

表 1－2　　新、旧经济时代内外环境的差异对比

		旧经济时代	新经济时代
外部经营环境	市场环境	相对稳定，可预期	动态多变，难以预期
	市场边界	本土化为主	全球化为主
	产业结构	制造业占主导地位	服务业居主导地位
	技术进步	迭代缓慢	迭代迅速
	产品生命周期	相对较长	日益缩短
	商业模式创新	较为缓慢	日新月异
	融资渠道	贷款等间接融资	风险资本等直接融资
内部经营环境	制造模式	大批量、大众化、标准化	小批量、个性化、定制化
	增长驱动因素	有形资产、财务资本	无形资产、智慧资本
	技术驱动因素	机械化、自动化	数字化、智能化
	竞争优势获取	经济规模、成本节约	创新驱动、市场反应
	营销渠道	线下为主，渠道为王	线上为主，平台是金
	企业边界	泾渭分明、自给自足、单打独斗	交叉重叠、联盟外包、资源整合
	组织结构	等级化、集权式	扁平化、分权式
	员工素质	工作技能	学习能力

第二节　新经济发展的驱动力

信息技术进步和制度安排创新是驱动新经济的两大动力源，两者相辅相成、相互促进，共同推动新经济的发展壮大。信息技术进步在推动经济转型的同时，也驱使政府进行制度安排创新。面对信息技术进步浪潮，行政力量因势利导，政府放松管制，鼓励竞争，出台强有力的财税、金融、人才等产业政策，反过来又加速了信息技术进步和商业模式创新，为新经济的发展奠定了良好的制度基础。以美国为例，我们认为，在驱动美国经济转型的两大力量中，信息技术进步发挥着主导性作用，制度安排创新只发挥辅助性作用。

一、源自信息技术进步的驱动力

经济发展史表明，技术进步是经济转型的最重要推动力。粮食种植和动物驯化技术，促使游牧经济向农耕经济的转化；以蒸汽机为代表的工业革命以及电力的发明，带动了农业经济向工业经济的转型；以互联网和移动通信为代表的信息技术革命，催生了工业经济向信息经济的转型，孕育了新经济时代；大数据、云计算、区块链、物联网、人工智能等新一代信息技术，加速了数字经济、共享经济、知识经济和创新经济的发展壮大，推动新经济进入黄金发展期。

从技术发展轨迹看，第二次世界大战以来驱动经济发展的信息技术进步和信息技术创新，可大致划分为三个阶段：半导体主导的技术进步时代、计算机主导的技术进步时代、互联网主导的技术进步时代。

（一）半导体主导的技术进步时代（1947—1976）

从技术进步的角度看，半导体（Semiconductor）既是计算机科技和通信技术的“奠基石”，也是新经济得以发展壮大的“催化剂”。1947 年贝尔实验室发明了晶体管（Transistor），发明者约翰·巴登（John Bardeen）、瓦特·布雷坦恩（Walter Brattain）和威廉·肖克莱（William Shockley）在 1956 年荣获诺贝尔物理奖。1958 年德州仪器公司的杰克·基尔比（Jack Kilby）和 1959 年仙童半导体（Fairchild Semiconductor）公司的罗伯特·诺伊斯（Robert Noyce）共同发明了具有里程碑意义的集成电路（Integrated Circuit），但第一个发明专利却授予诺伊斯，引发了激烈的知识产权法律诉讼。幸运的是，基尔比在 2000 年获得诺贝尔物理奖，而诺伊斯却不幸于 1990 年去世，无缘诺贝尔奖。1968 年，诺伊斯与摩尔定律（Moore's Law）的发明者戈登·摩尔（Gordon E. Moore）（如图 1－4 所示）共同创立了英特尔（Intel）公司，极大地促进了集成电路的核心构件存储芯片（Memory Chip）的商业化运用，并加速了主要由逻辑芯片（Logic Chip）组成的微处理器（Microprocessor）的发展。1971 年，英特尔公司以专利授权的方式，将微处理器用于日本 Busicom 公司生产的计算器。

图 1－4 英特尔公司联合创始人诺伊斯（左）和摩尔（右）

由集成电路、存储芯片和逻辑芯片所组成的半导体在发明后就呈现出指数级的迅猛发展态势。1965 年，时任仙童半导体公司研究部主任的摩尔通过细致观察和深入研究，提出了揭示半导体发展规律的摩尔定律。摩尔发现，存储芯片所包含的晶体管每隔 18—24 个月就翻了一番，这意味着芯片的容量以年均 35%—45% 的速度发生指数级增长。1971 年生产的逻辑芯片包含 2300 个晶体管，到了 2000 年年底奔腾逻辑芯片包含的晶体管暴增至 4300 万个，年均增长率约为 34%。摩尔定律富有预见性，2015 年英特尔公司在纪念摩尔定律发明 50 年时指出，摩尔定律依然成立，至少可再延续 10 年①。

半导体行业按摩尔定律的方式发展，意义非凡，使该行业彰显了“更快、更小、更便宜”的发展特色。“更快”的芯片极大地提高了计算机的运行速度。“更小”的芯片为计算机和通信设备的小型化奠定了基础。“更便宜”（如图 1－5 所示）的芯片使计算机和通信设备的普及成为可能，激发了极大的市场潜能，创造了巨大的就业机会，菲利普斯曲线②出现失灵，高增长、高就业与低通胀并行不悖。

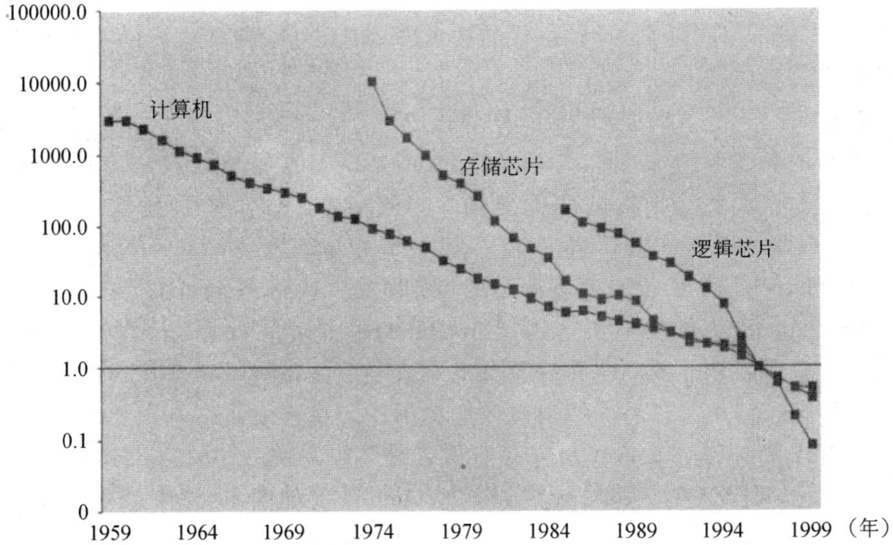

图 1－5 1959—1999 年计算机、存储芯片和逻辑芯片价格指数（1986 年为 100）

资料来源：Jorgenson. 2001. Information Technology and the U. S. Economy。

① 摩尔定律尽管在过去 50 年被当作金科玉律，但随着纳米技术的快速发展，也有人认为摩尔定律已经失效或终将失效。英伟达 CEO 黄仁勋和硅谷创业教父 Steve Blank 均认为摩尔定律已经失效多年，1995 年在芝加哥召开的信息技术研讨会上，Jack Kilby 则认为 5 纳米处理器的出现，或将终结摩尔定律。

② 菲利普斯曲线（Phillips Curve）是新西兰统计学家 A. W. Phillips 根据英国 1867—1957 年失业率与货币工资变动率的关系提出的。他认为，经济高增长导致较低的失业率和较高的货币工资增长，根据成本驱动型的通货膨胀理论，较高的货币工资就会带来较高的物价上涨。反之，经济低增长导致较高的失业率和较低的货币工资增长，就会带来较低的物价上涨。菲利普斯曲线意味着经济增长与通货膨胀存在着反向关系，鱼和熊掌不可兼得。我们认为，在新经济时代，菲利普斯曲线之所以失灵，其中的一个重要原因是摩尔定律描述的技术进步在提升性能的同时，导致计算器和通信设备的价格快速下降。此外，新经济对劳动密集型产业的依赖减少，普遍采用股票期权等非货币性工资，也是导致菲利普斯曲线失灵的原因。

（二）计算机主导的技术进步时代（1976—1990）

尽管 1946 年 2 月在美国宾夕法尼亚大学的约翰·莫克利（John W. Mauchly）和皮瑞斯播·艾克特（Presper J. Eckert）发明了世界上第一台电子计算机“埃尼阿克”（ENIAC），但真正开启计算机普及时代的是国际商用机器（IBM）公司。与占地 170 平方米、重达 30 吨的庞然大物“埃尼阿克”（见图 1－6）不同，1976 年施乐帕克（Xerox PARC）实验室发明了世界上第一台小巧玲珑的个人计算机“奥托”（Alto）。遗憾的是，施乐公司在技术发明方面总是只开花不结果①，并没有将其商业化运用，反而将个人电脑上的发明成果拱手让给 IBM。1981 年 IBM 公司生产了第一台个人电脑（如图 1－7 所示）。这台对于计算机普及应用具有里程碑意义的个人电脑，使用了英特尔的微处理器和微软（Microsoft）联合创始人比尔·盖茨（Bill Gates）和保罗·艾伦（Paul Alan）（如图 1－8 所示）开发的操作系统，在相当长时间里形成了“IBM—英特尔—微软”的铁三角。

图 1－6　世界上第一台电子计算机及其发明者

图 1－7　IBM PC 机

① 施乐帕克实验室发明了世界上第一台个人电脑、第一个视窗界面、第一只鼠标、第一个即输即显输入法、第一台激光打印机、第一个网络浏览器，其技术发明无与伦比，但施乐公司高管层并没有将这些突破性的技术发明商业化，更没有利用这些技术发明将公司转型为信息通信技术公司，反而使这些成果被 IBM、苹果和微软免费“窃取”。

图 1－8 微软公司联合创始人盖茨（左）和艾伦（右）

得益于芯片和软件的飞速发展，计算机行业呈现出小型、高速、便宜（见图 1－5）的发展特点。世界上第一台电脑的性能还不如现在的手提式电脑；1975 年美国航空航天耗费 500 万美元购买的超级计算机，性能还不如 4000 元就能买到的 iPhone4；1985 年美国国防部耗费巨资购买的超级计算机，性能还不如价格不到 5000 元的 iPad2（邬贺铨，2017）。价格性能比的大幅提高，不仅刺激了个人对电脑的巨大需求，也为美国企业在 20 世纪七八十年代的工业信息化提供了契机，催生了蒸蒸日上的庞大信息通信产业（见表 1－3），为美国新经济的诞生积蓄了厚实的技术和经济基础。

表 1－3 1976—1999 年美国信息通信产业的产值 单位：亿美元

年度	信息通信行业					GDP
	计算机	软件	通信	IT 服务	合计	
1976	49	71	238	142	500	20175
1977	63	75	281	225	644	22357
1978	85	92	327	203	706	25717
1979	114	119	384	265	882	28349
1980	140	145	439	235	959	29645
1981	192	178	486	224	1080	32852
1982	220	211	509	256	1195	34454
1983	288	249	549	295	1381	37988
1984	374	304	629	333	1640	42881
1985	396	352	699	385	1832	45246
1986	459	385	727	427	1998	46574
1987	486	437	749	503	2175	50781
1988	541	512	821	593	2467	56520
1989	569	614	851	630	2664	59888
1990	524	693	865	685	2767	62849
1991	526	782	839	675	2822	64033

续表

年度	信息通信行业					GDP
	计算机	软件	通信	IT 服务	合计	
1992	549	839	881	773	3042	67099
1993	548	955	926	847	3276	69888
1994	576	1046	1026	966	3614	75039
1995	705	1157	1124	1087	4073	78153
1996	783	1310	1201	1151	4445	83390
1997	860	1581	1315	1230	4986	90094
1998	869	1933	1404	1319	5525	93311
1999	924	2412	1581	1409	6326	98174

资料来源：Jorgenson，2001. Information Technology and the U. S. Economy。

从表 1－3 可以算出，信息技术行业产值占 GDP 比重从 1976 年的 2.41% 增至 1990 年的 4.40%，到了 1999 年又增至 6.4%，新经济的萌芽逐渐显现。

（三）互联网主导的技术进步时代（1991 年至今）

尽管互联网的雏形可以追溯至 1969 年美国军方发明的阿帕网（Arpanet），但真正意义上的互联网直至 20 世纪 90 年代才诞生。1991 年 5 月，被誉为“互联网之父”① 的蒂姆·伯纳斯·李（Tim Berners Lee）爵士（如图 1－9 所示），首次披露了向全世界免费推广互联网的万维网（World Wide Web，WWW）构想，开启了互联网时代。万维网的诞生，具有划时代的里程碑意义，使数以亿计的普通百姓得以方便、免费、高效地接触和使用互联网，从此改变了人类的生活方式和工作方式。从信息通信技术进步的角度看，万维网带动的互联网热潮，终结了电话、电视独霸天下的格局，线下点对点的零散通信方式，逐步过渡到线上点对面的集群通信方式。从经济发展的角度看，万维网促进了因特网的普及化，全球迄今的互联网人口接近 50 亿，由此催生了新媒体、新娱乐、新营销、新广告、新零售、新金融等产业，为当下的数字经济、共享经济、知识经济、创新经济的发展提供了全新的基础设施。

Tim Berners Lee

Vinton G. Cerf

Robert E. Kahn

图 1－9　互联网之父

① 享有“互联网之父”称誉还有温顿·瑟夫（Vinton G. Cerf）和罗伯特·卡恩（Robert E. Kahn）。瑟夫是谷歌公司高级副总裁，作为互联网基础协议（TCP/IP）和互联网基础架构的联合设计者之一，被认为是互联网的奠基人之一。卡恩是美国全国研究联合会的主席，作为 TCP/IP 的联合设计者之一、互联网雏形 Arpanet 的设计者和美国“信息高速公路”概念的创立者，他也被公认是互联网的奠基人之一。

2007 年苹果公司在天才企业家斯蒂夫·乔布斯（Steve Jobs）的带领下，隆重推出了具有革命性的 iPhone[①]（如图 1-10 所示），互联网时代从此迈入移动互联网时代。如图 1-11 所示，2018 年年底我国网民总数的 98.6% 利用手机上网，移动互联网名副其实。

图 1-10 乔布斯在 2007 年的 iPhone 发布会上

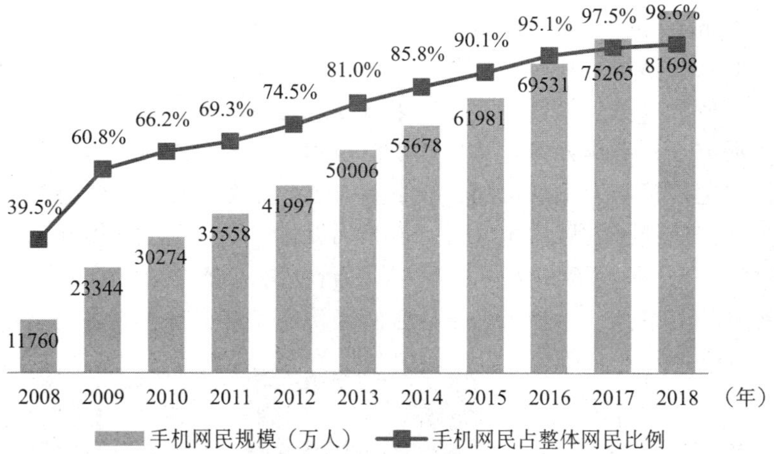

图 1-11 2008—2018 年我国手机网民及其占网民总数的比例

资料来源：中国互联网信息中心第 44 次《中国互联网发展状况统计报告》。

互联网的出现，引发了对信息技术设备的投资热潮。图 1-12 显示，继个人电脑后，互联网的引进使企业在信息技术设备投资所占比例快速上升，到了 1996 年已经达到 45%，为经济发展注入新的动力。

① iPhone 中的“i”代表两层意思：一是 internet-based，即以互联网为基础；二是 intelligent，即智能化。因此，iPhone 的确切含义是“以互联网为基础的智能化手机”。

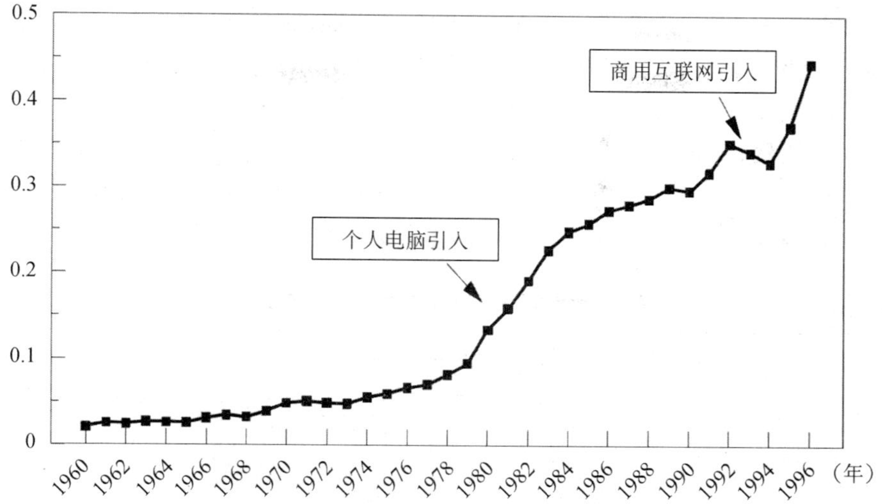

图 1－12　1960—1996 年 IT 设备投资占企业设备投资的比例

资料来源：U. S Department of Commerce，1998. Emerging Digital Economy。

互联网时代的到来，还激发了企业对信息通信技术的研究开发热情，创新驱动成为新经济时代的鲜明印记。表 1－4 列示了美国企业界 1997—2001 年在信息通信技术方面的研究开发，从中可以看出，企业是研究开发的最重要主体，约占美国全国全部研发支出的 2/3，2003 年信息通信技术的研究开发占据企业研究开发总支出的比例接近 1/3，新经济对美国创新的贡献居功至伟。

表 1－4　　1997—2001 年美国企业对信息通信技术的研究开发支出　　单位：亿美元

研究开发项目	1997 年	1998 年	1999 年	2000 年	2001 年
美国全国研究开发支出	2124	2269	2441	2646	2811
其中企业出资的研究开发	1336	1450	1602	1804	1816
企业研究开发所占比例	62. 9%	63. 9%	65. 6%	68. 1%	64. 6%
信息通信技术研究开发	352	384	362	469	566
1. 信息通信技术设备	250	264	213	294	349
其中：电脑和外围设备	77	83	41	52	52
通信设备	28	84	58	111	152
半导体及其他配件	140	91	106	128	142
其他电子设备	5	6	8	3	3
2. 信息技术服务	102	120	149	175	217
其中：软件发布	72	92	109	126	130
电脑系统设计	30	28	40	49	87
信息通信研发占企业研发比例	26. 4%	26. 5%	22. 6%	26. 0%	31. 2%

资料来源：U. S Department of Commerce，2003. Digital Economy。

互联网和移动互联网的快速发展，极大地刺激了发达国家和发展中国家对新型基础设施建设的投资，在一定程度上弥补了传统基础设施建设日益萎缩的投资。传统的“铁（铁路）—公（公路）—机（机场）”基础设施正向现代的“云（云服务）—网（网络）—端（终端）”拓展，投资新型的基础设施已成为世界各国促进经济发展的重要抓手、完善营商环境的着力点。表1－5列示了美国2009—2018年信息通信技术和知识产权投资及其占美国资本形成总额的比例，前者属于对新型基础设施的投资，后者虽不属于新型基础设施投资，但属于新经济的投资范畴。从表1－5中可以看出，这两方面的投资占美国资本形成总额的平均比例高达43.06%，对美国经济的拉动作用可见一斑。

表1－5　　2009—2018年信息通信技术和知识产权投资　　单位：万亿美元

	资本形成总额	信息通信技术投资		知识产权投资	
		金额	占比	金额	占比
2009年	27233	4496	16.51%	7418	27.24%
2010年	27561	4749	17.23%	7623	27.66%
2011年	29229	4984	17.05%	8105	27.73%
2012年	31716	5300	16.71%	8462	26.68%
2013年	33219	5524	16.63%	8800	26.49%
2014年	35628	5675	15.93%	9563	25.76%
2015年	37122	5813	15.66%	9544	25.71%
2016年	37869	6029	15.92%	9850	26.01%
2017年	39953	6456	16.16%	10548	26.40%
2018年	42606	6987	16.40%	11397	26.75%
合计	342136	56013	16.37%	91310	26.69%

资料来源：OECD数据库（2019）。

得益于光纤技术和移动通信等技术进步滋生的互联网红利，搜索引擎、社交网络和电子商务如雨后春笋般茁壮成长。谷歌、百度、脸书、腾讯、亚马逊、阿里巴巴用了不到20年的时间，就从襁褓中的“婴儿”成长为公司“巨人”（如表1－6所示）。这些“90后”和“00后”新锐公司的跨越式发展、其创始人传奇的创业经历和财富故事，具有很强的引领示范效应，在全世界掀起了“双创”（创新、创业）热潮，世人对新经济的态度已经由质疑嘲讽转变为欣赏拥抱。

表1－6　　“六大”新经济巨头的基本情况　　单位：亿美元

	搜索引擎		社交媒体		电子商务	
	谷歌	百度	脸书	腾讯	亚马逊	阿里巴巴
创立时间	1998年9月	2000年1月	2004年2月	1998年11月	1995年7月	1999年9月
创始人	佩奇、布林	李彦宏	扎克伯格	马化腾	贝佐斯	马云
股票市值	9238	438	5853	4609	9162	5670
资产总额	2759	433	1334	1367.49	2252	1438
营业收入	1619	154	707	546.91	2805	562
税后利润	343	30	136	138.99	116	120

注：股票市值和资产总额均为截至2019年年末的数据，营业收入和税后利润均为2019年的数据。

二、源自制度安排创新的驱动力

诺贝尔经济学奖获得者道格拉斯·诺斯（Douglass C. North）与兰斯·戴维斯（Lance E. Davis）在他们的代表作《制度变迁与美国经济增长》中提出了制度安排创新（Institutional Innovation）理论，指出经济增长与制度安排创新密切相关。他们认为，制度安排创新是指能够使创新者获得追加或额外利益的，对现存的金融组织、公司制度、工会制度、税收制度、教育制度等具体政治经济制度的变革。美国新经济的崛起，也可以从制度安排创新理论中找到依据。概而言之，里根政府的“经济新政”、资本市场创新以及克林顿政府的“信息高速公路计划”等制度安排创始，是推动美国旧经济成功转型为新经济的重要力量。

（一）里根政府“经济新政”为新经济提供制度保障

尽管罹患了老年痴呆症，但这并不影响美国人对里根总统的崇敬与赞美，去世后甚至被评为美国历史上五个最伟大总统之一。这固然有里根总统善于表演的原因，但更多归功于他在执政期间大刀阔斧的改革为美国经济走向强盛奠定了制度基础。

“小政府大市场”是里根经济学（Reaganomics）的精髓。“小政府”指政府不应过多干预市场，应严格限制政府权力，防止“有形之手”乱摸乱动。里根总统甚至认为，政府不是解决问题的良方，政府的存在本身就是问题。“大市场”指政府应当营造自由、公平的市场经济环境，努力激发市场活力和企业家创新创业热情，充分发挥市场在资源配置中的主导地位，让“无形之手”挥洒自如。基于这种理念，里根总统认为减税降费、放松管制（Deregulation）、遏制垄断、保护弱者（中小企业）、维护市场经济秩序，才是政府的职责所在。为此，在执政期间，里根政府主要采取的主要经济改革举措包括：消减政府开支，鼓励军事技术民用化，敦促国会通过了《联邦政府技术转移法案》，力促“星球大战”技术成果转化，为经济发展提供动力；减轻税收负担，大幅降低企业和个人所得税，实施成本加快回收制度，为企业和个人营造良好的创新创业环境；强化专利保护，为企业创新创造提供法律保障，打击知识产权方面的侵权行为，激励企业加大研发投入；放松政府管制，制定和实施严苛的反垄断法，为中小企业创造良好的生存发展空间，使它们成为经济发展的中坚力量①；控制货币供应，抑制通货膨胀，为企业发展提供稳定的经营环境。

里根政府的“经济新政”，为弱小的中小企业的发展提供了肥沃的土壤，一大批中小企业最终长成参天大树。苹果、微软、戴尔、英特尔、思科等新经济巨擘取得的辉煌成就，除了归因于它们的创新创造精神外，也得益于里根政府经济改革所提供的良好外部发展环境。

（二）资本市场制度创新为新经济提供资金保障

高科技中小企业是推动美国转型为新经济的中坚力量，但它们特别是初创企业（Startup）具有“软资产”（无形资产）富余而“硬资产”（有形资产）不足的特点。在初创阶段，这些高科技中小企业现金流量往往入不敷出，又缺少可供抵押的有形资产，通常不受商业银行待见。没有资本市场的制度创新，中小企业的“融资难融资贵”问题将无法有效破

---

① 在支持中小企业发展方面，里根总统与邓小平不谋而合。得益于邓小平的改革开放政策，我国的中小企业已成为国民经济发展的中坚力量。大家耳熟能详的“五六七八九”充分彰显了中小企业在经济发展中的重要性，中小企业缴纳了50%以上的税收、创造了60%以上的GDP、贡献了70%以上的技术创新、提供了80%以上的就业机会、占据了90%以上的企业数量。

解。以风险资本（Venture Capital）和纳斯达克（既为高科技中小企业提供股权融资，又为风险资本提供退出机会）代表的资本市场制度创新，为具有创新精神、技术含量和发展前景，但没有多少有形资产可供抵押造成资金紧缺仍处于亏损的初创企业（Startups）提供了契合其发展阶段和现金流量特征的资金支持（如图1－13所示），为美国经济转型作出重要贡献。

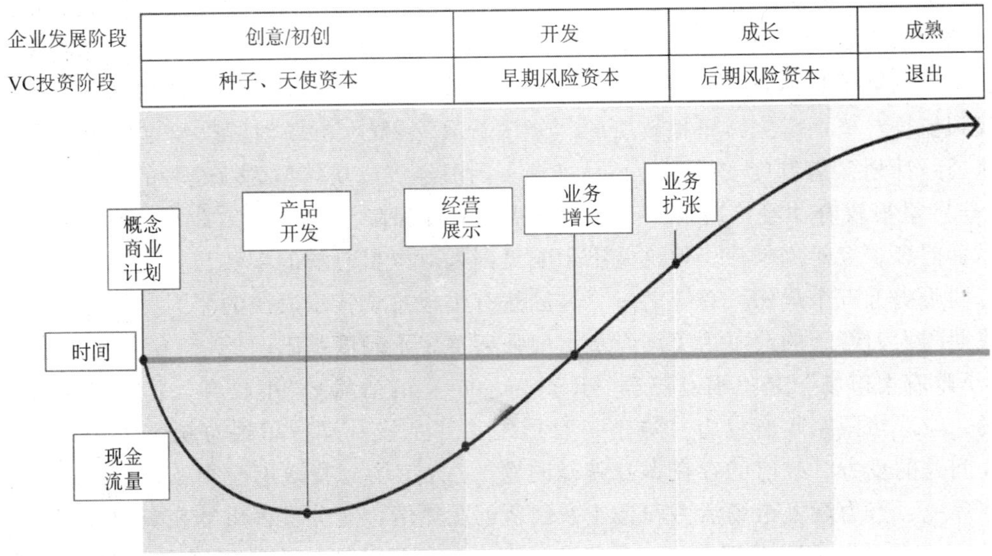

图1－13　风险资本对初创企业投资示意图

资料来源：NVCA，2019. Yearbook。

美国全国风险投资协会（National Venture Capital Association）发布的2019年年鉴显示，美国风险资本公司管理的资产总额从2004年的1580亿美元增至2018年的4030亿美元（如图1－14所示），2018年风险资本大部分投向新经济企业，其中投向软件业的投资金额高达468.2亿美元，约占36%，生命科学的占比紧随其后，如表1－7所示。

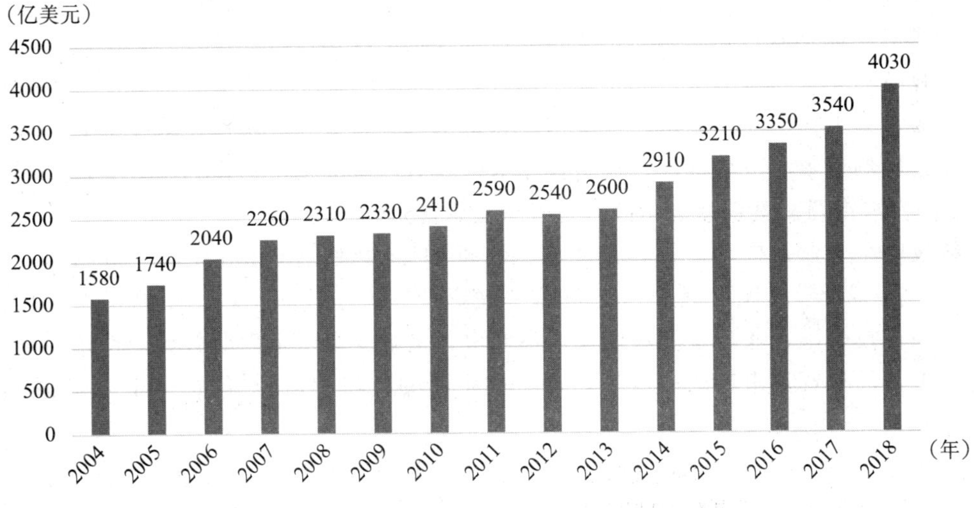

图1－14　2004—2018年美国风险资本管理的资产总额

资料来源：NVCA，2019. Yearbook。

表 1-7　美国风险资本首轮投资行业分布

单位：亿美元

行业名称	金额	占比
软件	468.2	35.8%
生物制药	173.8	13.3%
健康服务与健康系统	68.0	5.2%
健康器械与健康耗材	58.7	4.5%
商业服务	54.0	4.1%
消费品与娱乐	26.3	2.0%
信息技术硬件	22.8	1.7%
能源	17.5	1.3%
媒体	13.7	1.0%
其他	406.3	31.0%
合计	1309.3	100.0%

资料来源：NVCA，2019. Yearbook。

与美国一样，风险资本同样在我国的经济转型过程中发挥重要作用，没有风险资本的鼎力支持，很可能就没有今天的 BAT（百度、阿里巴巴、腾讯）以及其他众多高成长性的新经济企业。《2018 年中国股权投资发展白皮书》显示，截至 2018 年 11 月，我国私募股权基金规模高达 8.57 万亿元。在资金投向的行业分布上，广义的信息技术（如智能硬件、信息产业、人工智能等）和互联网占比分别为 22% 和 20.8%。这些带有风险资本性质的私募股权投资基金，不仅在一定程度上缓解了我国信息技术企业的资金紧张问题，而且在财务、法律和管理层面上为这些企业的规范管理和资本运作提供了宝贵的咨询和指导。

（三）“信息高速公路计划”为新经济提供技术保障

20 世纪 90 年代，美国连续 112 个月实现经济增长，“信息高速公路计划”功不可没。1992 年，时任美国国会议员后任美国副总统的阿尔·戈尔率先提出了信息高速公路的构想，得到克林顿总统的大力支持。1993 年 2 月，克林顿总统组建了由商务部部长牵头的“信息基础设施工作组”（IITF），下设 3 个委员会（电信政策委员会、技术与应用委员会、信息政策委员会），负责研究和起草信息基础设施建设计划。1993 年 9 月，克林顿总统宣布正式启动《国家信息基础设施》（National Information Infrastructure）行动方案，俗称“信息高速公路计划”。该计划拟耗资 4000 亿美元，用 20 年左右的时间在美国建成一个高速度、大容量、多媒体、全覆盖的信息传输网络系统。信息高速公路计划拟实现的主要目标包括 6 个方面：通过企业、科研机构和大学之间的计算机信息交换，提高研究水平；通过发展计算机辅助教学，提高教学水平；通过药品和 X 线照片图像等信息交换，提高医疗水平；通过及时提供火灾、地震等信息，提高救灾水平；通过电子图书，提高出版水平；通过在线购物，提高电商水平；通过信息通信产业化，提高发展水平（IITF，1996）。

必须指出，“信息高速公路计划”提出的信息技术基础设施，并非另起炉灶、重复建设，而主要是对现有计算机网络和通信设施进行整合和融合。计算机技术（如数字化和网络化技术）和通信技术（如光纤和微波技术）的发展和进步，产生了海量信息，“信息高速公路计划”旨在通过建立四通八达的网络信息系统，利用电话、电视、电台、传真机、计算机、互联网等设备终端，将分散的数据、文本、语音、图像等海量信息进行互动式传输和交换。

须德（1995）指出，美国的信息基础设施可细化为5个层次：（1）物理层，包括对声、数、图、像等信息进行传输、运算、存取、检索、显示作业的种类不断扩展的设备，如摄像机、扫描仪、计算机、传真机、光盘、声像带、微波网、转换器、显示器等；（2）网络层，将物理设备相互连接成一体化、交互式、用户驱动的无缝网络，包括各种网络协议标准、传输编码以及保证网络互联性、互操作性、隐私性、保密性、安全性、可靠性等功能的运作机制；（3）应用层，由各行各业各种计算机应用系统和软件系统组成；（4）信息层，包括电视、广播节目、声像、带盘、科技、商业、经济数据库、档案、图书及其他媒体信息；（5）人，包括各类（开发应用系统、设计与制造设备、培训）各层次人员。

美国出台的“信息高速公路计划”影响极大，发达国家纷纷仿效，欧盟、日本、加拿大、韩国、新加坡等也相继制订了各自的信息基础设施建设计划。我国虽然没有冠以“信息高速公路计划”的名称，但工信部编制印发的《信息通信行业发展规划（2016—2020年)》异曲同工，表明我国也十分重视信息基础设施建设。该规划的第一段开宗明义，指出信息通信业是构建国家信息基础设施，提供网络和信息服务，全面支撑经济社会发展的战略性、基础性和先导性行业。该规划提出的信息通信发展目标是：到2020年，信息通信产业整体规模进一步壮大，综合发展水平大幅提升，“宽带中国”战略各项目标全面实现，基本建成高速、移动、安全、泛在的新一代信息基础设施，初步形成网络化、智能化、服务化、协同化的现代互联网产业体系，自主创新能力显著增强，新兴业态和融合应用蓬勃发展，提速降费取得实效，信息通信业支撑经济社会发展的能力全面提升，在推动经济提质增效和社会进步方面的作用更加突出，为建设网络强国奠定了坚实的基础（工信部，2016）。过去5年的实践证明，我国充分发挥后发优势，信息通信业取得了令世界瞩目的成就，在移动支付、电子商务、网约出行、智能物流等新经济领域，实现弯道超车，走在世界前列。

第三节 新经济的现状与趋势

新经济如火如荼，已形成燎原之势，触及经济社会的各个方面，对人们的生活方式和工作方式产生深远影响，大有取代旧经济之势。新经济将重塑市场竞争格局，在造就新业态的同时，也将淘汰一大批旧业态，形成新一轮的破坏性创新。本节首先以数据经济为切入点，分析国内外新经济的发展现状，在此基础上，从新一代信息通信技术的角度，简要论述新经济的发展趋势。

一、新经济的发展现状

新经济最具代表性的发展标志是数据经济（含电子商务、网络广告、网络游戏、共享经济）异军突起、咄咄逼人，有赶超旧经济企业的势头。

（一）数字经济强劲增长

数字经济迄今尚没有权威的统计口径。联合国认为，数字经济有广义和狭义之分，狭义的数字经济可进一步细分为核心部分和非核心部分，如图1－15所示。

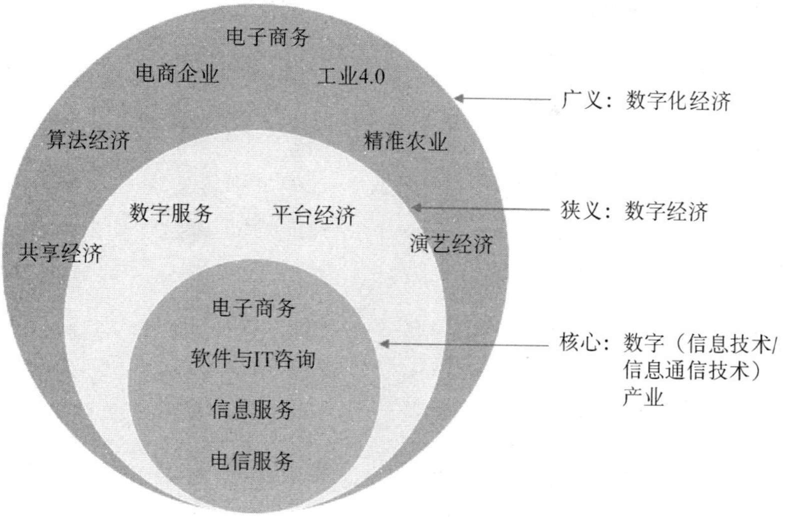

图 1-15 数字经济的构成

资料来源：UN Digital Economy Report 2019。

按照广义和狭义口径，联合国统计 2017 年数字经济占 GDP 的比重如图 1-16 所示。

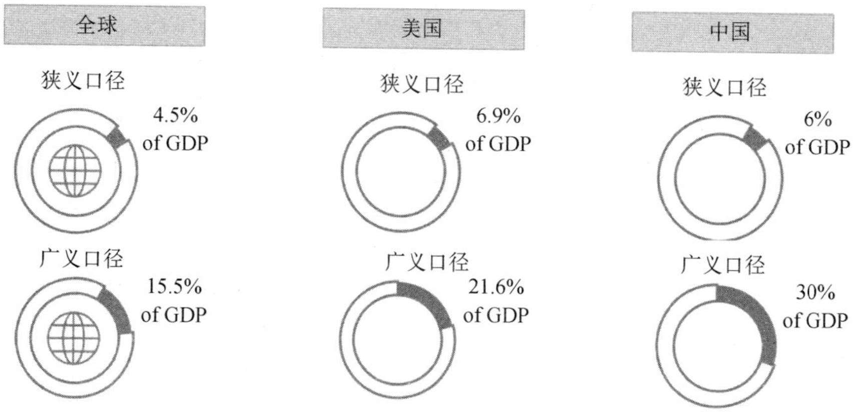

图 1-16 数字经济占 GDP 的比重

资料来源：UN Digital Economy Report 2019。

联合国在《2019 数字经济报告》中还指出，数字经济区域发展极不平衡，美国和中国占据绝对领先地位，两国占据了全球 75% 的区块链专利、50% 的物联网支出、75% 以上的云计算市场以及全球 75 家数据平台公司市值的 90%。

工信部所属的中国信息通信研究院在《中国数字经济发展与就业白皮书（2019）》中提出，数据经济由 3 部分组成：（1）数字产业化，即信息通信产业，包括电子信息制造业、电信业、软件和信息技术服务业、互联网行业等；（2）产业数字化，即传统产业由于应用数字技术所带来的生产数量和生产效率的提升，其新增产出构成数字经济的重要组成部分；（3）数字化治理，包括治理模式创新、利用数字技术完善治理体系、提升综合治理能力等。

在其发布的《全球数字经济新图景（2019）》中，中国信息通信研究院按照第（1）和

（2）部分之和测算出了47个国家的数字经济规模，如图1－17所示，其中美国、中国、德国、日本、英国和法国的数字经济规模均超过1万亿美元。

图1－17　47个国家数字经济规模（单位：亿美元）

资料来源：中国信息通信研究院．全球数字经济新途径（2019）。

而在《中国数字经济发展及就业白皮书（2020）》中，中国信息通信研究院按照第（1）（2）（3）部分之和测算出了我国2005—2019年的数字经济规模，如图1－18所示。

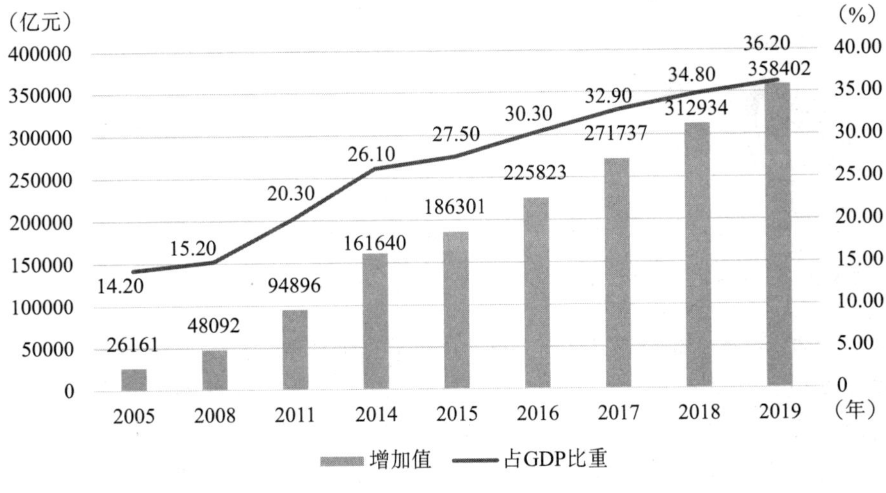

图1－18　2005—2019年我国数字经济规模

资料来源：中国信息通信院．中国数字经济发展与就业白皮书（2020）。

我国数字经济不仅规模日益壮大，而且增速一直超过GDP增速（如图1－19所示），为我国经济高质量发展作出重大贡献。2018年，数字经济对GDP增速的贡献率高达67.9%，创造了1.91亿个就业岗位，占全年就业总人数的24.6%。

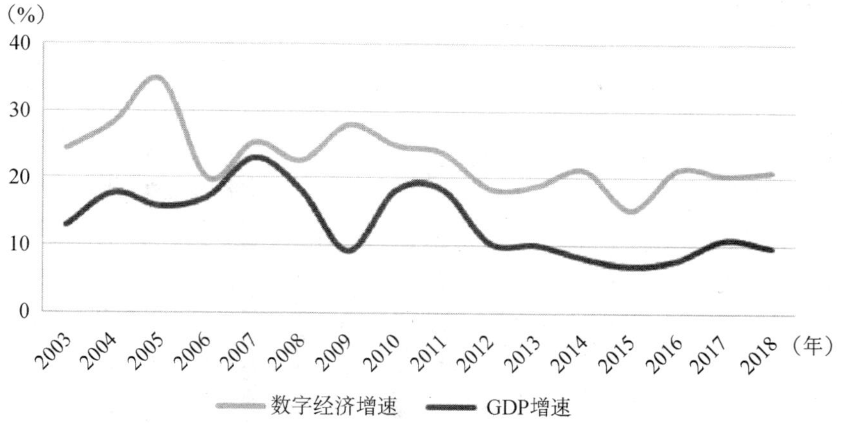

图 1－19　2003—2018 年数字经济增速与 GDP 增速对比

资料来源：中国信息通信研究院．中国数字经济发展与就业白皮书（2019）。

信息通信技术在新经济时代最重要的变现方式包括电子商务、网络广告、网络游戏和共享经济。电子商务近年来风靡全球，深刻改变消费者行为，重塑零售市场竞争格局。表 1－8 列示了 2017 年全球电子商务规模，美国、日本、中国等 10 个国家引领了电子商务的发展潮流，占全球电子商务销售额的 87%。

表 1－8　世界部分国家电子商务规模　单位：亿美元

排名序号	国家名称	电子商务销售金额		B2B 电子商务销售		B2C 电子商务销售		年均在线支出
		金额	占 GDP	金额	占比	金额	占比	
1	美国	88830	46%	81290	90%	7540	10%	3851
2	日本	29750	61%	28280	95%	1470	5%	3248
3	中国	19310①	16%	8690	45%	10620	55%	2574
4	德国	15030	41%	14140	94%	890	6%	1668
5	韩国	12900	84%	12200	95%	700	5%	2983
6	英国	7550	29%	5480	73%	2070	27%	4658
7	法国	7340	28%	6420	87%	920	13%	2577
8	加拿大	5120	31%	4520	88%	600	12%	3130
9	印度	4000	15%	3690	92%	310	8%	1130
10	意大利	3330	17%	3100	93%	230	7%	1493
十国合计		193150	36%	167810	87%	25340	13%	2904
全球电子商务		293670	—	255160	—	38510	—	—

资料来源：UN Digital Economy Report 2019。

商务部发布的《中国电子商务报告》显示，2018 年年底，我国网络购物用户规模已达 6.1 亿，其中手机网络购物用户达 5.92 亿，电子商务交易总额呈现井喷式增长，从 2004 年的 0.93 万亿元，增至 2019 年的 34.81 万亿元，如图 1－20 所示。

① 商务部《中国电子商务报告（2017）》显示，我国 2017 年电子商务交易总额为 29.16 万亿元，折合 4.4837 万亿美元，与联合国报告的金额差额较大，极可能是统计口径上的原因。在电子商务发展方面，中国为仅次于美国的第二大国，远远领先于日本。

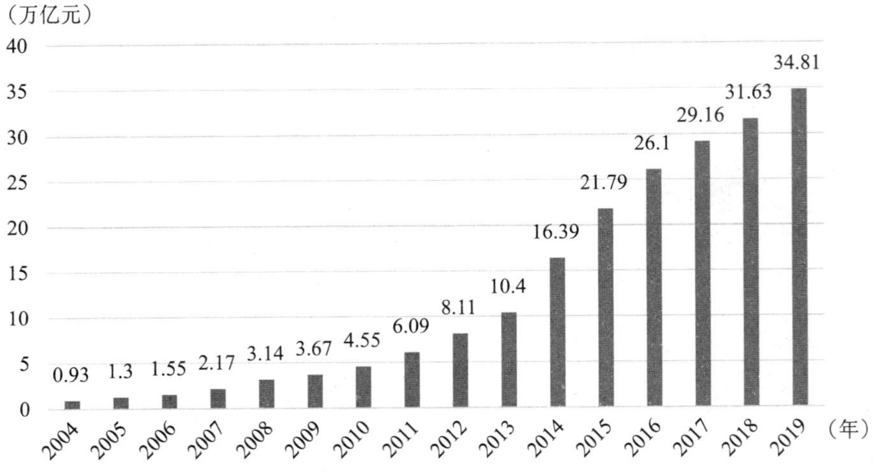

图 1－20　2004—2019 年我国电子交易规模

资料来源：商务部．中国电子商务报告。

在网络广告方面，以电商平台、搜索平台和社交平台为代表的网络广告，对传统广告商形成巨大的压迫力，不断蚕食其市场份额，已经在很大程度上颠覆了广告市场格局。网络广告收入占全球广告收入的比例，从 2010 年的 15%，增至 2017 年的 38%，金额超过 2000 亿美元，预计 2035 年将超过 60%。全世界在报刊方面投放的广告支出，从 2000 年的 600 亿美元降至 2014 年的 240 亿美元，预计到 2023 年将进一步降至 40 亿美元。从商业模式的角度看，谷歌和脸书已经成为全球最大的广告商，2017 年，这两家头部企业的广告收入占全球广告收入比例竟高达 65%，已然构成了事实上的垄断，如图 1－21 所示。

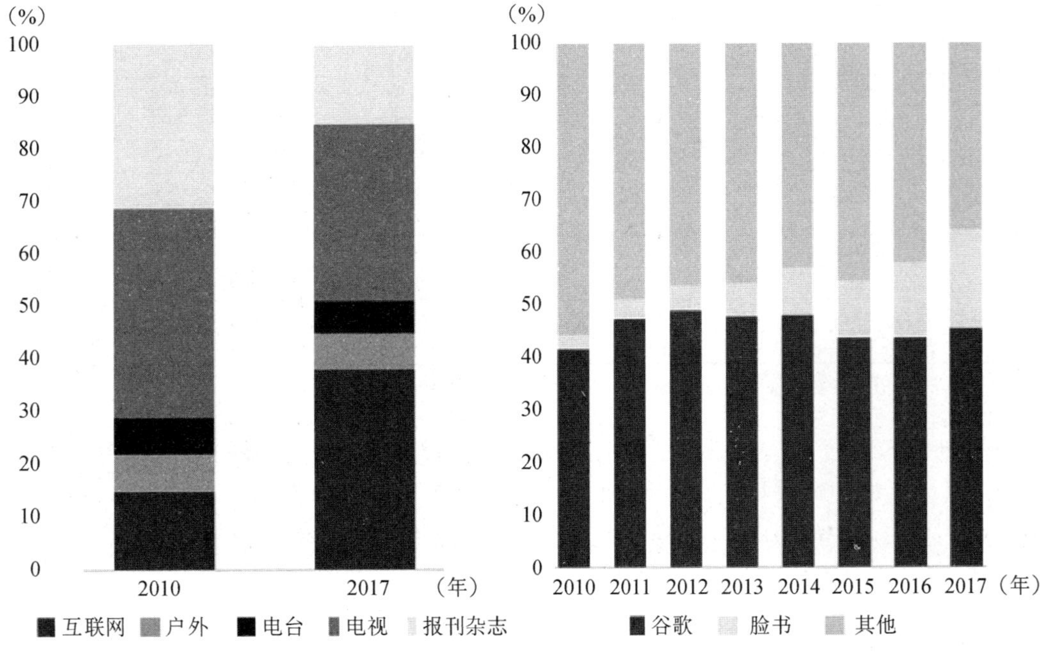

图 1－21　2010—2017 年全球广告市场竞争格局

资料来源：UN Digital Economy Report 2019。

我国过去几年也见证了网络广告的勃兴与传统广告的式微，如表 1－9 所示。

表 1－9　　2016—2018 年新、旧媒体广告收入对比　　单位：亿元

		2016 年		2017 年		2018 年	
		广告收入	占比	广告收入	占比	广告收入	占比
新媒体	互联网	2305.21	55.7%	2975.15	62.5%	3694.23	64.1%
旧媒体	电视台	1239.00	29.9%	1234.39	25.9%	1564.36	27.1%
	广播电台	172.64	4.2%	136.68	2.9%	136.66	2.4%
	报社	359.26	8.7%	348.63	7.3%	312.57	5.4%
	杂志社	60.31	1.5%	64.95	1.4%	58.79	1.0%
合计		4136.42	100.0%	4759.80	100.0%	5766.61	100.0%

资料来源：中关村互动营销实验室．2018 中国互联网广告发展报告。

在网络游戏方面，我国雄踞世界首位。截至 2018 年 12 月底，网络游戏用户规模达 4.84 亿，占整体网民总数的 58.4%，其中手机网络游戏用户规模达 4.59 亿，占手机网民的 56.2%。工信部发布的报告显示，网络游戏收入从 2013 年的 699 亿元，增至 2018 年的 1956 亿元，如图 1－22 所示。

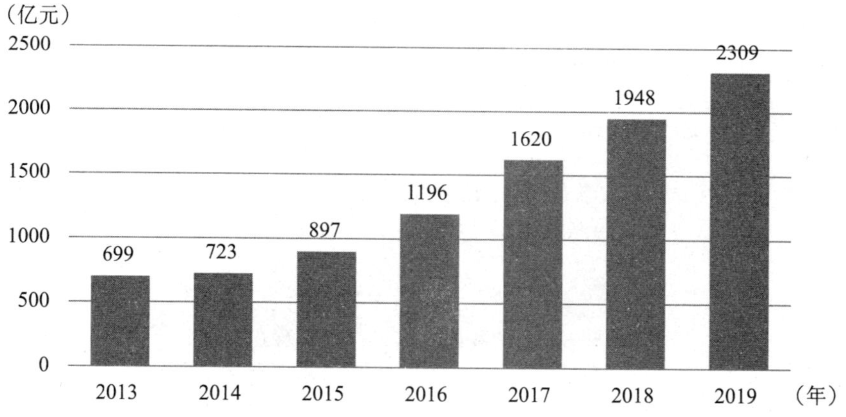

图 1－22　2013—2019 年我国网络游戏收入规模

资料来源：工信部，互联网和相关服务业经济运行情况。

得益于庞大的人口基数，我国以生活服务、生产能力和交通出行为代表的共享经济，在过去几年取得长足进步、形势喜人。国家信息中心共享经济研究中心发布的《中国共享经济发展年度报告（2019）》显示，我国 2018 年共享经济参与人数 7.6 亿人，参与提供服务者 7500 人，共享经济交易规模高达 29420 亿元，比 2017 年增长 41.6%，如表 1－10 所示。

表 1－10　　2017—2018 年我国共享经济交易规模　　单位：亿元

类别	2017 年	2018 年	增长率
生活服务	12924	15864	23.0%
生产能力	4170	8236	97.5%

续表

类别	2017 年	2018 年	增长率
交通出行	2010	2478	23.3%
知识技能	1382	2353	70.3%
共享住宿	120	165	37.5%
共享办公	110	206	97.5%
共享医疗	56	88	57.1%
总计	20772	29420	41.6%

资料来源：国家信息中心共享经济研究中心．中国共享经济发展年度报告（2019）。

以美团和饿了么为代表的在线外卖，营业收入从 2015 年的 458 亿元增至 2018 年的 4712 亿元，占全国餐饮业收入的比例，从 2015 年的 1.4%，上升至 2018 年的 10.6%，如表 1－11 所示。

表 1－11　　2015—2018 年我国在线外卖营业收入及其占比　　单位：亿元

年份	在线外卖收入	全国餐饮业收入	在线外卖收入占比
2015	458	32310	1.4%
2016	1663	35799	4.7%
2017	3000	39644	7.6%
2018	4712	44591	10.6%

资料来源：国家信息中心共享经济研究中心．中国共享经济发展年度报告（2019）。

以滴滴和神州为代表的共享出行，营业收入从 2015 年的 1000 亿元，增至 2018 年的 2478 亿元，占城镇居民交通支出的比例，从 2015 年的 6.2% 上升至 2018 年的 10.3%，如表 1－12 所示。

表 1－12　　2015—2018 年我国共享出行收入及其占比　　单位：亿元

年份	共享出行收入	城镇居民交通支出	共享出行收入占比
2015	1000	16016	6.2%
2016	1280	18348	7.0%
2017	2010	20939	9.6%
2018	2478	24061	10.3%

资料来源：国家信息中心共享经济研究中心．中国共享经济发展年度报告（2019）。

（二）股票市值雄霸天下

股票市值为新经济发展现状的评价提供了另一维度。图 1－23 显示，在 2009 年全球 20 家最大市值的上市公司中，从事高科技及相关服务的市值只占 16%，到了 2018 年大幅提升至 56%。

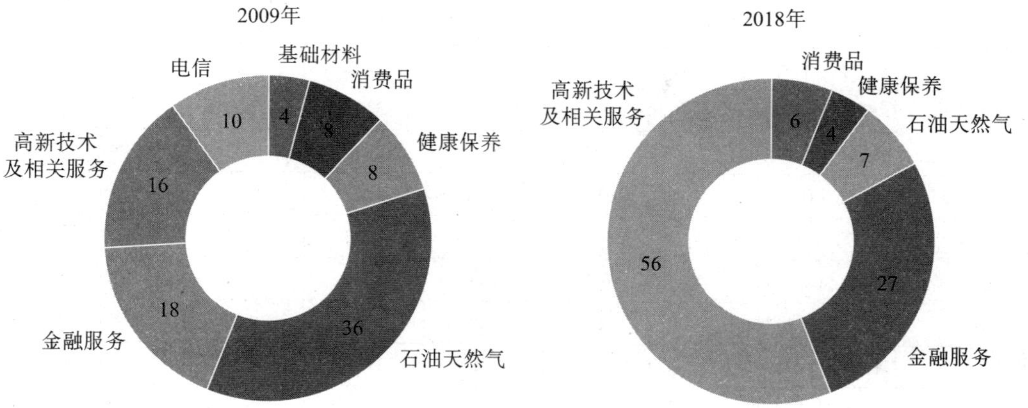

图 1-23　全球 20 家最大市值公司的行业分布

资料来源：UN Digital Economy Report 2019。

表 1-13 列示了 1999 年以来全球十大市值公司的变动情况。

表 1-13　　1999—2019 年全球十大市值公司的变动情况　　单位：亿美元

1999 年		2004 年		2009 年		2014 年		2019 年	
微软*	5830	通用电气	3190	中国石油	3670	苹果*	5600	沙特阿美	18810
通用电气	5040	埃克森美孚	2830	埃克森美孚	3410	埃克森美孚	4320	苹果*	13271
思科*	3530	微软*	2820	工商银行	2570	谷歌*	3580	微软*	12041
埃克森美孚	2831	辉瑞制药	2700	微软*	2120	微软*	3440	谷歌*	9238
沃尔玛	2830	花旗集团	2401	中国移动	2010	伯克希尔	3120	亚马逊*	9162
英特尔*	2620	沃尔玛	2400	沃尔玛	1890	强生公司	2770	脸书*	5853
日本 NTT	2620	BP 石油	1970	建设银行	1820	壳牌石油	2690	阿里巴巴*	5670
朗讯	2520	美国 AIG	1890	巴西石油	1650	通用电气	2630	伯克希尔	5569
诺基亚	1970	英特尔*	1840	强生公司	1570	富国银行	2610	腾讯*	4609
BP 石油	1960	美国银行	1680	壳牌石油	1560	罗氏制药	2560	摩根大通	4564

注：* 为新经济上市公司。

从表 1-13 可以看出，在经历了高科技泡沫后，新经济公司在十大市值公司的占比从 1990 年的 5 家降至 2004 年的 2 家、2009 年的 1 家、2014 年的 3 家，但到了 2019 年，新经济公司强势回归，在十大市值公司中占了 7 家，市值占比高达 67.4%。如果剔除 2019 年 12 月 11 日上市的沙特阿美，将第 10 名的 Visa 公司列入其中（市值 4077 亿美元），则这 7 家新经济公司的市值占比竟高达 80.7%。

表 1-14 列示了 2019 年全球十大市值新经济与旧经济上市公司的相关财务指标。

表 1－14 新、旧经济十大市值上市公司 2019 会计年度相关财务指标 单位：亿美元

	公司名称	营业收入	税后利润	资产总额	股东权益	股票市值	市净率
新经济十大市值上市公司	苹果（Apple）	2602	553	3385	905	13271	14.66
	微软（Microsoft）	1259	392	2866	1023	12041	11.77
	谷歌（Google）	1619	343	2759	2014	9238	4.59
	亚马逊（Amazon）	2805	116	2252	621	9162	14.75
	脸书（Facebook）	707	185	1334	1011	5853	5.79
	阿里巴巴（Alibaba）	562	120	1383	882	5670	6.43
	腾讯（Tencent）	547	139	1368	701	4609	6.57
	英特尔（Intel）	720	210	1365	777	2692	3.47
	威瑞森通信（Verizon）	1319	198	2917	628	2513	4.00
	思科（Cisco）	519	116	978	336	2111	6.28
	合计	12659	2372	20607	8898	67160	7.55
旧经济十大市值上市公司	沙特阿美（Saudi Aramco）	2949	882	3984	2790	18810	6.74
	伯克希尔（Berkshire）	3284	818	8177	4286	5569	1.30
	摩根大通（Morgan Chase）	1156	364	26899	2613	4564	1.75
	维萨卡（Visa）	230	121	726	347	4077	11.75
	强生（Johnson & Johnson）	821	151	1577	585	3912	6.57
	沃尔玛（Walmart）	5199	201	2365	816	3507	4.29
	美国银行（Bank of America）	912	274	24299	2648	3395	1.28
	宝洁（Procter & Gamble）	677	40	1151	459	3141	6.84
	雀巢（Nestle）	932	130	1320	545	3114	5.71
	工商银行（ICBC）	1240	454	43160	3856	3004	0.78
	合计	17400	3435	113680	18945	53093	2.80

新、旧经济上市公司股票市值的巨大反差，既与投资者看好新经济上市公司的成长性和发展前景有关，也与旧经济上市公司面临着被新技术、新商业模式颠覆和淘汰的风险有关。换言之，新经济上市公司的股票市值中蕴含着转型溢价的因素，而旧经济上市公司则承受着转型折价的重压，这两个不同方向的作用力，加剧了新经济上市公司股票市值的分化和背离。此外，尽管旧经济十大市值上市公司在营业收入、税后利润、资产总额和股东权益方面均远超新经济十大市值上市公司，但其股票市值却大为逊色。相对于旧经济十大市值上市公司 2.80 倍的平均市净率，新经济十大市值上市公司高达 7.55 倍的平均市净率说明新经济企业的表外资产问题特别突出。

《第 45 次中国互联网发展状况统计公报》显示，截至 2019 年 12 月，我国互联网上市公司在境内外的股票市值总额高达 11.12 万亿元，比 2018 年增长 40.8%，创历史新高。其中排名前十名互联网上市公司的股票市值占比 84.6%。从全球互联网公司股票市值排名看，2019 年年底股票市值前 30 名中，美国占 18 家，我国有 9 家，阿里巴巴和腾讯稳居前十名。

二、新经济的发展趋势

新经济方兴未艾，虽然还处于起步阶段，但已经充分展示出强大的气场和热度。在新一轮信息通信技术进步和商业模式创新的加持下，新经济超越甚至取代旧经济是个大概率事件，没有任何悬念可言。阿里研究院认为，云计算、大数据、物联网、人工智能、移动互联网技术的大规模普及，将推动以数字经济体为代表的新经济不断升级，释放核聚变般的经济力量，预计未来30年，数字经济体将服务全球70亿消费者、为全球提供17亿个就业机会，全球最大的数字经济体将出现在中国。在新经济未来10—20年的众多发展趋势中，有三个趋势值得关注和期待。

（一）新经济将由服务业加速渗透至制造业

新经济迄今主要仍停留在网购、社交、广告、出行等服务业。随着人工智能、区块链、大数据、云计算、物联网、5G商业等信息通信技术的突破，以及算法、算力的大幅提升，新经济将加速渗透至制造业，智能制造将逐步取代现有的制造模式，极大提高整个社会的生产力。数据化、智能化将成为制造业企业获取竞争力的主要技术路径，未能实现数字化转型、顽固困守传统制造模式的企业将步交通出行①和商业广告的覆辙，逐步被采用智能制造模式的新锐企业所取代。特别值得一提的是，具有大宽带、高可靠、低时延、大连接等特点的5G技术的普及应用，促使工业互联网（由机器视觉、远程控制和设备连接等系统所组成）的发展进入快车道，“5G + 工业互联网”可望加速智能制造时代的到来。契合新经济时代需求个性化、产品差异化、技术迭代化等特点的“小而美”、反应敏捷的智慧工厂，将对适用于旧经济时代需求大众化、产品同质化、技术固定化的“傻大笨粗”的巨型工厂造成颠覆性的冲击。

艾瑞咨询公司发布的《2019年中国工业互联网平台研究报告》显示，2018年全球工业互联网市场规模为640亿美元，预计2023年将达到914亿美元，年均复合增长率为7.34%。工业互联网的应用场景包括物资材料采购、设备管理服务、生产过程控制管理、企业运营管理、资源配置协同、产品研发设计、制造工艺管理等。艾瑞咨询公司认为，以“5G + 工业互联网”为基础的智能制造，将对以流水线为基础的精细化分工和大规模生产模式产生冲击，传统的由供给端驱动的生产—库存—营销—消费的供需模式，将被现代的生产—消费的供需模式所取代。智能制造通过打通供给侧和需求侧的双向连接，形成需求—供给高度互动的快速反应机制，推动全产业链的集成和创新（艾瑞咨询，2019），如图1－24所示。

在生产—消费供需模式下，生产厂商在研发设计和营销服务方面更加贴近市场需求，拉近了生产厂商与消费者之间的距离，避免在价值链中成为研发设计商和营销服务商的代工者，因此，生产厂商将在研发设计和营销服务阶段获取更多的增加值，以弥补自动化和智能化导致生产制造阶段增加值的减少。图1－25列示了制造模式改变对微笑曲线的影响。

---

① 《中国共享经济发展年度报告（2019）》的数据显示，网约出租车客运量占比已经从2015年的9.5%升至2015年的36.3%。

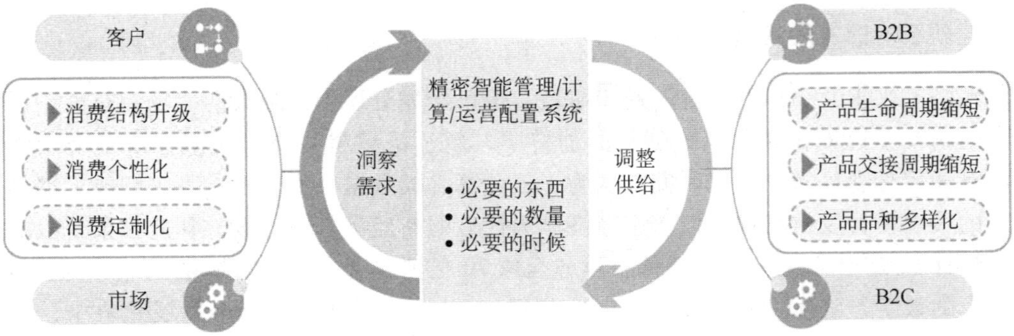

图 1－24　供给端与需求端高度互动的柔性、灵活生产模式

资料来源：艾瑞咨询．冰山之下：2019 年中国产业互联网系里研究之二。

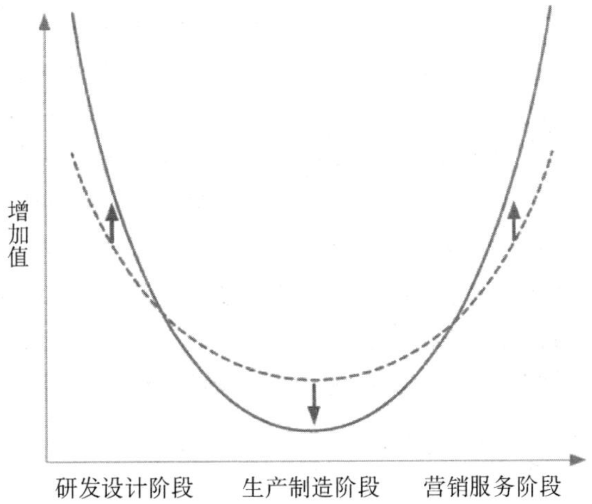

图 1－25　生产—消费模式下的微笑曲线

资料来源：UN Digital Economy Report 2019。

（二）智能商业进化为智能经济前景可期

VUCA 时代泛指变幻莫测的时代，VUCA 是 Volatility（易变性）、Uncertainty（不确定性）、Complexity（复杂性）、Ambiguity（模糊性）的缩写。在 VUCA 时代，智能经济大有可为。在题为《解构与重组：开启智能经济》的研究报告中，阿里研究院将智能经济定义为使用“数据＋算法＋算力”的决策机制去应对不确定性的一种经济形体。阿里研究院预测，未来 10 年将是智能经济浮现的关键时期，产品、个体、组织、产业、世界都将完成微粒化的解构和智能化的重组。从数字化到智能化、从人联网到物联网、从供应链到协同网等三大发展趋势，将促使过去 20 年孕育出来的智能商业进化为智能经济。特别是 5G 网络、智能终端和创新应用相互促进，产生叠加影响，将促使万物互联最终演化为万物智能，掀起新一轮的新经济发展大潮。

阿里研究院为我们展示的宏大智能经济新图景由 5 个部分组成：（1）人工智能、云计算、大数据、物联网、区块链、5G 等新一代信息技术基础设施，将成为新的经济运行操作系统；（2）突破企业边界、社会化大协作的系统网络，将成为新的组织形态，这种新型组织形态具有组织规模小型化、组织结构“云端化”、组织运行液态化、组织边界开放化，人机协同常态化等特点；（3）新兴智能产业及相关服务业快速崛起，传统产业加快智能化改造构成新的产业形貌；（4）生态化、个性化、弹性化、社会化、去中心化、“柔性微化”等，将成为新的中轴法则；（5）互联网“开放、分享、透明、责任”等价值元素，越来越与美誉度无关，而日益成为互联网时代的“必需品”，并融入大众日常的价值判断体系，从而形成新的文化习惯（阿里研究院，2019）。

（三）数字平台将继续展现强大的虹吸效应

数字平台（Digital Platform）在新经济时代野蛮生长，发展成为令人生畏的超级物种，全球市值超过1亿美元的数据平台，股票总市值由2015年的4.7万亿美元增至2017年的超过7万亿美元。数字平台不断通过“技术护城河”实现市场集中度，产生十分惊人的虹吸效应，构成实质性的垄断。新经济高市场集中度的现象，在中美两国尤其明显，谷歌的互联网搜索市场份额超过90%，脸书在社交媒体的市场份额高达66%，亚马逊的在线零售和云服务市场份额均超过1/3，阿里巴巴的支付宝和腾讯的微信钱包在中国占据了几乎100%的移动支付市场，优步、力夫特（Lyft）、滴滴和神州几乎垄断了中美两国的网约车市场，谷歌和脸书占据了全世界广告市场66%的份额。在盈利能力方面，美国的数据平台2015年实现的利润超过全世界50家数据平台80%的利润总额，而整个欧洲的数据平台实现的利润仅占5%左右。

数字平台的虹吸效应，源自三大因素：一是网络效应（Network Effects），越多的用户使用数字平台，数字平台的价值越大。越多的朋友、家人和同事使用，脸书、推特、微信、微博等就可成为日益重要的社交和连接平台。同样地，越多的出行者使用优步、力夫特、滴滴、神州，就会吸引越多的驾驶员加入这些平台，从而提高平台的出行匹配效率，这反过来又吸引更多的出行者更加频繁地使用平台。二是数据能力（Data Ability），数字平台的规模越大，其挖掘和积累的数据越多，它们利用大数据技术分析和利用数据的能力越强，不断筑牢信息技术护城河，能在一定程度上遏制潜在的进入者。三是转换成本（Switching Costs），使用者一旦长期使用特定数字平台，就会形成路径依赖（Path Dependence），从而提高转换成本。例如，使用者过去长期使用微信，如果改用脸书或推特，则其储存在微信的通讯录、照片等资料就得重新更换。

由于网络效应、数据处理和转换成本等技术因素短期内不可能发生重大变化，数字平台威力强大的虹吸效应，预计在未来10—20年也不会停止，强者恒强、弱者恒弱的马太效应现象仍将持续。阿里研究院预测，未来20年，阿里巴巴平台将成为全球“第五大经济体”，支持全球1000万家小企业盈利和发展，服务全球20亿个消费者，创造1亿个就业机会。未来30年，80%的全球贸易将由小企业和个人借助数字平台开展。当然，这并不意味着不会产生其他新兴的数字平台，近年来快速发展的抖音、拼多多、今日头条，足以说明个性化、差异化、特色化的新兴数字平台仍可在现有数字平台巨大的夹缝中找到生存发展的空间。

针对数字平台的垄断现象，存在着两种极端的观点：一种观点认为，这种垄断来自信息技术和商业模式的创新，应当予以保护，否则会严重挫伤创新的积极性；另一种观点则认为，这种垄断应当予以抑制，否则有违公平竞争的原则，不利于中小微企业的生存发展，还可能导致强大的数据平台绑架整个经济社会的发展。两种观点孰对孰错，没有定论。这是新经济遇到的新问题和新挑战，考验着立法和行政监管部门，解决这些问题、化解这些挑战，需要新思维、新智慧。

我们认为，应辩证地看待数字平台对中小微企业影响的两面性：一方面，数字平台可能危及中小微企业的生存与发展，众多传统的中小零售批发企业和广告商因强大的数字平台而消失，从而展现出了数字平台的负面性；另一方面，数字平台的发展又为中小微企业提供了与大型企业同台竞争的机会。在旧经济时代，单家中小微企业犹如“蚂蚁”，势单力薄，无法与体量庞大的“大象”公司相匹敌，而在新经济时代，借助于强大数字化平台的赋能，中小微企业利用平台提供的信息技术、交易规则、海量数据、价值链等商业基础设施，结伴而行、分工合作，就有能力与“大象”公司同台竞争、可领风骚，如图 1－26 所示。

图 1－26 新、旧经济时代竞争格局的变迁

资料来源：阿里研究院 . 2018 全球数字经济发展指数。

数字平台的虹吸效应带来的税收不公平，也是值得关注的问题。脸书和谷歌这两个数字平台的经营业绩与税收缴纳的不对称性分布，造成国与国之间十分突出的税收不公平问题，如表 1－15 所示。

表 1－15 脸书、谷歌 2017 年经营业绩与税收缴纳的不对称性分布 单位：亿美元

		来自外国	来自美国	合计	外国占比	美国占比
脸书	营业收入	229. 19	177. 34	406. 53	56%	44%
	利润总额	135. 15	70. 79	205. 94	66%	34%
	缴纳税收	3. 89	46. 45	50. 34	8%	92%
谷歌	营业收入	584. 06	524. 49	1108. 55	53%	47%
	利润总额	165. 00	106. 93	271. 93	61%	39%
	缴纳税收	17. 46	126. 08	143. 54	12%	88%

资料来源：UN Digital Economy Report 2019。

第二章　商业模式及其创新概述

20 世纪 90 年代以来，随着互联网和电子商务的兴起，商业模式的重要性与日俱增，从根本上改变了市场的竞争格局。究其原因，主要有以下两个：一是数字时代的到来。新的信息和通信技术打破了传统的经商方式，开创了价值创造的新模式。例如，在交通（Uber）、住宿（Airbnb）、音乐（Spotify）、零售（Amazon）和电信（Skype）等行业中，基于敏捷的数字技术的新业务使用字节取代了传统的业务模式。二是全球市场竞争的愈加激烈，迫使企业重新思考和创新其业务方式。例如苹果公司，该公司最初仅经营个人电脑业务，如今已转变为集提供硬件、软件与服务于一体的供应商。

从 20 世纪 90 年代开始，信息技术进步和商业模式创新成为提升企业核心竞争力和价值创造能力的两大推动力。越来越多的企业意识到，信息技术进步与商业模式创新相辅相成、相得益彰。信息技术进步推动商业模式创新，商业模式创新反过来为新的信息技术提供了广泛的应用场景，加速了信息技术进步。阿里巴巴、腾讯、百度、京东、亚马逊、谷歌、脸书、苹果等国内外商业模式创新带来的巨大财富效应，引起了实务界和学术界的高度关注，商业模式日益成为热门的研究话题。

“商业模式”这个词组由两个词构成：“商业”是指提供商品和服务的活动，涉及金融、商业和工业等领域；“模式”是对复杂实体或过程的简化描述和反映。把这两个词结合起来，Osterwalder et al.（2005）将其定义为：“商业模式是一种概念性工具，其包含一组对象、概念及其与目标的关系，来表达企业的业务逻辑。因此，我们必须考虑哪些概念和关系可以简化描述并代表为客户提供什么价值、如何提供的以及其财务后果。”

值得注意的是，实务界和学术界迄今还没有对商业模式形成一个公认的权威定义，但普遍认为商业模式是企业实施其战略的框架，阐明了企业如何创造和获取价值。商业模式将企业视为一系列相互关联的决策，这些决策涉及其主要战略要素，例如价值主张、目标客户以及获取目标客户所需的渠道和关系等。因此，商业模式概念对于管理者和企业家而言具有重要的现实意义，可以帮助他们理解价值创造过程、识别价值创造的关键驱动因素。

本章分为四节，分别介绍商业模式的研究视角、定义、构成要素与分类以及商业模式创新。

第一节　商业模式的研究视角

商业模式（Business Model）这一术语作为文章正文的内容，最早于 1957 年出现在 Bellman 和 Clark 发表在《运营研究》(Operations Research) 上的《论多阶段、多个人商业博弈的构建》(*On the Construction of a Multi - Stage, Multi - Person Business Game*) 一文，该术语仅在正文中被引用一次①；3 年后，作为文章题目和摘要出现在 Jones G. M. 的论文“*Educators, Electrons, and Business Models: A Problem in Synthesis*”中，该论文主要关于应如何培养大学生以及如何为他们提供技术支持。但是，该术语在该文中未作进一步提及。

在随后的几十年中，虽然也有一些学者，如 Chandler，Andrew，Child 对商业模式作过一定的研究，但无论在理论界还是实务界，商业模式都没有引起明显的关注。这个状况在 20 世纪 90 年代后半期发生了变化，由于当时“Dot - Com”经济的出现，该术语的使用和研究显著增加。图 2 - 1 通过 1980—2017 年 Google 学术搜索数据库中对该术语的使用频率，清楚地说明了这一现象。

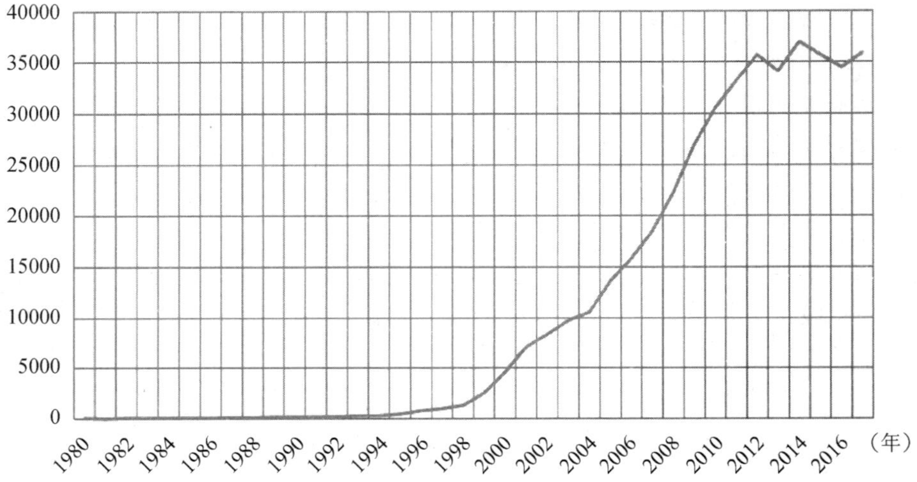

图 2 - 1　1980—2017 年在 Google 学术搜索数据库中使用“商业模式”一词的频率

资料来源：Nielsen et al., Business Models: A Research Review, 2019。

直到 20 世纪 90 年代后期，随着经济全球化、科学技术进步、产业加快融合，特别是互联网技术在商业领域的全方位渗透，人们普遍感到“做生意的性质已经发生改变了”。新行业、新领域、新产品、新服务、新创意、新知识不断涌现，所有这些因素对价值创造都产生了巨大的影响。同时，无形资产和知识资源对于企业的发展愈加重要。在“新经济”中，无形资产逐渐取代有形资产和金融资本成为价值创造的关键因素。在这不断变化的营商环境中，商业模式逐渐成为一个独立的研究领域，并日益成为实务界和学术界的关注对象和研究热点。根据 Zott 等学者的文献回顾表明，学术界主要从以下三个角度对商业模式开展研究。

一、电子商务视角下的商业模式

电子商务产业的兴起本身即是一种新的商业模式现象，故商业模式的早期研究多以电子商务企业为研究对象，迄今为止，围绕电子商务这种商业模式开展的研究也吸引了大量的关注。

① “And many more problems arise to plague us in the construction of these business models than ever confronted an engineer” (Bellman et al., 1957: 474). 对该词的提及似乎是将商业模式概念与现实世界通过一个模型简化地表达出来。

“电子商务”一词的意思是“通过电子手段做生意”（Doing Business Electronically），它涵盖电子商务、电子市场和基于互联网的业务，是指通过互联网与业务伙伴和买方进行商业交易。

随着通信和信息技术的迅猛发展、计算和通信成本的急剧下降、互联网的出现和普及，价值创造的方式革新成为可能，催生了非传统的价值交换机制和交易结构，新型跨边界组织形式应运而生。这些发展使企业能够从根本上改变其组织，以更加灵活和高效的方式从事经济活动，为商业模式的设计开辟了新的视野。互联网的发展是促使人们对新商业模式兴趣激增的主要推动力。随之而来的是围绕该主题的学术文献大量涌现，这些研究有助于实务界更好地通过商业模式创新实现价值创造。

在此领域，学者们主要从两个方面对商业模式展开研究：一是描述通用电子商务的商业模式并进行分类；二是讨论电子商务的商业模式构成要素。

（一）通用电子商务视角下的商业模式和分类

一些学者尝试通过描述通用电子商务的商业模式并对其进行分类。Timmers 将商业模式定义为一种描述产品、服务以及信息流动的结构，并归纳了 11 种电子商务企业的商业模式（Timmers，1998）。Tapscott，Lowy and Ticol（2000）提出了一种以网络和价值为中心的分类法，该分类法确定了 5 种类型的价值网络，他们称之为 B 网（Business Webs），这 5 种分类的经济控制程度和价值整合程度不同。Rappa（2001）根据企业不同价值主张的性质及其创收方式进行分类。Weill and Vitale（2001）描述了 8 种所谓的原子商业模式（Atomic Business Model），每种模式都描述了一种不同的电子商务方式。电子商务计划可以用纯原子商业模式来表示，也可以结合起来使用。Applegate（2001）提出了以下 6 种电子商务的商业模式：重点分销商（Focused Distributor）、门户（Portals）、生产者（Producers）、基础设施分销商（Infrastructure Distributors）、基础设施门户（Infrastructure Portals）和基础设施生产者（Infrastructure Producers）。Dubosson - Torbay et al.（2002）从以下维度对商业模式进行分类：用户角色、交互模式、产品性质、定价系统、自定义级别和经济控制。这些研究的共同之处在于，试图围绕互联网技术的快速发展对电子商务的商业模式类型和分类进行描述。

（二）电子商务的商业模式构成要素

表 2 - 1 列示了一些代表性学者对电子商务背景下商业模式的构成要素所作的总结：

表 2 - 1　　电子商务商业模式的构成要素

作者	构成要素
Mahadevan，2000	· 合作伙伴和买家的价值流（确定对买方、卖方和做市商的价值主张，以及互联网环境中的门户网站） · 收入流（确保生意产生收入的计划） · 物流（关于供应链的各个问题）
Alt and Zimmerman，2001	· 任务（目标、愿景、价值主张） · 结构（参与者和治理、重点） · 流程（以客户为导向、协调机制） · 收入（收入来源、业务逻辑） · 法律问题 · 技术

续表

作者	构成要素
Applegate，2001	· 概念（对机会的描述） · 能力（将概念转化为现实所需要的资源） · 价值（对投资者和其他利益相关者的回报）
Rappa，2001	· 可持续性 · 收入来源 · 成本结构 · 价值链定位
Osterwalder，2004	· 价值主张 · 客户群 · 合作伙伴的网络 · 投放渠道 · 收入来源
Bonaccorsi，Giannangeli and Rossi，2006	· 产品和服务的交付 · 客户 · 成本结构 · 收入
Brousseau and Penard，2006	· 成本 · 收入来源 · 产品和服务的生产和交换

资料来源：Zott，Amit and Massa，2011. The Business Model：Recent Development and Future Research。

（三）我国电子商务模式概述

伴随互联网的普及和电子商务的应用，我国对电子商务模式的讨论和分析也日益成为热门话题。由于电子商务发展的环境、背景和市场等差异，我国电子商务模式与国际上不尽相同。我国商务部在《中国电子商务报告（2004—2005）》中提出，电子商务模式具有以下特征：

· 以实用为导向，追求效益；
· 是一个良性生态系统，良好的竞争和供给服务；
· 可不断进化和转型，第三方平台应具有外包理念；
· 为服务者提供新商业机会，如信息服务、交易服务等；
· 能够基于整体（普适性），并整合各种资源；
· 模式所采用的技术系统具有较高的智能化；
· 可复制能力，能够移植到其他行业或者地区；
· 收益模型，具有良好的收益，保障自身的可持续发展；

·创新性与本土化，能够结合本国本地的实际情况进行创新；

·生命力，具有可持续发展空间，能够不断完善；

·商业环节的改变，对传统商业的某个或某几个环节具有明显的改善，这些企业具有5大特点：(1) 直接经济效益。销售收益变化，电子商务的交易额百分比，运营成本的节约、库存率、资金周转率、交易额/销售人员比率等。(2) 竞争力。品牌、市场影响力、国际化、客户流失率等。(3) 企业机会。客户和合作伙伴数量变化，市场与融资机会。(4) 企业内部变化。企业转型、营销策略、销售模式变化。(5) 其他。如对行业生态的变化。

电子商务模式，其实质是对电子商务经营方式的抽象和概括，也是对企业电子商务（或商务网站）的发展和盈利方式进行归纳，是从传统生产和经营活动中发展起来的新的社会经济运作模式。因此，电子商务模式实际上是对传统商业模式基于互联网的映射，或者基于互联网的创新的不同于传统商业模式的领域。我国商务部将电子商务分为4大类：

(1) 企业通过网络实施面向消费者的商品经营。在此商业模式下，企业的主要收入来源于低价买进商品、高价卖出产品，赚取产品差价，或者把自己生产的商品不通过传统的分销渠道，而直接通过网络卖给消费者。它与传统零售模式的区别是用虚拟的店面陈列代替实体商场，消费者节省了去实体店面购买的时间以及其他成本，企业可以面向全球消费者销售商品，而不像传统商场那样仅能够面对“街坊邻居”。这种模式随着不断的实践也有不少演变：一类是企业自己建立面向消费者的网站，企业负责建设和运营网站；另一类是企业不单独建立网站，而是依托第三方提供的销售平台，给平台提供者一定的服务费。

(2) 企业通过网络实施面向消费者的服务经营。企业的主要收入来源于通过网络给消费者提供服务。它与传统服务模式的主要区别在于企业可以面向全球消费者提供服务，极大地拓展了自己的客户群。此类模式给传统的服务行业带来了革命性的变化，如旅游服务、订票服务、应聘服务、游戏服务、教育服务等。

(3) 企业通过网络实施面向企业的商品经营。企业的主要收入来源于低价买进商品、高价卖出产品，赚取产品差价，或者把自己生产的商品不通过传统的分销渠道，而直接通过网络卖给其他企业。根据我国制造业和流通业的发展状况，此类模式又可以进一步划分为以下两种模式：一是分销型电子商务；二是采购型电子商务。分销型电子商务使分销业务在互联网平台上运行，改变了代理商的工作方式。采购型电子商务使企业与企业之间能够通过网络实施产品经营，对采购和供应进行有效管理和及时响应。

(4) 企业通过网络实施面向企业的服务。其主要收入来源是通过网络给企业提供服务，如广告服务、网络人力资源服务和网络信息平台服务等，同样可以面向全球企业提供服务。

近年来，我国电子商务交易规模持续扩大，稳居全球网络零售市场首位。国家统计局数据显示，2018年全国电子商务交易额高达31.63万亿元（见图2-2），2018年全国网上零售额9.01万亿元（见图2-3）。同时，电子商务服务业保持稳步增长，营业收入规模达3.52万亿元（见图2-4）。随着电子商务与实体经济融合的加速发展，带动了更多人从事电子商务相关工作。根据商务部《中国电子商务报告2018》显示，2018年，中国电子商务从业人员达4700万人（见图2-5）。

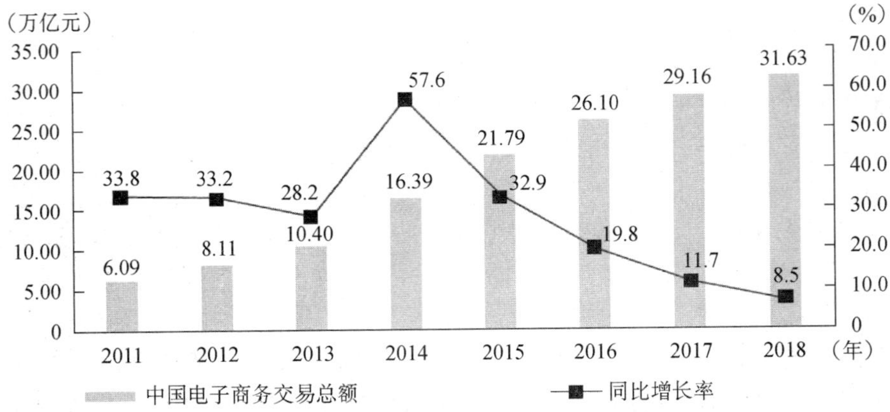

图 2－2 2011—2018 年中国电子商务交易总额

资料来源：国家统计局。

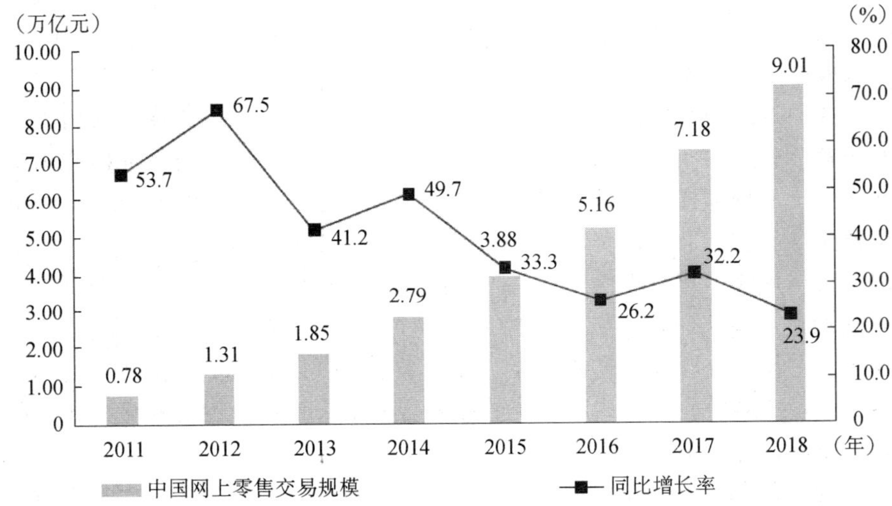

图 2－3 2011—2018 年中国网上零售交易规模

资料来源：国家统计局。

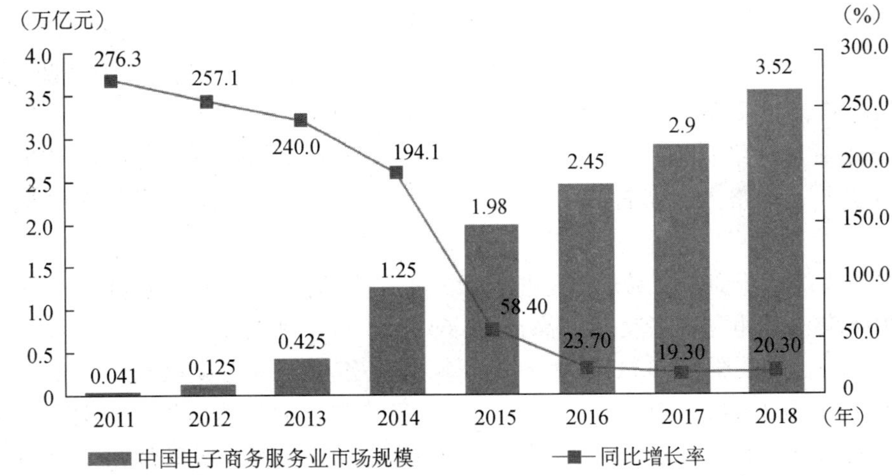

图 2－4 2011—2018 年中国电子商务服务业营业收入规模

资料来源：商务部．中国电子商务报告 2018。

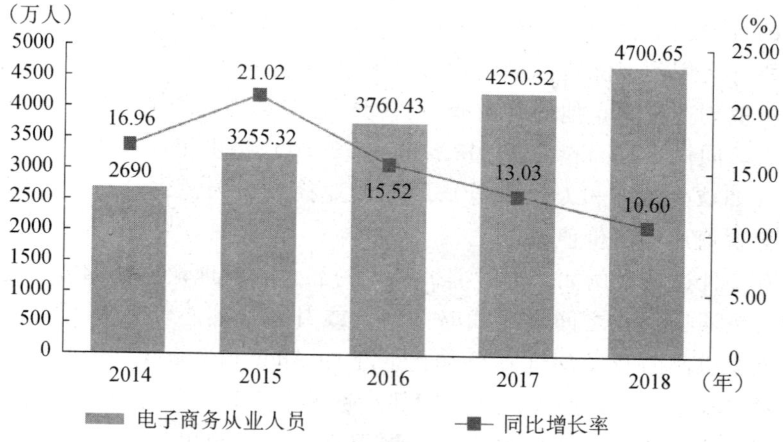

图 2－5　2014—2018 年中国电子商务就业规模

资料来源：商务部．中国电子商务报告 2018。

（四）小结

电子商务视角下的商业模式研究，学者们主要侧重于研究基于互联网业务方式的企业，以及这些企业在各自的生态系统中扮演的新角色，但他们似乎不太在意因果解释或实证检验。他们的主要贡献在于在一定程度上描述并突出了价值概念（如价值流、客户价值、价值主张）、财务特征（如收入流及成本结构）以及企业与交易伙伴间的网络架构（如交付渠道、网络关系、物流、基础设施）。这些构成要素中的每一个都可能构成通用商业模式的一部分，并且可能成为商业模式类型之间差异的来源。

因此，在此类的文献中，商业模式不仅是价值主张、收入模式或关系网络，而是所有这些要素的加总；同时，该类文献中没有一篇文章分析任何商业模式的构成要素（如收入机制、控制活动的配置、定价系统或交互模式）与其他要素之间的关系，因此，在描述商业模式的前因后果方面略有不足。

二、战略关系视角下的商业模式

商业模式与战略是否可以清晰地区分，一直是学术界关注的问题。商业模式以传递价值作为主要出发点，关注为客户创造最大价值（Amit，Zott，2001），战略则基于来自竞争对手的威胁，强调企业如何持续获取利润（Teece，2010）。商业模式旨在为客户等利益相关者创造更多价值，而战略的重点是为股东创造价值。总的来说，商业模式是企业实现既定战略的重要工具，或者说商业模式的成功需要合适的企业战略相匹配。企业采用何种商业模式取决于决策者对市场机会及既定战略的理解。

在此领域中，学者们主要从以下三个方面对商业模式与战略的关系进行了研究：网络化市场中的价值创造、商业模式与公司绩效以及商业模式与战略。

（一）网络化市场中的价值创造

数字经济为企业提供了通过新的方式创造价值的契机，这样的价值创造普遍具有网络化的特征，即价值是在企业的主导下由众多的合作伙伴和用户构成的。因此，管理学者开始从网络化的视角对价值进行重新定义，例如，Zott 和 Amit（2009）运用商业模式的概念来解释网络化市场的价值创造；同时，对价值创造的解释并不局限于新经济这一背景，也有学者将商业模式的概念运用到消除贫困和提高整体社会福利方面，如 Seelos 和 Mair 研究了严重贫困情况下的价值创造机制，他们将商业模式的概念定义为将价值创造与经济或社会战略目标相一致的能力。同样，Thompson 和 MacMillan（2010）提出了一个框架用于开发可以导致社会财富改善（如减少贫困和人类痛苦）的新商业模式。因此，价值创造可以指不同形式的价值（如社会价值或经济价值）。

价值创造有多种途径，例如，通过熊彼特式的五大创新理论，或如波特提出的对价值链重新配置，抑或是通过企业之间形成战略网络，或对企业核心竞争能力的进一步开发和利用，但对价值创造机制的开发却远不仅如此。正如 Amit 和 Zott（2001）所观察到的那样，价值创造的源泉以及学者对其的关注和研究都跨越了企业和行业的边界。他们通过对 150 家企业的样本研究，认为现有的任何单一理论框架都无法完全解决有关创造价值的问题；同时，指出了商业模式的 4 个潜在价值创造来源：（1）新颖性（Novelty）；（2）锁定（Lock - in）；（3）互补（Complementarities）；（4）效率（Efficiency）。他们认为，这些价值驱动因素是相互促进的，每个价值驱动因素的存在都可以增强任何其他价值驱动因素的有效性。

商业模式创新也可以创造价值。根据 Hamel（2000）的观点，企业如果想在“变革的年代”壮大和发展，必须对其商业模式进行创新。在这样的商业模式下，价值创造和价值获取都存在于一个价值网络中，它包括供应商、合作伙伴、分销渠道和联盟，这些价值网络极大地扩展了企业的资源。

（二）商业模式和公司绩效

尽管部分商业模式领域的学者将其研究重点放在公司的活动和与其合作伙伴的网络关系上，但越来越多的研究人员意识到在日益加剧的竞争环境中，企业也需要在不同的商业模式之间竞争（Casadesus - Masanell and Ricart，2010）。因此，商业模式代表了潜在的竞争优势来源（Markides and Charitou，2004）。新颖的、更有效率的商业模式可以带来更卓越的价值创造，并取代做生意的传统方式，成为下一代企业家超越的目标（Magretta，2002）。

商业模式可以在解释公司绩效中发挥核心作用。Afuah and Tucci（2001）提出了一种商业模式，作为解释竞争优势和公司绩效的统一架构，并将该商业模式定义为“一种公司建立和使用其资源以为其客户提供更好的价值并从中获利的方法”。Afuah（2004）关注公司的盈利能力，并引入了一个战略框架，在该战略框架中，商业模式被概念化为一组决定公司盈利的要素。

由于 Afuah 和 Tucci（2001）以及 Afuah（2004）的结论是概念性的，因此，一些学者进行了实证分析。Zott 和 Amit（2007）分析了初创企业中商业模式对绩效的影响。他们将商业模式定义为企业与外部各方进行跨边界交易的设计。他们认为，可以通过考察两个明显的影响来分析商业模式与企业绩效的本质和关系：一是商业模式的价值创造潜力；二是企业运用该价值潜力的能力。他们确定了可以围绕商业模式进行设计的两个主题：效率和新颖性。在此实证研究中，Zott 和 Amit 将商业模式作为自变量，研究在不同环境下商业模式与公司绩效的关系。

在另一项关于公司绩效与商业模式的实证研究中，Patzelt，Knyphausen - Aufseb 和 Nikol（2008）将商业模式作为变量来研究高层管理团队组成与组织绩效之间的关系。他们分析了一组德国的生物技术企业，并重点关注了生物技术公司可能采用的两种商业模式：平台

(Platform)和治疗法(Therapeutics)。他们的研究表明,公司特定的管理团队成员的经验可以对其业绩产生正面或负面影响,具体取决于所采用的商业模式。同样,Zott 和 Amit(2008)基于权变理论,认为商业模式和产品市场战略对公司绩效产生影响,他们得出两个结论:(1)强调新颖性(Emphasize Novelty)并结合差异化或成本领先优势的商业模式可能对公司的业绩产生积极影响;(2)以新颖性为中心(Novelty – Centered)的商业模式和及早进入市场对公司的业绩产生积极影响。

同时,实务界人士也对商业模式与企业绩效之间的关系进行了研究。IBM 的顾问在采访了全球 765 位企业和公共部门的领导者后发现,财务表现出色的公司对商业模式创新的重视程度是表现欠佳的公司的两倍(IBM Global Business Services,2006)。Giesen,Berman,Bell 和 Blitz(2007)研究了商业模式创新与公司绩效之间的关系,他们对 3 种类型的商业模式创新进行了描述,即:行业模式(对行业内供应链的创新)、收入模式(公司如何创造价值的创新)和企业模式(企业结构在现有的或新的价值链中发挥的作用)。他们的研究主要有两个发现:(1)每种类型的商业模式创新都可以取得成功;(2)专注于外部协作和伙伴关系的商业模式创新在老公司中比在年轻公司中更有效。

(三)战略和商业模式

对商业模式的研究扩展了战略及其相关理论的内涵,但学者们对于商业模式是否可以成为与公司产品市场截然不同的竞争优势的来源仍持有争议。Zott 等学者认为:满足相同的客户需求并采用相似产品市场战略的公司可以通过截然不同的商业模式来实现;商业模式的设计和产品市场战略是相互补充的,而非相互替代。

在此领域中,学者们主要关注战略和商业模式的两个差异:一是传统的关于战略的理论强调竞争、价值获取和竞争优势,而商业模式似乎更侧重于合作、伙伴关系和共同创造价值;二是商业模式的研究更关注价值主张,强调客户在商业模式中扮演的角色,而这些因素在关于战略的文献中比较少见。从 Zott 等学者对文献的回顾看,大部分学者对商业模式的看法在这方面是一致的,即认为商业模式是以客户为中心的价值创造。Zott 认为,商业模式是企业与外部各方的经济交换模式(Zott and Amit,2008),它概述了企业为其利益相关者提出的价值主张的基本细节,以及企业为客户创造价值并实现该价值的活动系统。

尽管商业模式与战略在概念上存在显著差异,但学者们也强调商业模式可以在战略中发挥重要作用。理查森(Richardson,2008)认为,商业模式解释了企业如何通过各项活动来共同执行战略,从而架起了战略制定与实施的"桥梁"。同样,Shafer et al.(2005)认为,商业模式反映了公司已实现的战略。Teece(2007)认为,商业模式反映了"关于客户想要什么,以及企业如何才能最好地满足这些需求并因此获得报酬的假说"。

(四)小结

总的来说,对商业模式与战略的研究主要围绕 3 个方面展开:(1)价值创造的网络本质;(2)商业模式与企业绩效之间的关系;(3)商业模式与战略概念的区别。研究战略的学者比较关注企业的各项活动,因为这有助于解释企业如何将自己与竞争对手区分开来,因此,在此类文献中提出的许多商业模式概念都与企业活动或活动系统有关。

由于缺乏得到一致认可的商业模式定义,学者们在概念上从不同角度对商业模式进行描述,至少有助于阐明什么不是商业模式。首先,商业模式不涉及从供应商到公司再到客户的价值创造的线性机制。通过商业模式创造的价值涉及多个参与者之间复杂且相互关联的交换关系和活动。其次，商业模式与产品市场战略（即它不是指市场中产品的差异化或成本领先地位）或者战略（描述或指定公司的活跃的业务范围）不同。最后，不能将商业模式简单理解为涉及公司内部组织的问题（如控制的机制或激励制度），也不能将商业模式等同于企业的活动系统。但是，商业模式可以成为竞争优势的来源。

三、创新和技术管理视角下的商业模式

商业模式是初创企业新技术商业化的重要工具，初创企业可以利用商业模式克服其资源不足的特点，顺利实现技术商业化。不仅如此，经营历史较为悠久的企业也可以利用不同的商业模式设计，应对现有技术和新技术的挑战，实现短期和长期利益的均衡；同时，商业模式在企业流程管理、产品和组织创新等传统管理领域注入新的创新元素，促使新的合作与协作形式的形成和发展。商业模式被视为企业的创新技术与客户需求（或其他企业的资源）进行关联的机制，重视资源的投入和市场效果，并且体现在企业的组织和财务架构上（Teece，2010）。商业模式是对技术的补充，技术是商业模式的促成因素。商业模式的"核心逻辑"主要包括企业的收入和成本、对客户的价值主张（Value Proposition）以及捕捉价值的机制。由此，商业模式才得以发展成为创新的载体和主题。

在阐释商业模式如何释放新技术中蕴含的潜在价值并将其转化为市场成果方面，Chesbrough and Rosenbloom（2002）进行了一项对施乐公司的案例研究，他们描述了施乐公司如何通过采用有效的商业模式将其他领先公司拒绝的技术商业化，而取得自身快速发展的经历。这项研究还将成功与失败的技术衍生产品与其市场潜力进行比较，发现成功的企业对商业模式的研究和投入要比落后的企业多得多。Björkdahl 从商业模式角度研究了技术多元化和技术融合（Cross－fertilization），他认为，将新技术嵌入产品的技术基础，可以拓展现有技术的性能和功能空间，如果相关创新具有潜在的经济价值并且可以获取，那么这就需要一种新的商业模式来实现。Calia，Guerrini 和 Moura（2007）研究了技术创新如何影响公司运营和商业活动以及对商业模式带来的变化，他们认为，商业模式不仅促进了技术创新，而且技术创新反过来也影响商业模式，两者形成了相互影响和促进的关系。

除了研究商业模式与技术创新对单家企业的影响，也有学者对商业模式与行业的发展进行了研究。比如，Johnson 和 Suskewicz（2009）指出了商业模式对于整个行业的重要性，他们认为，在大规模的基础设施变革（如从化石燃料经济向清洁技术经济的转变）中，关键在于将研究重点从开发单一技术转移到创建全新系统中，而商业模式的引入正是作为应对系统性变革的综合框架的一部分。

总之，对商业模式、创新和技术管理的研究而言，技术创新对公司很重要，但可能不足以保证公司的成功。这是因为技术本身没有内在价值，只有将技术嵌入产品和服务中，企业才可以将其转化为财务成果，而这个过程就需要设计一种独特的商业模式来实现其经济潜力。

第二节 商业模式的定义

目前，学术界尚未就商业模式形成一个广泛认可的权威定义。因此，界定商业模式的性

质和组成要素以及确定哪些因素构成一个好的商业模式是一项艰巨的任务；同时，在相关术语使用方面也存在一定程度的混淆，例如，人们常把商业模式、战略、商业概念、收入模型和经济模型等词汇互换使用，表达相同或不同的意思。此外，商业模式也常被称为架构（Architecture）、设计（Design）、模式（Pattern）、计划（Plan）、方法（Method）、假设（Assumption）以及陈述（Statement）。在最基础的定义中，商业模式被定义为企业的经济模式（Economic Model）。学者们通常也分别基于自己的相关领域，从不同角度提出不同的商业模式概念，例如，Henry Chesbroug 从创新视角、Michael Porter 从战略视角、David Teece 从管理视角都试图给商业模式下定义。虽然学术界对商业模式的定义存在较大差异，但对于以下两种看法基本形成了共识：第一，尚不存在对商业模式的公认的定义；第二，大多数商业模式定义的理论基础都很薄弱（Groth and Nielsen，2015）。

一、众说纷纭

从商业模式扮演的不同角色和优势出发，Osterwalder（2001）认为，商业模式有两个基本功能：一是它允许经理谈论实施战略的可能性并了解相关问题；二是合理的商业模式可以帮助管理人员表达他们对业务流程层面的人员和技术导向人员的期望。Osterwalder 对商业模式的描述主要关注向员工传达管理层对业务的看法，强调在整家企业内建立对公司业务、战略和目标达成共识的重要性。

Hoerl（1999）认为，商业模式有助于构建关键业务问题的解决方案；此外，有效的商业模式应该结合企业文化、价值观和治理等方面的内容。Nielsen（2010）认为，商业模式描述了战略选择的连贯性，有助于处理流程和各项关系，进一步促进组织在运营、战术和战略层面创造价值。因此，Nielsen 认为，商业模式就是一个平台，它通过整合资源、流程和供应来提供服务，使得公司长期获利。此定义强调了理解业务及其与运营的联系和相互关系的重要性，而这种联系和相互关系创造了新的价值，揭示了商业模式的核心逻辑。Itami 和 Nishino（2010）认为，商业模式由两个元素组成：商业系统（Business System）和利润模式（Profit Model），由此得出“商业模式”一词。

Nielsen 等学者根据商业模式的特征还将商业模式定义划分为 4 个类别：表示系统（Systems of Representation）、基于资源的公司绩效观（Resouce－based View of Firm Performance）、获利能力的外部前提（External Prerequisites for Profitability）和获利能力的内部前提（Internal Prerequisites for Profitability）（Nielsen et al.，2019）。表 2－2 选取了国内外主要学者对商业模式的定义。

表 2－2　　国内外主要学者对商业模式的定义

作者	定义	评论
Slywotsky（1996）	商业模式是指公司如何选择其客户、定义和区分其产品、定义它将执行的任务以及将外包、资源配置、投放市场，为客户创造效用和获利。	商业模式被概念化为获取利润的所有决策。

续表

作者	定义	评论
Timmers（1998）	商业模式代表产品、服务和信息流的综合架构，包括对参与者及其角色的描述，以及参与者的潜在利益和收入来源。商业模式包括竞争和利益相关者。	较广泛的定义，包括内部和外部参与者及其他们所扮演的角色和收入来源。
Venkatraman and Henderson（1998）	商业模式是一个基于三个维度的架构：客户交互、资产配置和知识杠杆。	通用且简洁的定义，仅侧重于商业模式应包括哪些元素。
Selz（1999）	商业模式是公司产品、服务和信息流的架构，包括各种经济代理人和他们的角色，以及其潜在收益和收入流。	非常广泛的定义，与Timmers（1998）的定义非常接近。
Mayo and Brown（1999）	商业模式是指创建和维持竞争优势的关键是相互依赖系统的设计。	此定义的重点是商业模式的目标：创建和维持竞争优势，但未定义商业模式的组成部分。
Stewart and Zhao（2000）	商业模式是对企业如何赚钱并维持其利润流的一种陈述。	长期的财务可持续性是此定义的核心。
Linder and Cantrell（2000）	商业模式是组织创造价值的核心逻辑。	一个非常简洁的定义，仅专注于创造价值的内部维度。
Hamel（2000）	商业模式是已付诸实践的商业概念，其包含四个主要组成部分：核心战略、战略资源、客户界面和价值网络（核心战略的要素包括业务使命、产品/市场范围和差异化基础。战略资源包括核心能力、关键资产和核心流程。客户界面包括实现和支持、信息和见解、关系和定价结构。价值网络由供应商、合作伙伴和联盟组成）。	非常详细的定义，主要关注商业模式的组成部分。有趣的是核心战略被视为商业模式的一个维度。
Porter（2001）	商业模式的定义是模糊的。在大多数情况下，它似乎是对公司如何开展业务并产生收入的宽泛概念。然而，仅拥有一种商业模式对于建立公司而言是一个极低的门槛。让管理层采用商业模式思维会导致错误思维和自我欺骗。	一个非常关键的定义，强调商业模式定义的模糊性。
Petrovic et al.（2001）	商业模式描述了在实际过程中创造价值的业务系统逻辑。	与Linder and Cantrell（2000）定义相似，该定义侧重于创造价值的内部维度。
Weill and Vitale（2001）	对公司的消费者、客户、盟友和供应商之间的角色和关系的描述，以确定产品、信息和资金的主要流向以及参与者的利益。	与Timmers（1998）的定义相似，较为宽泛，主要关注参与者以及他们之间有形和无形的流动。

续表

作者	定义	评论
Magretta（2002）	商业模式是解释企业运作方式的故事。进一步的定义为："商业模式是一个系统，用于描述业务的各个部分如何组织在一起，但它并没有考虑竞争这个关键因素"……一个好的商业模式必须满足两个条件：第一，它必须有好的逻辑——客户是谁，客户的价值观是什么，以及公司如何通过为客户提供价值来赚钱；第二，商业模式必须能产生利润。	该定义主要描述了成功的商业模式应具备哪些条件，其重点放在商业模式的构成要素上，但是没有从战略维度上加以描述。
Osterwalder（2004）	商业模式是一种概念工具，它包含一组元素及其之间的关系，并用以表达特定公司的商业逻辑。它描述了公司为一个或几个客户群提供的价值，以及公司的体系架构及其合作伙伴网络，用于创建、营销和交付这种价值和关系资本，并形成可持续的利润流。	该定义主要关注商业模式的构成要素以及要素间的关系。
Morris et al.（2005）	商业模式是来自战略、运营架构及经济领域的一系列决策变量间的相互作用。	该定义较为关注商业模式与战略的关系。
Chesbrough（2006）	商业模式是将思想和技术与经济成果联系起来的框架。该框架有助于了解各种规模的公司如何将技术潜力（如产品、可行性和绩效）转化为经济价值（价格和利润）时，它也很有价值。……"每个公司都有商业模式，无论该描述是否被明确指出。"	商业模式被视为将技术转化为经济成果的"助推器"。
Skarzynski and Gibson（2008）	商业模式是用于识别公司如何创造、交付和提取价值的概念框架。它通常包含一组集成的要素，这些要素都可以看作创新和获取竞争优势的机会。	商业模式被视为竞争优势和创新的源泉，其重点是价值创造、交付和获取。
Zott and Amit（2008）	商业模式是一个描述公司如何与客户、合作伙伴和供应商进行交易的结构模板，即公司如何选择与要素市场和产品市场建立联系。	该定义侧重于整个公司体系以及公司在整个价值链中的位置。
Johnson，Christensen and Kagermann（2008）	商业模式由四个相互关联的要素组成（客户价值主张、利润公式、关键资源和关键流程），这些要素相互关联、共同创造和交付价值。	重点提出了商业模式的构成要素。
Teece（2010）	商业模式阐明了支持客户价值主张的逻辑、数据和其他证据，以及为企业提供该价值的可行的（Viable）收入和成本结构。	该定义侧重于管理学视角。
Casadesus－Masanell and Ricart（2010）	商业模式反映了企业已实现的战略。	该定义太过简单。

续表

作者	定义	评论
罗珉，等（2005）	商业模式是一个组织在明确外部假设条件、内部资源和能力的前提下，用于整合组织本身、顾客、供应链伙伴、员工、股东或利益相关者来获取超额利润的一种战略创新意图和可实现的结构体系，以及制度安排的集合。	从经济角度对商业模式提出的定义。
原磊（2007）	商业模式是一种描述企业如何通过对经济逻辑、运营结构和战略方向等具有内部相关性的变量进行定位和整合的概念性工具，说明企业如何通过对价值主张、价值网络、价值维护和价值实现四个方面的因素进行设计，在创造顾客价值的基础上，为股东及伙伴等其他利益相关者创造价值。	重点关注商业模式的价值维度。
钱志新（2008）	商业模式是企业市场价值的实现模型，它集中体现了企业创造价值的能力，为企业实现市场价值最大化，是企业的价值转化机制。	从商业模式的价值创造视角给予定义。
魏炜、朱武祥、林桂平（2012）	商业模式的本质是企业与其利益相关者的交易结构，完整的商业模式体现包括定位、业务系统、关键资源能力、盈利模式、自由现金和企业价值六个方面。	该定义较为侧重商业模式的营运特征。

资料来源：作者根据文献整理。

从对商业模式定义的相关文献的回顾来看，学者们普遍明确或隐含地认为，商业模式是一个新的研究领域，它不同于对单个产品、企业、行业或网络的研究，它是以焦点公司为中心，但是超越了公司的界限。商业模式强调从系统层级出发，以整体的视角来解释企业是如何“做生意”的。焦点公司的活动以及其合作伙伴在不同的商业模式定义中扮演了重要的角色。商业模式试图解释价值创造和价值捕捉。基于对近15年来学术界对商业模式给出的定义或作出的相关论述进行总结和归纳，我们试图将商业模式的定义划分为三类：经济类、战略类和价值类。

二、经济类概念

经济类概念从经济学视角理解商业模式，将商业模式描述为企业的经济模式，认为企业的商业模式应服务于企业的目标——利润最大化，商业模式就是“做生意的方式”，认为商业模式的内涵是获取利润的逻辑。与此相关的变量包括定价、成本结构、产量、收入模式等。此类定义的典型代表有“企业能获得并且保留其收益的逻辑陈述，或者称之为赚取利润的经商方法”（Rappa，2000）、“商业模式是对企业如何赚钱并维持其利润流的一种陈述”（Stewart and Zhao，2000）、“企业做生意的方式和理念”（Hamel，2000）、“企业获取并使用资源为顾客创造比竞争对手更多的价值以赚取利润的方法”（Afuah，2001）、“公司赚钱的故事……商业模式必须能赚取利润”（Magretta，2002）、“商业模式是关于公司如何获取回报的假设”（Drucker，1994）。

三、战略类概念

战略类概念将商业模式定义为企业获取利润、实现价值的战略、方式或方法，涉及市场主张、组织行为、增长机会、竞争优势和可持续性等构成要素，认为商业模式是企业用来控制并有效使用资源，在价值创造方面超过竞争对手、确立竞争优势、获取利润的方法。与此相关的变量包括联盟、愿景、差异化、网络、利益相关者等。如 Hamel（2000）认为，商业模式是已付诸实践的商业概念，其包含四个主要组成部分：核心战略、战略资源、客户界面和价值网络。他将核心战略作为商业模式组成要素的一部分。Morris（2005）也认为，商业模式是来自战略、运营架构以及经济领域的一系列变量间的相互作用。Casadesus - Masanell and Ricart（2010）认为，商业模式反映了企业已实现的战略。国内学者罗珉（2016）认为，商业模式是一个组织在明确外部假设条件、内部资源和能力的前提下，用于整合组织本身、顾客、供应链伙伴、员工、股东或利益相关者来获取超额利润的一种战略创新意图和可实现的结构体系以及制度安排的集合。

四、价值类概念

价值类概念认为，商业模式是“企业创造价值的基本逻辑”（Timmers，1998），揭示了企业商业运作的实质。商业模式不是关于过程，而是关于商业活动参与者之间的价值交换。约翰逊等则将商业模式定义为“如何创造、传递客户价值和公司价值的系统”（Johnson et al.，2008）。奥斯德瓦尔德等人的定义与此类似，他们认为，商业模式是“描述一个组织如何创造价值、传递价值、获取价值的逻辑方式”（Osterwalder et al.，2010）。Linder and Cantrell 认为，商业模式是组织创造价值的核心逻辑（Linder and Cantrell，2000）。Petrovic and Linder 的看法几乎一致，认为“商业模式描述了在实际过程中创造价值的业务逻辑”（Petrovic et al.，2001）。Skarzynski 认为“商业模式是用于识别公司如何创造、交付和获取价值的概念框架”（Skarzynski and Gibson，2008）。Teece（2010）也认为“商业模式是支持客户价值主张的逻辑、数据和其他证据，以及为企业提供该价值的可行收入和成本结构”。国际整合报告理事会（International Integrated Reporting Council，IIRC）在其 2013 年发布的《整合报告》（*Integrated Reporting*）中将商业模式定义为：“一个组织为了实现其战略目标，在短期、中期和长期创造价值，通过经营活动将投入转化为产出和成果的体系。”

五、我国主流观点

受国外文献回顾的影响，我国从“价值创造”（Value Creation）的角度对商业模式进行定义的趋势越来越明显。例如，原磊（2007）从价值主张、价值网络、价值维护和价值实现四个维度进行考虑，将伙伴价值融入顾客价值、企业价值之中，认为价值必须通过顾客、伙伴和企业来合作创造，体现了商业模式的“共创和共享”理念。钱志新（2008）认为，商业模式是企业市场价值的实现模式，并把企业比喻成一个“黑箱子”，一侧输入的是经济资源，另一侧输出的是企业价值，中间实现这种价值转换的就是商业模式。商业模式要回答的主要问题是：为什么客户创造价值、为客户创造什么价值、用什么样的资源创造价值、如何创造价值、如何分享价值。魏炜、朱武祥等学者（2012）认为，商业模式的本质是企业与其利益相关者的交易结构，完整的商业模式体现包括定位、业务系统、关键资源能力、盈利模式、自由现金和企业价值六个方面。

六、IIRC 的观点

值得一提的是，钱志新的观点与 IIRC 的看法如出一辙。IIRC 把价值创造视为投入产出过程、投入金融、制造、智力、人力、社会与关系、自然等七种资本，通过商业模式的作用，创造出更多的资本，如图 2 - 6 所示。

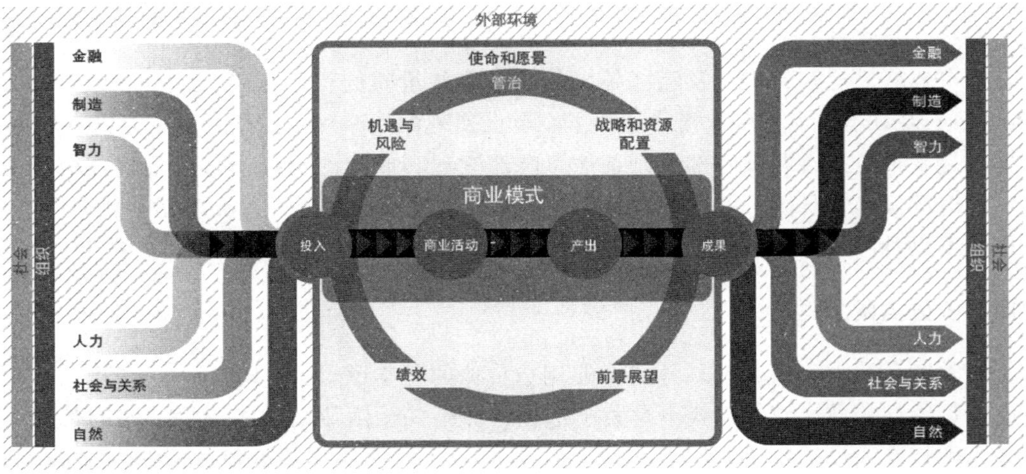

图 2 - 6　价值创造与商业模式的关系

资料来源：IIRC，2013. Integrated Reporting。

从图 2 - 6 可以看出，投入产出比（价值创造能力）受到商业模式的直接影响，在一定程度上决定着价值创造能力的大小。基于此，IIRC 将商业模式置于由七大要素所组成的整合报告（integrated reporting）的核心位置，如图 2 - 7 所示。

图 2 - 7　整合报告的构成要素

资料来源：IIRC，2013. Integrated Reporting。

七、小结

尽管学术界和实务界给商业模式下的定义迥异、见仁见智，但对商业模式主要关注什么问题的看法却比较一致，大都认为，商业模式关注的核心问题是如何为客户和股东创造价值。玛格丽特认为，一个好的商业模式必须回答关键问题：客户是谁？客户看中什么价值？如何在与客户做生意中赚钱？如何以合适的成本向客户传递价值？（Magretta，2002）。可见，企业如何为客户创造价值、如何向客户传递价值、如何在服务客户过程中使股东获取价值，就是商业模式的基本要义。

第三节　商业模式的构成要素和分类

受商业模式缺乏权威定义的影响，学术界和实务界对商业模式的构成要素和分类方法也是见仁见智、莫衷一是。本节介绍和分析了这两个领域的代表性观点。

一、商业模式的构成要素

由于对商业模式概念的定义至今还未达成共识，因此，国内外学者对商业模式的构成要素的描述也存在较大差异，莫衷一是。表2－3列举了国内外主要学者关于商业模式构成要素的观点，并对几个有代表性的观点进行重点介绍。

表2－3　国内外主要学者对商业模式构成要素的观点

作者	商业模式构成要素	数量
Horowitz（1996）	价格、产品、分销、组织特征、技术	5
Viscio et al.（1996）	全球核心、管制、业务单位、服务、连接	5
Timmers（1998）	产品/服务/信息流结构、参与主体利益、收入来源	3
Markides（1999）	产品创新、顾客关系、基础设施管理、财务	4
Donath（1999）	顾客理解、市场战术、公司管理、内部网络化能力、外部网络化能力	5
Chesbrough et al.（2000）	价值主张、目标市场、内部价值链结构、成本结构和利润模式、价值网络、竞争战略	6
Gordjn et al.（2001）	参与主体、价值目标、价值端口、价值创造、价值界面、价值交换、目标顾客	7
Linder（2001）	定价模式、收入模式、渠道模式、商业流程模式、基于互联网的商业关系、组织形式、价值主张	8
Hamel（2000）	核心战略、战略资源、价值网、顾客界面	4
Petrovic（2001）	价值模式、资源模式、生产模式、顾客关系模式、收入模式、资产模式、市场模式	7

续表

作者	商业模式构成要素	数量
Dubosson - Torbay（2001）	产品、顾客关系、伙伴基础与网络、财务	4
Afuah et al. （2001）	顾客价值、范围、价格、收入、相关行为、实施能力、持续力	8
Weill et al. （2001）	战略目标、价值主张、收入来源、成功因素、渠道、核心能力、目标顾客、IT技术设施	8
Applegate（2001）	概念、能力、价值	3
Amit et al. （2001）	交易内容、交易结构、交易治理	3
Alt et al. （2001）	使命、结构、流程、收入、法律义务、技术	6
Rayport et al. （2001）	价值流、市场空间提供物、资源系统、财务模式	4
Betz（2002）	资源、销售、利润、资产	4
Stähler（2002）	价值主张、产品/服务、价值体系、收入模式	4
Forzi et al. （2002）	产品设计、收入模式、产出模式、市场模式、财务模式、网络和信息模式	6
Gartner（2003）	市场提供物、能力、核心技术投资、概要	4
Johnson et al. （2008）	顾客价值主张、利润公式、关键资源、关键流程	4
原磊（2008）	目标顾客、价值内容、网络形态、业务定位、伙伴关系、隔绝机制、收入模式、成本管理	8
乔为国（2009）	市场、产品、收益、内部基础、协作网络	5

资料来源：根据原磊《国外商业模式理论研究评介》（2007）等资料整理。

（一）商业模式画布的九要素观

在商业模式的构成要素方面，奥斯德瓦尔德等人提出了著名的商业模式画布（Business Model Canvas），指出商业模式由客户细分、价值主张、营销渠道、客户关系、收入来源、核心资源、主要活动、合作伙伴和成本结构等九大模块组成，如图2－8所示。

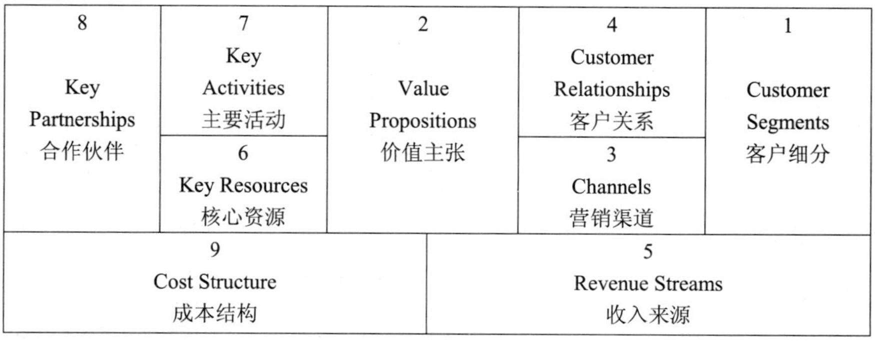

图2－8 商业模式画布

资料来源：Osterwalder et al.，2010. Business Model Generation。

商业模式的第一个要素是确定客户细分，明确企业要服务哪一个或哪几个细分的客户，做到有所为有所不为；第二个要素是提出价值主张，明确企业以什么方式解决客户的“痛点”，满足客户的需求；第三个要素是选择营销渠道，明确企业以什么方式保持与客户的沟通，以何种营销渠道向客户提供产品或服务；第四个要素是建立客户关系，明确企业以何种方式与客户建立和保持关系，提高客户的“黏性”；第五个要素是辨识收入来源，明确企业如何从向客户提供的价值主张中获取收入来源，创造现金流量；第六个要素是确定核心资源，明确企业为客户创造价值必须拥有哪些资源、如何配置资源；第七个要素是开展主要活动，明确企业为客户创造价值必须开展哪些研发、生产、促销等活动，以何种方式开展这些活动，是自行开展还是通过外包、众包或是通过建立战略联盟来开展活动；第八个要素是筛选合作伙伴，明确企业为客户创造价值必须建立何种战略联盟关系，寻找哪些关键的合作伙伴；第九个要素是分析成本结构，明确企业为客户创造价值必须发生哪些成本，如何以适当的成本向客户提供有价值的产品和服务。

商业模式画布不仅指出了商业模式的九大构成要素，而且为投资者了解和识别企业的商业模式提供了一个便捷高效的工具。图 2－9—图 2－12 分别列示了小米、余额宝、滴滴出行和神州专车的商业模式画布。

<table>
<tr><td colspan="2" rowspan="2">8
合作伙伴
APP开发者
米粉社区
硬件制造商
电信运营商</td><td colspan="2">7
主要活动
设计+智能创造
开发+米粉维护</td><td colspan="2" rowspan="2">2
价值主张
为发烧友而生
为客户提供价
廉物美（高配置
低价格）的产品
和服务</td><td colspan="2">4
客户关系
共同设计和维护
以提高黏度</td><td colspan="2" rowspan="2">1
客户细分
中低收入客户
IT&工科男女
运营商</td></tr>
<tr><td colspan="2">6
核心资源
软件技术+电商
平台+线下体验</td><td colspan="2">3
营销渠道
网络平台
小米旗舰店</td></tr>
<tr><td colspan="5">9
成本结构
软件开发+硬件制造+平台维护</td><td colspan="5">5
收入来源
铁人三项=硬件+新零售+互联网</td></tr>
</table>

图 2－9　小米商业模式画布

<table>
<tr><td colspan="2" rowspan="2">8
合作伙伴
天弘基金</td><td colspan="2">7
主要活动
平台开发&维护
募集&管理资金</td><td colspan="2" rowspan="2">2
价值主张
低门槛理财
方便存取&转账
零手续费
竞争性回报</td><td colspan="2">4
客户关系
自动化+个性化
服务方式</td><td colspan="2" rowspan="2">1
客户细分
“90后”、“00后”
小额投资者</td></tr>
<tr><td colspan="2">6
核心资源
阿里巴巴和蚂蚁
金服大数据</td><td colspan="2">3
营销渠道
支付宝</td></tr>
<tr><td colspan="5">9
成本结构
平台开发和维护支出</td><td colspan="5">5
收入来源
技术&销售服务费（来自天弘基金）</td></tr>
</table>

图 2－10　余额宝商业模式画布

<table>
<tr><td rowspan="2">8
合作伙伴
司机
腾讯
阿里
百度</td><td>7
主要活动
平台开发和维护
司机管理
乘客服务</td><td rowspan="2">2
价值主张
方便
快捷
便宜
安全</td><td>4
客户关系
微信支付捆绑
烧钱补贴</td><td rowspan="2">1
客户细分
司机（直接）
中低乘客（间接）</td></tr>
<tr><td>6
核心资源
大数据资产
多轮融资
合作伙伴</td><td>3
营销渠道
合作（微信等）
自营(专有APP)</td></tr>
<tr><td colspan="3">9
成本结构
平台开发&维护成本+推广费用&补贴</td><td colspan="2">5
收入来源
信息费（每条0.50元）+佣金（20%）</td></tr>
</table>

图 2－11 滴滴出行商业模式画布

<table>
<tr><td rowspan="2">8
合作伙伴

租车公司
其他平台</td><td>7
主要活动
平台开发&维护
司机管理
乘客服务</td><td rowspan="2">2
价值主张

方便
快捷
舒适
安全</td><td>4
客户关系

广告宣传
口碑相传</td><td rowspan="2">1
客户细分

中高收入
乘客</td></tr>
<tr><td>6
核心资源
大数据资产
专业司机
自有车队</td><td>3
营销渠道
专有APP平台</td></tr>
<tr><td colspan="3">9
成本结构
平台开发维护成本、司机薪资、汽车折旧</td><td colspan="2">5
收入来源
乘客支付的车费</td></tr>
</table>

图 2－12 神州专车商业模式画布

（二）Johnson 和 Christensen 的四要素模型

美国创新洞察管理顾问公司（Innosight）的创始人 Mark W. Johnson 和 Clayton M. Christensen 认为，商业模式是由四个相互联系的要素构成的，这些要素共同作用才能创造价值并交付价值。这四个要素是客户价值主张、利润公式、关键资源以及关键流程。

（1）客户价值主张。一家成功的公司关键在于给客户创造价值，而客户价值，即是在某种情境下需要设法解决的根本问题。只有对该问题的方方面面都了解清楚后，才可以针对该问题设计解决方案。该问题对客户越重要，客户对现有解决方案越不满意，企业提出的解决方案价值就更大。

（2）利润公式。利润公式是定义公司如何在为客户提供价值的同时为自己创造价值的“蓝图”，它包含以下内容：

· 收入模式：价格×数量。

· 成本结构：直接成本、间接成本、规模经济。成本结构取决于商业模式所需的关键资源的成本。

· 利润率模式：给定预期的数量和成本结构，为实现预期的利润所需的每笔交易贡献率。

·资源速度：存货、固定资产和其他资产的周转速度要多快才能支持我们的预期数量，并实现预期利润。

有人认为“利润公式”和“商业模式”是可以互换的。但该定义认为，如何赚钱只是该模式的一个方面。最有效的方法是根据客户价值主张设计好价格，然后以此为基础倒推得到可变成本和毛利率，最后再确定取得期望利润所需的规模和资源速度。

（3）关键资源。关键资源是为目标客户提供价值主张的产品或服务时需要的人员、技术、产品、设施、设备、渠道和品牌等。重点放在为客户和公司创造价值的关键要素，以及这些要素相互作用的方式。

（4）关键流程。成功的公司都有一套运营和管理流程，可以通过对该流程的成功重复来交付客户价值主张，并扩大规模。这些流程包括重复的活动，如培训、开发、制造、预算，计划、销售和服务。关键流程还包括公司的规定、评价指标和规范。

这四个要素构犹如企业的基石。客户价值主张和利润公式分别定义了客户和公司的价值；关键资源和关键流程描述了如何为客户和公司创造这些。

尽管这个框架看似简单，但是它的强大之处在于各要素间复杂的相互依赖关系。任一要素的重大改变都会影响其他要素和整体模式。成功的企业会设计出较为稳定的系统，使这些要素始终如一地互补、协作。

（三）八要素观

我国学者原磊（2007）通过对企业价值创造活动的全方位考察和抽象总结，并在参考国外众多商业模式构成要素观点的基础上，提出了商业模式的“3—4—8”构成体系（如图2－13所示），其中：“3”代表联系界面，包括顾客价值、伙伴价值、企业价值；“4”代表构成单元，包括价值主张、价值网络、价值维护、价值实现；“8”代表组成因素，包括目标顾客、价值内容、网络形态、业务定位、伙伴关系、隔绝机制、收入模式、成本管理。商业模式的“3—4—8”构成体系实质是一种从“远—中—近”三个层次对商业模式进行全面考察的立体架构。

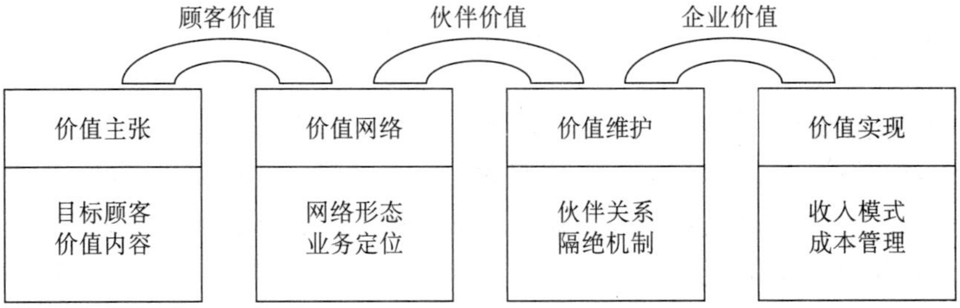

图2－13 商业模式的“3—4—8”构成体系

资料来源：原磊，2007. 商业模式体系重构。

（1）目标顾客。目标顾客是指企业的产品或者服务的针对对象，要解决的根本问题是：企业准备向哪些市场区间传递价值。

（2）价值内容。价值内容是指企业将通过何种产品和服务为顾客创造价值，要解决的根本问题是：企业准备向目标顾客传递何种价值。

（3）网络形态。网络形态是指为实现价值主张所必需的资源组合和能力安排，要解决的根本问题是：企业应当构建何种形态的网络，以使得价值创造活动最有效率。

（4）业务定位。业务定位是指对企业在价值网中所从事业务范围的描述，要解决的根本问题是：区分哪些业务应当外包，哪些业务应当由企业自身完成。

（5）伙伴关系。伙伴关系是指对企业与伙伴之间产品流、收入流和信息流的总体安排，要解决的根本问题是：企业如何处理与伙伴的关系，使企业和伙伴在价值创造活动中实现“共赢”。

（6）隔绝机制。隔绝机制是指为价值主张和价值网络免受侵蚀和伤害而作出的机制安排，要解决的根本问题是：如何隔绝破坏者和模仿者，使价值创造活动不被外来因素所破坏。

（7）收入模式。收入模式是指企业获得收入的方式，要解决的根本问题是：企业如何对创造出来的价值进行回收。

（8）成本管理。成本管理是指企业管理成本的方式，要解决的根本问题是：企业在创造价值的活动中，如何进行成本布局和成本控制。

（四）五要素观

我国学者乔为国（2009）将国内外商业模式的要素进行整合归纳，形成了五大要素，分别为：

（1）市场类，主要回答为谁创造价值的问题，包括目标客户要素。

（2）产品类，主要回答价值的载体或形态的问题，包括产品或服务，以及提供塔的渠道和客户关系要素。

（3）收益类，主要回答企业所提供价值的实现途径或者说是如何取得收益的问题，包括收益方式要素。

（4）内部基础要类，主要回答企业如何进行资源与活动安排以提供价值的问题，包括构成通常的生产经营的企业内部价值链、核心能力及成本要素。

（5）协作网络类，主要回答在价值提供过程中企业在价值网络中与其他伙伴间的关系问题。

二、商业模式的分类

如何分类是商业模式研究的一个热点问题，大量的学者都尝试对现有的或未来的商业模式进行分类；同时，分类也是商业模式研究的一个难点问题，目前没有哪个学者真正建立起一个全面、清晰、实用且令人信服的商业模式分类体系。究其原因，主要有两个：一是商业模式涉及的面过于宽泛，而研究者在对商业模式进行分类的时候，又需要将所有的商业模式因素都考虑在内，要做到这一点，非常困难；二是在当今迅速变化的时代里，新因素、新问题层出不穷，研究者要想建立一个能够经受住时间考验的“万能框架”，几乎是不可能（原磊，2008）。

我们认为，在商业模式分类方面，较有代表性的观点如下。

（一）EFRAG 的四分类法

欧洲财务报告咨询组（European Financial Reporting Advisory Group，EFRAG）在借鉴学术界和日本会计准则委员会（Accounting Standards Board of Japan，ASBJ）相关研究成果的基

础上，从价值创造和现金流量的角度，将商业模式分为四类，分别是：价值转换型商业模式（Transformation Business Models）、价差获利型商业模式（Price Change Business Models）、长期投资型商业模式（Long Term Business Models）和负债驱动型商业模式（Liability Driven Business Models）。

（1）价值转换型商业模式。在此类商业模式中，企业从供应商和/或员工那里获取相关经济资源，通过一定的流程，生产出产品或为顾客提供某种服务，从而获取收入。该模式的投入要素可以通过转换、合并或从另一个市场直接购买获得。这类商业模式的代表包括零售商、制造企业、服务提供商和零售银行。在该模式下，对相关活动的财务绩效报告涉及向客户销售产品或提供服务获得的收入与提供该产品或服务的成本之间差额的计量。因此，从财务绩效报告的角度来看，用于提供产出的投入要素的成本是最具相关性的计量基础；而从收入角度看，情况有所不同。销售是产生现金流的关键活动，同时需要消耗其他资源，在通常情况下，产品市场的流动性不强，加之需求、竞争和创新所带来的各种不确定性，因此，在履约义务完成前，不应将来自价值转型商业模型的收入计入当期损益。

（2）价差获利型商业模式。此类商业模式基于不同类型的资本增值方式，涵盖了不同类型的业务类型。大宗商品交易商、投资机构和证券交易员常使用该商业模式。在此商业模式下，投资者在同一市场上买卖资产（有时是负债），期望从资产价值的短期变化中获利。对衍生工具的交易也属于此类商业模式（除非使用衍生工具进行对冲）。在此类商业模式下，从财务绩效角度来说，持有期间内资产价格的变动最具相关性，因此，其价格变动应在利润表中进行报告；同时，在财务状况表中也应该采用相同的计量基础。

（3）长期投资型商业模式。在此商业模式下，企业通过购买资产以获得一系列的收入流，但该资产的最终现金流入往往还是通过在最初购买资产的市场中出售而实现。企业可以持有多个这样的投资资产，并可以不时出售其中一些资产。该类资产在其产生收入流的期间内有的需要对其进行维护，有的则不需要。现金流是由固定的收入流（如股息或出租资产的租金收入）和资产出售产生的。从受托责任的角度来看，对该类资产的投资或终止投资都是重要的决策，因为这反映了企业的投资策略。此类商业模式的典型代表包括银行和持有投资性房地产的企业。在多数情况下，这些投资并不会对投资的资产给予“增值”，关键在于制定和实施这些投资策略，包括如何将资产维护在较好的状态。资产价值在不同时期之间的变化也与财务绩效报告无重大的相关性，因为资本增值不是该商业模式所考虑的首要因素，其主要特征则是从持有该类资产中获得的收入流。因此，从损益角度考虑，按成本（减去减值损失）计量该类资产对于财务报表使用者来说将是较为相关的。但是，从企业的财务状况表来看，资产的现值则提供了相关信息，因为最终现金流入是通过出售该资产而获得的（前提是该资产处于可以出售的状态，并且有足够的可观察到的市场价格进行类似交易，其现时价值可以可靠地确定）。当满足这些条件时，投资资产价值的变化将在其他综合收益表（OCI）中进行报告。因此，其他综合收益表反映该企业承担的市场价格变化的风险。累积的其他综合收益报告是企业自购买该资产以来累积的资本增值收益。出售该资产时，该金额将在损益表中进行单独报告。

（4）负债驱动型商业模式。在此类商业模式中，企业接受长期负债义务，并进行投资，以履行这些义务。保险公司业务就是这类商业模式的典型代表。为了在到期时偿还负债，这些企业可能会以上述长期投资型商业模式的方式进行投资，且其计量基础和报告与长期投资型商业模式相适用。但是，在业务决策基于主动资产负债管理的情况下，财务业绩报告要求负债方和资产方的计量基础必须一致，以便在利润表中更好地反映出经济意义上的抵销或错配情况。这与 ASBJ 的要求是一致的，即“在负债与相关资产或资产组进行综合管理的情况下，应在期末更新其计量基础，以便在利润表中确认价格变动所带来的影响，当负债是为相关资产或资产组提供融资，且其持有意图是从价格变化中获得净收益时，也应做相同的处理”。

（二）商业模式画布的五分类法

美国著名的商业模式研究学者 Osterwalder 和 Pigneur（2011）在提出商业模式画布的基础上，概括出五种商业模式新式样：非绑定商业模式、长尾商业模式、多边平台商业模式、免费式商业模式和开放式商业模式。

（1）非绑定商业模式。采用这种商业模式的企业有三种不同的业务类型：客户关系型业务、产品创新型和基础设施型业务。每种类型都包含三种不同的驱动因素：经济驱动因素、竞争驱动因素、文化驱动因素。所以，这类企业应关注三种价值信条：产品领先、亲近客户、卓越运营。为避免冲突或不利的权衡妥协，三种业务类型“分离”成为独立的实体，但又考验同时存在于一家企业，某些私人银行业、移动通信业等企业就采取这种商业模式。

（2）长尾商业模式。采用这种商业模式的企业在市场定位上聚焦于“多样少量”，这种量少样多的产品即为“利基产品”。能够成功采用长尾商业模式的前提是：低库存成本、强大的平台、买家容易寻找和获得。采用这种商业模式的典型行业如图书出版业，典型企业如 eBay、Netflix 等。

（3）多边平台商业模式。采用这种商业模式的企业会将两个或更多有明显区别但又相互依赖的客户群体汇集在一起，通过促进各方客户群体互动来创造价值。如何激发网络效应、增加入驻平台的用户数量是多边平台模型成功运行的关键。亚马逊、阿里巴巴、京东、拼多多等企业采用的就是这种商业模式。

（4）免费式商业模式。在这种商业模式下，企业至少向一个庞大的客户细分群体提供持续的免费服务，并据此吸引付费用户，通过付费用户补贴免费用户。作为一种营销手段，免费的本质就是交叉补贴（安德森，2012）。免费式商业模式的特点是，至少有一个客户细分群体持续从免费的产品或服务中受益，免费模式还可以被划分为三个子类：基于多边平台［基于广告（Advertising - based）的免费产品或服务］、带有可选收费服务的免费基本服务［免费增收模式（Freemium）］、诱钓（Bait & Hook）模式（通过廉价或免费的初始产品或服务，来促进和吸引相关产品或服务的未来购买）。如谷歌、脸书、推特、百度、腾讯、微博等，就是采用这种商业模式的代表性企业。

（5）开放式商业模式。在这种商业模式下，企业通过与外部伙伴系统性合作来创造和捕捉价值。它可以分为“由外到内”和“由内到外”两种式样。前者将外部的创意引入公司内部，例如，宝洁公司通过互联网平台，将自己研发中的难题暴露给全球的科学家，成功开发解决方案的科学家可以获得宝洁公司的现金奖励，实现内部研发外部化。后者将企业内部闲置的创意和资产提供给外部伙伴，例如，葛兰素史克公司建立对外开放的专利池，把公司弃用的开发疑难杂症的相关知识产权放在专利池中，以供外部的研究者使用，促进对疑难杂症的研究，由此产生更多的价值。

在互联网经济时代，上述五种商业模式得到广泛应用的主要有三种：长尾商业模式、多边平台商业模式和免费商业模式。在当今互联网时代，基于互联网的平台商业模式风起云涌、已然成势，比如：电子商务领域的阿里巴巴、京东等；旅游服务领域的携程、去哪儿、途牛；婚恋交友领域的世纪佳缘、珍爱网、百合网等。但国内有诸多学者质疑将免费界定为一种商业模式的恰当性。

（三）本书对商业模式的分类

在我国，对商业模式的划分方法种类繁多，且因行业差异而有所不同：从制造模式的角度看，制造业企业的商业模式可分为通用商业模式和订制商业模式；从风险报酬角度看，电商的商业模式可分为自营型商业模式和平台型商业模式；从收费角度看，电商的商业模式又可分为收费商业模式和免费商业模式；从服务对象角度看，网约车行业的商业模式可分为B2B商业模式和B2C商业模式。

我们认为，从创新战略的角度看，商业模式至少可分为6种类型：（1）基于平台战略的商业模式，如百度、阿里巴巴和腾讯；（2）基于智造战略的商业模式，如小米公司；（3）基于整合战略的商业模式，如小米公司；（4）基于免费战略的商业模式，如腾讯和360杀毒软件；（5）基于生态战略的商业模式，如阿里巴巴；（6）基于共享战略的商业模式，如滴滴出行和神州专车。

当然，任何划分方法和角度，都无法穷尽商业模式的分类。从商业模式对概念框架和会计准则的影响角度看，我们比较认同EFRAG基于价值创造和现金流量视角的四分类法。美中不足的是，EFRAG的四分类法，主要针对传统的旧经济旧业态，对于商业模式创新日新月异的新经济新业态，不一定适用。为此，我们在分析商业模式对概念框架和会计准则的影响时，既利用EFRAG的四分类法，也利用我们提出的创新战略分类法。

第四节　商业模式创新

说到商业模式创新，我们不得不提到苹果公司。2003年，苹果公司推出iPod音乐播放器和iTunes，为便携式娱乐方式带来了革命性的发展，创造出一个新的市场；同时，苹果公司也脱胎换骨，在短短三年时间里，iPod和iTunes的组合，造就了一款约100亿美元的产品，占苹果公司总营业额的50%左右。苹果公司的市值也从2003年年初的10亿美元左右飙升到2007年年末的1500亿美元。实际上，苹果并不是第一家销售数字音乐播放器的公司。Diamond Multimedia早在1998年就推出了Rio，Best Data也在2000年推出了Cabo 64，这两款产品便携、性能好、外形也颇为时尚。但为什么是苹果的iPod取得了成功，而不是Rio或Cabo？

这是因为苹果采用了一个革命性的商业模式，把硬件、软件与服务结合在一起，让数字音乐的下载变得简单便利。这个商业模式如同吉列公司（Gillette）有名的"刀片与刮胡刀"销售模式（买刮胡刀就必须买它的专用刀片）倒过来使用：苹果基本上是免费奉送了"刀片"（低利润率的iTunes音乐），但促使消费者购买"刮胡刀"（高利润的iPod）。这种新的模式给消费者带来了极大的便利，创造了新的价值（Johnson et al.，2008）。

我们再来看一个例子——时装零售商Inditex。这是一家快速发展的西班牙公司，管理着Zara，Oysho，Massimo Dutti等全球品牌。该公司已将商业模式思维作为首要任务。其2007

年年报首先解释了Inditex的商业模式，并强调了其创新元素。Inditex作出了许多单个看似导致效率低下的选择，例如，对于Zara业务，除了开展常规的制造活动，如对织物进行染色和切割、清洗、熨烫等，他们将缝纫业务外包给位于西班牙工厂附近的小型车间。孤立地看，这些选择似乎效率低下、值得商榷，但从整体而言，他们精心设计的活动系统使Inditex能够在创纪录的时间内（几天而不是几个月）将最新的时尚服装从设计阶段带到门店，这在快速发展的时尚业务中至关重要。尽管其竞争对手在产品创新和物流方面拥有更强能力，但Inditex凭借其创新的商业模式击败了竞争对手（Amit and Zott，2010）。

一、商业模式创新的重要性

商业模式的创新，改变了各行各业的面貌，并重新分配市场版图。沃尔玛（Walmart）和塔吉特（Target）等平价零售商以开创性的商业模式进入市场，现在已占有整个行业总值的75%。低成本的美国航空公司，则从雷达屏幕上的一个小光点，摇身一变，占据了整个行业55%的市场份额。在过去25年成立的27家公司中，有11家公司曾在过去10年间，通过对其商业模式的创新成功跻身《财富》杂志前500强企业。

由此可见，商业模式对企业的重要性不言而喻。经济学人智库（Economist Intelligence）2005年的调查报告表明，超过50%的企业高管认为，如果企业想取得成功，商业模式创新比产品和服务的创新更重要。2008年，IBM对一组企业的CEO进行了调查，几乎所有接受调查的CEO都认为，任职公司的商业模式需要视情况进行调整；超过2/3以上的人认为，有必要进行大刀阔斧的改革，特别是在经济不景气时代，有些CEO已经在寻找商业模式创新的方法，希望能永远改变市场的版图①。正如一位CEO所说："在运营领域，许多可以实现的创新和降低成本的手段已经实现。对我们来说，商业模式创新是关键之所在，也是我们最大的潜在利益所在。仅仅靠提升产品质量、交付方式或生产规模都还不够。在我们竞争对手忽视的领域进行创新更为重要，例如开发新的能力、结盟等。"

商业模式创新还可以帮助企业在产品创新中保持领先地位，正如在另一项研究中的一位CEO所解释的那样："你应该永远处于创新状态，否则就会被你的竞争对手所替代，而不再需要你的产品。但是，一个好的商业模式加上一个好的产品就可以使你脱颖而出。"

商业模式创新当然不是没有代价的。例如，考虑建立新的战略伙伴关系或组织内部进行变革都需要投入很多资源。但是，在经济危机时期，当缺乏用于实质性研发的资本投入时，这些变革障碍的成本似乎显得并没有那么高了。实际上，在面临较大经济压力时，质疑现状的意愿和考虑组织变革的意愿可能会特别高，因为任何新的创造价值的方式在资源匮乏时期都会特别有吸引力。尽管商业模式创新通常通过互联网或宽带通信等技术创新来推动，这些技术使企业能够以新方式进行组织和交互，但是商业模式创新者无须对这些技术进行研发投资。相反，他们以创新的方式来应用这些技术。

零售业受到电商的冲击、出租车受到网约车的挑战、传统广告业被新媒体的颠覆等现象，无不彰显着商业模式创新的重要性。因此，商业模式创新理应引起企业界的高度重视。首先，商业模式创新往往代表了经常被企业忽视或未充分利用的可产生未来价值的来源；同

① IBM Global Business Services，2006。

时，是一种用相对较低成本来提升企业收入和利润的方法。其次，竞争者可能会很难模仿或复制整个新颖的活动系统，相比之下，竞争对手要复制单个产品或单个流程要容易得多，因此，新颖的商业模式可以转化为企业的可持续的竞争优势。最后，由于商业模式创新可以成为潜在强大的竞争工具，因此，管理者必须适应竞争对手在这一领域作出努力的可能性，他们必须学会识别可能来自传统行业界限之外的竞争威胁。

二、商业模式创新的学术探讨

与实务相比，学术界对商业模式创新的研究起步更晚，相关的学术文献更少但也更新，这方面的研究正日益成为热点。这表明商业模式创新是一个重要的现象，其与技术进步相辅相成，需要学术界对其概念化和理论化。尽管商业模式创新无疑与商业模式相关，但对其研究侧重于创新这一新的维度，从而提出了许多关键的理论和实证问题：商业模式创新的驱动因素、推动者和障碍是什么？在什么情况下商业模式创新可以带来持续的竞争优势？商业模式创新仅起源于组织高层，还是同时起源于组织的较低层？目前对于这些有关商业模式创新的基本问题，学术界都还没有系统地提出、研究并给予解释，凸显了该领域研究的新兴性质（Foss and Saebi，2016）。

除了运用商业模式促进技术创新和技术管理外，企业可以将商业模式本身作为创新的主题。Mitchell 和 Coles 于 2003 年首次明确讨论了管理人员应有目的地创新其商业模式。Chesbrough（2003）引入了开放式创新（Open Innovation）的概念，在这种模式中，企业不是仅依靠内部资源来促进其业务发展，而是超越企业本身的边界，对企业内部和外部的资源加以整合与利用。与开放式创新概念相似的概念是合作创业模式（Collaborative Entrepreneurship），即“基于共享的信息和知识而共同产生的新思想创造某种经济价值”（Miles，Miles and Snow，2006）。开放的商业模式除了作为创新的主题之外，由于其能够将上下游的资源进行重新配置，因此，还会促进互补市场的商业模式创新。

越来越多的观点认为，商业模式创新是公司绩效的关键。大量学者将商业模式创新作为企业转型与保持竞争优势的工具。Zott 和 Amit 发现，即使在不同的环境体制下，创新的商业模式对企业的业绩产生积极影响（Zott and Amit，2007）。拥有创新商业模式的老牌公司也会产生积极的绩效效果（Cucculelli and Bettinelli，2015）。但商业模式创新并不是一蹴而就的。Bouchikhi 和 Kimberly（2003）、Chesbrough（2010）识别了现有企业商业模式创新的障碍，例如，对资产的配置和流程的优化可能会受到惯性的影响，管理者无法理解新商业模式的潜在价值。如何克服这些障碍？一些学者认为，商业模式是一个不断尝试的过程（Hayashi，2009；McGrath，2010），对于不同竞争环境中的不同组织，这可能会有所不同。Sheehan 和 Stabell（2007）提出了一个三步分析过程，以帮助知识密集型组织的管理人员改善其商业模式。

为了克服已建立的商业模式所具有的僵化性，Doz 和 Kosonen（2010）建议公司可以通过开发三种能力使公司变得更加敏捷：对战略的敏感性、领导的统一性和资源的灵活性。同样，Smith，Binns 和 Tushman 认为，要对复杂商业模式进行有效管理，需要依靠领导作出动态决策、建立对公司总体愿景和目标的承诺，在多个层次上积极学习和参与冲突。Santos，Spector 和 Heyden（2009）强调了商业模式创新中行为模式的重要性，他们建议需要相互参与和组织公正，管理人员应将重点放在关注非正式组织层面的关系动态上。

Foss 和 Saebi 在回顾了 132 篇关于商业模式创新的文献基础上，认为根据研究视角和研究重点，学术界对商业模式创新的研究可以分为四种类型，如表 2－4 所示：

表 2－4 商业模式创新的研究视角、方法和相关学者

研究重点	方法	研究学者
1. 商业模式创新的概念化和分类	概念、案例研究、调研数据	Amit and Zott（2012），Johnson et al.（2008），Koen et al.（2011），Markides（2006），Santos et al.（2009），Sorescu et al.（2011），Giesen et al.（2007）
2. 商业模式创新作为一个过程（如能力、领导力、学习机制的重要性）	概念、案例研究 内容研究 实验	Berglund and Sandström（2013），Cavalcante（2014），de Reuver et al.（2009），Deshler and Smith（2011），Evans and Johnson（2013），Girotra and Netessine（2013，2014），Bohnsack et al.（2014），Eppler and Hoffmann（2012），Eppler et al.（2011）
3. 商业模式创新作为结果（如识别/描述创新的商业模式）	单个/多个案例研究	Abdelkafi et al.（2013），Anderson and Kupp（2008），Gambardella and McGahan（2010），Súnchez and Ricart（2010），Yunus et al.（2010），Wirtz et al.（2010），Berman（2012），Holm et al.（2013），Richter（2013），Kastalli and Looy（2013）
4. 商业模式创新与组织和绩效的关系	调研数据	Zott and Amit（2007），Giesen et al.（2007），Aspara et al.（2010），Bock et al.（2012），Denicolai et al.（2014），Huang et al.（2012，2013），Pohle and Chapman（2006），Cucculelli and Bettinelli（2015），Wei et al.（2014），Velu and Jacob（2014），Kim and Min（2015）

资料来源：Foss and Saebi，2016. Fifteen Years of Research on Business Model Innovation：How Far Have We Come，and Where We Should Go?。

第一种类型的研究侧重于概念化商业模式创新并尝试分类，该类研究关注商业模式创新最简化而又有意义的定义，以及企业可以围绕商业模式创新的维度。但相关学者给出的定义较多、差异显著，且模棱两可。

第二种类型的研究把商业模式创新作为组织的变革过程，强调成功的商业模式创新所需的能力、领导力和学习机制，并将商业模式创新描述为一个动态的过程，重点介绍创新过程中的各个阶段，识别支持商业模式创新变革过程所需的不同的组织能力和过程，强调进行实验和学习的重要性，开发面向实务界人士用来管理过程的工具。

第三种类型的研究将商业模式创新作为一个结果（Outcome）：一是关注特定行业涌现出的新商业模式，如电动出行、报纸、旅游、航空；二是对一些特别的新商业模式进行研究，例如，针对低收入市场的新商业模式，抑或是针对某个企业的商业模式进行研究，如 Matzler 等人针对雀巢的 Nespresso 进行了研究。此类研究并没有基于第一种类型的研究成果，只是对某些新的商业模式进行描述，因此，也没有讨论如何去判断商业模式的新颖性。

第四种类型的商业模式关注商业模式创新的后果，即其对组织的绩效影响。该领域的学

者通过两个角度来展开研究：一是采用流程的视角研究现有商业模式的创新变化是否会带来更好的绩效结果，并比较商业模式创新和复制的商业模式对财务绩效的影响。Giesen et al.（2007）发现：针对不同创新维度（如破坏现有产业链、不同收入模式或跨越组织边界方面）的商业模式创新并未产生显著的财务绩效差异；而初创型企业通过对商业模式不断创新，对企业绩效产生了积极影响（Cucculelli and Bettinelli，2015）。另一个角度的研究并未将商业模式创新与绩效结果直接联系起来。他们通过实证检验，测试了不同商业模式设计对创新绩效的影响。例如，在区分以新颖性和效率为中心的这两种商业模式设计之后，Zott 和 Amit（2007）发现了以新颖性为中心的商业模式与初创型公司的绩效之间存在正相关关系。在他们后来的研究（2008 年）中，Zott 和 Amit 认为，产品市场战略与商业模式设计相适应对于增强公司绩效具有重要意义。关于商业模式的创新研究对企业最大的贡献在于促使企业在其商业模式的设计和体系结构中引入新颖性的变化，这些变化可能成为价值创造和竞争优势的基础。

三、商业模式创新的经典案例——服装零售商 Zara 的快时尚模式

西班牙知名服装品牌 Zara 以快速反应著称于时尚服饰界，在传统的顶级服饰品牌和大众服饰中间另辟蹊径，开创了快时尚模式（Fast Fashion），即以快速时尚服装为核心、以供应链全程控制为基础的商业模式创新，不仅成为业界的标杆，更成为欧美商学院著名的教学案例。

Inditex 集团是全球最大的时装零售商之一，旗下拥有 Zara，Pull & Bear，Massimo Dutti，Bershka，Stradivarius，Oysho，Zara Home 和 Uterqüe 等八个品牌，其中 Zara 最为著名，是 Inditex 集团的旗舰品牌（见图 2 - 14）。根据 Inditex 集团 2019 年的年报显示，Inditex 在全球的 202 个市场开设了 7469 间门店，雇用员工 17.7 万名，2019 年实现销售收入 283 亿欧元，其中 Zara 的销售额达 196 亿欧元，占整个集团销售额的 69.2%（见图 2 - 15、图 2 - 16）。Inditex 集团于 2001 年在西班牙马德里证券交易所上市，截至 2019 年年末，其市值约为 750 亿欧元。

Zara 由西班牙人阿曼西奥·奥特加（Amancio Ortega）始创于 1975 年，它既是服装品牌，也是专营 Zara 品牌服装的服装零售店。Zara 公司坚持自己拥有和运营几乎所有门店，同时投入大量资金建设自己的工厂和物流体系，以便于快速响应市场需求，为顾客提供“买得起的快速时装”。

图 2 - 14　Inditex 集团旗下八个服饰品牌

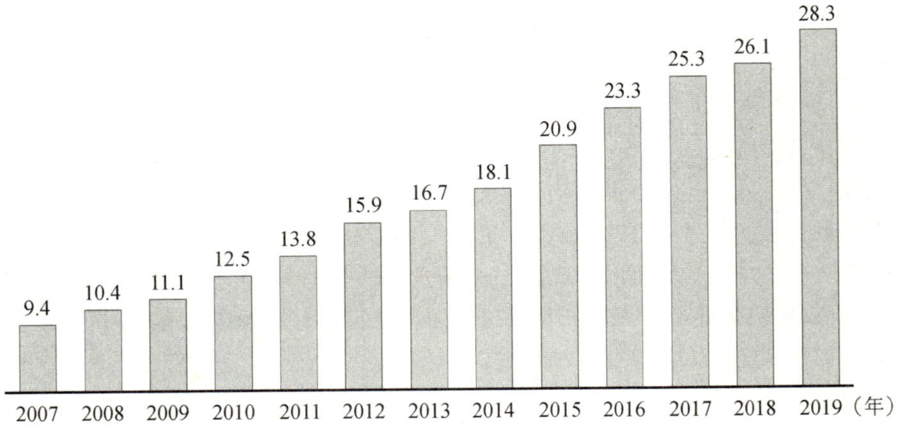

图 2-15 2007—2019 年 Inditex 集团销售额（单位：10 亿欧元）

资料来源：Inditex 集团 2019 年年报。

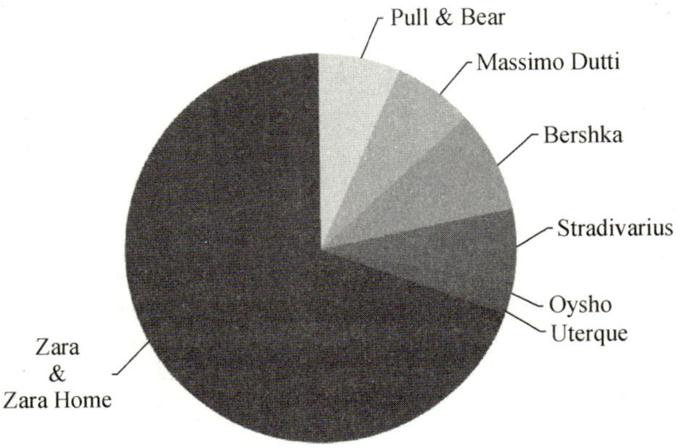

图 2-16 Inditex 集团旗下八个品牌销售额占比

资料来源：Inditex 集团 2019 年年报。

（一）商业模式创新之一：快速、少量、多款的品牌管理模式

Zara 将其品牌定位为“买得起的快时尚”（Affordable Fast Fashion），采取“快速（Lead time）、少量（Scarcity）、多款（Variety）”的经营模式，创造了长尾市场的新样板。在保证与时尚同步的同时，通过组合开发新款式，快速地推出新产品，且每种款式在每个门店推出的数量都只有几件，人为地造成“缺货”现象，以实现快速设计、快速出售、快速更新的生产销售模式。

Zara 的时尚程度与一些世界顶级品牌相近，但价格却是大多数消费者可以承受的。除每年两次的店内促销外，几乎不做任何广告。Zara 自己设计所有产品，公司总部拥有一支超过 700 人的设计师团队，每年为顾客提供 65000 种不同的产品，每个门店每周至少上新两次，且货品通常在门店只保留两到三周。

（1）快速：保持与时尚同步。时装最重要的元素，即要紧跟时尚，而时尚的本质多变、难以预测。Zara 采取“追随时尚，而不是预测、引领时尚”的策略，安排大量时尚观察员分布在酒吧、剧场、大学校园等时尚场所，并出席各顶尖品牌发布会，搜集最新时尚信息，

观察和归纳最新的设计理念和时尚动向，及时向总部汇报；同时，其设计师团队不仅设计下季度的新产品，还对当前季度的产品不断更新。通常，一些顶级品牌的最新设计刚出来没多久，Zara 就会发布和这些设计非常相似的时装。这样的方式使 Zara 不需要聘请大牌设计师，只需要发现和组合时尚的设计师，就能保证 Zara 的时装紧跟时尚潮流。

Zara 以消费者需求为驱动力，形成了“三位一体”的新产品开发模式。Zara 的每条产品线都配备了一个设计团队，由设计师（Designers）、采购专家（Sourcing Specialists）和产品开发专家（Product Development Personnel）组成。设计师手绘设计草图，然后与采购专家和市场专家讨论，达成共识后，设计师用电脑绘制准确设计图并进行完善，确定颜色、面料等细节。采购专家负责规划订单的整个完成过程，例如，决定原材料是自己生产还是外购，时刻监控仓库库存量和产品市场的动态。市场专家则负责同一国家或地区专卖店的市场和销售，他们与一线门店经理就订单、销售、新款式等问题保持密切交流。Zara 公司具体生产什么，包括何时生产、产量都由该团队共同决定。该模式极大缩短了从设计到生产环节的时间，使 Zara 的产品从设计理念到上架仅需十余天，大大低于其竞争对手。

（2）少量：人造的稀缺。虽然 Zara 每年都推出款式繁多的服装，但与其他服装零售商相比，Zara 每一款服装的生产数量却不大，即使是畅销的款式，常常在一家门店中也只有几件，卖完了也很少补货。每个款式上市之后通常只卖两到三个星期，没有卖完的就撤柜。Zara 人为制造商品的稀缺感，而越是不容易得到的紧俏商品，越能激发消费者的购买欲。随着每周两次补充新货物，Zara 使顾客养成经常来逛的习惯，顾客总能在 Zara 门店发现新品。Zara 通过这种方式，满足了大量个性化需求，培养了一大批忠实的品牌追随者。

（3）多款：让商店保持新鲜。Zara 非常注重服装款式的多样性，全球每个门店在周二和周六补充新款商品。比起竞争对手，Zara 能在时尚款式上提供更多的选择。由于其每周至少两次在门店对新商品进行补充，且很少对售完款式进行补货，使得门店每隔三到四天就差不多全变了，总能给人一种新鲜感，极大满足了那些对时尚敏感的消费者的个性化需求。

（二）商业模式创新之二：杰出的全程供应链管理模式

Zara 商业模式成功的关键因素之一在于其出色的全程供应链管理，以及支撑供应链快速反应的 IT 系统应用。不同于传统的服装零售商普遍采取的外包战略，Zara 拥有较高的垂直整合度，这在大型时装行业中较为少见。Zara 负责自己所有产品的设计和分销，制造业务外包的比例明显低于同行（大约一半的产品由自己位于西班牙总部附近的工厂生产）。为了能够快速响应市场需求，Zara 自主研发了覆盖设计、采购、生产、分销和物流的全程供应链管理系统，确保整个供应链在完全掌控之中。Zara 从设计到生产，再到把新衣服送到全球各地的门店，只需短短的十余天时间。供应链系统能确保各职能部门之间能够持续快速直接地进行沟通——从顾客到门店经理、从门店经理到产品开发专家和设计师、从设计师到生产人员、从采购人员到分包商、从仓库经理到分销商等。这就是 Zara 创始人奥特加的经营哲学——通过对供应链端到端（End - to - End）的控制去获取利润。

（三）商业模式创新之三：通信技术和信息系统是 ZARA 商业模式的核心

Zara 的大部分信息体统都是自主开发的，在西班牙总部的 IT 团队是熟悉 Zara 业务流程和通信技术的专家，只有他们才清晰地知道 Zara 想要什么系统，这样做同时降低了公司 IT 采购成本。Zara 的信息系统将 Zara 的产品设计、生产、配送和销售融为一体，使得 Zara 的供应链转得更快，为 Zara 实现快速收集市场信息、快速决策、控制库存并快速生产、快速配送的商业模式提供了有力保障。哈佛商学院的麦卡菲教授（Andrew McAfee）对 Zara 评价道："Zara 的门店经理讲话的感觉很像 IT 人员，而 IT 人员却像营业员。"

Zara 的 IT 系统的卓越性主要表现在以下 4 个方面：

（1）收集顾客需求信息：在新产品设计过程中，密切关注潮流和消费者的购买行为，收集顾客需求的信息并汇总到西班牙总部的信息库中，为设计师设计新款式提供依据，从而快速响应市场需求。

（2）服装信息的标准化：在信息收集过程中，Zara 的信息系统更强调服装信息的标准化，为新产品设计和生产提供决策支持。在 Zara 的仓库中，产品信息都是通用的、标准化的，这使得 Zara 能快速、准确地准备设计，对裁剪给出清晰的生产指令。

（3）产品信息和库存管理：Zara 通过自主开发的信息系统对产品信息和库存信息进行管理，控制原材料的库存，并为产品设计提供决策信息。卓越的产品信息和库存管理系统，使得 Zara 的团队能够管理数以千计的布料、各种规格的装饰品，设计清单和库存商品。Zara 的团队也能通过这个系统提供的信息，以现存的库存来设计一款服装，而不必去订购原料再等待它的到来。

（4）分销管理：Zara 的信息系统还对分销过程中的物流配送进行跟踪管理。Zara 的分销设施自动化和计算机化的程度很高。大约 20 千米的地下传送带将商品从 Zara 的工厂运到位于西班牙 Zara 总部的货物配送中心。为了确保每一笔订单能够准时到达它的目的地，Zara 采用智能设备代替人工分拣，每小时能挑选并分拣超过 60000 件的衣服。在 Zara 总部还设有双车道的高速公路直通配送中心。由于其快速、高效的运作，这个货物配送中心实际上只是一个服装的周转地，而不是仓库。

此外，Zara 对门店的控制力极强。公司为每位门店经理配备了特制的手提数据传输设备（PDA）和 POS 系统直接与西班牙总部信息系统相连接，各店每天都要向总部进行数据汇报，总部可以迅速和精准地掌控每个门店的情况。店长将通过手持 PDA 发出订单，在总部不缺货的情况下，从订单开始网上发送直到货物送上门店，最快只用 3 天时间。Zara 单个门店的 IT 投资都在 10 万美元以上，这在零售连锁业的单店 IT 投入方面是相当昂贵的。

Zara 着眼于快时尚的品牌管理理念与全程供应链管理等一系列商业模式创新，对我国的时装行业改革有着很好的借鉴意义。

第二部分

新经济会计问题研究

第三章　会计信息相关性的恶化

在第一部分中，我们看到随着20世纪七八十年代电脑的普及化和企业的信息化、20世纪90年代互联网和移动电话的诞生和广泛运用、21世纪“大智云移”等信息通信技术的爆发，数字经济、共享经济、知识经济等新经济新业态逐渐取代了农业经济、工业经济、服务经济等旧经济旧业态。企业为了适应和赢得竞争，开创了基于新的信息通信技术的商业模式创新，再造了企业的价值创造过程。

财务会计是环境的产物，在内、外部环境发生重大变迁的背景下，财务报告能否适应近几十年来不断变化的商业环境？能否捕捉商业模式创新带来的公司价值的变化和驱动因素？能否如实、公允地反映新经济企业的经营业绩、现金流量和财务状况以帮助投资者作出有效的决策？

带着这些问题，让我们进入本书的第二部分。本部分由三章组成。在第三章，我们首先将翔实地呈现会计信息相关性恶化的证据，所有的证据都是基于跨度长达数十年的整个中国乃至美国和全球资本市场的大样本数据，通过严密的实证检验得出的。我们将用通俗易懂的语言展示“众所不知”的实证模型，其结论却未必“众所周知”。在第四章，我们将深入剖析导致会计信息相关性恶化的十大原因，阐述新经济时代会计信息不再“公允”、不再“如实”、不再“完整”。在第五章，我们将提出在新经济时代背景下财务会计的改革建议，期望财务会计与时俱进、重拾生机，继续提供如实反映的相关信息。

第三章通过时间跨度超过20年、基于大样本的数据，以严格的实证和案例研究方式，论证财务会计信息相关性减退和恶化的事实。本章分成三节：第一节实证检验利润、收入、资产等关键财务指标与公司股票价格、股价收益率、市值的相关性；第二节从数据的角度检验当期盈余能否预测未来收益；最后一节从案例的角度佐证第一节、第二节的研究发现。

第一节　财务指标与股票价格

1910年罗杰·沃德·巴布森（Roger Ward Babson）提出“股市是经济的晴雨表”后，该理论在过去一个多世纪被广泛传承和认可。微观地说，投资者普遍认为：上市公司的净利润、净资产越高，市值也越高；上市公司的现金流量、负债等关键会计信息能够解释公司股价的变化等。从决策有用观的角度可知，“如果财务报表能够影响投资者的决策，那么财务数据应该与股票价格显著相关。”

本节将检验上市公司的现金流量、盈利能力、总资产、总负债、净资产、销售收入、销售成本、行政与管理费用等对股票价格、股价收益率、市场价值等的解释能力。检验结果出乎意料。

一、盈利、净资产与公司价值

市盈率（即每股股票价格除以每股收益的比率）和市净率（即每股股价与每股净资产账面价值的比率）是被广泛使用的用于评估股价水平是否合理的指标。一般认为，如果上市公司股票的市盈率（或市净率）过高，则认为该股票的价格被高估，不具投资价值；反之，则股价被低估，投资价值较高。

真的如此吗？我们来检验一下在中、美两国资本市场中投资者对上市公司报告的净利润和净资产的反应，反应用最直接的股票价格和市场市值来度量。如果反应越强烈，代表投资者越频繁地使用该指标，那么，该指标在股票价格中会反映得越充分，对投资者越有用。相反，如果净利润和净资产无法解释股票价格和市场价值的变化，则说明股票价格与会计信息不相关。当然，市场价值的变化（或股票价格的变动）是投资者对所获得相关信息的综合反应和体现。这些相关信息不仅包括上市公司的会计利润和净资产账面价值，还包含利率、行业状况、货币政策等宏微观经济条件，甚至天气变化、投资者心理等非完全理性的因素。

因此，我们需要解决的问题是：在市场价值（或股票价格）反映的相关信息中，有多少来自上市公司报告的会计利润和净资产账面价值？或者说，会计利润和净资产在上市公司股票估值中的作用。

（一）每股盈利、每股净资产与股价之间的关系

为了解决上述问题，Lev and Zarowin（1999）采用如下实证模型，对美股上市公司1977—1996年的数据进行了检验。

$$P_{it} = \alpha_0 + \alpha_1 E_{it} + \alpha_2 BV_{it} + \varepsilon_{it} \quad \text{（模型 3-1）}$$

其中，P_{it} = 公司 i 在第 t 年最后一个交易日的股价；

E_{it} = 公司 i 在第 t 年的每股盈利；

BV_{it} = 公司 i 在第 t 年年末的每股净资产；

ε_{it} = 其他扰动项。

这个模型解决的问题是，上市公司的每股净利润和每股净资产在多大程度上解释了其股票价格的变动？判断依据是这个回归模型的拟合系数，即调整方差系数 R－squared。R－squared 越大，说明每股净利润和净资产对股票价格的解释能力越强，即股票价格主要是由每股净利润和净资产决定的；反之，如果 R－squared 很小，则说明股票价格主要是由其他因素决定的。

图 3－1 报告了 1977—1996 年美国上市公司每股净利润和净资产对股票价格解释能力的变动趋势。从图 3－1 可以看出，上市公司的核心财务指标，如每股盈利、每股净资产对其股票价格的解释能力不但没有逐年增加，反而从 1987 年开始呈现断崖式下跌趋势。在 1987 年，这两项财务指标提供了股票价格变动 99.3% 的信息，而在 1992—1996 年这 5 年中，仅为 46.9%—61.8%。

我们按照上述模型对所有 A 股上市公司 2000—2018 年的数据进行了检验，模型所需的财务和证券数据来自 Wind 数据库。

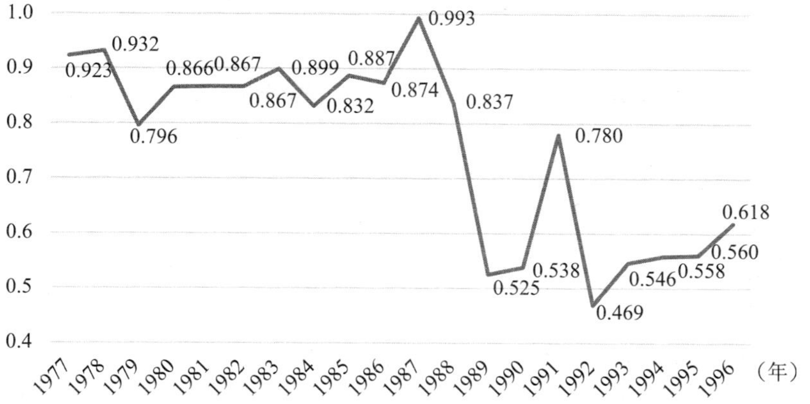

图 3－1　1977—1996 年美国上市公司每股净资产、每股盈利对股价解释能力的变动趋势

资料来源：Lev and Zarowin，1999。

图 3－2 展示了 2000—2018 年 A 股上市公司每股净利润和净资产对股票价格解释能力的变动趋势。从图 3－2 可以看出，上市公司的核心财务指标，如每股盈利、每股净资产对股票价格的解释能力不但没有逐年增加，反而呈现下滑趋势。在 2000—2005 年中，这两项财务指标大致提供了股票价格变动是 63.3%—68.3% 的信息；在 2014—2018 年中，则为 7.2%—53.8%。图 3－2 中 R－squared 降至 10% 以下的年份为 2008 年（9.5%）、2014 年（7.2%）和 2015 年（8.5%）。R－squared 降至 10% 以下意味着什么呢？说明上市公司的股价变动 90% 以上都是由其他因素决定的，而每股盈利和每股净资产这两个关键财务指标对投资者评估股票价格的作用微不足道。

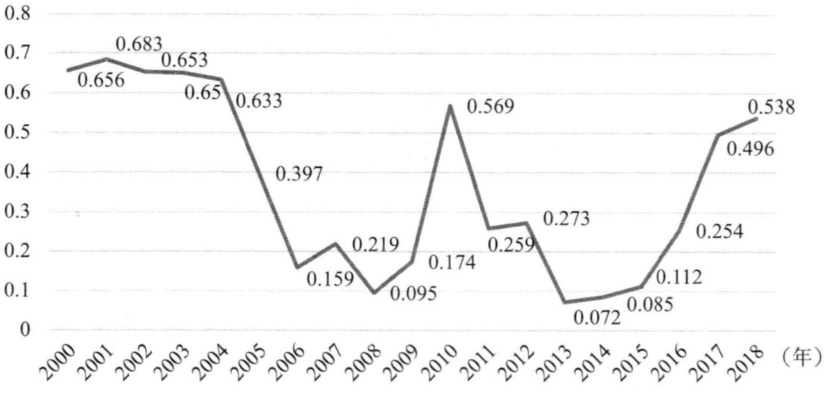

图 3－2　2000—2018 年 A 股上市公司每股净资产、净利润对股价解释能力的变动趋势

那么 2008 年、2014 年和 2015 年有什么共同点呢？在这 3 个年份里，A 股市场都经历了大起大落、大喜大悲。2007 年上证综指创下历史最高点位 6124 点，2008 年下跌超过 72% 至 1664 点；之后 A 股在经历了漫长的 7 年盘整后，2014 年上证综指从底部 1974 点上涨超过 62% 至 2015 年上证综指的历史第二高点 5178 点。可见，股票价格的急剧和大幅变化主要不是由上市公司报告的每股盈利和每股净资产推动的，会计叹哉汗哉！

由于上海证券交易所 1990 年 11 月 26 日才成立，当年 12 月 19 日正式营业，初期仅有 8 只股票，因此，我们无法在 A 股市场完成与美股同时间段的检验。美股长达 20 年的检验显示，在 1977—1987 年这 11 年间，每股净资产与盈利对股价的解释能力呈震荡式的缓慢上升趋势，1977 年 R - squared 为 0.923，1987 年为 0.993。然而 1987 年之后，R - squared 极速下滑，1996 年的 R - squared 不足 1977 年的 2/3，1992 年的 R - squared 甚至不到 1977 年的 1/2；而 A 股的 R - squared 则在刚刚过去的近 20 年时间里呈现出缓慢下跌的态势，从 2000 年的 0.656 降至 2018 年的 0.538。

清华大学的谢德仁教授等（2020）亦采用上述模型检验了 2006—2018 年 A 股上市公司会计信息的价值相关性，并发现了类似的结果。图 3 - 3 至图 3 - 6 列示了谢德仁、何贵华、黄亮华（2020）的研究发现。其中图 3 - 3 和图 3 - 4 将 A 股上市公司划分为 4 个子样本，分别是沪市、深市主板、深市中小板和创业板上市公司。虽然 4 个子样本回归模型的 R squared 变动趋势不完全一致，例如，深市主板公司的价值相关性在 2006—2012 年呈上下波动态势，深市中小板与创业板上市公司的价值相关性在 2015 年之后出现了回升，但这些都没有改变净资产与盈利对股价的解释能力逐渐减弱、下降的实质趋势。

图 3 - 3　2006—2018 年沪市与深市主板每股净资产和每股盈利对股价解释能力的变动趋势

资料来源：谢德仁、何贵华、黄亮华，2020。

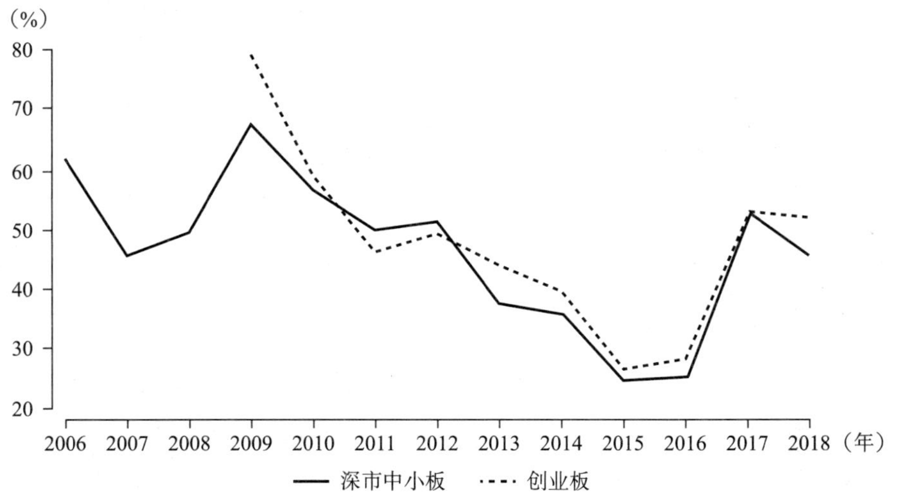

图 3 - 4　2006—2018 年深市中小板与创业板每股净资产、每股盈利与股价相关性的变动趋势

资料来源：谢德仁、何贵华、黄亮华，2020。

图 3－5 描绘的是 A 股几个典型行业上市公司会计信息价值相关性在 2006—2018 年的变化。从会计信息价值相关性的变动来看，食品、饮料行业的会计信息价值相关性从 2015 年后开始急剧下降；房地产行业则是 2012 年出现了明显的下降，但 2017 年与 2018 年又开始上升；机械与医药行业则是 2009 年之后即呈现出显著下降的趋势。

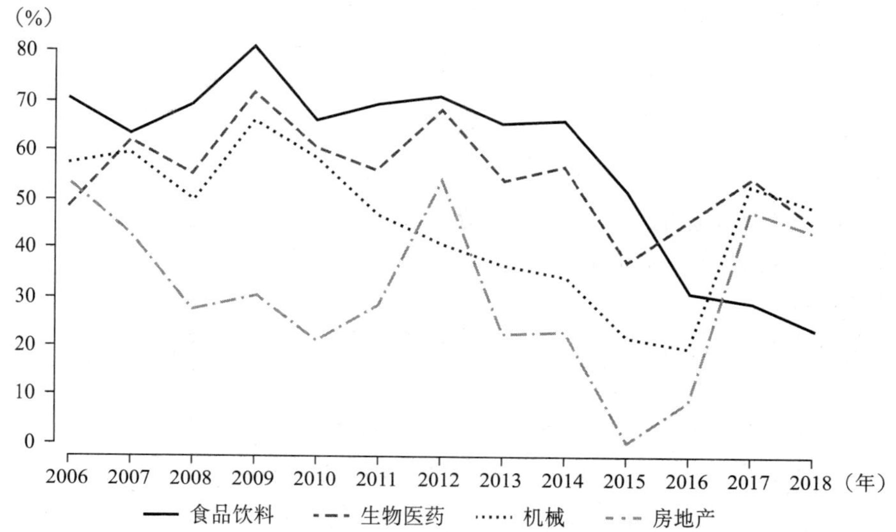

图 3－5 2006—2018 年典型行业每股净资产和每股盈利对股价解释能力的变动趋势

资料来源：谢德仁、何贵华、黄亮华，2020。

图 3－6 从产权性质角度出发，比较了 2006—2018 年国有控股与非国有控股上市公司的价值相关性的变化，总体而言，两者均呈现出明显的下降趋势，但非国有控股上市公司的会计信息价值相关性在 2017 年与 2018 年有一定的回升。

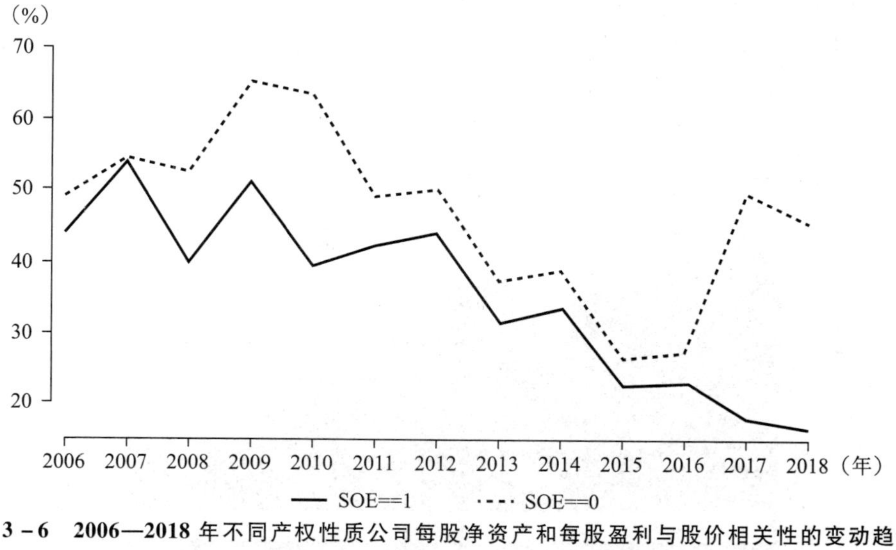

图 3－6 2006—2018 年不同产权性质公司每股净资产和每股盈利与股价相关性的变动趋势

资料来源：谢德仁、何贵华、黄亮华，2020。

综上所述，中、美两国资本市场实证检验的数据均表明会计数据在解释上市公司股票价格变动中的作用日益减弱的事实。

（二）盈利、净资产与滞后市值的关系

2018 年，Lev and Gu 改良了 1999 年的模型，用上市公司会计数据所属会计年度 t 年结束后 3 个月末的市场价值作为因变量，将样本区间扩大为 1950—2013 年，重新回归验证了美股的数据。

Lev and Gu（2018）采用的第二种实证模型如下：

$$MV_{it} = \alpha_{it} + \alpha_{2t}NI_{it} + \alpha_{3t}BV_{it} + \alpha_{4t}NSH_{it} + \varepsilon_{it} \quad （模型 3-2）$$

其中，MV_{it} = 上市公司 i 在第 t 年的市场价值，为确保股票价格充分反映最新会计收益和账面价值信息，并区别于模型 3-1，选取公司会计数据所属会计年度 t 年结束后 3 个月末的市场价值数据。

NI = 公司 i 在第 t 年的年度净利润；

BV = 公司 i 在第 t 年底的股东权益账面价值；

NSH = 公司 i 在第 t 年的流通股股数；

ε_{it} = 其他扰动项。

这个模型解决的问题是，上市公司的净利润和净资产在多大程度上解释了会计年度结束 3 个月后其股票价值的差异？或者说，当市场完全消化、反映了上市公司财务报告中的关键信息后，股票市值会发生变化吗？判断依据与模型 3-1 相同，即这个回归模型的拟合系数，也就是调整方差系数 R-squared。R-squared 越大，说明净利润和净资产对股票市值的解释能力越强；反之，则说明股票市值主要是由其他因素决定的。

图 3-7 展示了 1950—2013 年美国上市公司净利润和净资产对股票价值解释能力的变动趋势。从图 3-7 可以看出，上市公司的核心财务指标如会计利润、净资产账面价值对股票市值的解释能力呈现稳定下降的特征，从 20 世纪 50 年代的 90% 左右降至 2010 年的 50%—60% 区间，半个多世纪下降了近 50%。也就是说，20 世纪 50 年代、20 世纪 60 年代甚至 20 世纪 70 年代和 20 世纪 80 年代初，会计利润和股东权益账面价值对上市公司股票市值具有重要影响，但 20 世纪 80 年代末之后，这种影响日渐式微。有趣的是，进入 21 世纪之后，这两个关键财务指标对投资者评估股票市值的作用又开始趋稳，特别是 2010—2013 年呈现上升趋势。

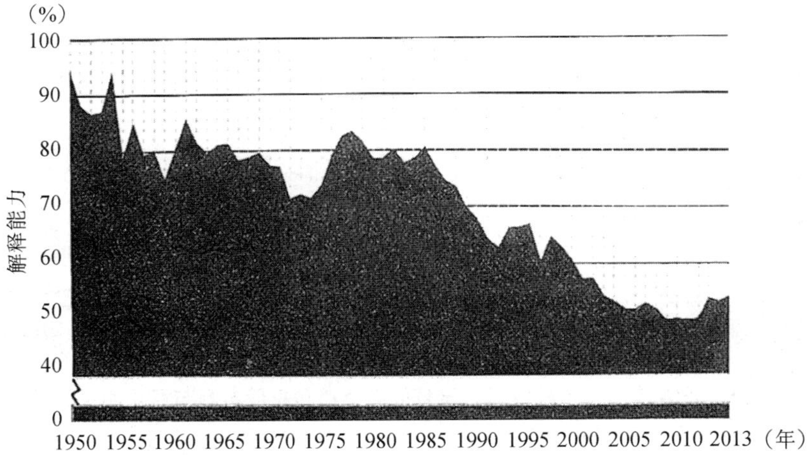

图 3-7 1950—2013 年美国上市公司净资产与净利润对 3 个月后股票市值解释能力的变动趋势

资料来源：Lev and Gu，2018。

我们采用此模型对所有 A 股上市公司 2000—2018 年的数据进行了检验，模型所需的财务和证券数据来自 Wind 数据库。

图 3 - 8 报告了 2000—2018 年 A 股上市公司净利润和净资产对股票市值解释能力的变动趋势。从图 3 - 8 可以看出，上市公司的这两个核心财务指标对股票市值的解释能力没有逐年提高。有趣的是，2002 年中国 A 股上市公司净利润与净资产对公司市值的解释力度为 89%，经过 17 年的起起落落，2018 年该数据继续回到 88%。

图 3 - 8 中 R - squared 降至 10% 左右的年份为 2001 年（8.2%）和 2006 年（10.1%）。与前述每股净利润、净资产与股价关系的检验结果类似，R - squared 到达底点的年份均是 A 股资本市场急剧变化的年份。2000 年 A 股迎来了轰轰烈烈的牛市，上证综指最高点达 2125 点，较最低点上涨超过 1 倍，然而 2001 年市场由“牛”转“熊”，急速下跌至 1514 点。2006 年同样是 A 股的爆发期，上证综指从 2006 年 1 月的 1070 点涨至 2007 年 10 月的 6124 点，单边上涨幅度近 5 倍。

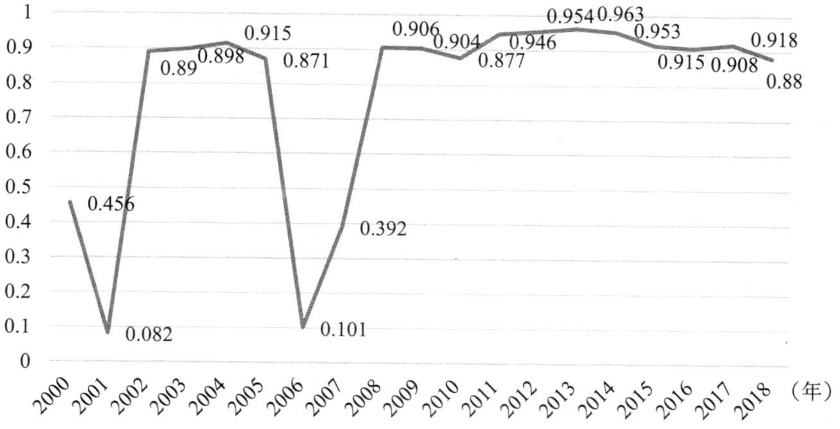

图 3 - 8　2000—2018 年 A 股公司净资产与净利润对 3 个月后市值解释力度的变动趋势

通过中、美两国上市公司股票市值与会计收益和账面价值的回归模型检验，我们发现虽然这两项核心财务指标对股票市值的影响在过去 60 年的历史长河中稳步下降，但这种下降趋势在最近的 20 年里趋向稳定。通过检验 2000—2018 年 A 股上市公司会计利润、账面净值与上市公司股价和市值的关系，我们可以得出这样的结论：净利润和净资产两个公认的关键财务指标对上市公司股票市值的影响有限。更令人震惊的是，资本市场屡次的牛、熊交替、轮回都不是由上市公司报告的财务业绩变动引起的。历史不会重演，但有着惊人的相似。A 股历来牛市的进程、熊市的惨烈都与上市公司财务报表上报告的盈利情况、账面净值几乎不相关（解释力度不足 10%）。因此，我们不禁自问，财务会计信息对投资者的决策真的有用吗？我们国家为了提高财务报告的有用性付诸了持之以恒、不计成本的努力，但这真的改善了财务报告的有效性了吗？

二、现金为王的可信性

公司经营的好坏不能只看损益表，现金流量表更加值得关注和研究。因为现金是公司的血脉，只有流动起来，才能产生利益、推动公司的发展。如果一家公司没有充足的现金流维护正常运转，势必危及公司生存。

以下仿照前述“盈利、净资产与股票市值”的方法，检验投资者对上市公司报告的运营现金流的反应，即通过上市公司当年的股价收益率来衡量。同理，如果反应越强烈，代表投资者越频繁地使用运营现金流这一指标；相反，则说明股价收益率与运营现金流量不相关。

我们采用的模型如下：

$$R_{it} = \beta0 + \beta1CF_{it} + \beta2\Delta CF_{it} + \beta3ACC_{it} + \beta4\Delta ACC_{it} + \varepsilon_{it} \quad \text{（模型 3-3）}$$

其中，R_{it} = 公司 i 在第 t 年的股价收益率；

CF_{it}和 ΔCF_{it}分别为上市公司 i 在第 t 年的运营现金流量和 t -（t - 1）年的运营现金流量（即运营现金流量年度改变量）；

ACC_{it}和 ΔACC_{it}分别为上市公司 i 在第 t 年的年度增值及年度增值的改变量，其中年度增值定义为当年报告净利润与运营现金流量的差额；

ε_{it} = 其他扰动项；

以上 4 个自变量都用公司 i 在 t 年年初的股票市值进行了调整。

这个模型解决的问题是，上市公司的运营现金流量和净利润是否能够解释股票市值的变化？在多大程度上解释了股票市值的变化？判断依据除了模型 3 - 1 和模型 3 - 2 的拟合系数 R - squared，我们还将考察 β1 + β2 的数值，以检验运营现金流量与股价收益率的相关性。举例来说，如果 β1 + β2 为正，说明上市公司股价收益率与运营现金流量正相关，且正的数值越大，相关性越强；如果为负，则说明股价收益率与运营现金流量负相关。

首先，我们分析 Lev and Zarowin（1999）对美国股市 1979—1996 年的检验结果。从图 3 - 9 可以看出，美国上市公司运营现金流与净利润对股价收益的解释能力，即 R - squared 常年保持在低位，在 1979—1996 年这 19 年里，运营现金流量、盈利能力及以上两项指标的年度变化值提供了股价收益率变动 0.29%—18.7% 的信息。0.29% 是什么概念？几乎可以说，上市公司的股价收益率与运营现金流量和盈利能力完全无关。其中，超过 40% 的年份（8 年）R - squared 系数在 10% 以下，分别为 1979 年（7.4%）、1980 年（6.5%）、1982 年（9.1%）、1983 年（6.8%）、1991 年（5.4%）、1992 年（5.7%）、1993 年（9%）、1996 年

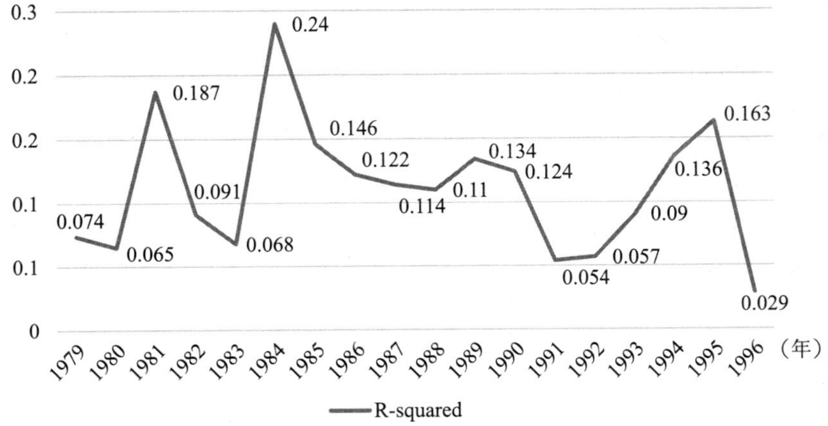

图 3 - 9 1979—1996 年美国上市公司运营现金流量和盈利能力对股价收益解释能力的变动趋势

资料来源：Lev and Zarowin，1999。

（2.9%）。而且，该解释能力 1984—1996 年呈现下滑趋势，R - squared 从 1984 年的 24% 下降近 90% 至 1996 年的 2.9%。这项研究结果出乎意料，企业界奉若神明的“现金为王”，在资本市场中对投资者的决策几乎荡然无存！

其次，我们再来看 β1 + β2，即图 3 - 10 运营现金流量与股价收益率的相关系数，在近 20 年的时间里，相关系数呈现明显的下降趋势。例如 1981 年，β1 + β2 为 1.857，而 1996 年该数值下跌至 0.288，降幅高达 85%。

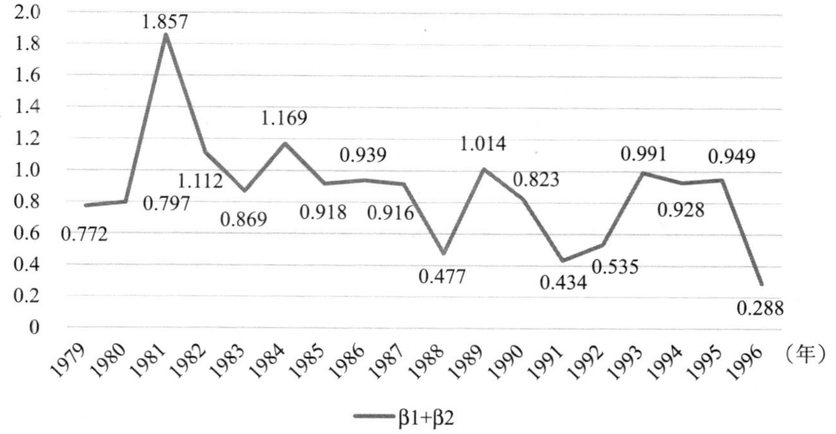

图 3 - 10　1979—1996 年美国上市公司运营现金流和盈利能力对股价收益的影响趋势

资料来源：Lev and Zarowin，1999。

最后，我们用 Lev and Zarowin（1999）的模型对所有 A 股上市公司 2000—2018 年的数据进行回归分析，以验证美国的结论是否能在中国资本市场成立。模型所需的财务和证券数据来自 Wind 数据库。

图 3 - 11 列示了 A 股上市公司 2000—2018 年运营现金流量和盈利能力对股价收益的解释能力。从该图可以看出，R - squared 常年保持在低位，在 2000—2018 年这 19 年里，运营现金流量、净利润及以上两项指标的年度变化值提供了股价收益率变动 0.2%—27.4% 的信息。也就是说，在中国资本市场中，上市公司的股价收益率与运营现金流量和净利润同样完全无关。而比美国资本市场更甚的是，多达 60% 的年份（11 年）R - squared 系数在 10% 以下，分别为 2001 年（6.2%）、2004 年（7.0%）、2005 年（9.9%）、2008 年（6.4%）、2010 年（3.5%）、2011 年（9.1%）、2013 年（0.2%）、2014 年（5.7%）、2015 年（3.9%）、2016 年（2.1%）、2018 年（8.4%）。

我们再来看图 3 - 12 的 β1 + β2，即运营现金流量与股价收益率的相关系数，在近 20 年的时间里，相关系数呈现明显的下降趋势，在 2008 年上证综指探底至 1665 点时甚至为负，换句话说，2008 年如果投资者以上市公司的运营现金流量状况作为投资决策依据，不但无法获取盈利，还将发生亏损，这一现象实在令人费解。

通过对美国上市公司 1977—1996 年以及 A 股上市公司 2000—2018 年股价收益率与运营现金流量、净利润及其年度改变值相互关系的分析，我们发现了类似的现象，即 β1 + β2 与 R - squared 呈现显著下滑趋势。可见，会计信息对股价反应相关性恶化的问题一直存在、愈演愈烈，中、美上市公司概莫能外。

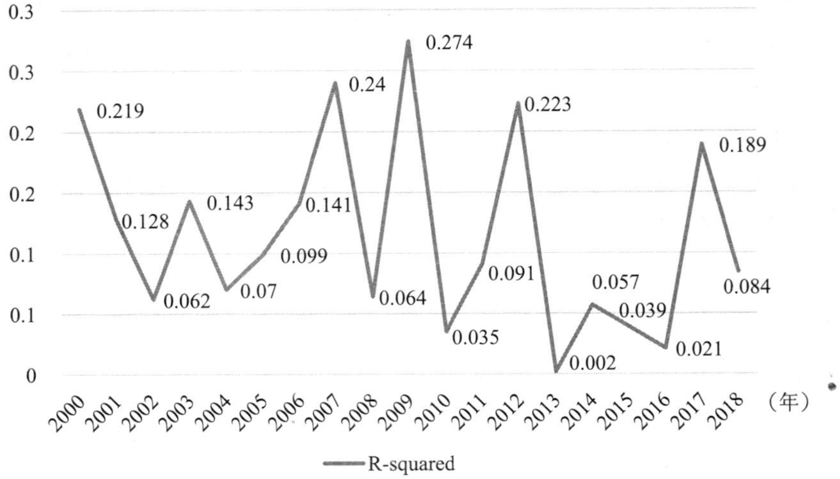

图 3 - 11　2000—2018 年 A 股上市公司运营现金流量和盈利能力对股价收益率的解释能力

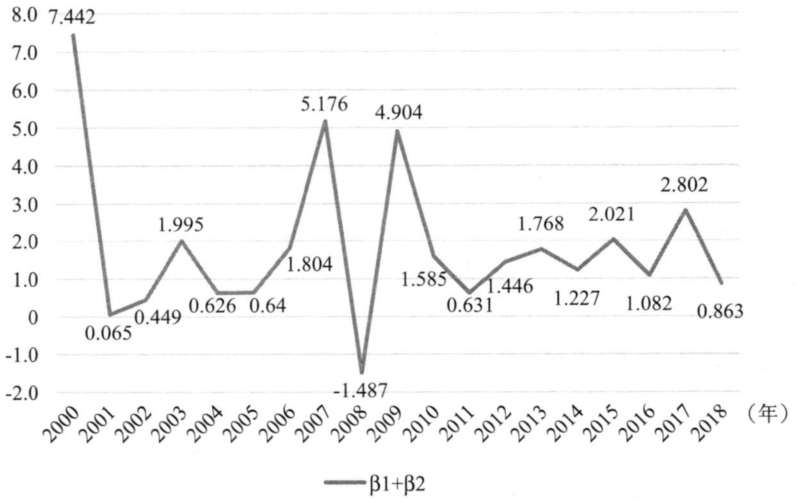

图 3 - 12　2000—2018 年 A 股上市公司运营现金流和盈利能力对股价收益率的影响

三、多重财务指标与市场价值

至此，读者可能对净利润、净资产、现金流量与股票买卖决策无关的实证结果不以为然，因为这三个指标并非财务报表的全部，仅仅考察几个财务指标就得出会计信息无关的论点显得过于武断和草率。如果增加更多的变量，是否会改变上述关于会计信息相关性不高的结论？对此，可以将模型 3 - 2 中的解释变量替换为销售收入、销售成本、行政与管理费用、净利润、总资产和总负债，采用更加全面的财务指标对模型 3 - 2 重新进行回归分析。在这个回归模型中，Lev and Gu（2018）发现数量更多、更全面的财务指标体系对股票价格的解释能力依然逐渐下降，图 3 - 13 的折线从 1950 年的超过 90% 下降至 21 世纪以来的 50%—60%，这表明美国上市公司会计信息与股票价格的相关性在过去半个多世纪中出现了大幅度的下降。

同样，我们也对所有 A 股上市公司 2002—2018 年的数据进行了检验，考察模型的解释力度 R - squared，结果如图 3 - 14 所示。

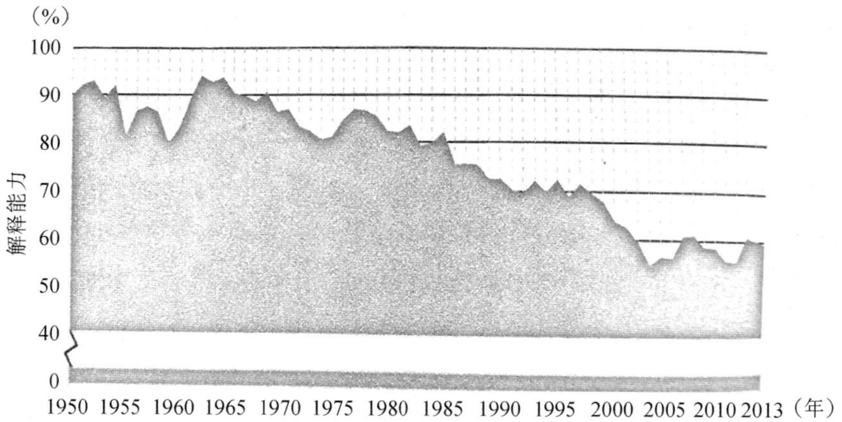

图 3 - 13　1950—2018 年美股上市公司多重财务指标对 3 个月后市值的解释力度

资料来源：Lev and Gu，2018。

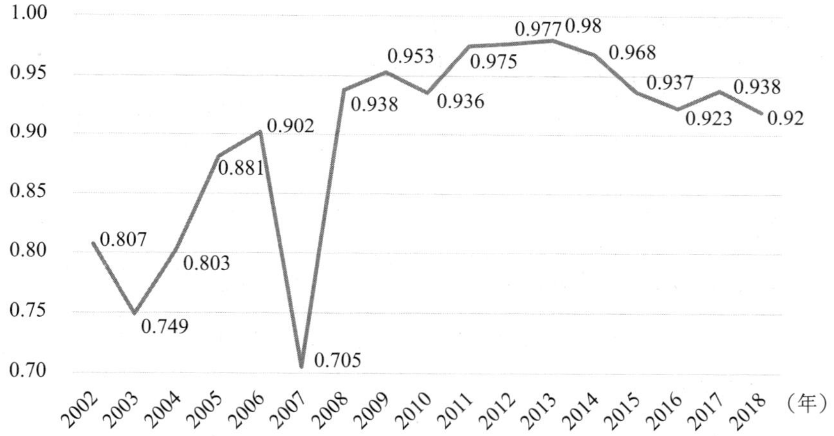

图 3 - 14　2002—2018 年 A 股公司多重财务指标对 3 个月后市值的解释力度

从图 3 - 14 我们发现，会计收益信息，如销售收入、销售成本、行政与管理费用、净利润、总资产、总负债等对 2008—2018 年上市公司股票市值的解释力度在 92%—93.8% 上下波动，最近的十余年未呈现出任何明显趋势。与模型 3 - 2 的检验结果类似的是在上证综指达到最高点 6124 点的 2007 年，该解释力度大幅下滑至 70.5%。这一结果似乎与美国资本市场的表现不符，但从图 3 - 13 可以发现，2000—2013 年美国上市公司多重财务指标对股票市值的解释能力在这十余年间亦呈现震荡态势，而非下滑趋势，与 A 股市场的发现相似。

综上所述，本节的检验结果表明，近半个世纪以来会计数据在中美资本市场上的相关性持续下降。这一事实表明，试图通过研读财务报表在资本市场获取超额收益，或提前预判熊市来规避投资风险，几乎是徒劳无益的。因为数据显示，越是在资本市场激烈震荡期间，财务指标与股价收益的相关性越弱。

第二节　盈利的可预测性

财务会计报告中哪个指标是衡量业绩的最关键数字？哪个指标对投资和评级决策产生了

重大影响？对此，财务分析师、会计学教授抑或刚刚进入资本市场的“菜鸟”，给出的答案很可能都是税后利润。

税后利润作为利润表的最后一项，对其作出预测，进而指导投资决策，是全球资本市场通用的投资逻辑。图 3 - 15 展示了利用会计利润构建的美股投资组合的盈利情况。在 1989—2013 年这 25 年间买入各个行业内税后利润最高的 5 家公司股票，同时卖空行业内税后利润最低的 5 家公司股票，每年都可以获得高于标准普尔 500 指数的投资回报率。国外支持此观点的相关研究还有很多，如 Holthausen 和 Larcker（1992）基于 Ou 和 Penman（1989）的交易策略，同样发现通过分析财务报表能够获得显著的超额回报。

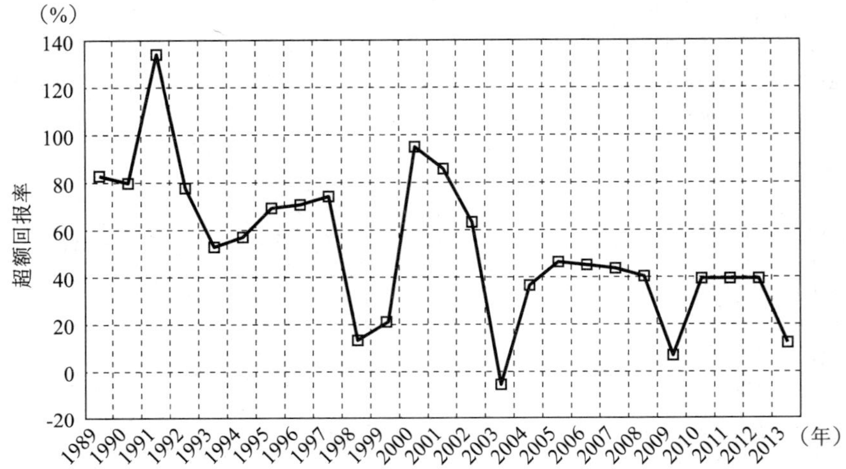

图 3 - 15 1989—2013 年美国股市基于公司盈利的年平均收益率

资料来源：Lev and Gu，2018。

类似现象在中国资本市场同样存在，如图 3 - 16 所示。图 3 - 16 描绘的是 1998—2005 年买入在上海证券交易所主板上市的公司中公告盈利增长的公司股票，同时卖空公告盈利下跌的股票组合，年均超额收益率为 5.86%。

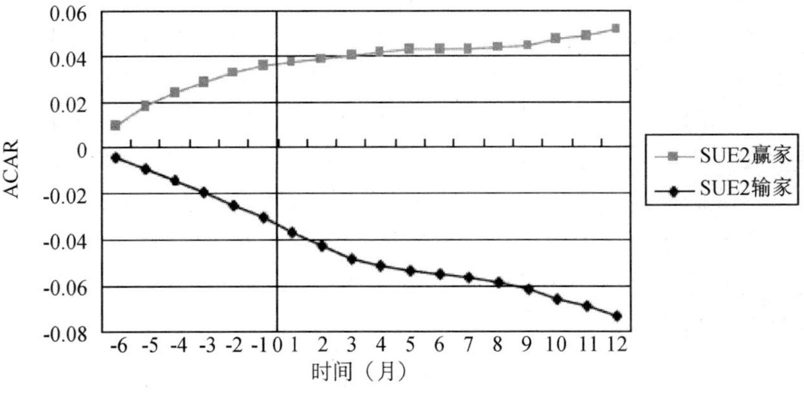

图 3 - 16 中国股市基于公司盈利的年平均收益率

资料来源：朱曦、陈俊芳、许拯声，2008。

可见，在财务报告中最关键的指标是税后利润，它引领着市场的变化。但是，依靠上述策略获得超额回报的核心点在于能够在上市公司发布定期报告之前预测到其税后利润。那么，如何做到“春江水暖鸭先知”？税后利润真的可以预测吗？

一、历史可否指引未来

我们采用两种测试方法，比较A股上市公司税后利润和净资产收益率（ROE）的预测偏差性。第一种方法，用A股上市公司上年税后利润（或ROE）加上过去三年税后利润（或ROE）平均增长率预测下一年的税后利润（或ROE），然后按照年度汇总计算绝对预测偏差的中位数，最后将年绝对预测偏差中位数绘制于图上。

（一）三年期预测法

图3－17、图3－18、图3－19、图3－20、图3－21、图3－22、图3－23和图3－24分别列示了1994—2018年主板上市公司三年期预测税后利润偏差的中位数；1994—2018年主板上市公司三年期预测ROE偏差的中位数；1994—2018年所有A股上市公司三年期预测税后利润偏差的中位数；1994—2018年所有A股上市公司三年期预测ROE偏差的中位数；2004—2018年中小板[1]上市公司三年期预测税后利润偏差中位数；2004—2018年中小板上市公司三年期预测ROE偏差中位数；2009—2018年创业板[2]上市公司三年期预测税后利润偏差中位数，以及2009—2018年创业板上市公司三年期预测ROE偏差中位数，数据收集自Wind数据库。

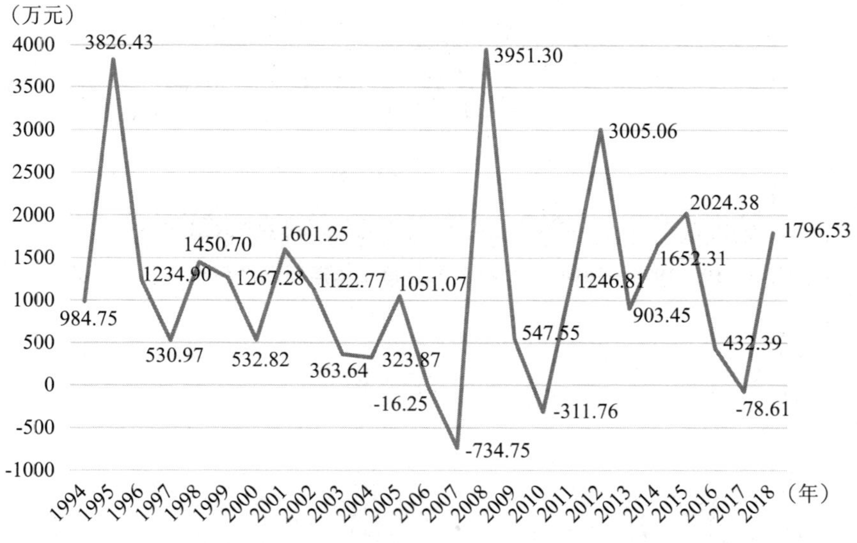

图3－17 1994—2018年主板上市公司三年期预测净利润偏差中位数

---

① 2004年5月经国务院批准，中国证监会批复同意深圳证券交易所在主板市场内设立中小企业板块。

② 2009年10月30日，中国创业板正式上市。

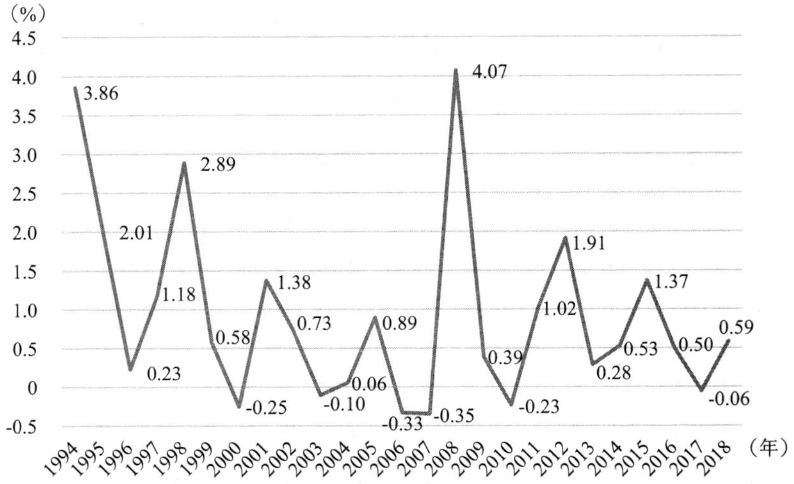

图 3－18　1994—2018 年主板上市公司三年期预测 ROE 偏差中位数

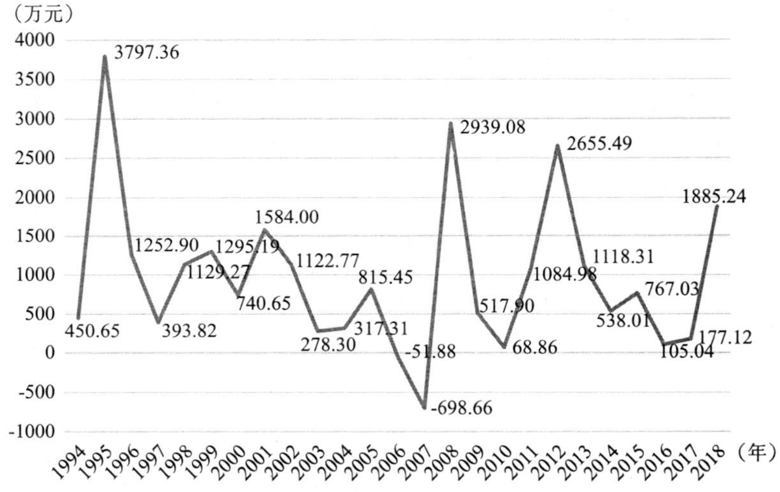

图 3－19　1994—2018 年 A 股上市公司三年期预测净利润偏差中位数

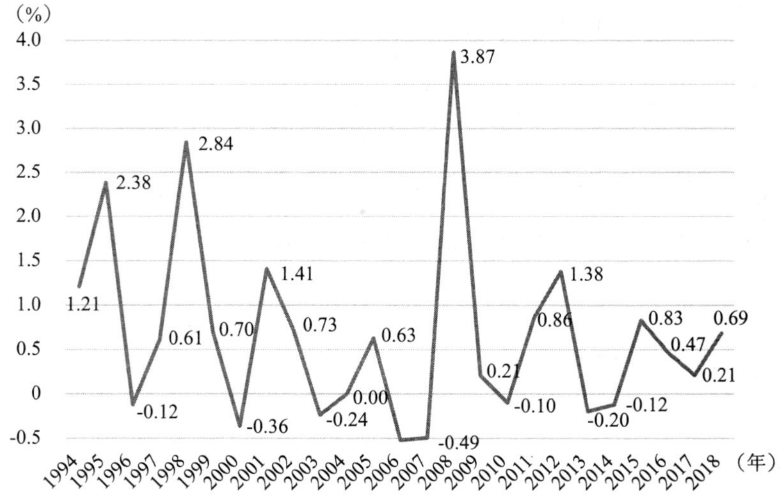

图 3－20　1994—2018 年 A 股上市公司三年期预测 ROE 偏差中位数

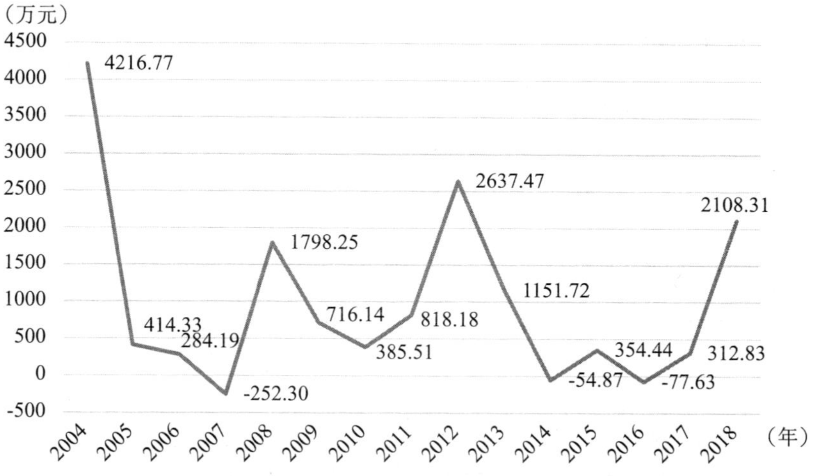

图 3-21 2004—2018 年中小板公司三年期预测净利润偏差中位数

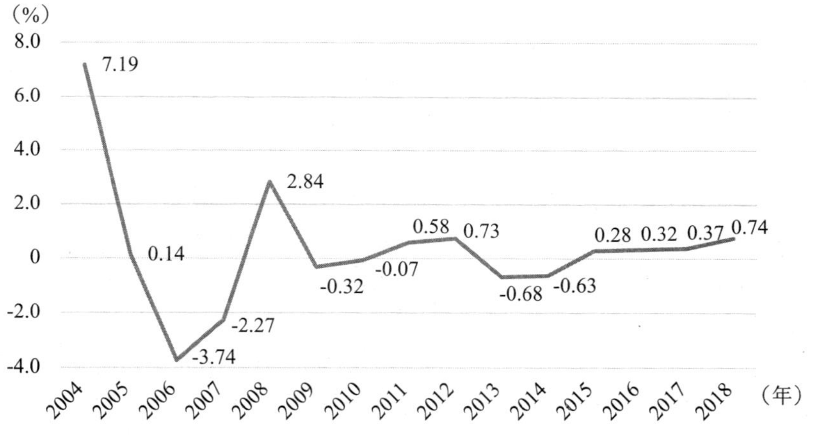

图 3-22 2004—2018 年中小板公司三年期预测 ROE 偏差中位数

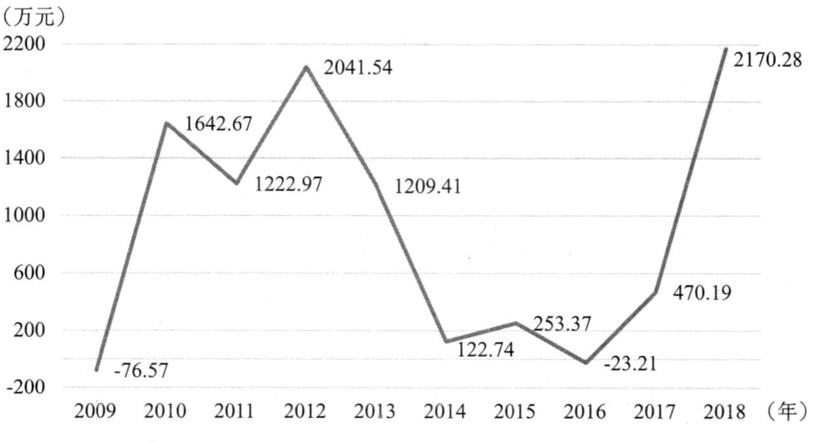

图 3-23 2009—2018 年创业板公司三年期预测净利润偏差中位数

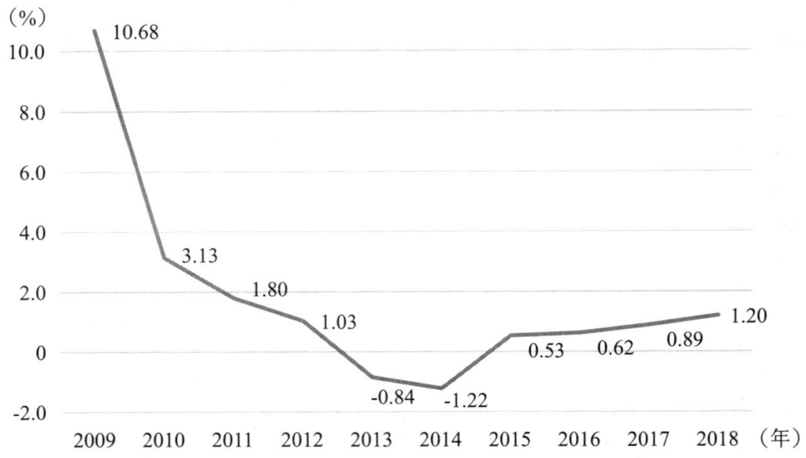

图 3-24 2009—2018 年创业板公司三年期预测 ROE 偏差中位数

从图 3-17 至图 3-21，以及图 3-23 可以看出，无论是主板、中小板、创业板，还是所有 A 股都无法从过去三年的税后利润中发现任何趋势进而预测下期的税后利润，用过去三年的税后利润平均增长率预测下一年税后利润，计算得出的预测偏差中位数没有呈现出任何趋势。同理，主板和所有 A 股上市公司的 ROE 亦无法从过去三年的数据中发现任何趋势。

图 3-22 和图 3-24 显示，中小板和创业板的 ROE 预测偏差值呈下降趋势，即用过去三年的 ROE 平均增长率预测下一年 ROE，计算得出的预测偏差中位数逐渐下降。中小板 ROE 预测偏差从 2004 年的 7.19% 下降至 2018 年的 0.74%，创业板 ROE 预测偏差从 2009 年的 10.68% 下降至 2018 年的 1.20%。

值得注意的是，无论中小板还是创业板的 ROE 预测偏差绝对值都不是在 2018 年达到底点的。中小板 ROE 预测偏差绝对值的底点出现在 2011 年（0.07%），而 2015—2018 年则呈现上升趋势，即用三年的 ROE 平均增长率预测下一年 ROE，计算得出的预测偏差中位数逐渐上升，从 2015 年的 0.28% 上升 1.64 倍至 2018 年的 0.74%。创业板类似，ROE 预测偏差绝对值的底点出现在 2015 年（0.53%），之后预测偏差中位数呈上升趋势，从 2015 年的 0.53% 上升 1.26 倍至 2018 年的 1.20%。

（二）五年期预测法

第二种方法，我们将预测期从三年延长至五年，即用 A 股上市公司上年税后利润（或 ROE）加上过去五年税后利润（或 ROE）平均增长率预测下一年的税后利润（或 ROE），然后按照年度汇总计算绝对值预测偏差的中位数，最后将年绝对预测偏差中位数绘制于图上。

图 3-25、图 3-26、图 3-27、图 3-28、图 3-29、图 3-30、图 3-31 和图 3-32 分别列示的是 1996—2018 年主板上市公司五年期预测税后利润偏差的中位数；1996—2018 年主板上市公司五年期预测 ROE 偏差的中位数；1996—2018 年所有 A 股上市公司五年期预测税后利润偏差的中位数；1996—2018 年所有 A 股上市公司五年期预测 ROE 偏差的中位数；

2006—2018 年中小板[①]上市公司五年期预测税后利润偏差中位数，2006—2018 年中小板上市公司五年期预测 ROE 偏差中位数；2010—2018 年创业板[②]上市公司五年期预测税后利润偏差中位数，以及 2010—2018 年创业板上市公司五年期预测 ROE 偏差中位数，数据来自 Wind 数据库。

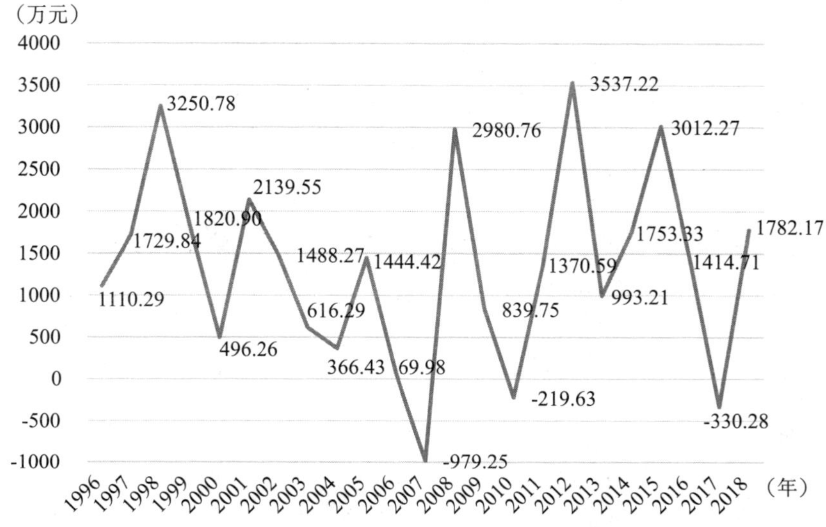

图 3－25　1996—2018 年主板上市公司五年期预测税后利润偏差中位数

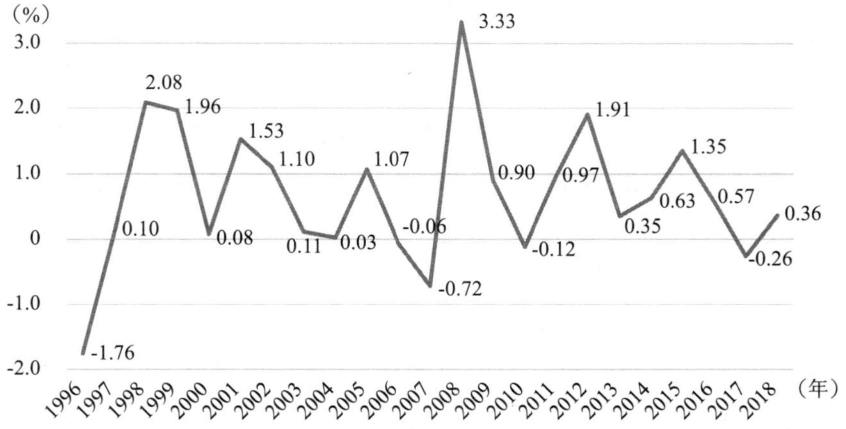

图 3－26　1996—2018 年主板上市公司五年期预测 ROE 偏差中位数

① 2004 年 5 月经国务院批准，中国证监会批复同意深圳证券交易所在主板市场内设立中小企业板块。受限于 T—5 年数据，我们能够预测 ROE 数据的最早年份始于 2006 年。

② 2009 年 10 月 30 日，中国创业板正式上市。受限于 T—5 年数据，我们能够预测 ROE 数据的最早年份始于 2010 年。

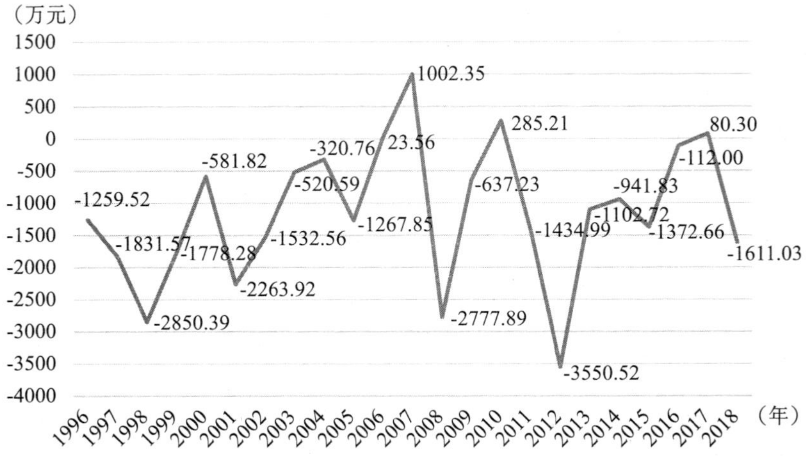

图 3－27　1996—2018 年 A 股上市公司五年期预测净利润偏差中位数

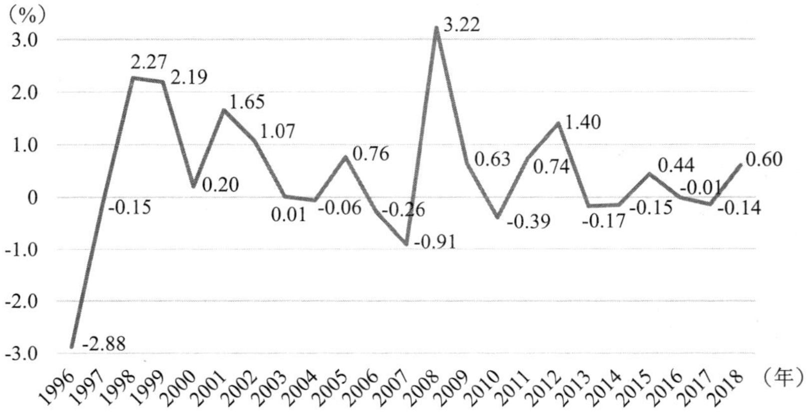

图 3－28　1996—2018 年 A 股上市公司五年期预测 ROE 偏差中位数

图 3－29　2006—2018 年中小板公司五年期预测净利润偏差中位数

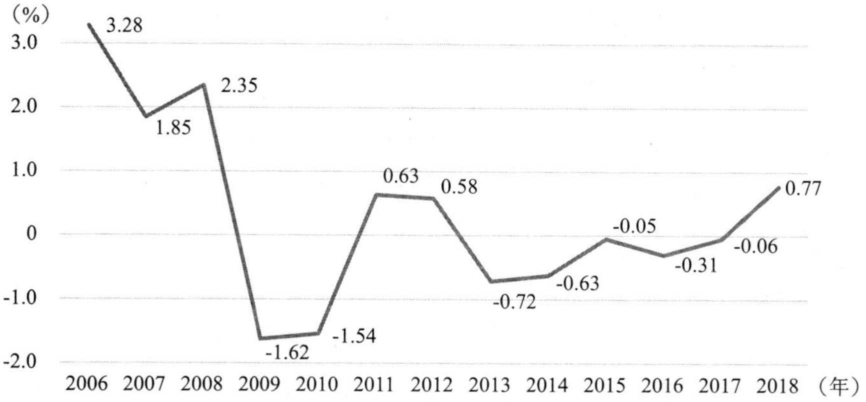

图 3 - 30　2006—2018 年中小板公司五年期预测 ROE 偏差中位数

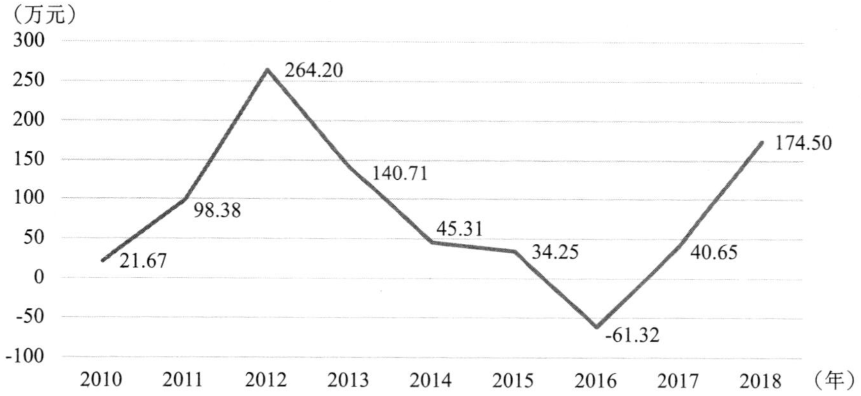

图 3 - 31　2010—2018 年创业板公司五年期预测净利润偏差中位数

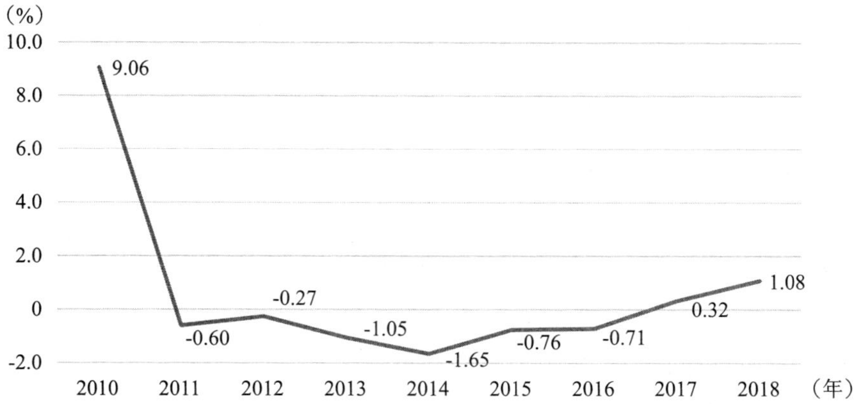

图 3 - 32　2010—2018 年创业板公司五年期预测 ROE 偏差中位数

与三年期的结果类似，我们仅在图 3 - 30 与图 3 - 32 中发现中小板和创业板上市公司的 ROE 预测偏差呈下降趋势，即用过去五年的 ROE 平均增长率预测下一年 ROE，计算得出的预测偏差中位数逐渐下降。中小板 ROE 预测偏差从 2006 年的 3.28% 下降至 2018 年的 0.77%，创业板 ROE 预测偏差从 2010 年的 9.06% 下降至 2018 年 1.08%。其他板块的税后利润与 ROE，包括中小板与创业板的税后利润，在过去五年的历史业绩中均未存在任何趋势，因此，想利用历史数据预测下期的财务业绩几乎无法实现。换句话说，用过去五年的税后利润或ROE平均增长率预测下一年利润或ROE计算得出的预测偏差中位数呈现无规律的变化。

与三年期的发现一样，无论中小板还是创业板的ROE预测偏差绝对值的底点都不在近几年。中小板预测偏差绝对值的底点是2015年的0.05%，之后逐渐上升超过14倍至2018年的0.77%。创业板预测偏差绝对值的底点则出现在2012年的0.27%，2018年的预测偏差值9.06%是2012年的33倍。

二、美国数据的可预测性

巴鲁克列夫（Baruch Lev）和谷丰（Feng Gu）在《会计的没落与复兴》（2018）中，采用了上述的第一种测试方法对1954—2013年美股上市公司的税后利润和净资产收益率进行了预测。图3-33显示，以上两项指标的绝对预测偏差值在半个多世纪中持续快速上升，预测准确性逐年下滑，税后利润在预测未来业绩方面的作用越来越弱。因此，无论在中国抑或美国资本市场，想要以预测利润来指导投资决策是行不通的。预测价值是相关性的三大要素之一，税后利润在中、美上市公司中不具有预测价值，从另外一个角度论证了会计信息相关性的恶化不高，表明税后利润对投资者的决策有用性不高。

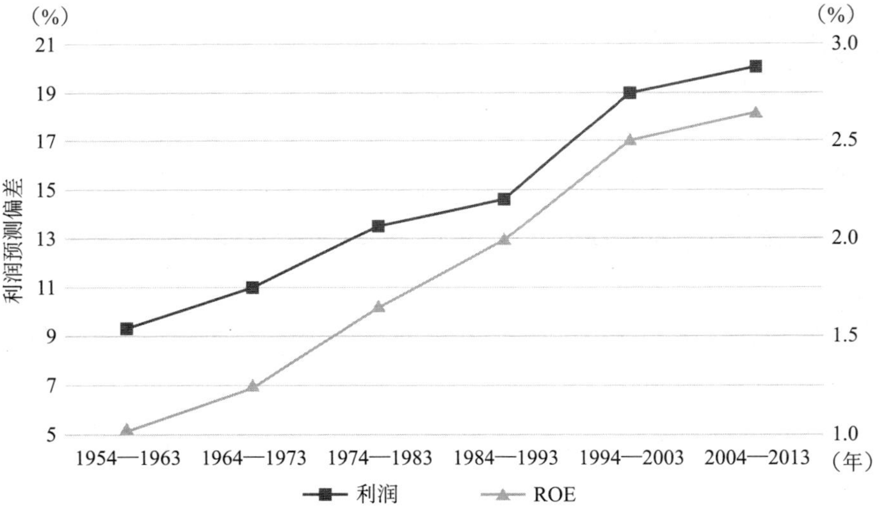

图3-33 1954—2013年每股上市公司三年期预测税后利润和ROE偏差中位数

资料来源：Lev and Gu，2018。

而在中国的中小板和创业板市场中，我们发现了与Lev and Gu（2018）相似的研究结论：自2015年以来，无论是以过去三年期还是五年期的ROE平均增长率预测下一年ROE，计算得出的预测偏差中位数逐渐上升，且上升倍数惊人。以五年期为例，中小板ROE预测偏差的绝对值2015—2018年上升了14倍。第一章中提出，2015年以来，中国数字经济、共享经济和网络经济蓬勃发展的现状，使新经济企业主要在中小板与创业板上市，这说明新经济企业的ROE预测价值呈恶化趋势。可见，面对信息技术进步和商业模式创新，会计准则并没有与时俱进，导致新经济企业按过时的分类、确认、计量和列报规则生成的会计信息的相关性不断恶化，对历史和未来均缺乏指导作用。

第三节　会计决策和评价功能日益式微

本节在第一节、第二节实证分析的基础上，从决策有用观和受托责任观的视角，通过案例分析阐明会计信息相关性在新经济时代不断下降的事实。

如果从达·芬奇（Da Vinci）的数学老师卢卡·帕乔利（Luca Pacioli）1494 年发明了被哥德（Goethe）称为“人类智慧的绝妙创造之一”的复式簿记算起，会计堪称一个古老的职业。这个有着 500 多年历史的古老职业，历经了工业革命和股份公司的洗礼，得益于信息技术进步的赋能，总体上还焕发着青春活力，依据其不断演进的会计规则提供的会计信息，在产品经济时代对优化资源配置（决策有用）和降低代理成本（受托责任）发挥着重要作用，作出了突出贡献。然而，会计这个古老职业，求稳有余、创新不足①。现在我们熟悉的财务报告体系，基本上是工业革命后的产物，其背后的会计规则具有重视物质资源、轻视人力资源，关注有形资产、忽略无形资产的鲜明印记，到了无形资产占主导地位②的新经济时代开始出现严重的不适症，在实现决策有用性和评价受托责任这两个财务报告目标时显得力不从心。最明显的症状莫过于会计信息的相关性日益降低。

一、决策有用性视角下会计信息相关性的下降

从决策有用性的角度看，会计信息相关性的下降表现为股票价格与关键财务变量（如报告盈余、权益净值和现金流量）之间的统计关联性持续恶化（Lev，2000）。本章第一、二节从实证的角度，亦论证了中、美两国会计信息决策相关性日益恶化的趋势。

如果这些实证研究结果显得过于抽象或晦涩，我们不妨看看可以佐证上述结论的两个典型案例。表 3－1 列示了旧经济时代的线下零售巨头沃尔玛与新经济时代的线上零售巨头亚马逊和阿里巴巴 2015—2019 年的相关财务指标，表 3－2 列示了 GAFATAM（谷歌、苹果、脸书、亚马逊、腾讯、阿里巴巴和微软）这七家新经济代表性企业账面净资产与股票总市值的差距鸿沟。

① 列夫与谷丰（2018）在《会计的没落与复兴》一书中，以美国钢铁公司 1902 年和 2012 年的损益表和资产负债表为例，说明尽管 110 年来经营环境和信息需求发生了翻天覆地的变化，但这两张财务报表的格式和内容依然故我、岿然不动。110 年前和 110 年后的损益表的格式几乎一模一样，资产负债表的唯一差别是 2012 年的商誉和无形资产在 110 年前是不存在的。在公司年报的篇幅方面，最显著的变化从 1902 年的 40 页增加至 2012 年的 174 页，但若剔除具有宣传性质的花俏图表，篇幅的增加主要集中在风险分析和环境保护上。这个例子说明，会计界缺乏与时俱进的创新精神，是会计信息相关性江河日下的重要原因。

② 以我国新经济代表企业 BAT 为例，截至 2019 年 12 月 31 日，百度、阿里巴巴和腾讯的存货和固定资产等有形资产分别为 183 亿元、1015 亿元和 475 亿元，而商誉和无形资产则分别高达 261 亿元、3418 亿元和 1397 亿元。后者还不包括品牌价值，2019 年“BrandZ 全球品牌价值 100 强”显示，百度、阿里巴巴和腾讯的品牌价值分别为 209 亿美元、1312 亿美元和 1308 亿美元。

表 3-1　　2019—2015 年新、旧零售巨头的财务指标对比　　单位：亿美元

		2015 年	2016 年	2017 年	2018 年	2019 年
资产总额	沃尔玛	1996	1998	2045	2192	2365
	亚马逊	647	834	1313	1626	2252
	阿里巴巴	566	736	1143	1438	1854
股东权益	沃尔玛	836	805	808	796	815
	亚马逊	134	193	277	435	621
	阿里巴巴	387	467	696	733	1229
营业收入	沃尔玛	4786	4813	4958	5144	5240
	亚马逊	647	834	1779	2328	2805
	阿里巴巴	157	230	399	562	720
净利润	沃尔玛	151	143	137**	179**	152
	亚马逊	6	24	30	100	116
	阿里巴巴	111	60	98	120	198
经营活动的现金净流量	沃尔玛	274	317	283	278	253
	亚马逊	119	173	184	307	385
	阿里巴巴	88	117	200	225	255
净资产收益率	沃尔玛	19%	18%	18%	25%	20%
	亚马逊	4%	12%	11%	23%	19%
	阿里巴巴	33%	15%	17%	16%	19%
股票市值	沃尔玛	1809	2040	2914	2749	3507
	亚马逊	3299	3659	5707	7330	9162
	阿里巴巴	2100	2269	4456	3543	5670

注：1. 沃尔玛和阿里巴巴的会计年度分别结束于 1 月 31 日和 3 月 31 日，为了与亚马逊保持可比性，本表将沃尔玛和阿里巴巴的 2020 会计年度填列为 2019 年，其他年份依此类推。

2. 已剔除持续经营业务特殊项目损益。

从表 3-1 可以看出，2015—2019 年，不论从资产规模（资产总额和净资产），还是从经营规模（营业收入和经营活动的现金净流量），或是从经营效益（净利润和净资产收益率）这些传统财务指标看，沃尔玛在大多数年度中都超过亚马逊和阿里巴巴，但其股票市值却远低于亚马逊和阿里巴巴。所有这些，既说明股票投资决策与传统会计信息的关联度不大，也意味着投资者对上市公司的估值大量利用了非会计信息；而且，后者的作用并不逊色于甚至超过了会计信息。如果三大报表提供的会计信息，只能在很低程度上解释不同上市公司股票市值的差异，则会计信息的决策相关性堪忧，会计信息的提供是否符合成本效益原则令人生疑。

表 3-2 显示，这七家全世界新经济最具代表性的企业，平均市净率高达 8.36 倍，表明每 8.36 美元的市值，就有 7.36 美元在资产负债表上得不到反映和解释，这从另一个侧面说明会计信息与新经济企业相关性不高的现象。虽然会计信息不是用来计量企业价值的，但至

少应成为投资者对企业进行估值的一个基础，否则，奥尔森净盈余估值模型[①]的依据何在？新经济代表性企业的净资产与股票市值之间存在如此之大的差距，难免让我们对会计信息在新经济时代的决策有用性产生怀疑。

表 3－2　GAFATAM 账面净资产与股票总市值的对比　　单位：亿美元

	账面净资产*	股票总市值*	市净率
谷歌（Google）	2014	9238	4.59
苹果（Apple）	905	13271	14.66
脸书（Facebook）	1011	5853	5.79
亚马逊（Amazon）	621	9162	14.75
腾讯（Tencent）	701	4609	6.57
阿里巴巴（Alibaba）	882	5670	6.43
微软（Microsoft）	1023	12041	11.77
合计	7157	59844	8.36

注：* 均截至 2019 年 12 月 31 日。

上述七家新经济代表企业的市净率也显著高于美国上市公司的平均市净率，如图 3－34 所示。

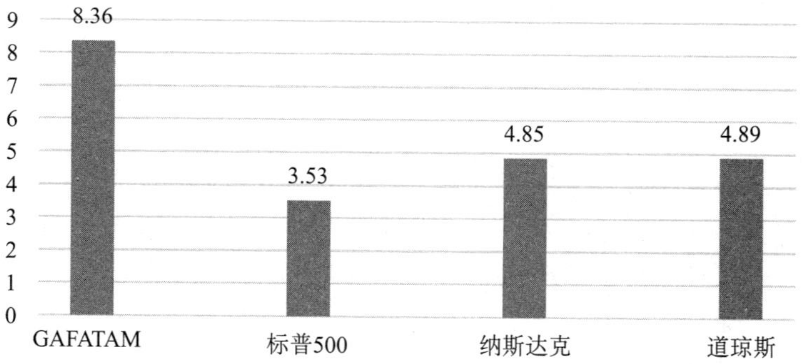

图 3－34　2019 年 12 月 31 日 GAFATAM 与美国上市公司平均市盈率比较

在我国，新经济企业市净率高于旧经济企业上市公司的现象同样存在。新经济企业居多的科创板和创业板的市净率明显高于其他上市公司的市净率，如图 3－35 所示。

---

① 1995 年，奥尔森发表了影响深远的《权益估值中的盈利、账面净值和股利：一种经验视角》，提出了著名的净盈余估值模型（Clean－Surplus Valuation Model）。奥尔森认为，上市公司的股票市值等于净资产账面价值与预期未来超额收益折现值之和，其数学公式为：$P_t = b_t + \sum R^{-\tau}E_t(x^{-a}t +_{\tau})$。其中的 P_t 代表上市公司在 t 期的股票市值，b_t 代表 t 期末净资产账面价值，$\sum R^{-\tau}E_t(x^{-a}t +_{\tau})$ 代表超额收益折现值，超额收益＝当期净利润－（期初净资产账面价值 × 无风险报酬率）。

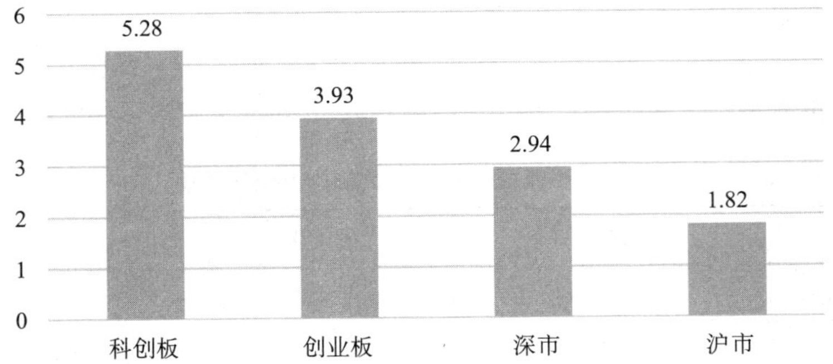

图3-35 2019年12月31日科创板和创业板与深沪上市公司平均市净率比较

新经济企业的市净率显著高于旧经济企业，原因有很多[①]，但其中一个重要原因是新经济企业的很多无形资产如数字资产、智慧资本等没有得到确认，导致其账面净资产被严重低估。未对新经济企业的无形资产进行充分确认，是导致会计信息相关性持续下降的一个重要原因。

二、受托责任评价视角下会计信息相关性的下降

如果新经济时代会计信息的决策有用性持续衰减，那么会计信息剩下的唯一功效就是受托责任的评价了。遗憾的是，在新经济时代，会计信息在这方面的作用也不容乐观。从受托责任的角度看，会计信息相关性的恶化主要表现为受托责任的评价对会计信息的依赖度不断降低。在旧经济时代，净资产收益率是评价管理层是否有效履行受托责任的最常用指标，因为该指标的分母代表股东将财产托付给管理层的资源投入，分子代表管理层通过经营运作股东托付的财产给股东带来的产出。用投入产出比的高低评价管理层是否有效履行对股东的受托责任，是一种比较科学、合理的方法。然而，在新经济时代，企业能否生存发展并为股东创造价值，在很大程度上取决于它们在人才、研发、用户、品牌、创意等方面的投入。在这种情况下，继续沿用净资产收益率来评价新经济企业管理层的受托责任，只会加剧管理层短视化的机会主义行为，让他们不愿意从事可提升企业核心竞争力和价值创造能力但短期内可能造成严重亏损的资本性支出，新经济企业只好越来越多地诉诸市值管理、风险管理、市场份额、用户数量、行业地位、网络效应、平台价值、模式创新等非会计信息来评价管理层对受托责任的履行情况。

在新经济时代，会计信息在评价管理层受托责任方面，其相关性日益恶化的另一个重要标志是激励机制的设计对会计利润的依赖越来越小，而对股票期权的倚重越来越大。为了更加有效地缓解代理问题、大幅降低代理成本、引导管理层更加积极主动地进行有利于提升企业股票价值的无形投资，股票期权顺理成章地取代了会计利润，成为新经济企业最通行、最有效的激励机制。股票期权的价值高低与企业的股票市值成正比关系，而股票市值能否增长，在很大程度上取决于企业在研发、技术、人才、用户、品牌、创意等方面的成效，而非企业短期的盈利。这或许是很多“亏损”（虚亏实盈）或“微利”（长远暴利）的新经济企

① 对此，黄世忠（2020）在《新经济企业估值迷思解析》一文中作了详细分析，详见本书“附录A”。

业其股票市值大大高于高额盈利的旧经济企业的重要原因①，这也说明了新经济企业为何舍得耗费巨资去收购、兼并“亏损累累”的其他新经济企业②，因为投资者和资本市场十分清楚，这些新经济企业的“亏损”或“微利”是由会计规则的不合理、不科学所造成的，与企业的基本面无关。

以上分析表明，进入新经济时代，不论在决策有用性方面，还是在受托责任评价方面，会计信息的相关性均呈现快速下降的态势。在这种情况下，新经济企业的会计人员耗费大量资源编制财务报告的目的何在？Govindarajan 等人的调查访谈表明，新经济企业的很多首席财务官（CFO）认为，按照公认会计原则编制财务报告特别是资产负债表和利润表，只是法规遵从（Regulatory Compliance）要求的一种摆设，耗费在财务报告编制和审计的资源纯属浪费③，会计已不再被认为具有价值创造功能（Govindarajan et al.，2018），原因在于这种财务报告不能反映新经济企业创造价值和保持核心竞争力的驱动因素。

本章从实证和案例的角度分析了会计界和监管者都不愿看到的事实：会计信息的相关性在过去数十年里持续恶化，在改革和完善会计准则方面的不懈努力并没有带来对投资者更有价值的财务报告。这是一个令人痛心但又不得不直面的问题，背后原因值得深究。

---

① 这方面的例子不胜枚举。比如，已经在 2018 年 5 月完成 IPO 的优步（Uber），尽管其 2014—2017 年分别亏损了 7 亿美元、22 亿美元、28 亿美元和 4 亿美元，累计亏损 102 亿美元，但其市值高达 738 亿美元，超过通用电气（GE）2018 年年末的市值（658 亿美元）。再如，推特（Twitter）2014—2017 年分别亏损了 5.78 亿美元、5.33 亿美元、4.41 亿美元和 0.95 亿美元，京东 2014—2017 年分别亏损 49.96 亿元、93.88 亿元、20.48 亿元和 0.19 亿元，虽然 Twitter 和京东 2018 年均扭亏为盈，2018 年 1—3 季度净利润分别为 2.17 亿美元和 20.77 亿元，还不足以弥补以前年度的亏损，但 2018 年年末的股票市值仍高达 201 亿美元和 303 亿美元。同样地，2018 年 1—3 季度，BATJ 合计的净利润只有 1211 亿元，而工商银行、农业银行、中国银行、建设银行同期的净利润高达 7786 亿元，虽然 BATJ 的净利润只有工商银行、农业银行、中国银行、建设银行的 15.56%，但 2018 年年末的总市值（5.66 万亿元）却比工商银行、农业银行、中国银行、建设银行的总市值（5.48 万亿元）高出 1800 亿元。

② 在收购兼并方面，脸书 2014 年 2 月耗费 160 亿美元收购了既没有收入也没有利润的 WhatsApp，微软 2016 年 6 月耗费了 262 亿美元收购了仍处于亏损的 LinkedIn。以传统的思维，天价收购亏损企业是匪夷所思的，但从新经济的角度看，这两项收购对脸书和微软获取客户资源、拓展商业模式、提升技术水平、实现转型升级是至关重要的，因此，投资者还是给予了正面的评价，这从并购消息公布后股价均有所上升而不是大幅下跌就可看出来。

③ 笔者认为这种观点有失偏颇。会计信息是经济利益分配的重要依据之一，税收缴纳、利润分配、契约执行、薪酬计划等，都离不开会计信息。从这种意义上看，会计信息特别财务会计信息具有公共产品的性质，其编制和提供具有强制性的特点，对其审计是确保这种公用产品具有公信度和高质量的必要制度安排，在这方面的耗费具有明显的社会效益，不存在浪费之说。新经济企业的 CFO 之所以得出这种偏颇的结论，更多是从会计信息决策有用性的角度出发，明显忽略了会计信息的经济利益分配功能。从决策有用性的角度看，即使会计信息对投资者的决策相关性再低，也不意味着会计信息对企业的内部管理没有作用或作用不大。此外，会计信息可能不是投资者最重要的信息，但审慎的投资者在利用竞争性信息之外，通常是不会完全排斥会计信息的，这从重大收购、兼并中，投资者对财务尽职调查的重视就可以看出来。

第四章　会计信息相关性恶化的原因分析

本章在第三章实证分析的基础上，分析新经济时代会计信息相关性持续恶化的原因。我们认为，财务会计未能反映新经济时代企业创造价值和保持竞争力的关键驱动因素，是导致会计信息相关性恶化的根本原因。本章指出，僵化过时的会计规则无视无形投资的资本支出属性、无视平台资产的网络效应现象、无视行业地位的经济价值差异、无视用户聚集的边际成本递减、无视数据资产的价值创造功能、无视智慧资本的内在经济价值、无视非常项目的预测价值干扰、无视估计判断的信息质量影响、无视内外事项的市值变动影响、无视经营业绩的双重披露需求是造成会计信息相关性日益降低的十大原因。这十大原因可分为两个方面，分别是确认计量规则进化滞后的原因和信息披露要求过于僵化的原因。

第一节　确认计量规则的进化滞后

从制度框架上看，在新经济时代下会计信息对投资决策和受托责任评价的相关性之所以日益恶化，根本的原因是现行的会计准则大多是在旧经济时代下制定的，到了新经济时代不适症开始显现。根据这些会计准则编制的财务报告具有“吃硬不吃软”的特性，对于反映以实物资产等硬资产（Hard Assets）为主体，采用“单打独斗”商业模式的旧经济企业的财务状况、经营业绩和现金流量则游刃有余、颇受认可，但用于反映以智慧资产（Intelligent Assets）等软资产（Soft Assets）为核心，采用“资源整合”商业模式的新经济企业则显得力不从心、疲态毕露。具体地说，新经济时代会计信息相关性急剧下降，主要是准则制定机构缺乏与时俱进的精神，对新生事物采取“鸵鸟政策”，坚守因循守旧的确认和计量标准，导致财务报告选择性“失明”，对新经济企业价值创造的关键驱动因素视而不见。

一、无视无形投资的资本支出属性

新经济企业的价值创造和竞争力的提升，主要不是依靠股东投入的财务资源，而主要是依靠知识资源、信息技术和商业模式创新。为此，新经济企业将大量资源投放在研究开发、创意设计、人才培养、专利申请、网络更新、客户获取、市场开拓、品牌维护、数据库建设、业务流程再造等无形投资（Intangible Investments）方面。美国的无形投资占非农增加值的比重日益上升，且已经超过机器设备等有形投资（Corrado and Hulton，2010），如图4-1所示。

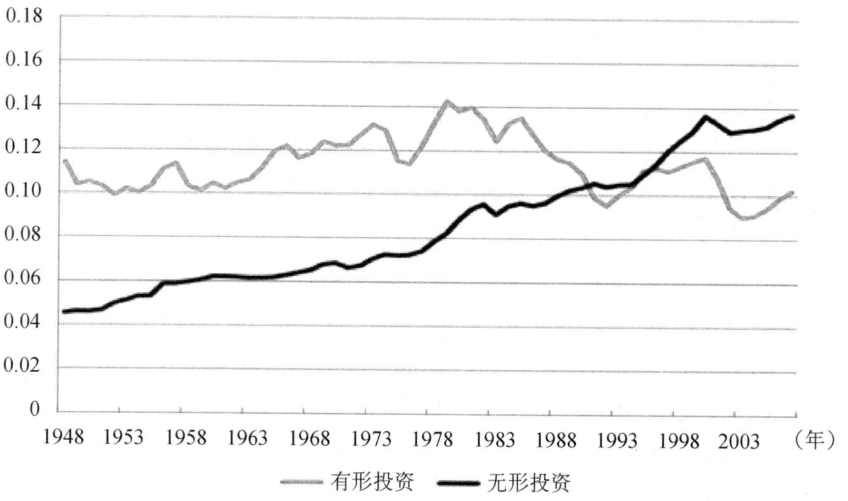

图 4-1 1948—2003 年美国无形投资与有形投资占非农增加值的比重

Haskel 和 Westlake 在《没有资本的资本主义：无形经济的崛起》① （*Capitalism Without Capital*: *The Rise of The Intangible Economy*）一书中，也指出欧美的无形投资占 GDP 比重从 2008 全球金融危机以来大幅超过有形投资的现象，如图 4-2 所示。

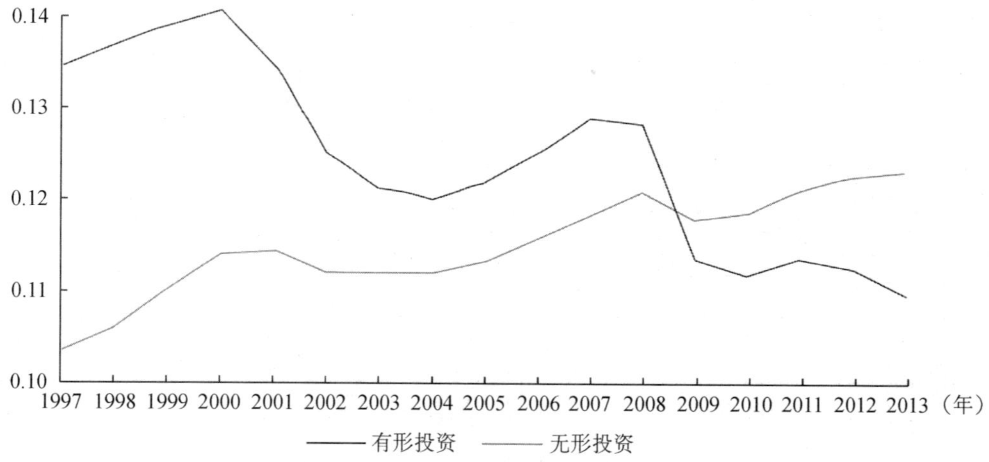

图 4-2 1997—2013 年欧美无形投资占 GDP 的比重（国家包括奥地利、捷克、丹麦、芬兰、法国、德国、意大利、荷兰、西班牙、瑞典、英国和美国）

Haskel 和 Westlake 还指出，无形投资具有扩展性（Scalability）、沉落性（Sunkenness）、外溢性（Spillovers）和协同性（Synergies）等特点（Haskel and Westlake，2018）。扩展性指无形投资形成的资产可以同时在众多地点反复使用而不会降低其效用，如商业模式和产品设计的复制性使用；沉落性指无形投资决策一旦作出便不可更改，因为其形成的资产通常难以

① 该书认为，在新经济时代，资本主义正向“智本主义”过渡，由无形投资所形成的智慧资本将逐步取代财务资本，成为价值创造最具决定性作用的核心生产要素。该书还指出，无形投资和智慧资本将造成企业之间竞争的马太效应更加明显，加剧收入分配不平等，给金融机构、资本市场和企业管理层带来前所未有的调整，迫使公共政策制定部门更加重视 IT 基础设施建设和社会治理环境。

单独出售，外溢性指无形投资形成的效益往往惠及投资企业之外的其他攸关方，具有很明显的外部性；协同性指无形投资得益于企业之间创意和研发的共享，是推动企业之间进行合作研究和建立商业联盟的推动因素。正因为其具有4S的特点，无形投资显著区别于有形投资，4S的特点进一步加剧了企业竞争的马太效应、强者恒强，市场集中度不断提高，企业之间的市场地位严重分化。

文豪、李洪月（2013）借鉴Corrado，Hulton，Sichel在2005年创立的研究方法（简称CHS法），对我国2009年由计算机信息、创新资产和经济能力组成的无形资产投资进行计量，发现我国的无形资产投资虽然总量高达1.308万亿元，但占GDP的比重只有3.8%，远远低于其他发达国家的10%。张俊芳等（2017）在对索洛模型进行改进的基础上，测算了我国无形资产（这方面的支出是无形投资的主要来源）的总额和结构，发现我国的无形资产主要来自创新资本和组织资本的贡献，无形资产总量及其占GDP比重均呈现快速增长态势，如表4－1所示。

表4－1　　2005—2012年我国无形资产的测算　　单位：亿元

年份	电子信息		创新资产		品牌资产		人力资本		组织资本		无形资产	占GDP比重（%）	无形资产增长率（%）
	收入	占比（%）	支出	占比（%）	支出	占比（%）	支出	占比（%）	支出	占比（%）			
2005	1931.5	28.1	2450	35.7	93.9	1.4	515.7	7.5	1877.5	27.3	6868.5	3.74	5.99
2006	1281.9	17.6	3003.1	41.3	113.7	1.6	606.6	8.3	2274.5	31.2	7279.7	3.37	26.21
2007	1782.8	19.4	3710.2	40.4	140.8	1.5	736.8	8.0	2816.9	30.7	9187.6	3.45	23.28
2008	2294.8	20.3	4616	40.8	168.2	1.5	882.2	7.8	3364.9	29.7	11326.2	3.58	24.77
2009	3422	24.2	5802.1	41.1	185.7	1.3	1007.2	7.1	3714.8	26.3	14131.9	4.15	27.93
2010	4930.5	27.3	7062.6	39.1	233.6	1.3	1181.7	6.5	4671	25.8	18079.4	4.52	23.37
2011	6192.2	27.8	8687	38.9	282.2	1.3	1498.9	6.7	5644.3	25.3	22304.5	4.76	19.96
2012	7857.2	29.4	10298.4	38.5	325.1	1.2	1772.9	6.6	6502.6	24.3	26756.2	5.16	21.78
平均	—	24.3	—	39.5	—	1.4	—	7.3	—	27.6	—	—	21.7

资料来源：张俊芳、郭永济、郭戎．我国知识密集型无形资产总量到底有多少。

无形投资是新经济企业提升价值创造能力和核心竞争力的最重要方式，被资本市场所认可并对股票市值产生积极影响。无形投资本质上具有明显的资本性支出属性，本应予以资本化，但现行会计准则的规定过于迂腐，认为这些无形投资能否带来未来经济利益存在诸多不确定性，因而要求企业费用化。其结果，无形投资越大的新经济企业，报表上体现的利润越少，甚至亏损。将无形投资费用化，造成的不良后果是资产负债表和利润表双双失实，导致新经济企业的财务图像与经营实绩严重脱节，甚至相互矛盾。

在资产负债表方面，无形投资按费用化而不是资本化的方式进行会计处理，导致对企业未来发展和价值创造至关重要的大量智慧型无形资产游离于资产负债表之外，严重低估了新经济企业的财务实力。华为 2008—2019 年研究开发支出高达 6241 亿元[①]（如表 4－2 所示），形成了 8.5 万多件的技术专利（90%以上为发明专利，其中中国有效授权的专利 3 万多件，欧美有效授权专利 4 万多件），为其成为世界上最具竞争力的电信设备制造商奠定了坚实的技术基础，但其 2019 年年末资产负债表上反映的无形资产（主要是外购的技术和专利）余额只有 77.04 亿元，足见华为资产负债表的虚化问题有多严重。资产负债表虚化，或许是新经济企业市净率居高不下的重要原因，也在一定程度上说明了为何高额商誉总是与新经济企业的收购、兼并相伴而生。资产负债表虚化带来的另一个意想不到的经济后果是加剧了中小型高科技企业的融资难、融资贵问题，因为我国商业银行对中小企业的贷款决策在很大程度上依赖于资产抵押和信用担保，其结果是银行错失了与这些企业共成长的机会，造成资源错配，将大量贷款投放给传统、没落但却握有大量实物资产的旧经济企业，而不是将有限的信贷资源用于扶持表内实物资产匮乏但表外无形资产富足的新经济企业。

在利润表方面，将无形投资费用化，导致收入与费用配比失当，严重扭曲了新经济企业的经营绩效。表 4－2 列示了华为 2008—2019 年研究开发费用及其占营业收入和税后利润的比例。从表 4－2 中可以看出，华为过去 12 年里平均研发投入强度高达 13.86%，占税后利润的平均比例高达 168.22%，足见没有将研究开发支出资本化对华为盈利能力的影响有多大。

表 4－2　　2008—2019 年华为研究开发支出及其占比　　单位：亿元

年份	研究开发费用	营业收入	研发占营业收入（%）	税后利润	研发占税后利润（%）
2008	105	1231	8.53	79	132.91
2009	133	1466	9.07	190	70.00
2010	166	1825	9.10	247	67.21
2011	237	2039	11.62	116	204.31
2012	297	2202	13.49	154	192.86
2013	316	2390	13.22	210	150.48
2014	408	2882	14.16	279	146.24
2015	586	3950	14.84	369	158.81
2016	764	5216	14.65	371	205.93
2017	897	6036	14.86	475	188.84
2018	1015	7212	14.07	593	171.16
2019	1317	8588	15.34	627	210.05
合计	6241	45037	13.86	3710	168.22

资料来源：华为 2008—2019 年公司年报。

① 华为 2019 年年末的总资产和净资产分别为 8587 亿元和 2955 亿元，研究开发支出没有资本化，不仅低估了华为的盈利能力，而且严重低估了华为的财务状况。

众所周知，无形投资的成本效益在时间分布上是不对称的，成本呈现前高后低而效益则呈现前低后高的态势。无形投资费用化的会计处理方式，进一步加剧了这种不对称，使收入与费用的配比变得毫无意义。在投入期，伴随着费用的大量发生，是没有收入或只有少量收入，此时，新经济企业利润表体现的是累累亏损；而在收益期，伴随着收入的急剧增长，是少量费用或没有费用，此时，新经济企业利润表体现的是高额暴利。其结果，不论是投入期，还是收益期，利润表从来没有正确过，发出的都是扭曲事实的错误信息。面对这种令人啼笑皆非的局面，投资者只好选择忽略会计盈利信息，这在一定程度上解释了为何新经济企业普遍存在着股票市值与会计盈利严重背离的现象，如图 4－3 所示。

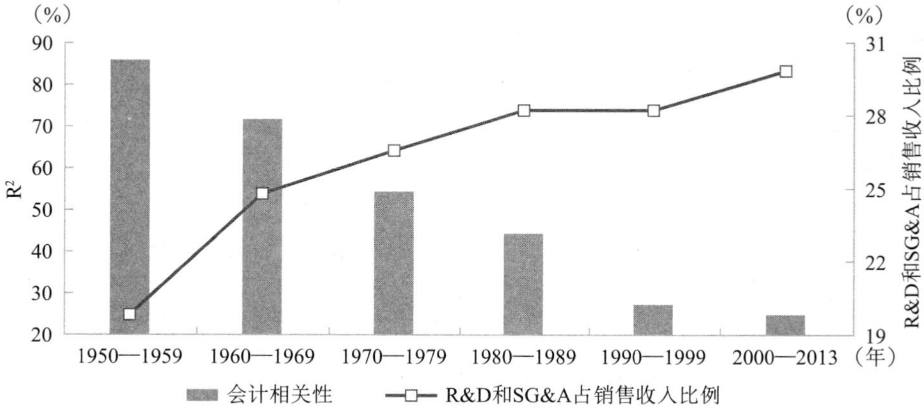

图 4－3　下降的会计相关性：按上市的年代

资料来源：列夫与谷丰，会计的没落与复兴。

图 4－3 的柱体为 R^2，代表美国上市公司股票市值与会计收益和权益净值的相关关系，曲线代表研究开发、销售和管理费用占销售收入的比例。从图 4－3 中可以看出，20 世纪 90 年代新经济出现以来，企业大幅增加研究开发、品牌营销、客户获取、人才培养和流程优化等无形投资，但按照会计准则的要求，这些投资大都计入当期的销售费用和管理费用，严重低估了企业的净收益和净资产值，其结果是会计收益和权益净值对股票市值的解释能力急剧下降。

无形投资在我国的重要性也日益凸显。国家统计局、科学技术部和财政部发布的《2018 年科技经费投入统计公报》显示，我国 2018 年的研究开发支出高达 19677.9 亿元，研发投入强度（研发支出除以 GDP）为 2.19%，其中基础研究 1090.4 亿元、应用研究 2190.9 亿元、实验发展经费 16396.7 亿元，占比分别为 5.5%、11.1% 和 83.3%。各类企业的研究开发支出 15233.7 亿元，占全部研发支出的 77.4%，成为研究开发活动的最重要主体。表 4－3 显示，我国 A 股上市公司在研究开发方面的投入日益增多，由 2013 年的 1981 亿元增至 2019 年的 7336 亿元，占利润总额的平均比例超过 30%，将这些研究开发支出费用化，既在很大程度上低估了上市公司的盈利能力，也不能反映技术和知识密集型上市公司的价值创造驱动力。

表 4-3　　2013—2019 年我国 A 股上市公司的研究开发支出

会计年度	披露研究开发上市公司数（家）	研究开发支出（亿元）	研究开发支出营业收入比例*（%）	研究开发支出利润总额比例*（%）
2013	1579	1981	1.75	31.15
2014	2227	2549	1.91	29.27
2015	2801	4022	2.07	33.99
2016	2898	4710	2.18	32.32
2017	2978	5830	2.21	29.48
2018	3057	7204	1.99	36.47
2019	3365	7336	1.88	29.99

注：*营业收入和利润总额只包括披露研发支出的上市公司，不包括未披露的上市公司。

资料来源：Wind 数据库。

无视无形投资的资本支出属性，归根结底与会计界长期秉持的费用化比资本化更稳健的观念有关。稳健是会计的文化基因，不对称性是这种文化基因的鲜明特色。宁可高估损失和负债，不可高估收益和资产的习惯做法已经延续数百年，其结果，面临不确定性时，对支出资本化的要求十分严苛，支出费用化成为主流，即使支出具有明显的资本支出属性也是如此（黄世忠，2019）。

费用化就一定比资本化更稳健吗？如果没有会计分期假设，费用化当然比资本化更稳健，但只要会计分期假设构成会计处理和报表编制的基础，则费用化未必比资本化更稳健。在会计分析假设的背景下，只有相对的稳健，没有绝对的稳健。支出费用化当期的稳健，必然导致支出费用化后期的不稳健。上述关于研发支出费用化的分析，充分彰显了支出费用化的稳健相对论。费用化比资本化更加稳健的悖论，导致利润表失实和资产负债表虚化，不利于新经济企业通过资本市场和金融市场融资，具有严重的经济后果（黄世忠，2019）。

二、无视平台资产的网络效应现象

如第一章所述，数字化平台近年来“野蛮生长”，已经发展成为新经济时代的“超级物种”。“流量为王，平台是金”是数字化平台获得成功的秘籍。其中的“平台是金”是指平台可以汇集信息流、资金流、人流和物流，对这些无形资源加以发掘和利用，就可以衍生出无尽的商机。以 BAT（百度、阿里巴巴、腾讯）和 AGM（苹果、谷歌、苹果）为代表的数字化平台企业，其独特的资产结构如表 4-4 所示。现金性资产之所以成为 BAT 和 AGM 的最大资产项目，是因为它们都是数字化平台型企业，具有无与伦比的资金流吸附能力。遗憾的是，数字化平台对信息流、资金流、人流和物流无与伦比的吸附能力所体现的价值并没有在会计上得到完全确认，这也是会计信息相关性持续恶化的重要原因之一。

表 4-4　　BAT 与 AGM 资产结构（截至 2019 年会计年度）

	百度（亿元）	阿里巴巴（亿元）	腾讯（亿元）	苹果（亿美元）	谷歌（亿美元）	微软（亿美元）
现金性资产*	2157	4447	6410	2060	1394	1365
存货	—	—	7	41	10	21
固定资产	183	920	477	370	736	365
商誉及无形资产	262	3332	1445	—	226	498
其他资产	411	951	1201	914	393	617
资产总计	3013	9650	9540	3385	2759	2866
现金性资产占比（%）	72	46	67	61	51	48

注：* 包括现金及现金等价物以及高变现能力的金融资产和权益投资。

更重要的是，数字化平台所具有的独特网络效益（Network Effects）及其价值同样没有在会计上得到确认，进一步导致会计信息相关性的恶化。网络效应又称网络外部性（Network Externalities），是以色列经济学家 Oz Shy 在《网络产业经济学》（*The Economics of Network Industries*）一书中提出的，指每个消费者的效用随着购买相同或兼容产品的消费者数量的增加而增加（Shy，2004）。尽管网络效应早在旧经济时代就已存在，但在新经济时代更加明显，信息技术产业尤甚。得益于风险资本和创业资本的加持、引导和激励，新经济企业更加注重技术发明和模式创新，更加愿意进行大手笔的无形投资，最终促使信息技术加速迭代、商业模式不断创新，从而形成独特的网络效应，即平台资产的价值随着越来越多用户的频繁使用而增加。

以优步和滴滴等网约车平台为例，越多的用户和司机使用网约车平台，或是用户和司机越频繁使用网约车平台，就会为网约车平台汇集更加旺盛的人气、带来更加丰富的数据，从而使网约车平台经营者能够利用大数据技术以更加便捷、高效和经济的方式，为司乘人员提供更好的载客和乘车体验。在这种情况下，网约车平台对优步和滴滴等的经营者的价值就越大。这种正向循环反馈机制所带来的网络效应对社交平台和网购平台同样适用。对脸书、推特和腾讯等社交平台而言，随着越来越多的用户使用社交平台，或者用户使用社交平台的时间越来越频繁，社交平台对现有使用者就越方便、越有吸引力，内容提供商和服务提供商就更愿意委托社交平台经营者提供广告、游戏等服务，社交平台的增值潜力也就越大。对于亚马逊、阿里巴巴和京东等网购平台而言，越来越多的消费者、商家和厂商使用网购平台，使现有使用者的买卖交易就愈发方便、高效和经济，这反过来又促使他们更多地使用网购平台，形成良性循环，网购平台对于自营型和平台型电商的价值当然也因此不断提升。

网络效应是数字化平台最显著的特征，其带给我们的启示是：数字化平台的价值与数字化平台的用户量强相关，越多的用户使用数字平台，数字平台的价值就越大，反之亦然。换言之，数字平台资产的价值取决于数字平台用户量及其使用频率。数字平台是阿里巴巴和腾讯最宝贵的资产，2019 年年末，淘宝和天猫平台的月活跃用户高达 8.24 亿，微信和 WeChat 平台的月活跃用户更是高达 11.65 亿。

数字平台资产的网络效应有目共睹，但现行会计系统对此熟视无睹、不闻不问。我们查阅了经营网约车平台、社交平台、网购平台的代表性上市公司的季报和年报，发现数字平台资产的网络效应主要是通过在“管理层讨论与分析”（MD & A）上披露的用户数及其增减变动的方式间接反映的，但数字平台资产的用户数显然不能等同于网络效应。至于在财务报告中的部分，数字平台资产的网络效应价值却只字未提。

数字平台资产的网络效应因为难以可靠计量而不在会计上确认，极大低估了数字平台型企业的资产价值。雪上加霜的是，按照现行会计准则的规定，新经济企业不仅要确认数字平台资产的网络效应，而且必须对数字平台资产计提折旧或摊销。这种处理方式似乎蕴含着数字平台资产没有正网络效应只有负网络效应的会计逻辑。这种会计逻辑与经济学家早已证明的数字平台资产网络效应背道而驰，秉承这种会计逻辑并延续现行的做法，将会导致会计信息相关性进一步恶化。

为了支撑海量的用户，数字平台必须投入大量的人力和物力，形成了价值不菲的数字平台资产。目前，这些数字平台资产仍然按旧经济时代的思维进行会计处理，折旧和摊销不是采用年限法，就是采用工作量法。这种会计处理与数字平台的网络效应背道而驰，是新经济遇到的新问题之一。既然网络效应促使数字平台资产越使用越有价值，数字平台资产也不会因频繁使用而发生价值损耗，那数字平台资产还需要计提折旧和摊销吗？

在旧经济时代，企业计提折旧和摊销，主要是为了弥补固定资产和无形资产的价值损耗。数字平台资产的具体组成项目，如电脑信息系统，可能会随着不断使用而发生价值减损，但数字平台资产的整体价值却随着用户的频繁使用不断增值。因此，在对数字平台资产的具体组成项目计提折旧或摊销的同时，是否应当确认数字平台资产因网络效应带来的增值？这是值得会计界探讨的一个重大问题。如果不确认网络效应带来的增值，数字平台资产的实际价值与账面价值将渐行渐远，数字平台经营得越成功，两者的背离程度越严重。在这种情况下，如实反映焉在？

三、无视行业地位的经济价值差异

赢家通吃（Winner - Takes - All）效应是新经济的一个显著特征，在一定程度上源自无形投资的扩展性。赢家通吃效应，通俗地说就是“数一数二、不三不四”。在新经济时代，很多行业的市场份额都被“老大”吃掉了，只留一些残羹剩饭给“老二”，至于“老三”“老四”，消费者或用户根本不屑一顾①。表 4 - 5 展示的中、美社交平台行业“老大”与“老二”的巨大差距，雄辩地说明了这一现象。

表 4 - 5　　中、美社交平台行业的赢家通吃现象

	美国社交平台		中国社交平台	
	脸书	推特	腾讯	微博
活跃用户（亿）	16.60	1.52	11.65	5.16
营业收入（亿美元）	706.97	34.59	546.91	17.70
净利润（亿美元）	184.85	14.66	138.99	4.95
股票市值（亿美元）	5853.73	248.71	4609.19	104.75

资料来源：脸书、推特、腾讯和微博 2019 年年报。

① 新经济时代的赢家通吃现象比旧经济时代更加突出，因为用户在新经济时代的转换成本几乎为零，而在旧经济时代下转换成本却十分高昂。例如，用户原先使用克莱斯勒的汽车，若改用通用的汽车，就要付出不菲的代价，而推特用户要改用脸书，轻而易举，为此付出的转化成本微不足道。

从表4-5可以算出，截至2019年年底，美国社交平台的行业“老大”脸书的日活跃用户量是行业“老二”推特的10.92倍，其2019年的营业收入是推特的20.44倍、净利润是推特的12.61倍、股票市值是推特的23.54倍。同样地，截至2018年年末，我国社交平台的“老大”与“老二”也相去甚远，腾讯的月活跃用户、营业收入、净利润和股票市值分别是微博的2.26倍、30.90倍、28.08倍和44.00倍。至于钉钉、百度贴吧、知乎等社交平台，与腾讯就根本不在同一重量级上。

赢家通吃现象在网约车行业中同样存在，表4-6列示了2019年美国第一大网约车平台Uber和第二大网约车平台Lyft的相关业务和财务数据，它们之间的差距令人印象深刻。

表4-6 美国网约车平行业的赢家通吃现象

	Uber	Lyft
活跃乘客（万）	11000	2290
活跃司机（万）	390	110
营业收入（亿美元）	141.47	36.16
净利润（亿美元）	-85.12	-26.02
股票市值（亿美元）	498.7	124.3

资料来源：Uber和Lyft 2019年年报。

赢家通吃效应既与网络效应有关，也与自媒体时代口口相传的“注意力经济”有关，品牌、口碑、人气、体验是新经济企业能否实现赢家通吃的制胜法宝。因此，通过获取客户和维护客户、提高客户的黏性和体验，对于提高新经济企业的行业地位，从而提高其核心竞争力和价值创造能力至关重要。

行业地位不仅意味着新经济企业能否赢家通吃，而且决定着它们能否实现“规模收益递增”（Increasing Returns to Scale）①。众所周知，经济学有一个著名的“规模收益递增”定律，指的是某一产品、服务、企业或行业的净收益增长速度超过生产规模扩张速度的现象。尽管“规模收益递增”定律早在旧经济时代就已存在，但在新经济时代更为明显，在自媒体和互联网行业中尤甚，这主要是因为新经济企业尤其是龙头企业，更加注重商业模式创新，更舍得在产品研发、品牌营销和客户获取等方面进行大手笔的投资，更在乎客户体验，更重视客户维护。

行业地位还关系到新经济企业的估值高低。国泰君安以梅特卡夫定律为基础，提出了对互联网的估值模型：$V=K\times P\times(N^2\div R^2)$，其中的P代表行业地位的溢价率系数（Premium for Industry Positioning），行业排名越靠前的，溢价率系数就越高。表4-5所显示的脸书与推特、腾讯与微博之间的巨大市值差异足以说明行业地位对估值的影响。可见，在新经济时代，企业在行业中的市场地位在很大程度上决定着其经济价值的大小。国泰君安的估值模型

① Govindarajan，Shivaram和Srivastava等人2018年2月在《哈佛商业评论》发表的“为何财务报表对数字公司不管用”一文中也指出，忽视新经济企业（如以数字资产为主要资源的企业）的规模收益递增是财务报表丧失相关性的一个重要原因。

直面赢家通吃现象，将龙头企业对用户产生“虹吸效应”的价值直接量化，表明估值理论和方法的与时俱进，值得肯定。

与证券业与时俱进的作法形成鲜明反差的是会计界依然故我，对行业地位差异产生的赢家通吃效应、规模收益递增和股票市值差异等现象视而不见，在新经济企业的财务报告中不见踪影。既然证券业已经寻找出对行业地位经济价值差异的计量方法，会计界再以这种计量方法具有不确定性为由将其排斥在财务报告之外就显得不合时宜了。如果会计界拒不接受新观念、新事物、新方法，会计信息的相关性还将进一步恶化。

四、无视用户聚集的边际成本递减

“流量为王”是新经济代表性企业的一个成功诀窍。“流量为王”有两层含义：一是网络平台拥有的海量用户成为其与内容提供商、服务提供商进行讨价还价的强有力筹码；二是网络平台拥有的海量用户聚集引发量变到质变，促使边际成本呈递减状态，不断向零逼近，甚至出现零边际成本效应（Rifkin，2014），如图 4－4 所示。

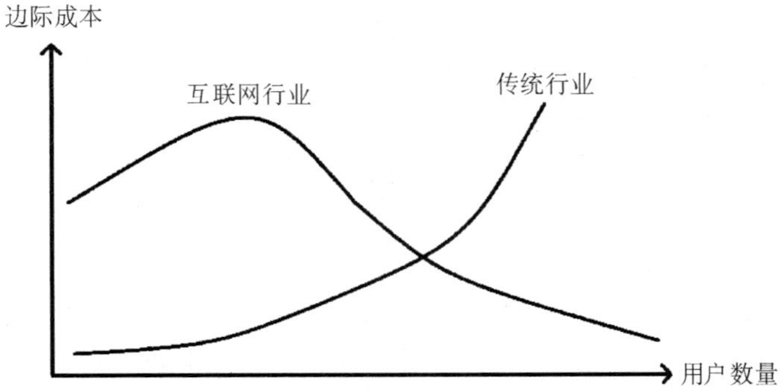

图 4－4 互联网行业与传统行业的边际成本曲线

资料来源：Jeremy Rifkin. 零边际成本社会。

“流量为王”对新经济企业的最大价值在于，其边际成本随用户数量的增加呈现不断下降的趋势，当用户量足够大，边际成本就会向零逼近直至等于零。用户聚集带来边际成本递减效应，是 Jeremy Rifkin 在《零边际成本社会》（*The Zero Marginal Cost Society*）一书中所揭示的互联网时代的一个定律（Rifkin，2014）。以零边际成本进行竞争，就可以所向披靡，无往而不胜。蚂蚁金服之所以让传统的商业银行如芒在背，就是因为它基于网络化的商业模式有别于传统的商业银行，一旦它完成信息网络的建设，无须任何实体营业网点就可以为用户提供便捷、高效的金融服务，这意味着它每新增一笔存款、贷款、结算、理财、保险，其边际成本等于零，而传统的商业银行却必须布设成千上万的营业网点、配备价格不菲的 IT 设备、雇用数以万计的工作人员，每新增一笔金融业务都会发生很高的边际成本。

此外，零边际成本还可以成为新经济企业开拓过去长期被忽略的长尾市场（Long Tail Market）的利器。长尾市场依据的是美国《连线》杂志主编 Chris Anderson 在 2004 年提出的长尾理论，如图 4－5 所示。

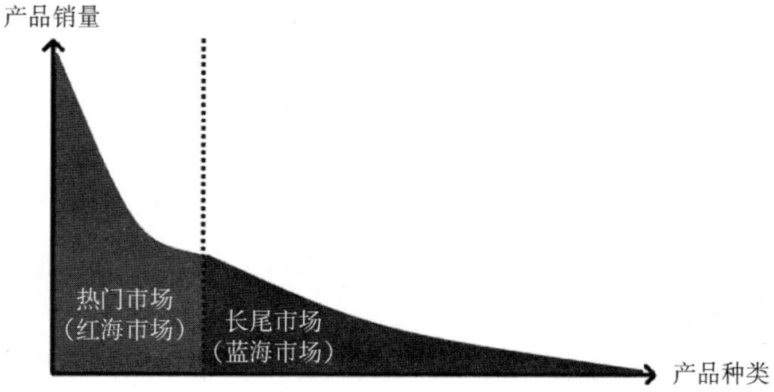

图 4－5　长尾理论示意图

长尾理论的核心要义是，商业和文化的未来不在传统需求曲线头部的热门市场，而在于需求曲线中那条无穷无尽的尾巴——小众市场。备受消费者追捧的热门市场往往是竞争激烈的“红海市场”，而受到消费者冷落的小众市场通常是波澜不惊的“蓝海市场”。过去小众市场无人问津，是因为企业发现服务小众市场的客户代价高昂、得不偿失。但到了新经济时代，一些企业特别是龙头企业因为用户聚集效应导致边际成本降至零，此时，以零边际成本服务小众市场就成为一本万利的生意了，因为不论细分市场有多小众、长尾客户购买的产品或服务量有多少，对于零边际成本的新经济企业都是有利可图的，不考虑税收因素，边际成本为零时，增加一分钱的收入就是增加一分钱的利润。

通过无形投资聚集海量用户所形成的边际成本递减效应，既是新经济企业（特别是龙头企业）赚取超额盈利的动因，也是它们获取竞争优势的源泉。可惜的是，现行会计体系对用户聚集的边际成本递减效应视而不见，零边际成本这些新经济时代最显著的特征在财务报告中见不到任何踪影。既然财务报告无法提供这些对价值创造和竞争力至关重要的信息，投资者别无他法，唯有选择忽略会计信息。这也是会计信息相关性在新经济时代不断降低的另一个重要原因。

五、无视数字资产的价值创造功能

“平台是金”是新经济代表性企业的另一个成功诀窍。“平台是金”是指网络平台可以汇集用户流、信息流、资金流[①]和物流等新经济时代最有价值的资源，对这些资源加以开发利用，就可以衍生出无限的商机、获取丰厚的回报。在平台汇集的这些资源中，对新经济企业最具价值的是用户流和信息流所带来的“数字资产”（Digital Asset）。在数字经济时代，数字资产是新经济企业最宝贵的核心资源。

从本质上说，BAT 经营的对象就是数字资产，它们的最重要资源也是数字资产。从表象上看，BAT 主要是通过提供广告服务、交易撮合、网络游戏获取收益的，但从实质上看，BAT 是通过大数据、云计算、人工智能等信息技术作用于数字资产创造价值的。当我们作

---

① 我国的 BAT（百度、阿里巴巴、腾讯）和美国的 AGM（苹果、谷歌、微软）就是典型例子。2018 年 9 月 30 日，百度、阿里巴巴和腾讯的现金性资产（现金及现金等价物加上变现能力强的金融资产）分别为 1851 亿元、4088 亿元和 3812 亿元，占资产总额的比例分别为 67%、50% 和 55%。同日，苹果、谷歌和微软的现金性资产分别为 2450 亿美元、1190 亿美元和 1305 亿美元，占资产总额的比例分别为 66%、54% 和 50%。BAT 和 AGM 的现金性资产之所以如此之多，是因为它们都是平台型企业，而平台型企业的资金汇集功能是十分强大的。以 BAT 为例，客户想在百度上做广告，就必须预付广告费，现金就流到了百度账上；网商要在淘宝和天猫上开店，就要支付押金、保证金和铺底结算资金，现金就流到阿里巴巴账上；用户要在微信上玩游戏，就要充值，现金就流到腾讯账上。此外，支付宝和微信钱包也为阿里巴巴和腾讯吸附了大量的现金。

为用户日复一日地在百度搜索时，就会在百度的信息平台上留下IP地址和关键词等海量的电子数据，百度就可以通过这些数据为我们建立电子数据档案，利用算法推算出我们的偏好和需求，并据此为其客户的产品或服务提供精准营销。当我们作为用户或网商频繁地通过淘宝和天猫网购和网售时，就会在阿里巴巴的信息平台上留下我们的消费需求、品牌偏好、价格敏感、资信状况、产品质量等一系列数据，阿里巴巴据此就可以为用户和商家建立一个价值连城的电子数据档案，借助大数据分析，阿里巴巴就可以通过这些数据破解供、需双方的信息不对称问题，再通过支付宝这一第三方支付神器破解陌生人之间的相互信任问题，进行交易撮合，并按商品销售总额的一定比例向出售方收取推介费、服务费和管理费。当我们作为用户通过微信或QQ进行社交时，就会在腾讯的信息平台留下我们的交友偏好、推文偏好、点赞偏好、游戏偏好、阅读偏好等海量数据，腾讯就可以为我们建立电子数据档案，并借助大数据分析，与内容和服务提供商合作，为我们提供游戏、广告等增值服务。

当数字资产与生态战略相结合，其价值效用可以呈几何级数增长。在这方面，阿里巴巴提供了一个典型的事例。2014年上市以来，阿里巴巴利用其雄厚的资本实力不断收购、兼并，借助其尖端的信息资源优势，以方便、快捷的支付宝作为牵引，致力于打造一张"生态网"，试图把所有用户都罗织到这张无所不在的"天网"之中，让用户的衣食住行，甚至生老病死都离不开它。数字资产在阿里巴巴的"生态网"构建中发挥着"一鱼多吃"的功效。阿里巴巴掌握的近七亿活跃买家和成千上万商家的数据，除了可用于交易撮合赚取高额利润外，通过与制药厂商、医院和物流公司的合作，这些数据还可用于开网上药店，以更加便捷、更加经济的方式为活跃买家、患者和制药厂商提供网上药品买卖。更重要的是，这些数据还可用于拓展互联网金融服务，助推蚂蚁金服以接近于零边际成本的方式蚕食传统金融机构的市场份额。蚂蚁金服虽然还没有上市，但最新一轮的融资估值高达1650亿美元。估值如此之高，除了投资者看好其零边际成本的优势外，还有一个重要原因是阿里巴巴可以与其共享数字资产、为其提供无所不在的商业场景。

如果说数字资产没有在BAT的财务报表中反映还情有可原，毕竟它们只是利用数据资源创造价值，那么，直接以出售数据资源作为商业模式的企业不在财务报表中将这些数据资源确认为资产，那就匪夷所思了。遗憾的是，靠出售数据资源为生而不将其确认为资产的现象司空见惯、见怪不怪。我们查阅了万得、东方财富、大智慧、同花顺等金融数据服务公司的财务报告，发现这些公司都没有将其数据资源确认为资产。从表4－7和表4－8分别列示的同花顺公司资产负债表和利润表可以算出，2017—2019年数据资源合计为同花顺公司带来了45.39亿元的营业收入、19.41亿元的经营利润，但这一核心资源，却没有在同花顺公司的资产负债表里得到任何的反映①。对于以出售数据资源为商业模式的企业，最重要的数

① 2019年12月31日，同花顺公司的市值高达587亿元，市净率为14.71倍。同花顺高企的市净率既与其数字资产没有在资产负债表上反映有关，也与其研发支出（最大的成本费用项目）在利润表上费用化有关。倘若研发支出形成的无形资产包括数字资产予以反映，市净率就不会如此之高。对于过去三年平均毛利率高达90%的同花顺这类以出售数据为商业模式的新经济企业，资本市场通常按收入倍数法进行估值，若按同花顺过去三年平均营业收入15.13亿元和目前通行的6—9倍收入测算，其数据资产的价值介于90.78亿—136.17亿元，这项未确认的表外资产远高于其表内资产。假设同花顺在资产负债表上确认了数字资产，则其2019年12月31日的市净率将降至3.33—4.49倍。这个例子在以出售数据为商业模式的企业中并非特例，说明新经济新业态的上市公司市净率居高不下，其中的一个重要原因是大量的资产如数字资产和智慧资产没有在新经济企业的财务报表中确认。

据资源不确认为资产，次要的资源（如长期待摊费用和递延所得税资产）反而确认为资产，这种主次不分的做法确实令人费解。

表 4－7　　**2019 年 12 月 31 日同花顺资产负债表**　　单位：元

项目	期末余额	项目	期末余额
流动资产：		流动负债：	
货币资金*	4087093160.64	短期借款	0
应收票据及应收账款	19663206.66	应付票据及应付账款	41426429.52
其他应收款	34594683.32	预收账款	837327035.16
存货	0	应付职工薪酬	94040572.97
其他流动资产	476604898.35	应交税费	76627923.95
流动资产合计	4618455948.97	其他应付款	193499798.49
非流动资产：		流动负债合计	1242921760.09
其他权益工具投资	1110000.00	非流动负债：	
固定资产	438533731.33	预计负债	1012009.38
在建工程	96309678.75	递延收益	1749658.85
无形资产	76930519.66	其他非流动负债	234073.15
商誉	3895328.16	非流动负债合计	1245917501.47
长期待摊费用	55031.38	所有者权益：	
递延所得税资产	679040.26	股本	537600000.00
非流动资产合计	617513329.54	资本公积	356775876.82
		其他综合收益	16565804.97
		盈余公积	360815351.25
		未分配利润	2718294744.00
		所有者权益合计	3990051777.04
资产总计	5235969278.51	负债和所有者权益总计	5235969278.51

注：* 其中包含交易性金融资产 75500000.00 元。

资料来源：同花顺公司年报。

表 4－8　　**2017—2019 年同花顺利润表**　　单位：元

项目	2017 年	2018 年	2019 年
营业收入	1409698260.25	1386887015.18	1742093893.20
减：营业成本	141014156.68	146080304.15	180824256.45
税金及附加	21012262.75	20377236.30	26028994.57
销售费用	123679437.93	148180279.58	199286211.64
管理费用	111283039.34	105453627.35	105262862.13
研发费用	348209114.84	396061276.69	464930038.84
经营利润	604499751.29	570734291.11	765761529.57
减：财务费用	－61005530.93	－71413073.66	－104600842.02
资产减值损失	33748.61	19338650.40	2961375.29
加：其他收益	38305339.27	51082879.27	72059781.72
投资收益	42800738.13	9445240.10	11983529.98
资产处置收益	0	37970.28	0
营业利润	806578108.43	683374804.02	951444308.00
加：营业外收入	0	87800.00	2284114.00

续表

项目	2017 年	2018 年	2019 年
减：营业外支出	524611.65	681774.77	521703.37
利润总额	806176796.78	682780829.25	953206718.63
减：所得税费用	80522695.99	48846610.58	55531312.49
净利润	725653800.79	633934218.67	897675406.14

资料来源：同花顺公司年报。

在大数据时代，数字资产是很多新经济企业的核心经济资源，数字资产已成为新经济企业开拓市场、降低成本、获取竞争优势、赚取高额利润的无形资产，其价值效用远远超过实物资产。面对这一毋庸置疑的事实，会计界再次选择视而不见的“鸵鸟政策”，把数字资产掩埋在细枝末节的会计信息这片漫漫黄沙中。对于依赖数字资产创造价值的新经济企业，特别是以出售数据为商业模式的企业而言，如果数字资产这一核心的资源不在会计信息上反映，而其他无关紧要的资产却事无巨细地加以反映，那么其所编制的财务报告只能是捡了芝麻丢了西瓜，要指望这种有失偏颇、轻重倒置的财务报告提供与投资者、债权人等使用者决策相关的会计信息，显然是不切实际的。

六、无视智慧资本的内在经济价值

从经济学的角度看，提高资源（很大程度上表现为财务资本）配置效率是会计信息的一大功能，这实际上蕴含着财务资本稀缺性的假设。财务资本稀缺的理念在会计界如此根深蒂固，以至于我们都忘了还有比财务资本更稀缺的资源——智慧资本。知识密集和信息导向是新经济最为鲜明的特征，诚如管理大师彼得·德鲁克所指出的，新经济的主要职能是“知识和信息的生产与分配，而不再是物质的生产与分配”（Druck，1999）。与传统企业在价值创造过程中高度依赖于规模经济、物质资源和财务资本不同，新经济企业的价值创造主要依靠人才资源获取、信息技术创新和智慧资本积累驱动。人力资源才是新经济企业最宝贵的资源，智慧资本（Intellectual Capital）比财务资本更加稀缺。

智慧资本是从英文的 Intellectual Capital 翻译过来的，与此相关的术语包括智慧资产（Intellectual Assets）、知识资本（Knowledge Capital）、知识资产（Knowledge Assets）等，但不包括知识产权（Intellectual Property），后者只是智慧资本的一个组成部分①。Edvinsson and Sullivan（1996）将智慧资本定义为“可转化为价值的知识”。在《智慧资本：组织新财富》一书中，Stewart（1998）将智慧资本定义为“个人与团队能够为其组织带来竞争优势的一切知识和能力的总和”。在《Skandia 导航图》中，Skandia 保险公司将智慧资本定义为“能够为公司提供市场竞争优势所拥有的知识、实用经验、组织技术、客户关系和专业技能”（CIMA，2005）。Marr and Neely（2003）将智慧资本定义为“属于一个组织且有助于提高该组织竞争力从而为利益攸关者增值的一组知识资产”。Sundac and Krmpotic（2009）将智慧资本定义为“企业内部每个人拥有的有助于企业在市场中创造竞争优势的知识”。世界智慧资本/智慧资产行动组织

① Intellectual Property（IP）与 Intellectual Capital（IC）的其他差别在于，IP 通常包括专利权、商标权、版权等法律权利，而 IC 既包括法律权利（如 IP），也包括非法律权利，如创新、创意、研发、品牌知名度、团队合作、客户忠诚度、客户和员工满意度等。此外，IP 可以通过市场单独交易和转让，而 IC 往往镶嵌于组织之中，难以单独交易或转让。

(World Intellectual Capital/Asset Initiative, WICI)① 在其2016年9月发布的《无形资源报告框架》中，将智慧资本定义为“组织获取的动态相关的内部无形资源（能力、技能、领导力、流程、专有技术等）和外部无形资源（形象、品牌、联盟、客户满意度等），使其能够将有形资源、财务资源和人力资源转化为追求可持续价值创造目标的系统”（WICI，2016）。

对智慧资本含义的论述可谓汗牛充栋，从大多数的定义中可以看出，智慧资本与知识密切相关。管理大师彼得·德鲁克认为，知识已变成唯一有意义的经济资源，对这种资源的管理能力在当代经济中至关重要。国际会计师联合会（IFAC，1998）关注到，知识已成为企业获取竞争力的主要因素，知识是一种非传统的无形资源，对这种资源的积累、转化、创造和估值，是智慧资本管理的核心所在。从企业的角度看，这些知识是否构成智慧资本，关键在于其是否能够提升企业的市场竞争力和价值创造能力。

尽管学术界对智慧资本的定义不尽相同，但在智慧资本构成要素的看法上，共识明显多于分歧。Stewart（1998）将智慧资本进一步划分为人力资本（Human Capital）、结构资本（Structural Capital）和关系资本（Relation Capital）以及IFAC（1998），在提出智慧资本包括人力资本、关系资本和组织资本（Organization Capital）的观点后，智慧资本三要素观日益成为主流观点。WICI（2016）指出，尽管对智慧资本的构成要素见仁见智，但智慧资本由人力资本、结构（组织）资本和关系资本所组成的三要素观已被普遍接受。智慧资本的三要素观如图4-6所示。

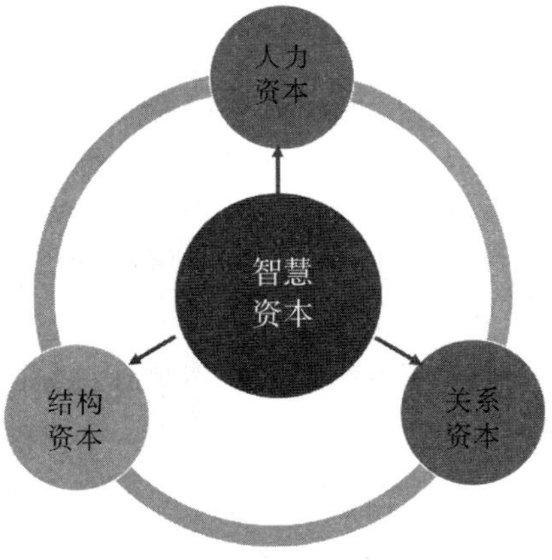

图4-6 三要素观下的智慧资本构成

特许管理会计师协会（CIMA）2005年发布的《了解公司价值：管理和报告智慧资本》认为，人力资本可定义为“雇员离开时可以带走的知识、技能和经验”，如创新能力、创新思维、专有技术、经验积累、团队合作、雇员柔性、含糊应对、自我激励、知足满意、学习能力、忠诚禀赋、教育培训等。关系资本可定义为“与外部关系相关的所有资源，包括企业与客户、供应商或研究开发合作方的关系”，涵盖利益攸关者（投资者、债权人、客户、供应商等）及其对企业认知所涉及的人力资本和结构资本，如企业形象、客户忠诚、客户满意、供应商联系、商业能力、与金融机构和环保主义者的谈判能力等。结构资本可定义为

① WICI是2007年由企业、分析师和投资者、监管部门和学术界的代表机构发起设立的国际组织，其宗旨在于促进高质量公司报告信息的提供，以改善资本配置。

"企业内部的知识"，涵盖组织规程、工作流程、管理系统、企业文化和数据库，如组织弹性、记录服务、知识中心、信息技术、组织学习能力等。

IFAC对人力资本、关系资本和结构资本的主要构成要素进行了划分和总结，如表4-9所示。

表4-9　智慧资本的划分及其构成要素

人力资本		关系（客户）资本	
·专有技术	·教育培训	·品牌影响	·客户资源
·工作知识	·工作能力	·客户忠诚	·公司形象
·职业评价	·心里评估	·订单储备	·分销渠道
·应变能力	·专有技术	·商业协作	·授权协议
·创业精神	·创新能力	·有利合同	·特许经营
·积极主动	·反思能力		
组织（结构）资本			
知识产权		基础设施资产	
·专利	·版权	·经营理念	·公司文化
·设计权	·商业秘方	·管理流程	·信息系统
·商标权	·服务标识	·协作系统	·财务关系

资料来源：IFAC，1998。

在新经济时代，随着内、外部经营环境的变迁，企业的业务复杂程度不断提高。对智慧资本的依赖程度与日俱增，智慧资本的价值日益凸显。Stewart（1998）指出，智慧资本构成要素的价值与企业业务的复杂程度存在正比关系。企业开展的业务复杂程度越高，就需要越多的高素质人才、越复杂的业务流程和越完善的规章制度、越紧密的客户关系和供应商关系，人力资本、结构资本和关系资本的价值自然就越高，如图4-7所示。

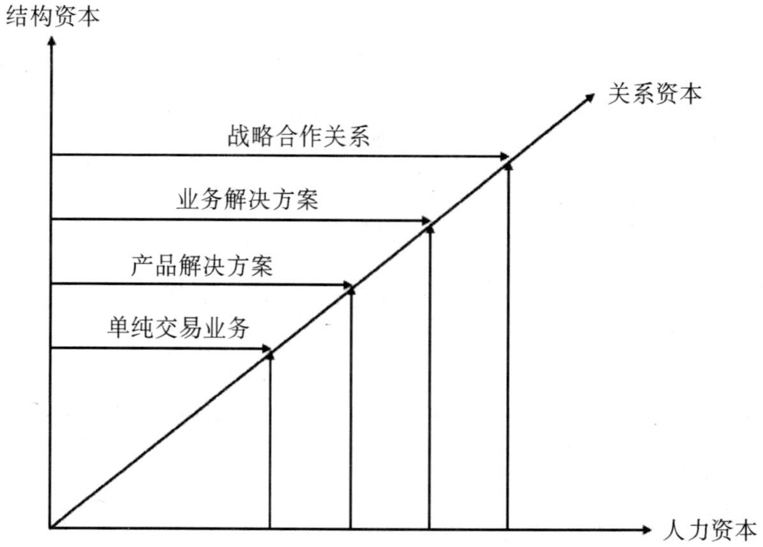

图4-7　智慧资本与业务性质的关系

资料来源：Intellectual Capital：The New Wealth of Organizations。

在新经济时代，价值创造可视为在特定结构资本（包括组织结构、规章制度和业务流程等制度安排）框架下，企业将人力资本（员工的专业知识、创新能力、工作经验、团队合作、管理水平等）作用于关系资本（客户关系、供应商关系、政商关系、劳资关系等）而产生的经济价值增值行为。人力资本的范畴小于智慧资本，但无疑是智慧资本的关键要素，在价值创造中居于核心地位，因为制度安排和各种关系的建立都离不开人力资本的作用力。

正是由于承认新经济时代智慧资本在价值创造过程中的作用不逊色于甚至超过财务资本，让智慧资本分享企业创造的价值越来越普遍，通过优厚的工资福利和股票期权的方式让智慧资本提供者（员工）与财务资本提供者（股东）共同分享价值创造成果的激励机制在新经济企业日益盛行。例如，思科 2018 年年报显示，其 CEO 和其他高管团队的薪酬结构分别为：基本薪酬 7% 和 6% 、现金性奖励 15% 和 8% 、年资绩效权益奖励 20% 和 33% 、业绩权益奖励 59% 和 52% 。表 4 – 10 列示了 2019 年华为与其主要竞争对手为社会创造的价值总量（收入减去除工资福利、利息费用和税收费用外的其他所有成本费用）及其分配情况。从表 4 – 10 中可以看出，这 4 家高科技公司创造的价值在分配中都是向“智本家”（员工）倾斜，“智本家”在价值创造中的分配比例远高于“资本家”，因为它们深知，高科技企业的市场竞争力和价值创造能力的最大贡献者是智慧资本提供者，而不是财务资本提供者。以华为为例，该公司在价值分配中十分善待员工，将为社会创造的每 100 元价值中的 66.3% 分配给员工①，如果再加上员工通过持股计划可以分享的利润（占比 24.7%），则最终分配给员工的比例高达 91%！可见，尊重知识、尊重人才，以人为本，是华为之所以能够在营运商业务、消费者业务和企业业务的激烈竞争中立于不败之地的根本原因。

表 4 – 10 2019 年华为及其竞争对手的价值创造及其分配

2019 会计年度	价值创造		价值分配			
	营业收入	成本费用	工资福利	利息费用	税收费用**	税后利润
华为（亿元人民币）	8588	6049	1684	74	154	627
	2539		66.3%	2.9%	6.1%	24.7%
爱立信（亿克朗）	2272	1431	727	27	69	18
	841		86.4%	3.2%	8.2%	2.1%
诺基亚（亿欧元）	233	156.4	72	3	1.4	0.2
	76.6		94.0%	3.9%	1.8%	0.3%
三星（亿美元）	1977	1441	203	71	75	187
	536		37.9%	13.2%	14.0%	34.9%

注：1. * 华为的竞争对手还包括思科和苹果，但因这两家公司没有按费用性质列示雇员费用（工资福利），故表 4 – 10 未将其纳入。

2. ** 税收费用只包括所得税费用，不包括属于价外税的增值税。

资料来源：相关公司 2019 年年报。

① 华为将如此之高的比例价值分配给员工，绝对不是 2019 年年度的特例。2014—2018 年该比例分别是 65.5% 、67.4% 、70% 、69.7% 和 64.7% ，可见华为善待员工的做法是持之以恒的。

上述4家新经济公司，2019年年末的股东权益总额分别为：2955亿元、818亿克朗、153亿欧元和2256亿美元，按6%的资本成本测算，加上利息费用，由股东和债权人提供的财务资本成本分别为251亿元、76亿克朗、12亿欧元和206亿美元，除三星的财务资本略高于智慧资本成本（工资福利）外，其余3家公司的财务资本成本均显著低于智慧资本成本（工资福利）。从相对数看，财务资本成本和智慧资本成本占销售收入的比例分别是：华为2.9%和19.6%、爱立信3.3%和32.0%、诺基亚5.2%和30.9%、三星10.4%和10.3%，除三星外，其余3家公司的财务资本占比均低于智慧资本成本。所有这些，都从另一个角度证明了智慧资本才是新经济企业最重要的生产要素①。值得说明的是，工资福利充其量只能近似地代表智慧资本的当期使用成本，与智慧资本的价值不能等量齐观。

智慧资本能够为企业创造经济利益，新经济企业尽管不能拥有人力资本，但通过雇用合同和其他禁止性规定，完全可以控制人力资本，至于结构资本和关系资本，不仅能够控制，甚至可以拥有。这些特点说明智慧资本完全符合资产要素的定义，理应确认为新经济企业的无形资产，但会计界以智慧资本难以可靠计量为由，将智慧资本的内在经济价值确认排除在财务报告之外，只反映智慧资本的使用成本，这也是导致会计信息相关性下降的一个重要原因。

七、无视非常项目的预测价值干扰

预测价值是会计信息相关性的基本构成要素。预测价值的高低，显然与财务会计是秉承当期经营收益观（Current Operating Income View），还是总括收益观（All - inclusive Income View）密不可分。当期经营收益观主张以严格界定的狭义收益作为利润表的编制和呈报基础，强调收益仅应包括当期经营成果，企业业绩更多体现为“经营业绩”，以求客观反映成本补偿及盈利情况。当期经营收益观既有利于投资者更好地预测企业的未来盈利，也有利于投资者评估企业管理层是否有效地履行受托责任。总括收益观则主张以更加宽泛的广义收益作为利润表的编制和呈报基础，强调收益应当包括除所有者投资和分派款外，其他引起所有者权益变动的所有收入、费用、利得和损失都应当通过利润表反映。总括收益观有助于维系资产负债表和利润表之间的钩稽关系，但据此编制的利润表其预测价值较低，也难以用于受托责任评价。遗憾的是，美国财务会计准则委员会（FASB）20世纪70年代以来在制定财务报告概念框架时，特别是第3号概念框架对综合收益（Comprehensive Income）的定义明显偏好总括收益观。受其影响，国际会计准则理

---

① 诚如《没有资本的资本主义：无形经济的崛起》一书指出的，资本主义正向“智本主义”过渡。资本主义重视财务资本在价值创造和价值分配中的作用，“智本主义”则认为，智慧资本才是价值创造的最重要决定因素，因而主张价值分配应当向智慧资本提供者（员工）倾斜。在新经济时代，资本主义向“智本主义”过渡是大势所趋。在经济环境发生蜕变的情况下，当下的财务会计和财务管理仍然奉财务资本为圭臬，而无视智慧资本作为最重要生产要素的角色，不仅导致会计信息的相关性持续恶化，而且可能误导投资和管理决策，产生“重物轻人”的资源错配。可见，新经济客观上要求财务会计和财务管理调整研究对象，把更多注意力放在智慧资本的确认、计量、报告和评价上。笔者认为，环境变迁将重塑财务会计与财务管理，与新经济相适应的新型财务会计和新型财务管理，必将以智慧资本为中心。在新经济时代，我们将见证智慧资本的强势崛起和财务资本的不断式微。因此，将财务会计和财务管理的主要研究对象由财务资本转向智慧资本，才契合与时俱进的精神。

事会（IASB）也日趋认同总括收益观，并进而影响到我国的企业会计准则，因为我国承诺会计准则与国际财务报告（IFRS）保持持续趋同。随着总括收益观的崛起和当期收益观的式微，利润表包含的与当期经营无关的损益项目日益增多，会计信息的预测价值和相关性日益减损也就不足为奇了。

在第三章“多重财务指标与市场价值”这一部分的检验中，我们发现全面的财务报告对市场变化的解释能力常年都在90%以上。为什么投资者对财务报告如此感兴趣呢？因为大多数人相信财务的历史业绩在未来会重演，或者至少在一定程度上可以预测公司未来的业绩。然而，第三章的第一节“盈余可以预测吗”报告的结果显示，报告盈余没有预测未来盈余的能力。为何结论如此相悖？原因何在？其中一个导致盈余预测能力下滑的重要原因是：“一次性”项目的扩散化。现行中、美的会计准则均要求公司将众多一次性、暂时性的项目计入当期利润（如资产和商誉的减值、资产和负债逐日盯市调整产生的利得和损失等），目的在于提高资产负债表上资产和负债的估值作用，但却损害了报告盈余反映公司生产经营业绩。财务报告中越来越多偶发但对当期利润影响明显的金额巨大的项目，自然削减了报告利润对未来利润的预测能力。

图4－8展示了美股上市公司1950—2013年“特殊和异常项目”占会计利润比重的年度分布。这张图告诉我们，暂时性项目对美国上市公司利润表的影响从半个多世纪前的不足2%上升超过8倍至2013年的17%。因此，即使“一次性”项目并不是损害报告盈余的唯一原因，但它们的确为害不浅。

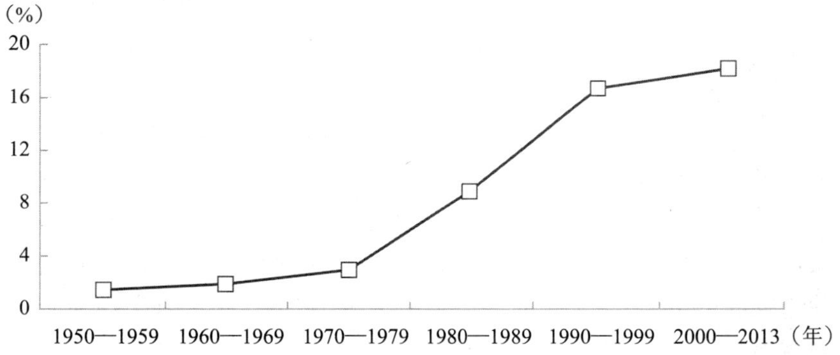

图4－8　1950—2013年美国上市公司异常和特殊损益项目占净利润比例

资料来源：《会计的没落与复兴》。

图4－9、图4－10、图4－11则分别展示了2007—2017年创业板、中小板和所有A股上市公司“特殊和异常项目”占会计利润比重的年度分布。我们发现2007—2015年，无论创业板、中小板还是所有A股上市公司，这个比例的曲线都呈现非常陡峭的形状，创业板8年增长超过10倍，从5.61%增至57.9%；中小板增长近5倍，从8%增至50%；所有A股上市公司增长近2倍，从28%增至50%；这表明中、美两国暂时性项目对会计利润的影响持续增强，因此，亦持续地损害了会计利润预测企业未来经营绩效的能力。

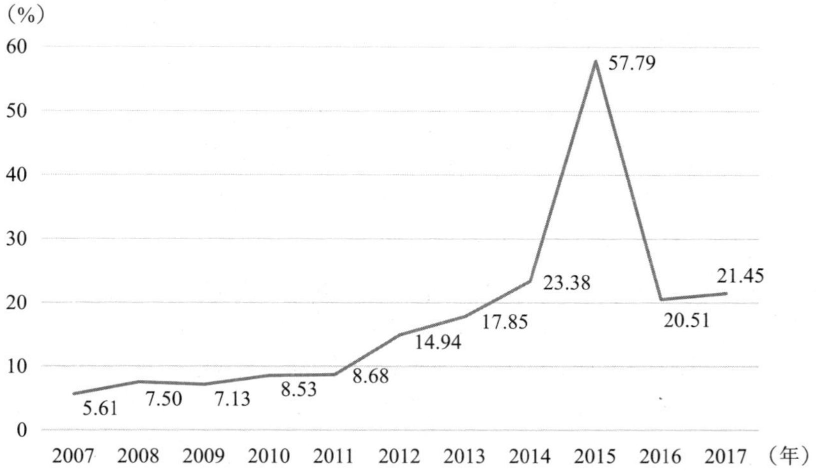

图 4－9　2007—2017 年创业板上市公司暂时性项目对净利润的影响

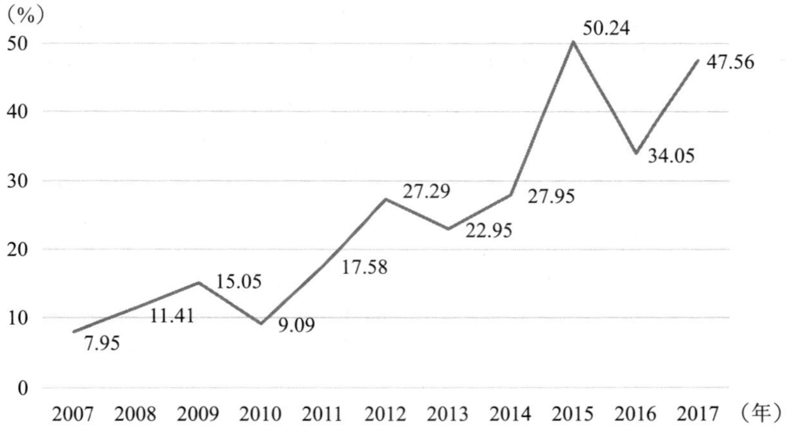

图 4－10　2007—2017 年中小板上市公司暂时性项目对净利润的影响

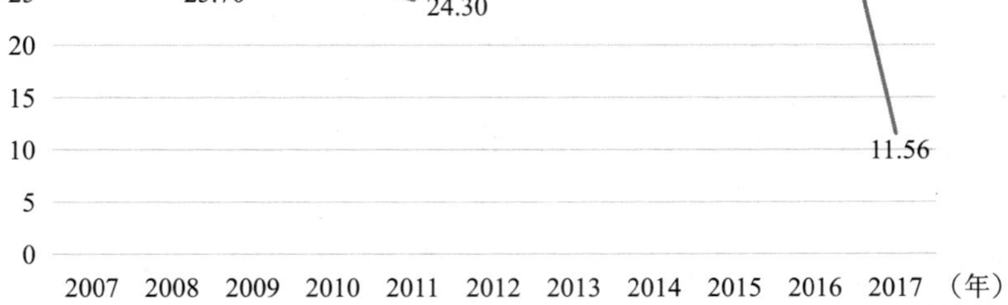

图 4－11　2007—2018 年 A 股上市公司暂时性项目对净利润的影响

八、无视估计判断对信息质量的影响

我国《企业会计准则——基本准则》第十二条要求："企业应当以实际发生的交易或者事项为依据进行会计确认、计量和报告，如实反映符合确认和计量要求的各项会计要素及其他相关信息，保证会计信息真实可靠、内容完整。"所以，会计报表反映的是事实及事实之全部，就像呈堂证供一样值得信赖、不容置疑吗？

如果我们仔细研读 A 股上市公司的年报，会发现财务报表"附注"中到处都是"估计""预估""预测""猜测"等字眼，从收入、费用到资产等数据，都不是确定可靠的事实，而是公司高管对发生的业务所作出的估计或预测，甚至是猜测。"模糊不清"似乎已经成为会计报表的代名词。接下去，我们将用真实数据检验过去 20 年 A 股上市公司"会计估计"的使用频率及其发展态势，考察"会计估计"的使用是否部分导致了会计信息有用性的恶化。

首先，我们选取"上证 50"的 50 家上市公司作为样本；其次，定义反映"会计估计"的关键词，包括期望、估计、预测、预见、有可能、假定、预估等；最后，手工收集统计"上证 50"50 家上市公司 2000—2018 年年报中以上与"会计估计"相关的词汇出现的次数。50 家上市公司的年报下载自上海证券交易所或上市公司网站。图 4－12 描绘的是过去近 20 年 50 家样本公司年报中提到的"估计"相关词汇次数的分布状况，我们具体考察"估计"等词汇使用次数的均值和中位数。

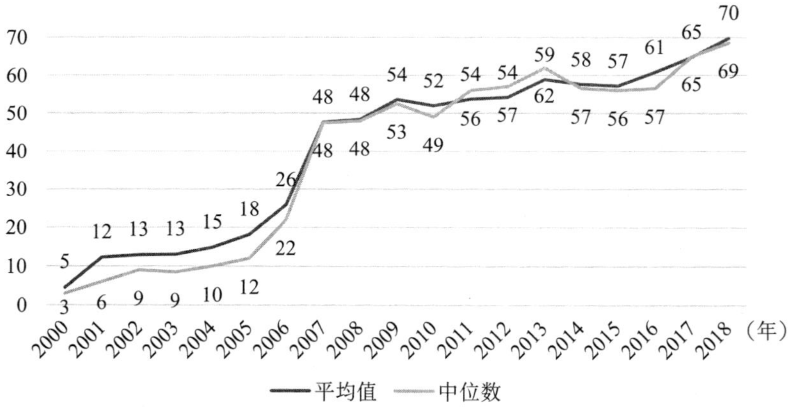

图 4－12　2000—2018 年"上证 50"财务报告中"估计"相关词汇出现频率

一个明显的趋势是，在过去 20 年里，以"上证 50"为代表的上市公司财务报告"附注"中提到"会计估计"相关词汇的次数随着时间而激增，从 2000 年的平均 5 次升至 2018 年的 70 次，在 19 年里达到了 1300% 的增长幅度；中位数更是从 2000 年的 3 次急剧增加 2200% 至 2018 年的 69 次。在这其中，尤以 2006—2007 年的增长为甚，均值由 2006 年的 26 次增长近 1 倍至 2007 年的 48 次，中位数由 2006 年的 22 次增长近 120% 至 2007 年的 48 次。颇具讽刺意味的是，2007 年是中国实施新企业会计准则的年份，因此，源自追求更好会计信息的初衷而推出的《企业会计准则（2007）》似乎并没有带来好的结果。究其原因，是因为新企业会计准则为了保持与国际财务报告准则的实质性趋同，准则的制定导向从过去的规则基础（Rule Basis）转向了原则基础（Principle Basis）。与规则基础的会计准则不同，原则基础的会计准则需要会计人员进行大量的估计和判断。此外，与国际财务报告准则保持趋同的结果是在会计准则中大量引入了公允价值计量和前瞻性资产减值计提，导致会计处理对估计和判断的依赖大幅增加。

我们上述的研究方法同样来自 Lev and Gu（2018），他们用此检验方法随机抽取了美国标准普尔 500 指数中的 50 家上市公司，分析这些公司 1995—2013 年每份财务报告对期望（expected）、估计（estimated）、预测（projected）、预计（anticipated）、可能（likely）、假定（assumed）等与“估计”相关的术语的使用频率。图 4 - 13 报告了以 5 年为一个周期实证检验“会计估计”使用频率的变动趋势，具体截至 1995 年、2000 年、2005 年、2011 年和 2013 年。结果发现 1990—2013 年这 24 年间 50 家样本公司年报“附注”中提到“估计”相关词汇的频率急剧增多，具体表现为美国上市公司财务报告“附注”中提到“会计估计”相关词汇的次数从 1995 年的平均 30 次、升至 2005 年后的 100 次，2013 年则增至 150 次，近 20 年间增长幅度高达 500%。其中增长最迅速的年份为 2000—2011 年，与美国 GAAP 当时力推公允价值会计政策的措施相吻合。

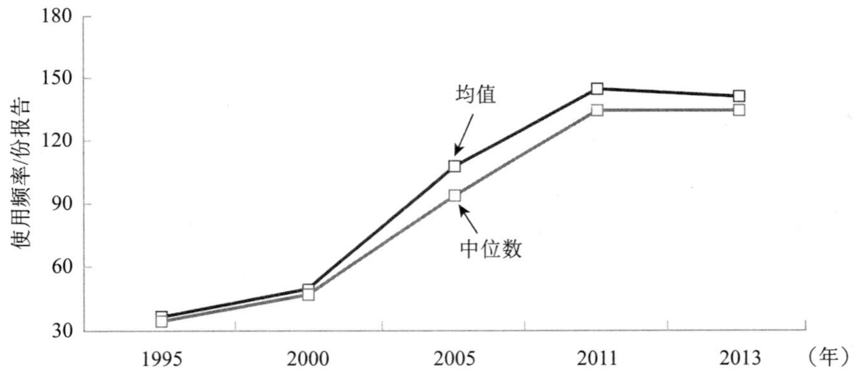

图 4 - 13　1995—2013 年美国 50 家样本公司每份财务报告对“估计”相关术语的使用频率

资料来源：《会计的没落与复兴》。

那么，这种“会计估计”的使用频率处于上升通道的趋势是否存在于每个行业当中呢？图 4 - 14 和图 4 - 15 描绘的是 2000—2018 年“上证 50”中的两个代表行业：金融业和制造业“会计估计”的使用频率，结果证明细分行业与大样本的数据一致。其中，金融行业“估计”相关词汇使用次数的平均值从 2000 年的 7 次增加超过 9 倍至 2018 年的 71 次，中位数从 2000 年的 6 次增加超过 11 倍至 2018 年的 74 次，这显然与金融机构采用前瞻性减值模型计提金融资产减值准备有关。制造行业“估计”相关词汇使用次数的平均值从 2000 年的 4 次增加超过 12 倍至 2018 年的 53 次，中位数从 2000 年的 3 次增加超过 16 倍至 2018 年的 52 次，这与新企业会计准则要求企业计提减值准备不无关系。

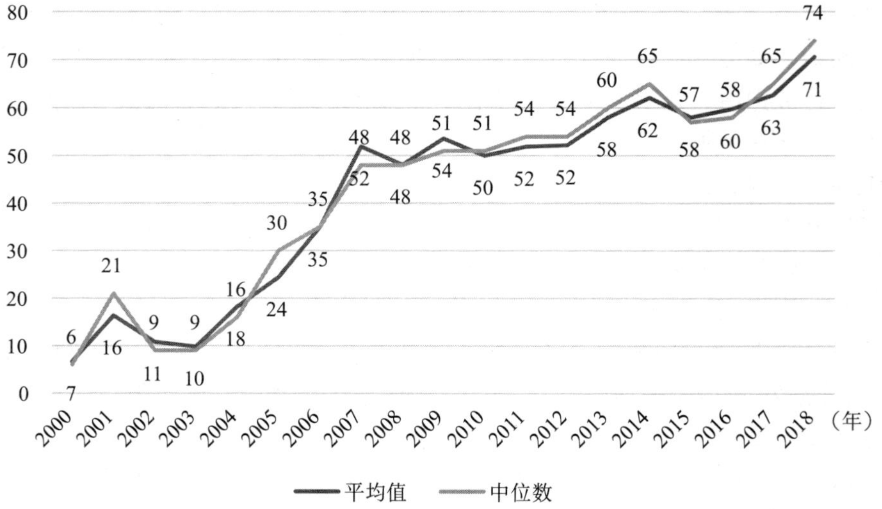

图 4-14 2000—2018 年“上证 50”金融业财报中“估计”相关词汇出现频率

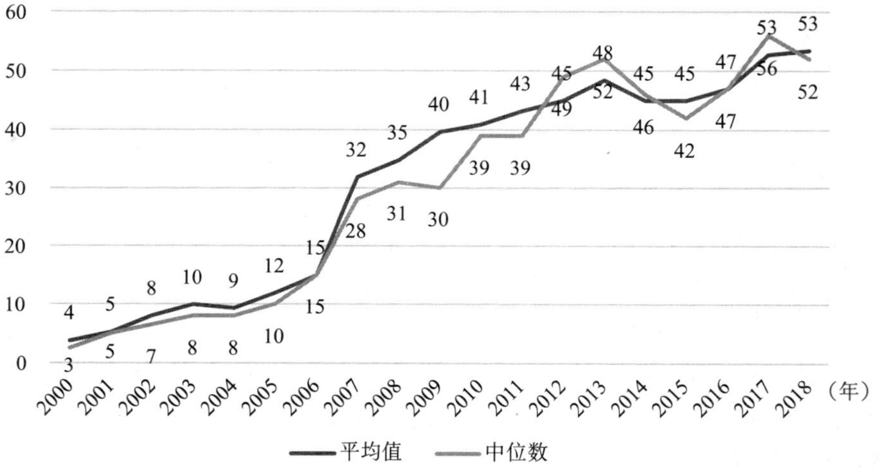

图 4-15 2000—2018 年“上证 50”制造业财报中“估计”相关词汇出现频率

上述研究结论向我们展示了，由于近年来企业会计准则的制定导向从规则基础转向了原则基础，会计处理越来越依赖于估计和判断，而不再以实际发生的交易为依据。特别是公允价值计量和前瞻性减值模型的大量运用，导致会计不再以实际发生的交易为基础，而是必须充分考虑信息技术进步、商业模式创新、竞争环境改变、资本市场波动等外部环境的实际影响和潜在影响。估计和判断的大量运用，不仅削弱了如实反映这一会计信息质量的特征，而且也对财务报表的价值相关性产生负面影响。列夫和谷丰（2016）指出，20 世纪 50 年代以来，会计信息相关性日益下降，主要有三大原因：对无形资产令人费解的会计处理；会计不再以事实为依归；未记录的事项日益影响公司价值。换言之，列夫和谷丰认为，财务报表充斥着估计和判断，会计不再以实际发生的为交易基础，是导致会计信息相关性不断恶化的重要原因之一。

会计处理对估计和判断的过分依赖，有使会计沦为统计之虞。以 2019 年《一般企业财务报表格式》为例，在资产负债表的 31 个资产项目和 21 个负债项目中，除货币资金、短期借贷、应付票据、应付账款、预收账款、长期借款外，其余30个资产项目和16个负债项目余额的确定，都离不开估计和判断，占比分别达到97%和76%。同样地，在利润表中的17个损益项目中，除营业外收入和营业外支出外，其余15个项目也都需要大量的估计和判断，占比高达88%。在资产负债表内，凡是存在减值可能的资产项目，均必须以扣除减值后的余额列示，坏账准备、跌价准备和减值准备的计提，估计多于事实，主观超过客观。按公允价值计量的资产和负债项目，如果采用的是第二和第三层次的公允价值，就离不开估计和判断，甚至是估值模型，后者在变量、参数、假设等方面，无不涉及主观判断因素。即使是按历史成本计量的固定资产和无形资产，在计提折旧和摊销时，对使用期限、经济寿命、剩余残值等因素的确定，也必然掺杂交织着估计和判断。在利润表内，收入的确认、成本的归集、费用的分摊，以及公允价值变动收益、信用和资产减值损失的确定，也充满着估计和判断的成分。

第二节　信息披露要求过于僵化

及时性有助于提高相关性，是会计信息质量特征的二级构成要素。旧经济时代制定的会计信息披露规则，不仅未能及时反映内、外事项对股票市值变动的影响，而且对资本市场日益盛行的非公认会计原则业绩披露反应迟钝，导致基于公认会计准则的业绩披露的权威性日益下降。信息披露要求僵化生硬，未能与时俱进，也是造成会计信息相关性不断恶化的原因。

一、无视内、外事项的市值变动影响

重交易（Transaction）、轻事项（Event）的会计态度由来已久，市场交易金额再小、对投资者决策的影响再小，也必须及时确认，而对投资者决策影响再大的内、外部事项，除非已经对经营业绩和财务状况产生实际影响，否则只能披露，而无须确认。这种做法源于市场交易具有可验证性（Verifiability），而内、外部事项影响不具可验证性的传统观念。对内、外部事项的会计确认姗姗来迟，是导致会计信息相关性日益下降的三大原因[①]之一（Lev and Feng，2016）。

投资信贷决策功能是会计信息的三大职能（其他两大职能为受托责任评价职能和经济利益分配职能[②]）之一。从投资信贷决策功能的角度来看，只要有助于投资者和信贷人作出决策的信息，都是相关的信息，均应及时确认、记录和披露。资产重组、技术突破、合同签订、客户获取（或流失）、法律诉讼、监管新规、版号审批、高管变动、战略转型、模式创新、竞争加剧等内、外部重大事项，都是股价敏感信息，往往导致股价大幅波动，对上市公

---

① 列夫和谷丰（2016）认为，20世纪50年代以来会计信息相关性日益下降，主要有三大原因：对无形资产令人费解的会计处理；会计不再以事实为依归；未记录的事件日益影响公司价值。

② 财务报告目标或职能通常表述为决策有用观和受托责任观，较少提及经济利益分配职能。笔者认为，受托责任观和利益分配观是财务报告的固有职能，决策有用观是衍生的职能。利益分配观是指财务报告具有为税收确定和股东分红等经济利益分配提供依据的职能。对此，娄尔行和张为国（1991）指出，确保合理分配是会计的一项职能，会计应当为合理分配社会剩余产品服务，处理好经济过程中的分配问题。

司的价值产生重大影响，但在会计系统却悄无声息、不见踪影，一直要等到这些事项导致报表要素发生变化时才加以确认和记录；而与市场发生的微不足道的外部交易，如购买一台打印机、出售一辆旧车等非股价敏感信息，会计系统则会在第一时间加以确认和记录，与内、外部事项的严重滞后反应形成强烈反差。会计系统这种厚此（交易）薄彼（事件）的不对称处理方法，让信息使用者困惑不解，久而久之，迫使他们在决策时舍弃会计信息，越来越多地利用非会计信息，使会计信息的决策相关性日趋恶化。

列夫和谷丰的研究表明，美国上市公司未得到及时确认和记录的重大事项，在过去20多年里呈快速攀升态势，且对异常股价回报率绝对值的影响急剧增大，如图4－16所示。

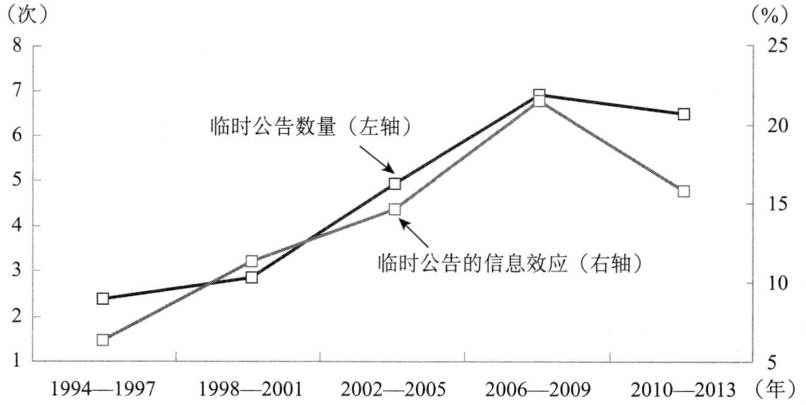

图4－16 1994—2013年美国上市公司平均每年重大事项公告及其市场影响

资料来源：《会计的没落与复兴》。

重交易、轻事项的习惯性做法，不仅导致会计信息相关性日益降低，而且造成会计处理逻辑混乱，如外购商誉往往确认为资产，而自创商誉则不得确认，外购技术专利通常资本化，而内部研发形成的技术专利大多费用化。为了使会计处理的逻辑一致性更加一致、进一步提高会计信息的相关性，会计准则制定机构有必要考虑：（1）平等对待市场交易和事项影响，更加及时地确认和记录内、外部事项，要求企业加大对内、外部事项的影响分析力度，提高对内、外部事项的披露力度和及时性；（2）对外购和自研的技术专利采用一致的会计处理，鼓励企业参照外购价格，确定自研技术专利的价值；（3）加大对事项法（Event Approach）的研究，为逐步推行事项会计奠定基础。

二、无视经营业绩的双重披露需求

不论是美国的公认会计原则（GAAP），还是国际财务报告准则（IFRS），或者我国的企业会计准则，推崇的都是总括收益观（All－inclusive Concept）。总括收益观将经营与非经营损益项目均纳入利润表反映，虽然有利于强化利润表与资产负债表的钩稽关系，但却大幅降低了利润表如实反映经营业绩的能力。特别是，公允价值会计的日趋普及，以及新经济企业在激励机制设计上对股票期权的广泛运用，往往导致按会计准则编制的利润表不能如实反映甚至严重歪曲企业的经营成果①。对此，企业特别是新经济企业只好诉诸财务业绩的双重披露，在按照会计准则呈报的业绩指标（如净利润）的基础上，剔除与经营不相关的损益项目（如金融资产公允价值变动损益）和没有现金流量的项目（如以股份为基础的薪酬），披露按照非公认会计原则呈报的业绩指标（Non - GAAP Measures），以便帮助投资者了解企业的真实经营业绩，避免在评价企业经营业绩时被非经营性损益项目误导。

新经济企业尤其是 TMT（电信、媒体和科技）企业越来越热衷于披露非公认会计原则业绩指标。在金融时报 100 指数公司中，81 家在年度报告中披露了 Non - GAAP 业绩指标；在标普 500 公司中，88% 的公司披露了 Non - GAAP 业绩指标；在道琼斯指数公司中，GAAP 与 Non - GAAP 业绩指标之间的差异，从 2014 年的 12% 上升至 2015 年的 30%（张为国，2018）。纽约注册会计师协会的调查结果表明，在过去 20 年里，使用 Non - GAAP 业绩指标的美国上市公司比例从 59% 上升到 96%（陈燚，2018）。Non - GAAP 业绩指标日益盛行，表明资本市场对此有强烈的信息需求，这显然与基于公认会计原则的利润表不能如实反映其经营绩效不无关系，也在很大程度上说明会计准则的相关性和权威性正在下降。

表 4 - 11 列示了 2015—2019 年小米公司对净利润双重披露的调节过程。

表 4 - 11　　2015—2019 年小米公司净利润的双重披露　　单位：亿元

	2015 年	2016 年	2017 年	2018 年	2019 年
按 IFRS 呈报的净利润	(76.27)	4.92	(438.89)	134.78	101.03
+ 可转换可赎回优先股公允价值变动净损失（利得）	87.59	25.23	540.72	(125.14)	—
+ 以股份为基础的薪酬	6.91	8.71	9.09	123.81	22.01
+ 投资公允价值变动增益净值	(21.30)	(19.93)	(57.32)	(45.24)	(8.88)
+ 收购所得无形资产摊销	0.03	0.03	0.02	0.06	0.02
+ 基金投资者的金融负债价值变动	—	—	—	0.42	2.51
+ 所得税影响	—	—	—	(3.14)	(1.37)
非 IFRS 呈报的净利润	(3.04)	18.96	53.62	85.55	115.32

资料来源：小米公司 2015—2019 年公司年报。

从表 4 - 11 可以看出，剔除了与经营无关和未涉及现金流量的损益项目后，按非国际财务报告准则呈报的净利润显示了小米公司经营业绩稳步增长的趋势；而按国际财务准则呈现的净利润则显示了小米公司经营业绩大幅波动的情形。图 4 - 17 以更加直观的方式展示了小米公司基于公认会计原则和非公认会计原则的不同经营业绩的变动趋势，后者向投资者提供了增量信息，使其认识到小米公司的经营业绩波动是由非经营性因素造成的，剔除了这一因素后，小米公司的经营业绩呈现的是良好增长的趋势，而不是大起大落的态势。

① 对此，黄世忠撰写了《横看成岭侧成峰：评小米令人困惑的财务报告》，详见“附录”。

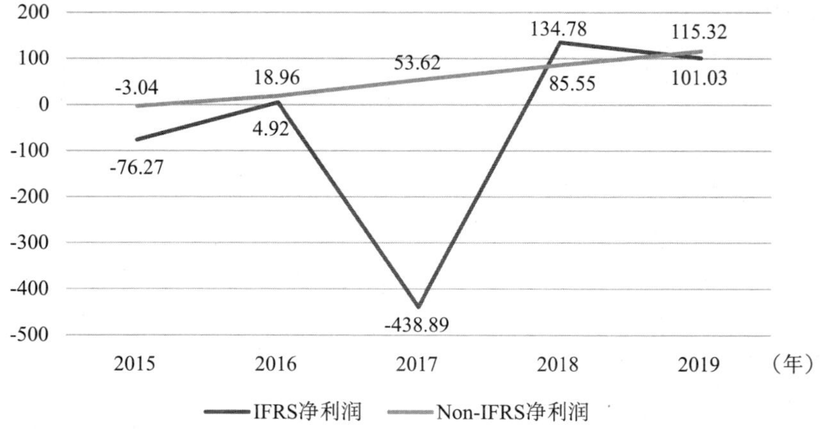

图 4－17　小米公司基于 IFRS 和 Non－IFRS 的不同经营业绩变动趋势

对新经济企业的投资者而言，按非公认会计原则呈报的经营业绩往往比按公认会计原则呈报的经营业绩更受欢迎，这就是在业绩发布报告中管理层长篇累牍地讨论非公认会计原则业绩指标的原因。遗憾的是，面对经营业绩双重披露越来越普遍的趋势，会计准则制定机构并没有因势利导，对非公认会计原则业绩指标缺乏必要的规范和有效的指引，造成基于公认会计原则的净利润等业绩指标与投资者的决策不再那么强关联。值得庆幸的是，国际会计准则理事会（IASB）2019 年 12 月发布了主要财务报表项目的重要阶段性成果《一般列示和披露》征求意见稿，将对非公认会计原则的业绩指标加以规范，要求企业在财务报表“附注”中单独披露预测价值有限的非经营性收益和费用项目。我们认为，IASB 此举有助于重振会计准则的权威性，在一定程度上缓解会计信息相关性的恶化趋势。

第五章　新经济时代亟待改革的会计问题

辩证地看，会计信息相关性持续恶化也不见得都是坏事，可能倒逼会计改革。会计界应当秉承与时俱进的精神，正视会计相关信息供给不足的问题，果敢变革确认、计量和报告规则，才能凤凰涅槃、浴火重生，才不会在新经济时代因投资者大量使用竞争性信息而被边缘化。我们认为，关键是要树立开放性思维，吸取新经济时代的新思想、新理念、新方法，改革过时的确认、计量和报告规则，以表内确认和表外披露相结合的方式，千方百计地将新经济企业创造价值的驱动因素（特别是信息资源和智慧资本）纳入财务报告范畴之中。唯有如此，才能从根本上扭转会计信息相关性不断下降的趋势，会计才有望得到救赎。

本章以第三章和第四章的分析为基础，探讨新经济时代财务会计的改革问题。本章首先分析新经济对财务会计的深远影响，然后介绍信息资源的确认和计量问题，最后论述智慧资本的计量和披露问题。

第一节　新经济对财务会计的影响分析

新经济与其说是一种进化，不如说是一种颠覆，因为它突破了我们的认知极限、改变了我们的生活习惯、影响了我们的工作方式、重塑了市场的竞争格局、孕育了全新的增长模式。新经济带给我们的颠覆性影响是广泛而深远的，留给我们的启示是全面而深刻的。会计是一种通用的商业语言，具有环境反应性的鲜明特点。新经济所处的技术和经营环境、遵循的竞争规则和商业模式，与旧经济迥异。环境的变迁和模式的演进，必然对财务会计产生重大影响①。唯有理性地评估新经济的影响，才能有的放矢地改革和完善财务会计，使其继续肩负起向使用者提供相关、可靠（如实反映）信息的历史重任。本节分析新经济对会计基本假设、确认计量以及财务分析的影响，并提出相应的改进建议。

一、新经济对会计基本假设的影响分析

会计基本假设（Accounting Postulates）构成财务会计与报告的基础，高度概括财务会计

---

① 环境变迁和模式演进，除了对财务会计产生重大影响外，也影响了财务管理和管理会计。黄世忠在《新经济时代对财务管理和管理会计的影响分析》一文中指出，在新经济时代，财务管理的重心将逐步由财务资本转向智慧资本，财务管理的对象将逐步由资本预算转向资金管理和知识员工管理，财务管理的边界将逐步超越资本纽带向业务纽带延伸，融资偏好将逐步由“先内后外、先债后股”转向“先外后内、先股后债”，管理会计的定价职能将更加凸显，数字转型后的管理会计，其会计色彩将不断淡化、管理色彩将显著增强。

（会计核算）的环境特征（葛家澍，2002）。如第一节所述，新经济时代的经营环境和技术环境发生了重大而深刻的变化，商业模式创新更是层出不穷。面对如此重大的环境变迁，旧经济时代提出的会计基本假设在新经济时代却原封不动、依然故我。到底是会计基本假设不受环境变迁的影响，还是会计界的“鸵鸟”心态作祟，对环境变迁对会计基本假设的影响视而不见？通过对会计主体假设、持续经营假设、会计分期假设和货币单位假设逐一分析，我们认为，新经济的环境因素已经对会计基本假设造成了较大冲击和影响，有必要重新审视，并不断改革和完善。

（一）新经济对会计主体假设的影响

会计主体假设（Accounting Entity Assumption）规定了财务会计的空间界限，界定了财务报告的内容和边界，将会计主体与市场、其他主体以及主体的所有者严格区分开来。在旧经济时代，企业信奉的是“单打独斗闯天下”的经营理念，经营相对独立，边界泾渭分明，有形资产占绝对主导地位，会计主体容易识别；而在新经济时代，“资源整合定成败”成为新的经营理念，企业基于供应链管理、价值链管理和生态网管理，普遍采用外包、众包和联盟等资源整合战略，企业的相互依存度显著提高，生产制造商、材料供应商、技术开发商、品牌代理商、产品经销商之间结成“荣辱与共”的利益共同体，“无边界组织”应运而生。刚性组织逐步被液态组织所取代，自由组合、自由流动成为新时尚，人才、技术、资本等要素可以借助数字化平台自由组合、自由流动、分工协作、优势互补、完成任务后随即解散或转手，造成企业内部与外部的边界日益模糊，会计主体的识别变得不易，甚至困难重重。

在“无边界组织”日益盛行的新经济时代，协作协同是新经济企业获取市场竞争力、提升价值创造力的关键因素。离开英特尔等芯片商、富士康等代工厂以及成千上万的App开发商，苹果公司的创意和研发是不可能转化为受消费者青睐的iPhone和iPad等产品的。同样地，阿里巴巴与在淘宝、天猫上开网店的业主和从事物流配送的企业，已经结成唇亡齿寒的“命运共同体”。组织的液态化和平台化，导致企业的所有权与使用权加速分离，基于明晰产权和资产专用性的组织边界出现了松动（阿里研究院，2019）。在组织活力日益依赖于协作协同的新经济时代，仅仅以基于法律产权的微观会计主体假设来界定财务报告的边界，所提供的会计信息显然不足以反映整个“命运共同体”或“利益共同体”的活力、实力和潜力。但这并不意味着微观会计主体假设在新经济时代没有用武之地，将微观会计主体假设弃之不用，将造成产权不明、权责不分的混乱。

因此，新经济时代给我们的一个重要启示是：主体假设似有必要裂变为微观的会计主体假设和宏观的报告主体假设。会计主体假设和报告主体假设并行不悖、各有侧重，前者侧重于从法律产权的角度限定会计核算的边界，后者侧重于从协作协同的角度拓展财务报告的边界。主体假设裂变为会计主体假设和报告主体假设，是环境使然，就像控股公司的出现，在个别报表之外又派生了合并报表，造成了会计主体与报告主体的分离。将主体假设进一步细化为会计主体假设和报告主体假设，有助于新经济企业在提供以法律产权和控制权为基础的个别财务报告和集团财务报告的同时，逐步向供应链财务报告、价值链财务报告和生态网财务报告的方向拓展和延伸，不断丰富财务报告的内容和形式，推动财务会计由微观向中观和宏观跃升。

（二）新经济对持续经营假设的影响

持续经营假设（Going Concern Assumption）对会计计量基础的选择至关重要。如果持续经营假设成立，则表明企业持有的资产将用于正常的生产经营活动，负债也将在日常经营活动中有序逐步清偿，在这种情况下，历史成本成为资产和负债的首选计量基础。存货成本的分期结转、固定资产的定期折旧、无形资产的分期摊销，依据的就是持续经营假设。在旧经济时代，虽然企业歇业或破产时有发生，但持续经营假设高度概括出的环境特征，在大多数情况下与企业相对稳定的外部环境相吻合。

到了新经济时代，信息通信技术高频迭代，商业模式创新日新月异，市场竞争异常激烈，优胜劣汰十分残酷，VUCA（易变性、不确定性、复杂性和模糊性）无所不在，持续经营假设已经不再与变幻莫测的外部环境相契合。1995 年全世界市值最大的 5 家互联网公司，如今只有苹果依然在榜内存活①。柯达胶卷被索尼数码相机所灭，索尼数码相机被诺基亚手机取代、诺基亚手机被苹果 iPhone 颠覆、出租车被网约车压迫、旧媒体广告被新媒体广告鲸吞、零售批发被电子商务碾压等残酷现实，均足以说明持续经营假设到了新经济时代已经不再是理所当然。

持续经营假设是否成立，对无形资产密集型的新经济、新业态企业意义重大。相对于存货和固定资产等有形资产，研发、技术、专利、人才、客户关系、信息资源、智慧资本等无形资产，其价值更容易受到信息技术迭代和商业模式创新的影响，且企业一旦丧失持续经营的能力，这些无形资产的清偿价值远低于有形资产。新经济时代给我们的一个启示是，应当采用更加严苛的标准对持续经营假设是否成立进行评估，会计计量基础的选择不应过分拘泥于历史成本，应更频繁地通过计提减值准备对历史成本进行修正，更多地利用现时价值（Current Value）计量无形资产，才能促使持续经营假设更好地反映新经济时代易变性、不确定性、复杂性和模糊性的环境特征。

（三）新经济对会计分期假设的影响

会计分期假设（Accounting Period Assumption）与持续经营假设相辅相成。如果持续经营假设不成立，会计分期的必要性将荡然无存。正因为将企业视为持续经营的主体，才有必要按月度、季度和年度等形式，将企业的持续经营“长河”截成若干财务报告期间，以便投资者、债权人等使用者及时了解企业在特定报告期间的经营业绩、现金流量和特定时点的财务状况。

会计分期的必要性除了与持续经营假设密切相关外，还与会计的信息化水平高度关联。在旧经济时代，企业的会计信息化水平不高，更谈不上智能化，会计分期假设高度概括了会计信息滞后性反映的环境特征。进入新经济时代，信息通信技术的发展突飞猛进，企业的会计信息化和智能化显著提升，实时会计呼之欲出。诚如张为国和王文京（2019）指出的：“企业通过交易平台、业务系统、专业网站、手工等途径采集各种数据，经云计算按多核算目的、多主体等处理，实时核算、结算、支付，实时提供财务会计、管理会计、税务会计、绩效考核等多口径，报告、分析、控制、决策和创新多层级的数据服务。”

得益于信息通信技术的赋能，会计信息化和智能化势不可当，实时会计指日可待。在会计所处的技术环境发生颠覆性变化的情况下，对于会计分期是否继续作为会计假设，存在不

① 知名财经专家吴晓波认为，目前只有 6% 的企业能够活过 10 年。在 2012 年 3 月艾瑞咨询集团举行的第七届年度高峰会议上，摩根士丹利亚洲董事总经理季卫东指出，中国互联网公司的平均寿命只有 3—5 年，每一年自然死亡率高达 20%—30%。

同见解。一种观点认为，实时会计说明会计分期假设略显多余；另一种观点则认为，实时会计表明会计分期假设得到强化，会计期间的颗粒度可望进一步细化为日、时和分。我们赞同第二种观点，新经济时代给我们的启示是：会计分期假设因信息通信技术的进步而强化，而不是弱化。在大数据时代，使用者已经不再满足于“雨后送伞式”的季报和年报，实时报告将促使会计分期进一步细化，零时滞的财务报告指日可待。

（四）新经济对货币单位假设的影响

货币单位假设（Monetary Unit Assumption）包含两层含义：一是会计以货币作为计量单位；二是作为计量尺度的货币保持价值不变。从价值反映的角度看，货币单位假设的第一层含义在新经济时代依然适用，货币是价值唯一可以表现的、能够量化的形式（葛家澍，2002）。另外，新经济给我们的一个启示是，会计只以货币作为计量单位并不可取，会极大限制新经济企业对价值创造的反应能力。在新经济时代，驱动企业创造价值的很多因素，如创意设计、品牌影响、信息资源、创新能力、团队合作、人力资本、结构资本和关系资本等无形资产，难以用货币计量，只有辅以非货币计量，这些价值创造驱动因素才能得到有效反映。对于无形资产富余、有形资产不足的新经济企业，货币计量与非货币披露并举，才是破解大量无形资产被长期排除在财务报告之外窘境的解决之道。况且，借助大数据、区块链、云计算、物联网和人工智能等信息技术的赋能，会计实现货币与实物双重计量、综合运用货币计量与非货币披露，并非天方夜谭，而是具有一定的现实可行性。备受好评的可视化财务报告的出现，证明会计完全可以从单一的静态货币计量向多维的动态多重计量发展。

至于货币单位假设的第二层含义，即使在旧经济时代也与真实的环境特征相去甚远，遑论在新经济时代，币值稳定在 VUCA 时代根本就是一种奢望。此外，对历史成本会计至关重要的币值稳定假设，到了公允价值会计日趋普遍的新经济时代便显得无关紧要。

二、新经济对确认计量的影响分析

新经济、新技术孕育新业态、新业务。现有财务报告概念框架的确认标准和计量规则在面对蓬勃发展的新业态、新业务时，水土不服、疲态毕露。确认标准和计量规则若不进行与时俱进的改革完善，甚至可能成为阻碍新经济发展的桎梏。

（一）新经济对资产定义的影响

符合报表要素定义是会计确认的重要标准之一。旧经济时代对报表要素特别是资产的定义，到了新经济时代是否合理，需要重新检视。如前所述，共享经济在新经济时代的发展如火如荼。共享经济不以拥有（Own）或控制（Control）资源为目的，资源的可接触（Accessible）、可获取（Available）和可使用（Utilizable）才是关键所在。优步（Uber）和滴滴既不拥有也不控制网约车和驾驶员，却可随时接触、获取和使用这些资源为用户提供出行服务、为股东创造价值。爱彼迎食宿（Airbnb）在没有一间客房、一个服务员的情况下，发展成为世界上最大的酒店服务企业，靠的就是其资源整合能力。美团、饿了么在没有拥有或控制任何餐厅和服务员的情况下，发展成年营业额超过万亿元的餐饮外卖巨擘，同样说明了整合与分享资源的重要性一点不亚于拥有或控制资源。

以资源整合和资源分享为特征的共享经济，对旧经济时代提出的资产要素定义造成了巨大冲击。在 2018 年国际会计准则理事会（IASB）发布新修订的《财务报告概念框架》之前，不同准则制定机构对资产的定义都大同小异。例如，美国财务会计准则委员会（FASB）将资产定义为：特定的主体由于过去的交易或事项而拥有或控制的可能[①]的未来经济利益。该定义有两大特点：一是强调拥有或控制；二是将资产与成本分离，强调未来的经济利益，淡化获取资产实际耗费的支出。FASB 对资产的定义，代表了对资产本质认识的实质性改变，被各国奉为圭臬（黄世忠，等，2018）。IASB 在借鉴 FASB 定义的基础上指出：资产是指由主体控制的、由过去的事项形成、预期将为主体带来未来经济利益流入的资源。与 FASB 一样，IASB 对资产的定义也强调控制和未来经济利益，但不像 FASB 那样强调拥有。IASB 新修订的《财务报告概念框架》对资产定义作了重大修改：资产是主体由于过去事项而控制的现时经济资源，经济资源是指有潜力产生经济利益的权利。

从资产的最新定义可以看出，权利、控制和经济资源是资产定义的三大关键要素。新的资产定义不像过去那样强调经济利益的确定性，有利于新经济企业将经济利益不确定的权利（权利是很多无形资产最显著的特征）确认为资产，这无疑是一大进步。然而美中不足的是，新的资产定义依然保留了“控制”，这无疑限制了新经济企业特别是从事共享经济的企业对资产的确认。世界智慧资本/智慧资产行动组织（World Intellectual Capital/Asset Initiative，WICI）指出，智慧资本等无形资源之所以没有在会计上得到确认，与准则制定机构在定义资产时过分强调“拥有”或“控制”有关，并建议将这两个术语改为“可获取”（Availability）或“可使用”（Utilizability）。WICI 的看法不无道理，共享经济企业主要是通过可获取或可使用的有形和无形资源创造未来经济利益的，对资源的拥有或控制已经不再是资产的核心要义。鉴于此，我们认为，IASB 最新资产定义中的“主体由于过去事项而控制的现时经济资源”，如果改为“主体由于过去事项而形成的现时经济资源”，就更加符合新经济企业整合资源的实际情况。从这个意义上说，新经济给我们的一个启示是：报表要素的定义必须与时俱进，契合企业使用和整合资源方式的发展趋势。

（二）完善确认标准，反映无形投资

现行会计体系之所以将新经济的很多价值驱动因素（Value Drivers）排除在财务报告之外，一是因为会计界对不确定性采取过度保守的风险偏好（Risk Appetite）态度，在确认中过分强调会计要素的可靠计量；二是因为会计界过分强调会计信息的可验证性，在确认中存在明显的重交易（Transaction）、轻事项（Event）的倾向[②]。

1. 改变过度保守的风险偏好，强调资产的经济利益元素

诺贝尔经济学奖获得者 Milton Friedman 曾说过，唯一能够使经济学家普遍接受的理论是：资产的价值由其预期的经济利益所决定。会计界对资产这一最重要会计要素的定义，也是以此理论为基础的。财务报告概念框架过去对资产的定义是：资产是主体因为过去的交易和事项而拥有或控制的预期能够带来未来经济利益的资源。但在实务中，由于会计界秉承过

---

① 英文表示“可能”的常用词汇包括 likely，possible，probable，more likely than not，尽管翻译成中文均为“可能”，但这些英文词汇是有差别的。likely 和 possible 表示概率小于 50% 的可能，probable 和 more likely than not 表示概率大于 50% 的概率。FASB 在定义资产时，所用的是 probable 一词，意味着企业要确认资产，必须符合“很可能带来未来经济利益”的要求。

② 虽然 FASB 在第 6 号财务会计概念公告中认为交易、事项和情况都应当予以确认，但在实际会计工作中，对交易的确认往往更受重视，也比事项更全面、更及时。例如，与客户签订一份重要合同属于重要事项，一般作为待执行合同不予确认，而金额再小的购销交易，也都予以确认。

度保守的风险偏好，不仅在资产定义中明确提出了不确定性要求（预期能够），而且还要求以未来经济利益能够可靠计量作为资产的确认标准，导致对新经济价值创造至关重要但存在较大不确定性的无形投资等创新性资源（Innovative Resources）采用费用化；而不是资本化的方式进行处理，加剧了资产负债表的虚化现象。

创新是新经济的鲜明特征，风险与创新相伴而生。对于风险，会计界往往选择最小化的风险偏好。殊不知，企业经营的就是风险，且风险与回报对称，最小化的风险偏好显然与企业精神背道而驰。根据期权理论（Option Theory），风险同时也是机遇，期权的价值与其风险正相关。从期权理论的角度看，投入资金从事研究开发，相当于企业买入一项看涨期权（Call Option），如果研发成功，这项看涨期权的收益将远超其成本。如果从单个项目看，研发似乎风险颇高，但如果从组合角度看，研发风险就要小得多，否则，就难以解释为何很多新经济企业年复一年地将相当大比例的营业收入投入研发活动。上述分析说明，进入新经济时代，会计界必须改变风险偏好，树立中性的风险偏好，再也不能以未来经济利益不能可靠计量将包括研发在内的无形投资排除在资产负债表之外。

与此相对应的改进路径是：将不确定性置于计量环节，而不是置于确认环节。确认环节只需解决“有无”的问题，而不应纠缠于“多少”的问题。这恰恰是财务报告最新概念框架的做法。IASB 在概念框架第 4.14 和第 4.15 段中明确指出，经济资源是指有潜力产生经济利益的权利，“有潜力”意味着权利所产生的经济利益并不需要是确定的，甚至不需要是可能的（Likely），即使产生经济利益的可能性较低，一项权利能够满足经济资源的定义，就可以是一项资产。IASB 给资产下的新定义值得肯定，新的资产定义删除了经济利益的不确定性表述，扭转了会计界过分保守的风险偏好，不再将不确定性置于确认环节。此外，IASB 在新的概念框架中，不再将能够可靠计量作为确认标准，仅将相关性（Relevance）和如实反映（Faithful Representation）作为新的确认标准。虽然没有证据表明 IASB 此举是出于对新经济的考虑，但新的资产定义显然有助于新经济企业对无形投资等创新性资源进行会计确认，因为这些创新性资源完全符合新的资产定义。

2. 直面投资决策的影响因素，采用内、外一致的确认方式

现行会计体系对于交易和事项采用不对称的反映方式，交易重于事项。这里的交易指的是基于法律的市场交易，如购销、投资、借贷等涉及产权交换（Exchange of Property Rights）的交易活动，事项是指任何对价值创造和竞争力产生影响的未涉及产权交换的内、外部事件[①]。基于交易的会计确认（简称交易观），具有明显的监管导向（满足法规遵从要求），优点是具有客观性和可验证性，缺点是在反映价值创造和竞争力的驱动因素方面具有严重的时滞性。反映事项对估值产生影响的会计确认（简称“非交易观”），具有明显的价值导向（满足价值发现要求），优点是能够迅速反映价值创造和竞争力的驱动因素，缺点是不够客观且难以验证。交易观和非交易观这两种不同的确认基础各有利弊、不可偏废。现行会计体

① 本书关于事项的定义，在本质上与 FASB 对事项的定义相一致，FASB 在第 6 号财务会计概念公告第 135 段将事项定义为对主体产生后果的事项（a happening of consequence to an entity），但本书所指的事项是狭义的概念，内涵不如 FASB 宽泛，FASB 所指的事项，是个广义的概念，包括主体与其他主体的交易，本书的事项则不包括主体与其他主体的交易。我们认为，FASB 将交易（transaction）、事项（event）和情况（circumstance）作为并列关系，事项又包括交易，逻辑上并不严谨。

系过于重视对交易的反映，而对事项的反映不够重视，不仅导致会计信息相关性日益降低，而且导致会计处理逻辑性愈发混乱。例如，外购商誉往往确认为资产，而自创商誉则不得确认；外购技术通常资本化，而自创技术却费用化。此外，公允价值计量对确认思想产生了重大影响，从交易观到非交易观的变革悄然发生，不少会计准则允许企业确认非交易事项所引发的价值变动，但 IASB 尚未在概念框架层面上明确提出对非交易观事项的相关指引，也没有定义或描述"事项"的内涵，IASB 有必要参照 FASB 的做法，对"事项"进行界定（黄世忠，等，2018），在会计确认上对交易观与非交易观一视同仁，以提高新经济企业会计信息的相关性。

在新经济时代，摩尔定律无所不在，信息技术迭代加速，市场监管多方博弈，政策环境变幻无常，企业价值备受内、外部事项的影响。新经济企业的新技术、新产品成功通过 β 测试[①]、获得新的技术专利、结盟新的商业关系、获取新的客户资源等内部事项，尽管不是以交易的形式出现，且其转换为经济利益尚待时日，但这些事项的信息发布却会迅速对其股票价格产生影响。同样地，对网上支付资质、网络游戏许可、网约平台责任加强或放松监管等外部事项，也会极大地影响新经济企业的股票价格。因此，直面投资决策的影响因素，更多地确认这些事项特别是内部事项的会计影响，在财务报告中反映无形投资等创新性资源，对于提高会计信息相关性大有裨益。

从会计处理的角度看，无形投资等创新性资源的确认并不复杂，关键在于贷方科目的设置。具体可分为两种方法：一是将自创的创新性资源纳入现有的报表体系；二是保留现有的会计体系不变，以辅助报表的方式反映自创的创新性资产。考虑到事件会计的主观随意性，为了防止管理层操纵盈余，我们更倾向于采用第二种方法。第二种方法以事项的关键点为确认时点、以价值评估为确认基础。以研究开发为例，当新技术、新产品通过 β 测试时，按照研发可望形成的新技术、新产品的未来现金流量折现值借记"创新性资产"，贷记"递延预期收益"。当研发形成的新技术、新产品带来收益增加或成本降低时，借记"递延预期收益"，贷记"创新性资产收益"，同时借记"创新性资产摊销"，贷记"创新性资产"。

（三）新经济对平台资产的影响

如上所述，数字平台在新经济中扮演的角色日益重要。网络效应是数字平台最显著的特征，网络效应给我们的启示是，数字平台的价值与数字平台的用户量强相关，越多的用户使用数字平台，数字平台的价值就越大，反之亦然。换言之，平台资产的价值取决于平台用户量及其使用频率。平台是阿里巴巴和腾讯最宝贵的资产，2019 年年末，淘宝和天猫平台的月活跃用户高达 8.24 亿，微信和 WeChat 平台的月活跃用户更是高达 11.65 亿。

为了支撑海量的用户，数字平台必须投入大量的人力和物力，形成了价值不菲的平台资产。目前，这些平台资产仍然按旧经济时代的思维进行会计处理，折旧和摊销不是采用年限法，就是采用工作量法，这种会计处理与数字平台的网络效应背道而驰，这是新经济遇到的新问题。既然网络效应导致平台资产越使用越有价值，平台资产不会因频繁使用而发生价值损耗，平台资产还需要计提折旧和摊销吗？

---

① β 测试是一种验收测试，是指软件产品完成了功能测试和系统测试之后，在产品发布前进行的软件测试活动，一旦通过 β 测试，软件产品即可进入发布阶段。

在旧经济时代，企业计提折旧和摊销，主要是为了弥补固定资产和无形资产的价值损耗。平台资产的具体组成项目，如电脑信息系统，可能会随着不断使用而发生价值减损，计提折旧合乎情理，但平台资产的整体价值却随着用户的频繁使用而不断增值。因此，在对平台资产的具体组成项目计提折旧或摊销的同时，是否应当确认平台资产因网络效应带来的增值，这是值得会计界探讨的一个重大问题。如果不确认网络效应的增值，平台资产的实际价值与账面价值将渐行渐远，数字平台经营得越成功，两者的背离程度越严重。在这种情况下，如实反映焉在？

（四）新经济对收入确认的影响

新经济本质上是创新经济。技术创新和商业模式创新，催生了新业务和新业态。提供网络出行、网络购物、网络游戏等新型服务的平台企业，如何确认收入是新经济时代颇具挑战性的问题。虽然采用总额法和净额法不大会对利润产生差别性影响，但对营业收入的影响却十分重大。对于很多新经济企业而言，"营业收入"这个利润表的首行项目（Top Line Item）比末行项目（Bottom Line Item）更加重要，因为不少新经济企业是亏损的，资本市场不可能采用市盈率（Price Earnings Ratio）对其进行估值，市销率（Price Revenue Ratio）往往成为这些新经济企业最重要的估值方法。此时，采用总额法还是净额法就有可能带来不同的经济后果。

虽然新的收入准则规定，企业应当根据其在向客户转让商品前是否拥有该商品的控制权，来判断其从事交易时的身份是主要责任人还是代理人，作为采用总额法还是净额法的依据，但这种原则导向型的规定，到了实际运用时往往不易判断。以滴滴为例，尽管表面上它只是为出行用户和网约车司机提供撮合服务的平台，从出行用户收取的费用中，滴滴也只留约 20%，其余 80% 必须付给司机，但由于我国对网约车平台的监管特别严格，一旦发生安全事故，主要的赔偿责任还是由滴滴承担。从形式上看，滴滴的客户是网约车司机，而不是出行用户，滴滴扮演着代理人的角色，应当采用净额法确认收入，但从实质上看，网约车司机和出行用户都是滴滴的客户，滴滴负责收取出行费用并承担几乎绝大部分的信用风险和事故赔偿风险，扮演着主要责任人的角色，按总额法确认收入也有其合理之处。

电商平台面临着同样的收入确认问题。作为世界上三大电商平台，亚马逊、京东、阿里巴巴 2019 年的营业收入分别为 2805 亿美元、5796 亿元和 5097 亿元，阿里巴巴的营业收入垫底，但其税后利润却高达 1404 亿元，远高于亚马逊的 116 亿美元和京东的 119 亿元。三大电商的营业收入排序与税后利润排序存在如此之大的反差，主要是收入确认方法的差异。亚马逊和京东作为自营型的电商，采用总额法确认收入，而阿里巴巴作为平台型的电商，则采用净额法确认收入。由于采用不同的收入确认方法，这三大电商的财务指标（如毛利率、销售利润率、销售费用率等）缺乏可比性，增加了财务分析的难度。

至于网络游戏的收入确认，除了总额法和净额法的选择外，还涉及时点法和时段法的问题，甚至还存在着销售返利、赠送等涉及的代币、道具的公允价值计量等特殊问题。在新经济时代新业务、新业态的收入确认问题，不仅给新经济企业带来重大挑战，也对准则制定机构提出严峻考验。

（五）新经济对财务分析的影响

在旧经济时代广泛应用且行之有效的一些财务分析指标如净资产收益率、市盈率和市净率，到了新经济时代开始失灵，甚至可能产生误导。1903 年杜邦公司发明的净资产收益率和杜邦分析法，是旧经济时代评价企业管理层是否有效履行对股东财务责任最常用的财务指标。进入新经济时代，继续用净资产收益率评价新经济企业管理层的经营业绩，将造成两个意外后果（Unintended Consequences）：一是可能诱导管理层的短期行为，迫使其减少虽有利于提升企业核心竞争力和价值创造能力但会导致短期利润下降的无形投资，如研究开发、创意设计、人才培养、专利申请、网络更新、数据收集、市场开拓、客户维护、品牌建设、流程优化等方面的支出。尽管这些支出具有明显的资本支出属性，但现行会计准则认为，这些支出能够带来的未来经济利益存在重大不确定性，一般都要求将其作费用化会计处理。二是可能导致业绩评价的不公平，除了罔顾无形投资的资本化属性将这些支出费用化，从而低估新经济企业的真实盈利能力外，现行会计准则对无形投资所形成的无形资产采用高于有形资产的确认标准，造成诸如数字资产和智慧资本等大量无形资产未在会计上得到确认，低估了新经济企业的净资产。在这两方面因素的共同作用下，新经济企业净资产收益率的分子和分母均严重失实，以这样的财务指标评价新经济企业管理层的经营业绩，既不公平，也不合理。

新经济企业的市盈率和市净率通常都高于旧经济企业，这种现象可以用以下两个因素解释：一是市场因素，投资者看好新经济企业的发展前景，或者投资对新经济企业的非理性炒作，都可能推高其股价，从而造成市盈率和市净率高企；二是会计因素，会计准则对支出资本化的严苛要求，导致新经济企业将大量具有资本支出属性的无形投资费用化，低估了其盈利水平，导致其市盈率高企。同样地，会计准则对无形资产的确认标准过于严格，新经济企业大量的无形资产得不到确认，导致其市净率居高不下[①]。可见，新经济给我们的一个启示是：如果不剔除会计因素的影响，将新经济企业的市盈率和市净率与旧经济企业直接比较，不仅没有任何意义，而且还极易产生误导。

第二节　信息资源的确认与计量

进入新经济时代，信息资源的重要性日益凸显，已成为新经济企业开拓市场、获取商机、降低成本、确立竞争优势、赚取超额利润的无形资产。阿里巴巴研究院甚至将信息资源视作劳动、土地、资本之后的第四大生产要素。管理大师彼得·德鲁克指出："经济正由围绕物流和资金流转向围绕信息流的方式进行组织。"不管是经济界还是会计界，很少有人会质疑信息资源对于新经济新业态企业维持核心竞争力和提升价值创造能力的作用，但在信息资源应否在表内确认为一项资产的问题上，却存在不同见解，既有力主通过资产负债表确认的观点，也有主张表外披露的观点，还有坚持利润表可以自行解决信息资源未入表反映问题的观点。我们认为，对于信息资源应否通过会计程序确认为资产，之所以存在迥异的观点，主要是因为对信息资源特性的不同理解、对资产确认标准的不同解读以及对资产计量基础的不同偏好。

---

① 对此，黄世忠在《新经济企业估值迷思解析》一文中作了深入探讨，详见本书附录A。

一、信息资源的七大定律

信息作为一种资源，具有与其他资源不同的特性。Moody 和 Walsh 在《计量信息价值：一种资产估值方法》一文中，凝练出信息资源的七大定律，精辟地揭示了信息资源有别于常规资产（Normal Asset）的特性。信息资源七大定律折射出的特性，对于新经济时代应否将信息资源确认为资产以及如何计量信息资源的价值，极具启迪意义，很有借鉴价值。

（一）信息具有无限共享性

信息具有无限共享性，即信息可以被无数人、无数企业在无数领域共享，而不会导致信息功效的减损。这是信息有别于常规资产的最显著特性，后者在拥有和使用上具有明显的排他性，而前者则具有共享性，大家共享一项信息，并不会导致信息功效的下降，如图 5 - 1 所示。信息的功效尽管不会因为共享而减损，但这不等于信息共享没有障碍。由于信息的收集需要耗费成本，企业和个人通常不情愿与他人共享信息，造成“信息囤积”（Information Hoarding）现象，导致信息不能发挥应有的共享价值。正因为存在共享障碍，信息可进一步区分为私有信息和公共信息，前者能够给拥有者或控制者带来未来经济利益，符合资产的定义，后者不能产生未来经济利益，不属于资产范畴。

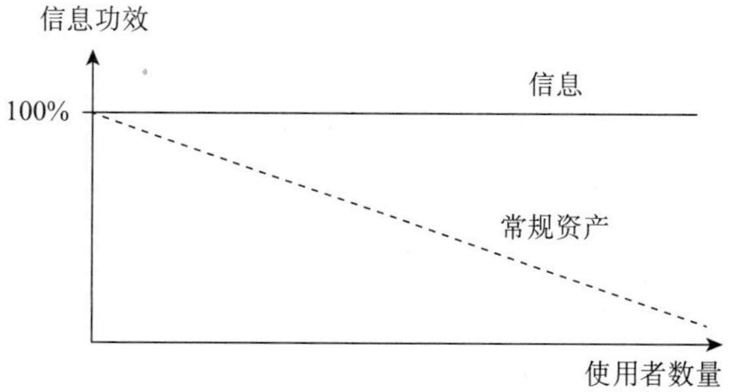

图 5 - 1　信息功效与使用者数量的关系

资料来源：Moody and Walsh（1999）。

（二）信息越使用越有价值

常规资产的价值与使用量呈递减关系，使用量越大，其价值减损越大，价值越小。与此相反，信息的价值与使用量呈递增关系，使用量越大，信息的价值越大。信息本身没有价值可言，其价值源自使用，未被使用的信息一文不值，如图 5 - 2 所示。例如，本书的阅读量越大，引用率越高，本书的信息就越有价值。热门和冷门文章、畅销与滞销书籍，其价值反差在于阅读量之间的量级差别。信息的价值与使用量之间存在的递增关系，归因于信息独特的成本构成。信息的成本主要包括收集、存储、传输和更新等方面的成本，使用信息的边际成本几乎为零，可忽略不计。信息的价值不会因使用量的增加而减损这一特性意味着，信息如果确认为资产，可能不需要像常规资产那样计提折旧或摊销。

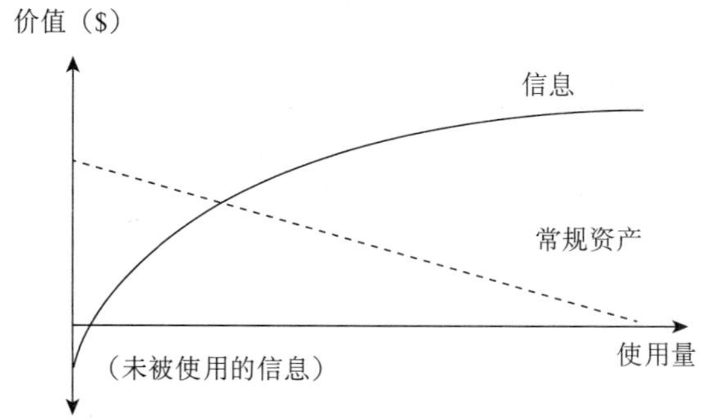

图 5－2　信息价值与使用量之间的关系

资料来源：Moody and Walsh（1999）。

（三）信息价值随时间减损

信息的潜在价值与其生命周期之间存在着反向关系，其价值随着时间的消逝而递减，如图 5－3 所示。信息的这一特性与常规资产相一致，差别在于：信息的生命周期通常分为经营存储期（Operational Shelf Life）、决策支持存储期（Decision Supporting Shelf Life）和法定存储期（Statutory Shelf Life）；而常规资产生命周期的长短，取决于物理寿命与经济寿命孰短。信息的这一特性意味着，信息一旦被确认为资产，后续计量时必须考虑时间因素对信息潜在价值的影响，并且定期摊销或减值测试合乎逻辑。

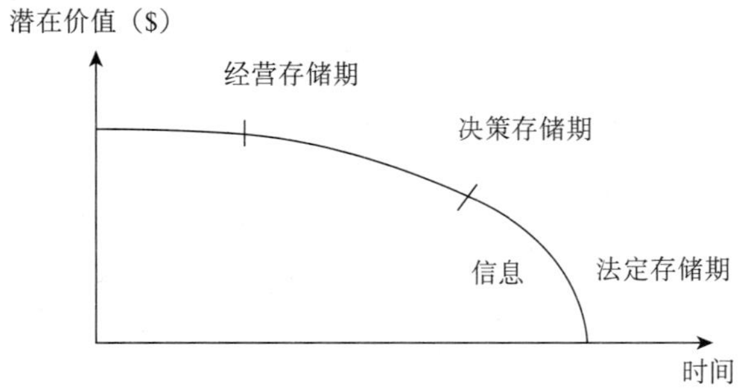

图 5－3　信息的潜在价值与存储期限之间的关系

资料来源：Moody and Walsh（1999）。

（四）信息越准确越有价值

信息的价值在于支持决策，准确的信息可以提升决策的效率和质量，而不准确的信息则可能误导决策，可见信息的价值与其准确性之间存在着正向相关关系，如图 5－4 所示。信息的这一特性意味着，并非所有的信息都有价值，准确信息与不准确信息在价值上不能等量齐观。准确性是确认和计量信息资源的重要变量，如何判断信息的准确性、如何区分正确与错误的信息，无疑是会计确认和计量的难点重点。

（五）信息越整合越有价值

一项信息越是与其他信息整合运用，越能彰显其价值，反之，信息一旦形成“孤岛”，其价值必定大打折扣，如图 5－5 所示。信息的这一特性意味着，信息的确认和计量既可以单项信息为基础，也可以信息组合（如数据库）为基础，后者可能更加合适。

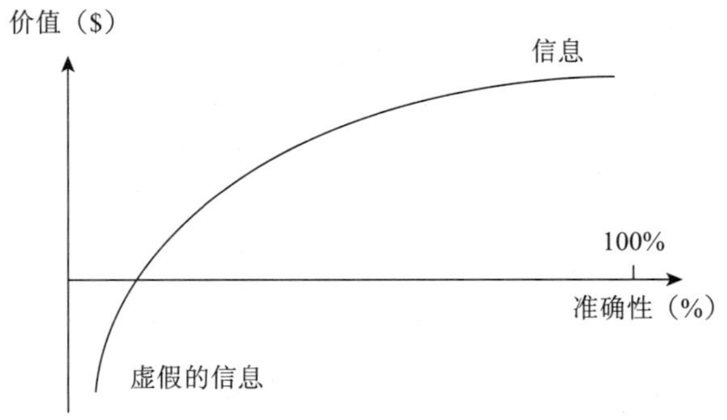

图 5－4 信息价值与准确性之间的关系

资料来源：Moody and Walsh（1999）。

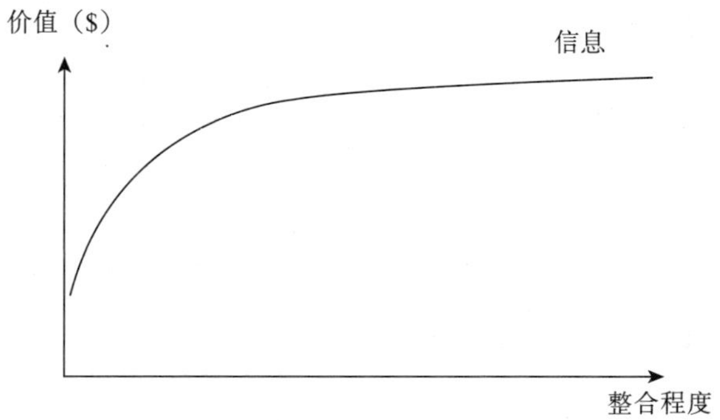

图 5－5 信息价值与整合程度之间的关系

资料来源：Moody and Walsh（1999）。

（六）信息不总是多多益善

信息不足可能造成两方面的后果：一方面，容易导致决策面临不确定性，此时，新增信息可以带来很高的边际效益，信息价值大幅提升；另一方面，人类的信息处理能力有限，信息并非多多益善，信息超载可能导致决策者无所适从，此时，新增信息导致边际效益锐减、信息价值不升反降，如图 5－6 所示。信息的这一特性意味着，适当披露比充分披露更有价值、更值得倡导。

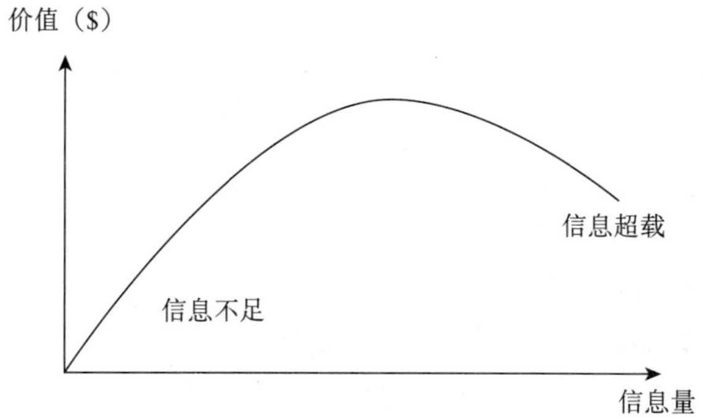

图 5－6 信息价值与信息量之间的关系

资料来源：Moody and Walsh（1999）。

（七）信息具有非折耗特质

与常规资产不同，信息的服务潜能不会因为使用而折耗。恰恰相反，对信息的汇总、分解、分析和利用，往往带来增量信息。这些增量信息不仅不会降低原有信息的服务潜能，增量信息与原有信息的结合运用，反而可以大幅提高原有信息的服务潜能，如图 5－7 所示。与定律（二）一样，信息所具有的非折耗特质意味着，信息一旦确认为资产，不需要在后续确认上计提折旧或摊销。

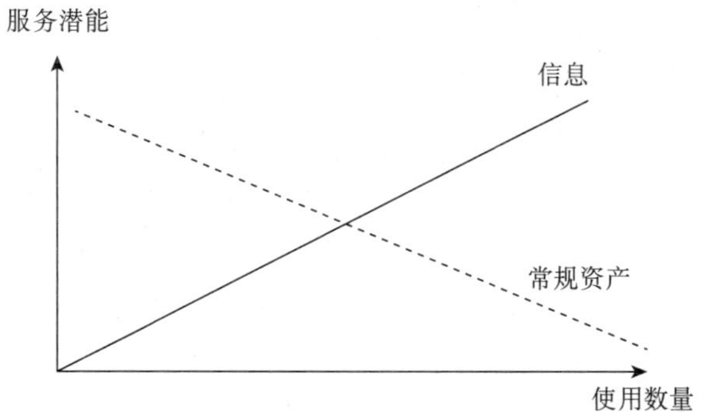

图 5－7　信息服务潜能与使用数量之间的关系

资料来源：参考 Moody and Walsh 绘制。

必须指出，并非所有信息都同时存在七大定律所揭示的特性。七大定律之间不存在连续和累积的关系，只存在间断和非累积的关系。只有从这个角度理解，才不会被定律（一）、定律（二）和定律（七）与定律（三）之间的相互矛盾所困惑。

二、信息资源的确认观点

信息资源应否确认为资产，存在着三种不同的观点，即表内确认观、表外披露观和无须确认观，其背后的逻辑基础存在重大差异。

（一）表内确认观的逻辑基础

表内确认观认为，信息资源若符合资产的定义和确认标准，就必须在资产负债表上正式确认为资产。国际会计准则理事会（IASB）2018 年颁布的《财务报告概念框架》将资产定义为：主体由于过去事项而控制的现时经济资源，经济资源指有潜力产生经济利益的权利（IASB，2018）。IASB 在概念框架第 4. 14 段和第 4. 15 段中明确指出，“有潜力”意味着权利所产生的经济利益不需要是确定的，甚至不需要是可能的（Likely），即使产生经济利益的可能性较低，一项权利若满足经济资源的定义，就可以是一项资产。信息资源是否符合资产的最新定义，应对资产定义中的三大关键要素（权利、控制和经济资源）加以分析。尽管信息具有无限共享性的特点［定律（一）］，但并非所有的信息都能够给企业带来经济利益，只有企业能够控制的私有信息才属于有潜力产生经济利益（表现为使用价值或交换价值）的权利，企业不能控制的可从公开渠道获得的公共信息不属于有潜力产生经济利益的权利，因为企业不能阻止其他人利用这些公共信息获取经济利益。可见，私有信息符合资产的定义，而公共信息则不符合资产的定义。

符合资产的定义是确认的必要条件，但并非充分条件。信息资源要确认为资产，除了必须符合资产定义外，还必须满足确认标准。最新的财务报告概念框架提出的确认标准包括相关性和如实反映。从相关性标准看，将信息资源确认为资产所形成的信息，既有助于使用者作出投资决策、更加准确地评估信息资源的潜在使用价值或预期交换价值，也有助于使用者评价受托责任，即评价管理层是否对信息资源的投入与产出进行了有效管理、信息资源的投入是否带来足够的回报。在实务操作中，要将信息资源确认为资产，必须考虑“存在不确定性”（Existence Uncertainty）和“经济利益流入低可能性”（low probability of an inflow of economic benefit）这两个因素对相关性标准的影响。如果信息资源作为一项资产是否存在尚不能确定，或者虽然存在但经济利益流入可能性低，则将信息资源确认为资产，并不能提供相关的信息。从如实反映的标准看，信息资源是否满足这个标准，主要受计量不确定性（Measurement Uncertainty）的影响。如果将信息资源计量为资产的估计过程涉及的不确定性程度很高，很难确定该项估计是否充分且可靠地反映这项资源及其经济利益，则可视为不符合如实反映标准。

表内确认观主张，信息资源应否确认为资产，应当与其他资源采用一视同仁的标准，而不应采用歧视性的确认标准，更不应以稳健为由，对信息资源设置更高门槛的确认标准。表内确认观认为，将信息资源确认为资产，既可提高资产负债表的完整性，避免低估新经济新业态企业的财务状况，也可提高利润表的相关性，避免新经济新业态企业在收益确定中产生收入与成本的错配，还可降低新经济新业态企业的市净率，避免其给投资者发出误导性信息。例如，以出售金融数据为商业模式的同花顺 2019 年 9 月 30 日的市净率高达 15 倍，远高于同属创业板的其他上市公司 3. 67 倍的平均市净率，给人的印象是同花顺的股票因投机炒作而存在较大风险。实际上，同花顺的市净率之所以居高不下，主要不是投机炒作引起的，而是没有将信息资源确认为数字资产造成的。若按该行业通行的 6—9 倍市销率对其数字资产进行估值（90 亿—135 亿元）并入表反映，同花顺的市净率便从 15 倍骤降至 3. 13—4. 25 倍。可见，将信息资源在表内确认，有助于促使市净率等估值指标更接近实际情况，避免误导投资者。

虽然主张表内确认的研究甚众，如 El - Tawy and Abdel - Kader（2011），Laney（2018），Lev and Gu（2016），Moody and Walsh（1999）等，但直面贷方科目的研究寥寥无几。将信息资产确认为表内一项资产的同时，与之对应的贷方科目是什么？我们认为，贷方科目的选择，既与信息资源的计量基础有关，也与信息价值的实现方式有关。如果信息资源采用历史成本计量，仅仅将获取信息资源的支出资本化，则不论信息价值是源自使用价值（Value In Use），还是源自交换价值（Value In Exchange），贷方科目均简单明了，在借记“信息资源”的同时，贷记“货币资金”或“应付款项”。如果信息资源采用现行价值计量，且信息价值源自使用价值，则“资本公积”或“其他综合收益”（OCI）是比较合理的贷方科目，若信息价值源自交换价值，则可供选择的贷方科目包括“资本公积”“其他综合收益”和“递延收益”，考虑到信息资源的不可折耗性［定律（七）］，选择“资本公积”或“其他综合收益”作为贷方科目，更合乎逻辑。

（二）表外披露观的逻辑基础

Lev and Gu（2016），Higson and Waltho（2009），Upton（2001），黄世忠（2018）等虽然承认信息资源具有决策相关性，但考虑到信息资源在计量上存在重大不确定性，为避免表内确认“污染”利润表的经济利益分配功能，主张在管理层分析与讨论（MD & A）或报表

“附注”中披露信息资源。表外披露观认为，信息资源在计量上的不确定性，主要涉及四个方面：一是信息资源的所有权或控制权不像厂房设备等实物资产那么明确，在知识产权保护不力的情况下，即使是企业拥有的专有信息也可能被非法盗用、拷贝和转售。所有权或控制权存在的不确定性，无疑将对信息资源的使用价值或交换价值产生重大影响。二是计量信息资源的使用价值，需要对信息资源预期能够带来的现金流量的金额、时间分布和不确定性进行估计，还需要合理选择折现率，每个环节均需要大量的估计和判断。更重要的是，信息资源创造的现金流量方式并非直截了当，而是与其他资源（人力资源、实物资产等）共同作用的结果，要将现金流量合理地分摊至信息资源，颇具挑战性、富有操纵性。三是信息资源属于非标产品，边际成本非常低，甚至可以忽略不计，导致同样的数据或数据库在售价上存在重大差异，再加上缺乏活跃的交易市场，确定其公允价值实非易事。四是信息资源往往存在多个竞争性获取渠道，随着数据挖掘（Data Mining）技术的快速发展，数据或数据库不断迭代，其价值存在减损风险，计量不确定性较大。

基于信息资源在计量上存在诸多不确定的考虑，表外披露观主张以更加灵活、多样的方式，绕过表内确认的僵化限制，向财务报告使用者提供信息资源的定性和定量信息，以此作为向表内确认的过渡。从本质上说，表外披露观和表内确认观都承认信息资源在决策有用性和受托责任评价方面具有高度的相关性，但表外披露观认为对信息资源进行可靠计量的方法还不成熟，因而主张采用权宜之计、积累经验、完善计量，从表外披露逐步过渡到表内确认。我们认为，表外披露虽然可以暂时回避表内确认难以逾越的计量不确定性和贷方科目选择等棘手问题，但表外披露不能替代表内确认，表外披露观指出的信息资源在计量上存在的不确定性，在其他已经在表内确认的有形资产和无形资产项目上也同样存在。价值计量只有相对确定性、没有绝对确定性。会计界有必要拓宽眼界，与信息技术界通力合作，寻找突破信息资源计量瓶颈之道，尽量缩短表外披露与表内确认的过渡期，唯有如此，才能从根本上促使新经济新业态企业提供更加相关的会计信息。

（三）无须确认观的逻辑基础

哥伦比亚大学的 Penman 教授是无须确认观的代表性人物。2009 年 Penman 教授发表的《无形资产会计：别忘了还有利润表》一文指出，将包括信息资源在内的无形资产入表确认为一个伪命题，从根本上忽略了资产负债表与利润表的钩稽关系。他认为，利润表可以弥补资产负债表对无形资产反映不足的缺陷，未在资产负债表确认的无形资产和其他价值创造驱动因素，倘若确实存在且能够给企业带来经济利益，迟早会在利润表上自动体现，无须再通过资产负债表确认（Penman，2009）。Penman 教授还从估值[①]的角度，以微软和戴尔为例，论证成熟企业因为无形资产没有得到全面反映并不会对其估值产生影响，证明利润表在估值方面有能力纠正无形资产（包括信息资源和智慧资本等）未得到充分确认的不足。

Penman 教授提出的无须确认观，其逻辑基础可描述为：利润是企业将有形资产与企业家精神、品牌、技术、信息资源、人力资本、结构资本、关系资本等无形资产综合运用在一起而产生增加值的概要性会计计量，有了这种概要性会计计量，企业便无须费时费力去辨

① Penman 教授运用的估计模型为：$Stock\ Return_{t+1} = Earnings_{t+1} + (P_{t+1} - B_{t+1}) - (P_t - B_t)$。其中 $Stock\ Return_{t+1}$ 表示 t+1 期的股票回报，$Earnings_{t+1}$ 表示 t+1 期的盈利，$P_{t+1} - B_{t+1}$ 表示 t+1 期股票市价与每股净值之间的差异，即 t+1 期未确认的无形资产，$P_t - B_t$ 表示 t 期股票市价与每股竞争之间的差异，即 t 期未确认的无形资产。

认、确认和计量包括信息资源在内的无形资产，资产负债表上对这些无形资产的遗漏，可以通过利润表加以捕捉。三大报表相互钩稽、相互制约、相互补台、相得益彰；同时，从静态和动态的角度，反映企业整体的财务状况、经营成果和现金流量，这就是采用复式簿记编制财务报表的精妙所在，这或许是达·芬奇的数学导师帕乔利发明的借贷记账法历经五百多年而不衰的根本原因。

我们认为，以 Penman 教授为代表的无须确认观，有利有弊、值得权衡。一方面，无须确认观的最大好处是，利润表可以随着经济利益的逐步实现，分期分批、间接和自动地确认信息资源等无形资产的价值。通过利润表对信息资源等无形资产进行间接确认，可以最大限度地规避通过资产负债表直接确认所面临的诸多计量不确定性，反映出的结果最为稳健和靠谱。此外，通过利润表间接确认信息资源等无形资产，还可保持利润表的“纯洁性”，使其免受表内确认“计量噪音”的不利影响，更好地发挥经济利益分配功能。另一方面，无须确认观的缺陷也是显而易见的，不确认信息资源等无形资产，势必降低资产负债表的相关性，不能如实反映以信息资源作为价值创造驱动因素的新经济新业态企业的财务状况，使这类企业的市净率虚高和扭曲。无须确认观的另一个缺陷是，通过利润表间接确认信息资源等无形资产的价值，对于成熟型企业而言可能是适用的，但对创业型企业而言则不一定适用。Penman 教授也承认，其用以证明利润表有能力对资产负债表进行纠错的估值模型是基于不同期间的无形资产保持不变的假设，对于以信息资源为主要价值驱动因素的创业型企业来说，这种假设显然不成立。此外，不在表内确认信息资源等无形资产，还将导致新经济新业态企业在并购时产生巨额的商誉。

三、信息资源的计量基础

与其他资产一样，信息资源若确认为资产，可供选择的计量基础包括历史成本和现行价值，既要考虑初始计量，也要考虑后续计量。另外，如第一部分所述，信息资源存在着有别于常规资产的一些特性，因此，计量基础的选择和运用，必须充分考虑这些特性。

（一）基于历史成本的计量方法

基于历史成本的计量方法，侧重从投入的角度，以实际发生的成本对信息资源进行计量。在初始计量时，企业将收集、开发、分析、储存、传输和更新数据或数据库所发生的支出资本化为一项无形资产。必须说明的是，不论是拟自用还是拟出售的信息资源，计量出的资本化金额均应计入无形资产，而不宜计入存货，因为信息具有无限分享性［定律（一）］。在后续计量时，对于自用的信息资源，企业根据信息价值是否随时间减损［定律（三）］，决定是否对初始确认和计量的信息资源计提减值准备。对于可供出售的信息资源，常规的做法是对资本化金额定期摊销，以便与出售信息资源获取的收入进行配比，因为资本化的初衷就是为了实现收入与费用的配比。但这种做法与信息资源的一些特性［如定律（一）、定律（二）和定律（七）］相悖，唯一能够支持定期摊销的理由是，信息具有随时间而发生价值减损的特性［定律（三）］。

基于历史成本对信息资源进行计量，不仅简单易行，而且在计量上具有可观察性、可验证性，符合如实反映的信息质量特征。最大的缺点是计量结果与资产定义相矛盾，成本是资产的一种属性，但成本本身不是资产，未来经济利益才是资产。基于历史成本对信息资源进行计量，导致定性与定量相互脱节，不符合相关性的信息质量特征，在决策有用和受托责任评价方面的作用存疑。

（二）基于现行价值的计量方法

基于现行价值的计量方法，可细分为公允价值法、使用价值法和现行成本法，使用不同信息资源的计量方法如下：

1. 公允价值法。公允价值法适用于效用来自交换价值的信息资源。例如，国外的彭博社、路透社和黑石集团，我国的万得、同花顺、大智慧和东方财富等，均以出售金融财务数据为商业模式，信息资源（数据或数据库）存在着较为活跃的交易市场，交易价格可获取性较高，采用公允价值法（包括市盈率法和市销率法）计量信息资源合乎逻辑，具有可操作性。在后续计量时，可将信息资源公允价值的变动计入当期损益，由于信息具有无限分享性［定律（一）］，计入当期损益并不会带来收益的重复计算。

从理论上说，信息资源的公允价值从市场参与者的角度而非特定主体的角度确定，代表不同主体基于市场特定因素（Market - Specific Factors）对信息资源作出的价值判断，不仅可以保持定量与定性之间的耦合，而且具有可比性高的信息质量特征。但在实务工作中，数据或数据库等信息资源属于非标产品，不同企业之间出售信息资源的价格差异巨大，公允价值的可比性并非想象中那么高。无论如何，以出售金融财务数据为生的企业，应当有能力合理确定信息资源的公允价值，否则，其商业模式将难以为继。

2. 使用价值法和现行成本法。对于信息价值源自使用价值而不是交换价值的信息资源，由于不能获取公允价值，只能采用基于企业特定因素（Firm - Specific Factors）的使用价值法或现行成本法。IASB 最新的财务报告概念框架将使用价值定义为：资产使用和资产最终处置产生的未来现金流量（扣除处置时交易成本）的现值。信息资源的处置成本微乎其微，可以忽略不计，因此，信息资源的使用价值等于其预期可望产生的现金流量的现值。由于使用价值采用的是现值计量的方法，在后续计量时，既要考虑时间价值的因素，将时间流逝引起的现值变动计入当期损益，而且还要考虑信息价值随时间减损的特性［定律（三）］，定期进行减值测试。

从理论上说，按使用价值计量信息资源，计量出的结果属于经济价值的范畴，与信息资源作为资产的定性相一致。但在实际工作中，如果不与其他生产要素结合，单独使用信息资源是难以创造现金流量的，要从现金流量中分离出属于信息资源创造的那部分现金流量，无疑困难重重。退一步说，即使可以分离出来，接下来如何对具有无限分享性［定律（一）］和非折耗性［定律（七）］的信息资源的未来现金流量的金额、时间分布和不确定性进行预测并折现，既充满挑战，也极易被操纵。

鉴于使用价值法在操作上存在的缺陷，采用现行成本法对信息资源进行计量，不失为权宜之计。按照 IASB 财务报告概念框架对现行成本的定义，信息资源的现行成本是指在计量日取得或创建同等信息资源的成本。相对而言，对信息资源的现行成本进行估计，比对信息资源的未来现金流量进行预测要容易得多。另外，尽管现行成本比历史成本更加接近信息资源的价值，但在计算出的价值本质上仍然属于成本的范畴，而不是经济价值的范畴。从这个意义上说，IASB 在财务报告概念框架上将现行成本归属于现行价值的计量基础，并非没有瑕疵。

（三）超越概念框架的计量方法

财务报告概念框架提出的历史成本和现行价值计量基础，用于常规资产的计量，总体上游刃有余，但用于信息资源这种特殊资产的计量，不一定十分契合，因此，有必要探索超越概念框架的计量方法。

全球领先的信息技术研究和顾问公司 Gartner 在 2015 年发布了其研究员 Douglas Laney 撰写的《为何及如何计量信息资产》的研究报告（Laney，2015），提出了信息资源的多重估值模型，形成了较为完整的计量体系，而且将信息资源的特性有机地嵌入估值模型中，值得参考借鉴。该体系根据信息资源的不同估值目标，将计量方法分为两大类：侧重于改善信息管理约束的计量方法和侧重于改善信息经济利益的计量方法，前者包括信息内涵价值法、信息商用价值法和信息业绩价值法，后者包括信息成本价值法、信息市场价值法和信息经济价值法，如图 5－8 所示。

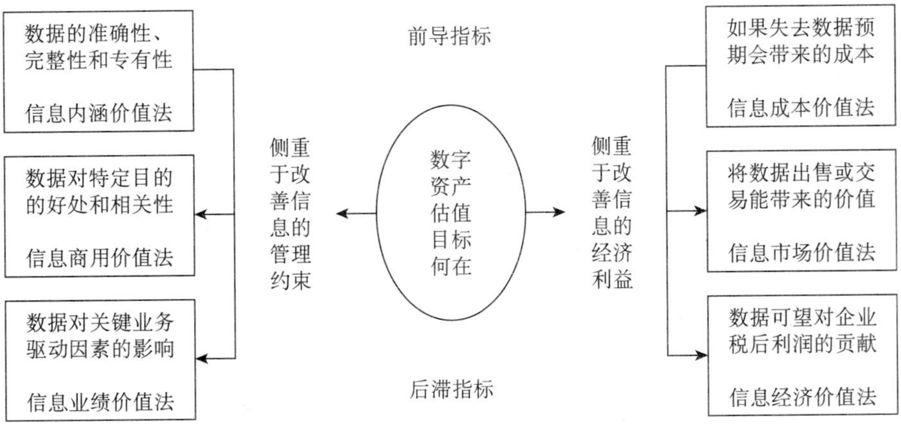

图 5－8　数字资产估值目标和估值方法示意图

资料来源：Laney，2015。

信息内涵价值法的计算公式如下：

$$IVI = Validity \times Completeness \times (1 - Scarcity) \times Lifecycle$$

其中，Validity 代表正确记录信息占全部记录信息的比例，Completeness 代表完整性，即记录信息占同类信息的比例，Scarcity 代表稀缺性，即记录信息的稀缺程度，Lifecyle 代表该类信息资产的预期生命周期。

信息商用价值法的计算公式如下：

$$BVI = \sum_{p=1}^{n} (Relevance_p) \times Validity \times Completeness \times Timeliness$$

其中，n 代表业务流程数，Relevance 代表该类信息对一个或多个业务流程的有用性，Validity 代表正确记录信息占全部记录信息的比例，Completeness 代表完整性，即记录信息占同类信息的比例，Timeliness 代表及时性，即信息更新的速度。

信息业绩价值法的计算公式如下：

$$PVI = \frac{\sum_{p=1}^{n}\left[\left(\frac{KPI_i}{KPI_c}\right) - 1\right]_p}{n} \times T/t$$

其中，KPI 代表关键业绩指标，i 代表运用信息资产的业务流程场景，c 代表不运用信息资产的业务流程场景，n 代表用于计量或测试的关键业绩指标数，T 代表数据的平均可使用寿命期，t代表关键业绩指标计量的期限。

信息成本价值法的计算公式如下：

$$CVI = \frac{ProcExp \times Attrib \times T}{t} \{ + \sum_{p=0}^{n} Lost\ Revenue_p \}$$

其中，ProcExp代表用于捕捉数据的年化处理成本，Attrib代表归属于捕捉该数据的处理成本所占百分比，T代表数据的平均可使用寿命期，t代表所计量处理成本的期限，n代表重新获取信息或信息失去用途的期限，Lost Revenue代表因数据缺失导致的收入损失。

信息市场价值法的计算公式如下：

$$MVI = \frac{Exclusive\ Price \times Number\ of\ Partners}{Premium}$$

其中，Exclusive Price代表独家价格，Number of Partners代表合作伙伴数，Premium代表溢价系数。

信息经济价值法的计算公式如下：

$$EVI = [Revenue_i - Revenue_c - (AcqExp + AdmExp + AppExp)] \times T/t$$

其中，$Revenue_i$代表运用信息资产创造的收入，$Revenue_c$代表未使用信息资产创造的收入，AcqExp代表数据获取成本，AdmExp代表数据管理成本，AppExp代表数据使用成本，T代表数据的平均可使用寿命期，t代表信息经济价值实验期或测算期。

Gartner公司提出的估值法，不受财务报告概念框架计量基础僵硬规定的约束，更多地考虑了信息资源的特性［如定律（四）、定律（五）和定律（六）］，更加契合信息资源的计量。但由于超越了概念框架限定的计量基础，计量结果能否用于信息资源的确认和计量尚不得而知。我们认为，财务报告概念框架规定的计量基础有必要因应信息技术进步和商业模式创新，与时俱进、加以拓展，以适应新经济新业态企业的计量需求。

本节的分析表明，进入新经济时代，信息资源的重要性与日俱增，已成为新经济新业态企业创造价值的核心资产。对信息资源进行确认和计量，有助于提高会计信息的相关性。另外，信息资源具有许多不同于常规资产的特性，其确认和计量存在诸多特殊问题，尚需在理论层面和操作层面取得突破、加以破解。跨界思维、多学科交叉，或许是破解之道。会计界有必要与信息技术界通力合作，寻找出契合信息资源特性的确认和计量、理论和方法。

第三节　智慧资本的计量与披露

进入新经济时代，价值创造的驱动因素发生重大变化，智慧资本超越土地、劳动力和资本等生产要素，成为企业创造价值的最重要驱动因素。遗憾的是，价值创造的重大环境变迁迄今尚未传导至会计界，智慧资本依然没有受到会计界应有的重视，财务报告也难寻其踪影。会计界对智慧资本缺乏足够的关注，加剧了会计信息相关性的恶化，有可能导致资源错配。为了扭转这种局面，有必要对智慧资本的确认、计量和报告进行探索，寻求破解之道，提出解决方案。

一、智慧资本的计量方法

智慧资本的计量充满挑战性。一是因为现有的会计准则大多是在工业经济时代制定的，主要针对存货、机器设备等有形资产和应收款项、股权和债权投资等金融资产，对智慧资本等无形资产的重视不够。二是很多智慧资本（如客户忠诚度和经营理念）的未来经济利益存在重大不确定性且难以量化。三是很多智慧资本（如创新精神和团队合作）嵌入在企业组织之中，难以单独分离且缺乏活跃的二级交易，难以通过市场交易对其价值进行独立验证。四是智慧资本的计量涉及两个不同维度：无形资源与无形活动。无形资源如工作能力（人力资本的构成要素之一）、知识产权（结构资本的构成要素之一）、客户忠诚度和满意度（关系资本的构成要素之一）具有静态的特征，可按一定时期进行计量，而无形活动（即企业采取活动以从内部创造无形资源，或采取活动以维持和改进现有无形资源）则是具有持续进行且不容易界定产出的动态特征，难以追踪和计量（CIMA，2005）。五是智慧资本通常难以单独创造未来经济利益，人力资本、结构资本和关系资本只有组合在一起、相互作用，才能为企业创造现金流量，这种综合性和依存性无疑增大了计量难度。六是价值创造是企业将有形资产（存货、固定资产等）、财务资本（股东投资、举债融资等）与智慧资本组合运用的结果，要精确量化这三种资本对价值创造的具体贡献困难重重。

值得庆幸的是，智慧资本的计量挑战反而激发了学术界和实务界的研究兴趣，形成了众多充满思想火花的计量方法和主张。纵观学术文献，智慧资本的计量方法可分为四类：基于股票市值的倒轧法、基于超额收益的折现法、基于权变选择的估值法、基于构成要素的评价法。

（一）基于股票市值的倒轧法

这种方法利用股票市值与账面价值或重置成本之间的差异，倒轧推算出企业隐含的智慧资本，最具代表性的包括市净率法和托宾 q 法。

市净率法认为股票市值由净资产账面价值和智慧资本所组成，股票市值与净资产账面价值之间的差额，代表上市公司隐含的智慧资本总额，如图 5 -9 所示。

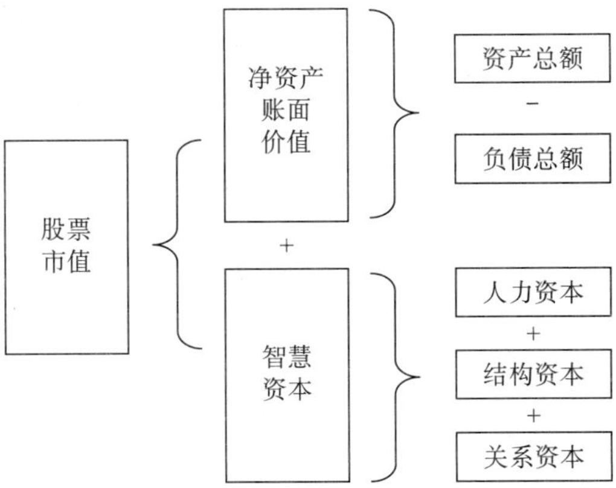

图 5 -9 股票市值、账面净值与智慧资本之间的关系

以阿里巴巴为例，2019 年 12 月 31 日其股票市值折合为人民币高达 39555 亿元，但其净资产账面价值只有 8871 亿元，说明阿里巴巴隐含的未在财务报表确认但被资本市场所承认的智慧资本价值高达 30684 亿元。以股票市值与账面净值之间的差额推算上市公司蕴含的智慧资本，这种计量方法成立的前置条件包括：资本市场有效且投资者是理性的，不存在“反智行为”的现象；会计系统有效，不存在该确认而未确认的资产和负债，且确认的资产和负债的账面价值与公允价值不存在重大差异。如果这两个前置条件成立，则股票市值与账面净值之间的差异，代表投资者为上市公司没有在财务报表上反映的智慧资本而额外付出的溢价。遗憾的是，市净率法虽然简单，却也粗暴。有效的资本市场和有效的会计系统在现实中都不存在，按市净率法倒算出来的智慧资本必然高估或低估上市公司的智慧资本，甚至得出匪夷所思的结果。以工商银行为例，其 2019 年 12 月 31 日的股票市值只有 20956 亿元，但其净资产账面价值却高达 26706 亿元，按市净率法计算的工商银行的智慧资本为 -5750 亿元，难道工商银行历年积累的人力资本、关系资本和结构资本一文不值？

托宾 q（Tobin's q）是诺贝尔经济学奖获得者 James Tobin 在 1969 年提出的，计算公式如下：

$$q=\frac{\text{公司市场价值}}{\text{资产重置成本}}=\frac{\text{权益市场价值}+\text{负债市场价值}}{\text{净资产重置成本}+\text{负债重置成本}}$$

由于负债的市场价值通常与其重置成本差别不大，因此，托宾 q 可简化为：

$$q=\frac{\text{权益市场价值}}{\text{净资产重置成本}}$$

尽管托宾 q 不是为了计量智慧资本而提出的，但学术界认为，托宾 q 的原理也可用来解释和计量智慧资本。当 q 大于 1 时，说明投资者愿意付出高于资产重置成本的价格购买此类上市公司的股票，表明从投资在上市公司的股票中可以获取递增的资本回报，而递增的资本回报显然离不开智慧资本的作用。按照这种逻辑推理，智慧资本等于权益市场价值（即股票市值）减去净资产重置成本。

按托宾 q 法和按市净率法计量智慧资本，背后隐含着极其相似的逻辑推理，差别在于托宾 q 法解决了净资产账面价值与市场价值之间的差异，避免将历史成本会计导致的计量误差归入智慧资本。除此之外，市净率法所存在的缺陷，托宾 q 法同样存在。

（二）基于超额收益的折现法

资产的价值由其未来的经济利益所决定。这里的经济利益，既要考虑资产可望创造的收益或现金流量，也要考虑货币时间价值，换言之，资产的价值等于其可望创造的收益或现金流量的折现值。经济学的资产价值理论，深刻影响了会计界对资产和负债的计量，智慧资本的计量也不例外。但由于难以单独创造收益或现金流量，智慧资本往往通过替代法，采用超额收益折现法进行计量。"推算的无形价值"（Calculated Intangible Value，CIV）就是采用经济学价值原理计量智慧资本的一种常用方法。

CIV 是美国西北大学 Kellogg 商学院附属机构 NCI 研究中心率先提出的，其核心思想是：资本市场对上市公司的估值，不仅在乎有形资产的价值，而且看重智慧资本等无形资源的价值，特别是那些能够比竞争对手创造更高资产回报的无形资源价值。因此，CIV 等于上市公司比拥有类似有形资产的竞争对手创造更多资产回报的折现值。

CIV 的计算包括 4 个步骤：（1）计算企业过去 3—5 年平均的税后资产回报率（ROA）；（2）计算企业平均税后 ROA 与同行业同期平均税后 ROA 之间的差异，若差异率为负数，说明不存在 CIV，计算过程到此终止；（3）将平均税后 ROA 差异率乘以企业未来有形资产的平均余额，得出有形资产的超额收益；（4）选取合适的折现率（通常为企业的资本成本）将步骤 3 的超额收益折现，计算出的 CIV 即可作为智慧资本的替代，其经济含义为：企业将智慧资本等无形资源作用于有形资产而形成的超额收益折现值。

与基于市净率和托宾 q 的原理推算出的智慧资本相比，CIV 具有五个显而易见的优点：一是具有动态性，克服了市净率法和托宾 q 法的静态性；二是以差额收益为基础，既与价值创造直接关联，也避免了股票市值所固有的非理性因素的影响；三是运用范围更广，非上市公司也可以运用，而市净率法和托宾 q 法只能用于上市公司；四是增加了同行业不同企业之间的可比性，便于投资者进行横向对比；五是具有纵向可比性，企业可以通过不同时期 CIV 的变动，发现智慧资本管理方面的问题。另外，CIV 也存在不足之处：一是计算结果未能细化至智慧资本的各个具体构成要素；二是未能揭示智慧资本以何种方式为企业的价值创造作出贡献；三是没有将投入要素与智慧资本有机联系在一起；四是忽略了企业运用智慧资本存在高度选择权的价值。

值得说明的是，将 CIV 与按市净率法和托宾 q 法倒轧出的智慧资本结合运用，还可为投资者判断上市公司的股票是否被低估，如果后者持续下降而 VIC 持续上升，可能意味着上市公司的股票被系统性低估，这实际上是在向投资者发出买入信号。

Lev 采用排除法，在 2001 年提出了计量智慧资本的剩余收益模型（Residual Income Model，RIM），其原理与 CIV 十分相似。Lev 首先将企业收益与创造这些收益的资产进行配比，然后将税后收益减去金融资产和有形资产创造的税后收益，得出的差额代表智慧资本创造的税后收益，最后以权益回报与智慧资本的回归分析为基础，选取相应的折现率，将智慧资本创造的税后收益予以资本化，以此作为智慧资本的价值。

（三）基于权变选择的估值法

除了不确定性外，选择权（Option）和灵活性（Flexibility）是智慧资本的显著特征。智慧资本可在一定时期内为企业管理层提供范围广泛的、灵活机动的选择权，使其根据经营环境、技术进步、竞争态势等因素做出把握机遇或规避风险的管理决策。例如，研究开发往往是分阶段进行的，在完成第一阶段的研发投入后，企业管理层可以根据市场需求以及竞争对手推出的新技术、新产品等因素，决定是在后续阶段增加或减少研发投入，还是终止整个研发项目。换言之，研究开发隐含着推迟期权（Deferral Option）、放弃期权（Abandonment Option）、增长期权（Growth Option）。同样地，在对人力资源、专利技术、客户关系、品牌广告、信息系统等智慧资本进行投资时，企业的管理层也存在着很大的自由裁量权，隐含着推迟、提前、放弃、增加、减少或转换等期权。对研究开发、品牌形象、客户关系、人力资源等智慧资本进行投资，通常不会立即给企业带来回报，会计上一般作费用化处理，但企业管理层作出这些带有探索性和投机性的投资，是期望这些投资能够带来新的增长机会和确立独特的竞争优势，或者赋予企业改变现有资源用途的选择权和灵活性。

从实物期权①（Real Option）的角度看，这种选择权和灵活性本身就颇具价值，在估值时必须予以考虑。基于智慧资本的期权属性，Sudarasanam et al.（2003）认为，可以采用“布莱克—斯克尔斯期权定价模型”（Black - Scholes Option Pricing Model，BSOPM）对智慧资本进行估值。

$$C = SN(d_1) - Ee^{-rt}N(d_2) \tag{1}$$

其中，C = 买入期权价值，$d_1 = [\ln(SE) + (r + 1/2\sigma^2)t]\sqrt{\sigma^2 t}$，$d_2 = d_1 - \sqrt{\sigma^2}$，$S$ = 基础资产价值，E = 行权价格，r = 无风险报酬率，σ^2 = 年化的方差，t = 期权到期时间。

① 实物期权是指企业在进行有形投资和无形投资（如对智慧资本的投资）决策时，能够根据当时的不确定性因素选择采取利益最大化行动（如立即投资、推迟投资或终止投资）的权利。实物期权的概念由 Stewart Mayers 在 1977 年提出，他认为，一个投资项目创造的利润，源自对目前所拥有资产的使用及其对未来投资机会的选择之和（黄世忠，2018）。

由于e^{-rt}代表按无风险折现率将行权价格折现为现值，公式（1）也可简化表述为：

$$C = SN(d_1) - E_{PV}N(d_2) \tag{2}$$

其中，$N(d_1)$和$N(d_2)$代表概率分布，可通过概率分布表查得。公式（2）的经济含义是：买入期权的价值等于按概率分布计算的基础资产价值减去按概率分布和无风险报酬率折现的行权价格现值后的余额。

Sudarasanam 等指出，将 BSOPM 用于智慧资本等实物期权估值时，关键变量可表述为：

C = 第一阶段投资；

S = 第二阶段投资的现值；

t = 实施或推迟第二阶段投资的时间；

X = 第二阶段投资成本的现值；

D = 实施或推迟第二阶段投资的预计成本；

σ = 第二阶段投资现值的波动性。

Sudarasanam 等还以生物医药公司的并购为例，说明如何利用 BSOPM 对具有期权属性的专利权进行估值，论证了以 BSOPM 为基础并适当修正的实物期权估值模型，对专利权进行估值是可行的，有助于企业更有效地管理和利用专利权的等智慧资本。

实物期权除了用于专利权的估值外，还广泛运用于研究开发、知识产权和人力资源等领域的价值评估，其中在研究开发估值领域的运用最为广泛。用于研究开发的实物期权估值模型包括二叉树法、三叉树法、N 叉树法、Geske 复合期权法等。研究开发这种独特的智慧资本，具有不确定性、不可逆性、分阶段性和管理灵活性等特点，采用传统的成本法、净现值法难以反映研究开发所蕴含的推迟、提前、放弃、增加、减少或转换等期权价值，唯有通过实物期权模型，才能有效捕捉研究开发的期权价值。

当然，通过实物期权对智慧资本进行估值也存在三个不足之处：一是实物期权以金融期权的理论方法为基础，金融期权估值模型背后隐含的假设不一定适合于具有实物期权属性的智慧资本；二是估值模型的运用涉及大量难以验证的估计和判断，存在着被操纵的可能性；三是波动性难以估计和获取，因为与智慧资本、投资机会相关的期权没有在市场上交易。

（四）基于构成要素的评价法

与上述三种方法对智慧资本进行总体的间接计量不同，基于构成要素的评价法侧重于对智慧资本的具体构成要素进行直接评价，以便企业对这些具体构成要素进行更具针对性的管理和改进。基于构成要素的评价法，不拘泥于高深莫测的经济学理论或其他烦琐复杂的估值理论，而是注重实用主义，从丰富的管理实践中凝练、总结出智慧资本具体构成要素的关键评价指标，主张评价指标不应千篇一律，而应契合不同行业和企业的特点和实际，做到定量和定性评价相结合。

综合 Stewart（1998），Lev（2000），Upton（2001），Demediuk（2002），CIMA（2005），Sundar and Krmpotic（2009），Minovski and Jacevska（2018）等文献资料，智慧资本构成要素的具体评价指标概述如下：

1. 人力资本的评价指标。人力资本的常见评价指标可分为两类：一是人力资本投入、维护和提升的评价指标，如人均招聘/培训/开发费用、员工教育程度、拥有专业职称的员工比例、人均薪酬福利待遇、员工满意度、敬业忠诚度、员工离职率、企业文化宣传支出、团队合作精神、经验和知识分享等；二是人力资本创新、创造的评价指标，如来自专利、商标和授权的销售收入比例、新产品销售占销售收入总额的比例、新产品的销售毛利、人均销售收入等。

2. 结构资本的评价指标。常见的结构资本评价指标可大致分为四类：一是规章制度建设，如内部控制、激励机制、风险防控、绩效评价等方面的制度建设以及为此投入的人力资源和财务资源；二是信息系统建设，如信息系统投入及其占销售收入比例、网上审批和远程办公普及程度、信息系统更新频率、数据库建设支出、数据共享程度；三是组织活力氛围，如员工提出的批评意见书和改进建议数、管理层对意见和建议的反馈处理数、部门之间的协作精神、市场应变能力、危机处理能力等；四是开拓创新能力，如新增客户数、拥有的专利、商标和特许经营权数量、研究开发投入总量及其占销售收入比例。

3. 关系资本的评价指标。关系资本的评价指标通常包括四类：一是客户关系评价指标，如市场占有率、品牌价值、客服满意度、老客户收入比、新客户开拓数、客户订单数、客户退货率、单一客户购买量、广告促销支出总额及其占销售收入比例等；二是供应商关系评价指标，如供货及时性、采购折扣率、与质量和品种相关的退货率、供应商回访率等；三是网络关系评价指标，如研发联盟、营销联盟、采购联盟等的运用程度；四是社会关系资本，如金融机构和资本市场提供的融资便利和融资成本、监管部门处罚数、消费者和环保主义者投诉等。

上述评价指标不可能穷尽管理实践对智慧资本的全部评价方法，庆幸的是，按构成要素评价智慧资本不需要面面俱到，只需要结合企业所处行业、竞争态势、管理理念、科技含量等因素，选择一些关键指标，构建评价体系。基于构成要素的评价法尽管直截了当、简单明确，但也存在明显的不足，主要是评价指标因企业而异，企业之间缺乏可比性，降低了横向对比价值。此外，定性与定量相结合的评价体系，难免带着孰重孰轻的主观判断色彩。

二、智慧资本的披露框架

确认和计量不是万能的，有时甚至困难重重，此时，信息披露就成了唯一的选择。尽管表外披露不能替代表内确认，但可绕过表内确认的计量问题，不失为权宜之计。进入新经济时代，在定期财务报告之外，强化表外的信息披露，对于投资者及时作出决策意义重大。必须说明的是，这种性质的信息披露，不一定拘泥于形式，也不一定与定期报告一起披露，宜早不宜迟。此外，这类信息披露应当是自愿性披露，而非强制披露。最后，这类信息无须审计，且应当赋予管理层免责权利，使其免于诉讼。表外披露重在揭示对新经济企业至关重要，但又难以量化的价值动因，在很多情况下是确认和计量难以替代的，不仅具有确认和计量不可比拟的时效性，而且还可以绕过会计准则对确认和计量的种种限制。在当前阶段，表外披露可能是揭示智慧资本价值比较现实的做法。

从所有权和控制权的角度看，智慧资本具有多元、共享的显著特点。人力资本是企业和雇员共同拥有的，企业虽然可以通过竞争性限制条款的雇用合同对人力资本进行一定程度的控制，但在自由雇用的环境下，这种控制力形式大于实质。关系资本是企业与客户、供应商等利益攸关者共同拥有的，企业只能维护关系资本，难以加以控制。只有结构资本才是企业可以直接拥有或控制的，但知识产权类的结构资本，往往存在法定保护不力、技术迭代风险等因素，因而具有不确定性。基础设施资产类结构资本，易受管理风格变化、组织架构调整、收购兼并整合等不确定性因素的影响。基于智慧资本的这些特点，加上在计量上固有的重大不确定性，我们认为，除非对财务报告概念框架（特别是报表要素定义）进行重大修改，并大幅提高智慧资本的计量可靠性，否则，对智慧资本进行会计确认不太现实。

既然短期内对智慧资本进行会计确认不具现实可行性，鼓励企业在财务报表之外（如管理层讨论与分析），以定量和定性相结合的方式进行结构性披露便成为一个重要选项。在构建智慧资本的披露框架时，可供参考借鉴的代表性做法包括平衡计分卡、价值创造图、价值链计分板、无形资产监控表、Skandia 导航图、智慧资本雷达图、无形资产报告框架、战略资源与效果报告等。

（一）平衡计分卡（Balanced Scordcard）

1992 年，Kaplan 和 Norton 在《哈佛商业评论》上发表了影响深远的力作《平衡计分卡——驱动业绩的计量》，文中列举了一家化名为“ECI”的半导体公司的平衡计分卡（如图 5－10 所示），其初衷是作为一种管理报告工具，并未涉及智慧资本的披露问题，但对于技术密集型企业以结构性方式披露智慧资本，颇具借鉴意义，值得推广运用。当然，四维度的平衡计分卡作为一种绩效管理理念和实用工具已经深入人心，颇受企业管理层和投资者青睐，监管部门和准则制定机构只要因势利导，就会有越来越多的企业结合行业特点和管理实践，采用平衡计分卡的原理披露其智慧资本。

财务维度	
目标	计量指标
生存	现金流量
成功	各条线的季度销售收入和经营收益
繁荣	提升市场占有率和净资产收益率

客户维度	
目标	计量指标
新产品	新产品收入占比、专有产品占比
灵敏供应	及时发货（由客户确定）
首选供应商	关键客户的采购占比
客户合作关系	合作性联合行动数量

内部业务流程维度	
目标	计量指标
技术能力	制造几何学与竞争能力
卓越制造	生产周期；单位成本收益率
设计效率	硅片效率、工程效率
引进新产品	实际引进；进度表与计划方案

创新与学习维度	
目标	计量指标
技术引领	开发下一代产品所需时间
.制造学习	达到成熟量产所需处理时间
产品侧重	占80%销售收入的产品数量
上市时间	新产品引进与竞争性

图 5－10　ECI 平衡计分卡

资料来源：Kaplan and Norton（1992）。

（二）价值创造图（Value Creation Map）

价值创造图旨在为企业辨认和计量知识资产及其对价值创造的贡献。知识资产被定义为利益攸关者资源（Stakeholder Resources）与结构资源（Structural Resources）之和，前者包括利益攸关者关系和人力资源，后者包括有形基础设施和无形基础设施。利益攸关者关系由企业与金融机构、供应商、客户、经销商等外部利益方建立的各种关系所组成，人力资源由企业管理团队、技术人员和员工拥有的知识、能力和经验所组成。有形基础设施包括企业的存货、固定资产等实物资产，无形基础设施包括企业文化、例行程序和管理惯例以及知识产权等。价值创造图的核心要义是：价值创造是人力资源作用于利益攸关者关系和结构资源而产生的经济增值行为。图 5－11 列示了人力资源在价值创造中的核心地位及其与智慧资本其他要素之间的关系。

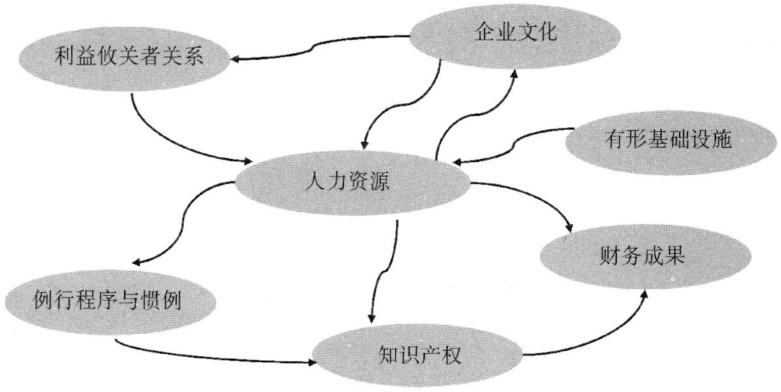

图 5－11 价值创造图

资料来源：CIMA（2005）。

（三）价值链计分板（Value Chain Scoreboard）

在布鲁金斯协会（Brookings Institute）2001 年发布的《无形资产：管理、计量和报告》中，主笔人纽约大学的 Lev 教授提出了著名的价值链计分板理念。价值计分板（如图 5－12 所示）综合运用财务指标与非财务指标，并将它们有机嵌入驱动价值创造的创新过程（学习/发现—付诸实施—商业化运用）中，旨在以结构性的方式向资本市场传递企业如何将创新转化为股东价值的信息。

Lev 在该报告中还指出，FASB 虽然承认智慧资本在价值创造中的重要作用，但考虑到智慧资本等无形资产的独特性，最终还是将很多无形资产排除在会计确认之外。这些独特性包括：排他性（Excludability）不明显，难以阻止他人对无形资产的接触和使用，这是因为无形资产的知识产权不明确或受限造成的外溢效应；非竞争性（Non－rivalry），存在多方同时接触和使用无形资产的可能性；非交易性（Non－tradability），无形资产缺少交易市场、退出战略有限、沉落成本高昂、难以套期避险；高风险性（Risks），不能应对变化、声誉减损、高不确定性而存在的潜在价值损失；可拓展性（Scalability），不需要增加相应成本而大幅增加数量和质量的可能性，如软件的可复制性；普遍性（Pervasiveness），企业信誉和品牌等无形资产存在自然传播的可能性，如网络效应（Network Effects）。在披露智慧资本时，企业有必要说明这类无形资产的独特性，以免对投资者产生误导。

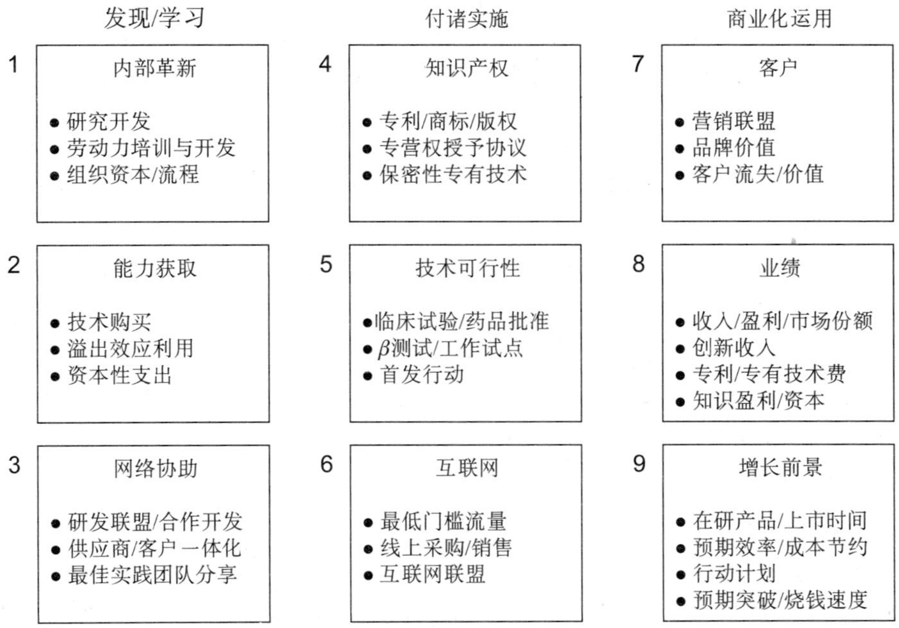

图 5－12 价值链计分板

资料来源：Lev（2001）。

（四）无形资产监控表（Intangible Assets Monitor）

瑞典的管理咨询师 Karl－Erik Sveiby 在 1999 年提出了无形资产监控表，对于智慧资本的结构性披露同样具有启发意义，有助于投资者了解企业的管理层是否对智慧资本进行了持续监控和改进。无形资产监控表将评价指标体系分成三组，每一组评价指标分别再细分为三类指标，如表 5－1 所示。

表 5－1　　无形资产监控表

外部结构评价指标	内部结构评价指标	工作能力评价指标
增长/革新指标 单位客户盈利能力 有机增长 印象提升带来的客户	增长/革新指标 信息技术投资 结构优化带来的客户	增长/革新指标 专业年限 教育水平 教育培训成本 评价打分 工作能力提升带来的客户
效率指标 客户满意度指数 单位客户销售金额 客户获取/客户流失指数	效率指标 后台支持员工占比 价值/态度指数	效率指标 专业人员占比 影响效应 员工人均增值额 专业人士人均增值额 员工人均利润 专业人士人均利润

续表

外部结构评价指标	内部结构评价指标	工作能力评价指标
稳定性指标	稳定性指标	稳定性指标
大客户占比	组织历史	专业人士离职率
客户年份结构	后台支持员工离职率	相对薪酬水平
铁杆客户比例	新手比例	年资（员工年龄中位数）
重复下单频率	年资（员工年龄中位数）	

资料来源：转引自 Upton（2001）。

（五）Skandia 导航图（Skandia Navigator）

瑞典保险公司 Skandia 是智慧资本管理的先驱者，该公司 20 世纪 90 年代末期倡导的 Skandia 导航图风靡世界，在智慧资本研究文献中成为十分热门的引用术语。Skandia 导航图的灵魂人物是该公司的高级副总裁兼智慧资本总监 Lief Edvinsson，他在与 Michael S. Malone 合著的《智慧资本：发现隐藏智力实现公司真实价值》一书中，提出了脍炙人口的由财务重心（Financial Focus）、客户重心（Customer Focus）、流程重心（Process Focus）、人力重心（Human Focus）、革新和发展重心（Renewal and Development Focus）所组成的 Skandia 导航图（如图 5 - 13 所示）。他们认为，Skandia 导航图就像一栋“房子”，财务重心是“屋顶”，客户重心和流程重心是“墙壁”，人力重心是“房屋”中的“灵魂”，更新和发展重心是“地基”。

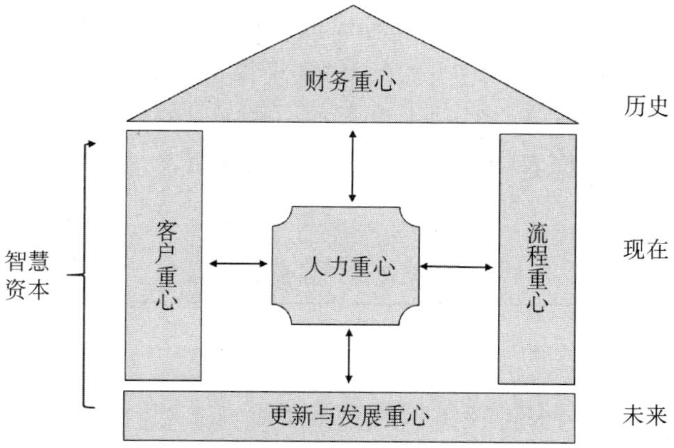

图 5 - 13　智慧资本导航图

资料来源：Edvinsson and Malone（1997）。

图 5 - 13 中的财务重心主要以货币化计量，如净资产收益率、毛利率、营业收入、税后利润、经济增加值等。客户重心同时运用财务和非财务指标，评估客户资本对组织的价值。流程重心侧重于评估组织内部对信息等技术的有效运用，以提高质量管理和产品质量，评估时也应用了信息系统建设支出等财务指标。更新和发展重心聚焦于对组织创新能力的评估，包括研究开发投入强度、源自专利技术的收入比例等。人力重心居于核心地位，是统驭其他四个重心的关键，侧重于评估人力资源的开发投入及其效果。

（六）智慧资本雷达图（Intellectual Capital Radar）

Stewart（1998）认为，智慧资本的计量，关键不在于多而散，而在于少而精，宜粗不宜细，否则将导致企业管理层的注意力失焦，并给投资者带来困惑。为此，他以市净率作为总体计量指标，并从人力资本、结构资本和客户资本三个维度各精选三个计量指标（其中人力资本计量指标包括知识雇员离职率、新产品占收入比例、雇员态度，结构资本计量指标包括数据库预计重置成本、运营资本周转率、销售和管理费用占收入比例，客户资本计量指标包括客户满意度、品牌价值和客户保有率），构建了智慧资本雷达图（如图 5－14 所示，图中刻度代表各个计量指标所处方位），便于企业管理层和投资者以更加直观的方式了解智慧资本的现状及其变动轨迹。

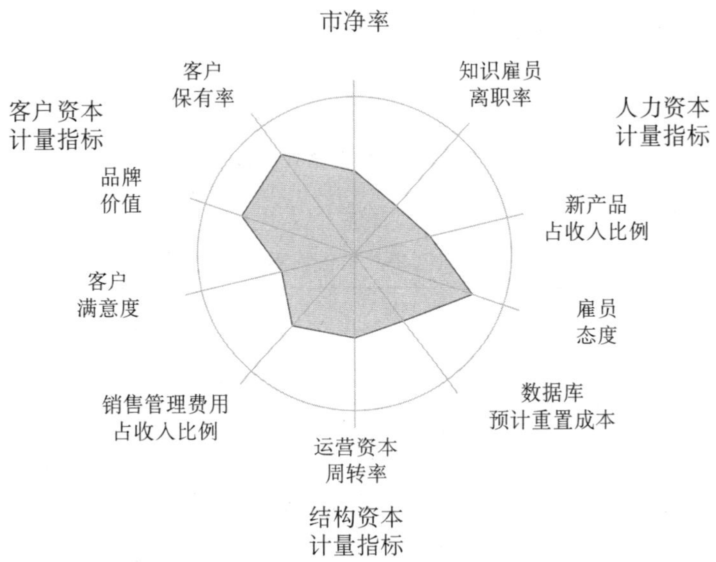

图 5－14　智慧资本雷达图

资料来源：Stewart（1998）。

（七）无形资源报告框架（Intangibles Reporting Framework）

2016 年 WICI 发布的《无形资产报告框架》被 EFRAG 誉为迄今最具权威的智慧资本披露框架。该报告框架旨在规范对企业创造价值过程至关重要的无形资源报告的原则、内容和结构以及与利益攸关者的沟通。在该报告框架中，WICI 对无形资源和智慧资本作了严格界定，论证了人力资本、结构资本和关系资本之间的相互作用和关系。无形资源被定义为非实物资源，它们单独或与有形资产和其他无形资产一起，能够为组织短期、中期和长期的价值创造产生积极或消极影响。从其论述中可以看出，WICI 所界定的无形资源，相当于智慧资本。WICI 提出的无形资产报告框架部分借鉴了整合报告①（Integrated Reporting）和可持续发展报告（Sustainability Reporting）的理念，其对无形资源的报告框架如图 5－15 所示。

WICI 主张以叙述性信息与定量化信息（如关键业绩指标，即 KPI）相结合的方式，围绕价值创造机制（Value Creation Mechanism），向利益攸关者披露智慧资本等无形资源及其

① 国际整合报告理事会（IIRC）发布的整合报告将企业用于价值创造的投入资本分为六类：财务资本、制造资本、智慧资本、人力资本、社会及关系资本和自然资本，其中的智慧资本、人力资本、社会及关系资本与 WICI 的组织（结构）资本、人力资本和关系资本相对应。

与价值创造的关系。在框架结构上，WICI 建议将无形资源报告分为三部分：公司的业务和价值创造概述；过去到现在的无形资源和价值创造；现在到将来的无形资源和价值创造，WICI 还就无形资源报告的构成部分、典型要素和示范性 KPI 提供了指引，如表 5－2 所示。

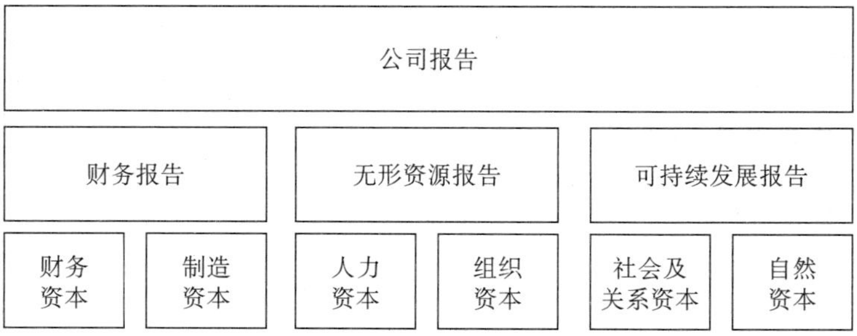

图 5－15　无形资源报告框架

资料来源：WICI（2016）。

表 5－2　无形资源报告指引

构成部分	典型要素	示范性 KPI
第一部分 公司的业务和价值创造概述	（一）业务和管理理念概述 1. 管理理念概述： （1）指导组织业务管理的理念和政策 （2）过去业务发展是否反映管理理念 （3）管理层向谁、在多大程度上、以什么方式传导管理理念 2. 业务概述： （1）主要业务领域和目标客户 （2）基本销售结构（B2B 或 B2C） （3）市场规模、主要竞争对手、公司在行业、地区和全国的地位	1. 管理原则的内部渗透程度 2. 主要业务条线的经营利润率 3. 提供相同产品或服务的竞争对手数量
第二部分 从过去到现在的无形资源和价值创造	（一）战略 1. 产品或服务、技术领域、客户和市场的选择和集中度 2. 投资或研发领域的选择 3. 战略实施特定举措 （二）商业/业务模式 1. 公司如何将其业务、产品或服务与其他公司差异化 2. 产品或服务的系列安排 （三）作为战略资源的无形资源 1. 与供应商或客户的有利谈判能力 2. 主要产品或服务的高质量 3. 与主要利益攸关者（如金融机构和社区）的相互信任程度 4. 人力、技术和创新等组织能力和效果 （四）当前业绩 1. 地理和业务分部的财务业绩如收入、成本、利润和现金流量等 2. 重要利益攸关者如何对公司进行评价	1. 专门产品销售占销售总额比例 2. 退出不盈利业务的灵活度 3. 研发集中度 1. 研发支出占营业收入比例 2. 人力资源开发人均支出 3. 新产品比率 1. 相对于购货成本的价格弹性 2. 产品召回数 3. 客户单位售价变动 4. 信贷信心水平 5. 建议数及已实施改进建议数 6. 拥有的知识产权数及其引用 1. 客户满意度 2. 纳入社会责任指数基金情况 3. 公司形象 4. 信用等级

续表

构成部分	典型要素	示范性 KPI
第三部分 从现在到将来的无形资源和价值创造	（一）在营商环境变化中运用的战略与无形资源 1. 识别可能影响价值创造的机遇与挑战等环境变动的程序 2. 公司针对营商环境变化采取的战略 3. 实施上述战略的投资、行动方案和关键无形资源 4. 创造或获取无形资源以提升公司力量或弥补短板的举措 （二）风险识别与保持和改进无形资源的行动 1. 可能影响公司力量或未来业绩的关键风险因素 2. 应对风险或把握机遇运用的可持续关键无形资源 3. 风险管理程序和支持性治理结构 （三）未来目标和业务可持续性 1. 财务目标如收入、成本、利润和现金流量 2. 管理目标如净资产收益率、总资产收益率、股东回报率 3. 客户满意目标、员工满意目标、资本成本目标 4. 与社会共存的前景	1. 研究成本外包比率 2. 员工平均年龄 3. 员工满意度 4. 受专利权保护的新产品数量 5. 具有经济意义剩余期限的专利数 1. 未决诉讼涉及的赔偿金额 2. 风险分散 3. 成为被收购对象的风险 4. 离职率 5. 员工满意度 1. 财务和管理目标列示的指标 2. 客户和员工满意列示的指标 3. 采用的社会责任指数基金 4. 信用等级 5. 新产品比率和新产品收入 6. 单位客户盈利变动数

资料来源：根据 WICI（2016）报告整理而成。

（八）战略性资源与效果报告（Strategic Resources & Consequences Reports）

列夫和谷丰（2016）将新经济企业的价值创造驱动因素归纳为资源开发、战略性资源占有、资源维护、资源配置和价值创造等五个方面，并以定量分析与定性分析相结合的方式，提出了战略性资源与效果报告，极具推广运用价值。战略性资源与效果报告的五大要素，本质上都与智慧资本的人力资本、结构资本和关系资本密切相关。图 5－16 列示了新经济代表性行业——媒体与娱乐业的战略性资源与效果报告。

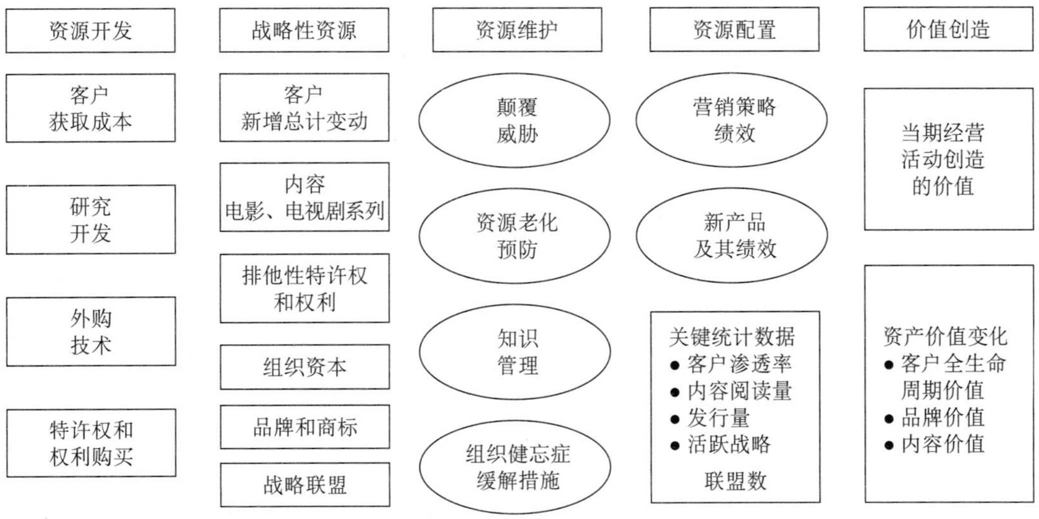

图 5－16　媒体与娱乐业的战略性资源与效果报告

资料来源：列夫、谷丰．会计的没落与复兴。

图 5 - 16 中方框内为定量信息，椭圆框内为定性信息，当期经营活动创造的价值 = 经营活动产生的现金净流量 + 费用化的投资支出 - 资本性支出 - 权益资本成本。

必须指出，由于资本市场监管者和会计准则制定机构均十分强调会计信息在资源配置中的引导作用，可比性自然成为重要的考虑因素，因此，强制性会计信息披露不论在内容和格式上都受到严格规范。与此不同，智慧资本尚未受到监管部门和准则制定部门应有的关注和重视，因此，仍处于自愿性披露阶段。辩证地看，缺乏统一的披露规范也不见得是坏事，在一定程度上促成了百花齐放、百家争鸣的生动局面。这种局面固然造成可比性的缺失，却换来了针对性的提高。在新经济时代，监管部门和准则制定部门应当顺应潮流，在智慧资本披露方面赋予企业更大的自由裁量权，鼓励更多企业自愿披露智慧资本及其对价值创造和竞争优势的贡献。唯有如此，会计信息的强制披露与智慧资本的自愿披露才能相互补充、相得益彰，共同为投资者、债权人和其他利益攸关者提供更相关的决策信息和受托责任评价信息，推动财务会计与时俱进迈入新经济时代。

最后必须说明的是，会计改革不可能一蹴而就，也不应操之过急。上述关于确认、计量和披露规则的改进都是探索性的，其效果和可操作性有待时间的检验，需要从成本效益的角度审慎评估。鉴于新经济时代确认、计量和披露方面存在着诸多不确定性，同时为了防止管理层操纵盈余，最好是在保持现行会计体系和会计规则的基础上，鼓励新经济企业以辅助报表和自愿披露的方式，对有助于其维持核心竞争力和创造价值的所有要素尽可能予以确认、计量和披露。由于这套会计信息和辅助披露并不纳入现行的会计体系，不会“污染”已有报表体系，既能发挥会计信息的决策功能，又可保持会计信息的经济利益分配功能，可谓取其利、去其害。

第三部分

商业模式会计问题研究

第六章　商业模式与企业理论和计量基础的关联

任何在财务报表中确认的要素均须以货币单位计量，这首先便涉及计量基础的选择。会计计量基础能够为被计量项目打上鲜明的烙印——对某一项资产或负债应用一种计量基础，就是对这项资产或负债及其相关联的损益创造了一种计量标准，因此，计量基础的选择至关重要。现行的财务报告概念框架认为，选择计量基础应权衡考量两大因素：一是有用会计信息的质量特征；二是成本效益原则。但一项资产负债是如何在权衡考量两大因素的基础上采用一种计量基础而非另一种，概念框架和相关的具体会计准则并没有作说明，这让计量基础的选择更像是一个“黑箱”，欠缺“说法”。

本章运用经济理论中的企业理论讨论历史成本、重置成本和公允价值三种常见的会计计量基础。由于企业的内部行为和市场交易的具体内容均是由其商业模式决定的，即商业模式在企业理论与其在财务报告计量问题的潜在应用之间提供了一种联系，因此，我们的分析是基于商业模式的。本章的目标不是回顾不同计量基础的利弊，而是考察各种计量基础在多大程度上是与企业理论相一致的。在此基础上，我们还尝试给出计量基础的选择思路（可选基础法），有逻辑地解释在什么情况下一种计量基础比另一种更有用。本章的研究旨在帮助会计准则制定机构和企业以企业理论视角看待计量基础的选择，为准则制定机构在会计准则制定层面、企业在会计准则执行层面进行会计政策选择提供有价值的洞见。

第一节　企业理论对计量基础选择的启发

本节按经典企业理论文献的时间顺序，梳理其中对会计计量基础的选择和应用有启发意义的观点并加以总结。

一、不确定性与公允价值的估值维度

Frank Knight（1921）在《风险、不确定性和利润》一书中指出，在不确定的环境中，企业家总是认为自己比市场更聪明。企业家坚信，他们能使生产性服务的收益高于其他人认为的他们所能创造的收益，并将这种信念付诸执行。但如果市场与企业家的期望一致，要素价格将会被抬高到某个点，在这个点上，预期收益将下降到资本的市场回报率水平。

上述观点意味着，企业对资产负债价值创造的预期总是倾向于超过要素市场的预期，这对我们认知公允价值的估值维度有着重要意义。在实务中，公允价值有时被视为市场反映企业资产负债现行价值的一种方式，有时又被视为企业在财务报告中反映资产负债现行市场价

格的一种方法，而依据 Frank Knight（1921）的观点，这两个维度的估值结果不可能相同。

二、资产类型与市场价格的可获取性

现代经济学在解释企业的范围时从一个假设开始，即企业和市场在某种意义上是可以相互替代的。Ronald Coase（1937）对企业选择不参与市场交易的原因的解释中最核心的观点是，使用价格机制是有代价的，这种代价被称为交易成本。Coase 认为，交易成本包括三部分："发现相关价格"的成本、"为每笔交易单独订立合同"的成本，以及在长期合同（如劳动合同）的订立中所须发生的成本。企业之所以存在，是因为它们避免了在市场上进行交易的交易成本。Oliver Williamson 在《市场与等级制》（1975）、《资本主义经济制度》（1985）和其他跨越 40 多年的著作中发展了 Coase 的观点。他把企业描述为一种"等级制度"，并认为等级制度和市场是治理的不同形式[①]。Williamson 明确了决定治理形式的三个交易特征：（1）投资（资产）在多大程度上属于特定交易。针对特定交易的投资是与特定交易或特定交易类型相关联的投资。例如，供应商购买模具为某一个客户制造一种特殊的塑料部件，这些模具没有任何其他用途，这就是一项特定交易投资。当一家企业进行特定交易投资时，在某种程度上是十分脆弱的，因为一旦进行了这样的投资，企业配置的资源就无法转移到其他用途。企业会被交易对手捏在手心里，而后者极有可能在价格谈判中利用这一弱点[②]。在这种情况下，如果能将进行特定交易投资的企业和其他契约方的经营活动整合在一家企业内部，从而取代市场，就有望解决上述问题。（2）交易的频率。企业内部的组织成本极高，因此交易的频率，决定了成本可以在多大量的交易中进行分配，也使得在存在特定交易投资的情况下，单家企业内的组织解决方案更有可能被采用。（3）不确定性。如果未来没有任何不确定性，进行特定交易投资的企业将能够在一开始就明确与交易对手们的合同条款。但不确定性经常存在，这使得所有的合同条款不可能被预先拟订。在这种情况下，单个企业内的组织解决方案也更有可能被采用。同时，Williamson 也阐述了企业不能完全取代市场的三个原因：一是当企业通过内部生产商品或提供服务而不是依赖市场时，管理层往往会高估他们处理复杂问题的能力；二是企业往往比市场更宽容（内部行为的）失败，而对（内部行为）成功的回报却比市场少；三是企业内部的决策更倾向于政治化。因此，在市场能够发挥作用的地方，它们通常比企业内部的纵向一体化更可取。"在存在竞争性供给时，内部供给就不是成本最低的方式。"只有在标准化的市场交易存在问题的时候，企业才是一种更优越的治理形式，只不过现实中这种情况是普遍存在的。另外，Williamson 还指出，市场与企业这道选择题的解题重点是信任。在市场参与者之间存在长期关系的情况下，信任显得尤其重要。如果交易双方相互信任，特定交易投资问题是有可能通过企业之间的安排得到妥善解决的——交易双方都相信对方不会利用投资的特定性所造成的谈判地位的弱势；不确定性问题也有可能通过企业之间的安排得到解决——交易双方都相信对方能够客观、灵活地应对环境中不可预测的变化，而不是加以利用。

总结上述分析，如果绝大多数投资（资产）是针对特定交易的，企业可能是比市场更

---

① 出于方便写作的目的，下文继续沿用企业与市场作为对比性参照物。

② 事实上，这样的企业作为交易的两端都存在弱点。如果作为客户，它想换一家供应商，需要说服新的供应商进行类似的特定交易投资，而新的供应商很可能不愿意。在这种情况下，客户和供应商之间很难产生相互依存的关系。

优越的治理形式。反之，如果绝大多数交易是标准化的，市场就很可能是比企业更优越的治理形式了。因此，标准化是帮助市场发挥作用的一个重要因素[①]。专用性资产和标准化资产之间的对比对于财务报告具有潜在的重要意义，它标志着两类资产市场价格可获取性的差异。当资产是标准化或可替代时，市场和市场价格是易于获取的，当资产是特定或专用的时候，市场和市场价格往往是难以获取的。比如，电机制造商通常从外部供应商处购买组件然后进行组装，当然它也可能自己制造组件再进行组装。如果它自己制造组件，并且这些组件与在市场上购得的其他制造商生产的组件基本相同，那么组件的市场价格就对企业内部转移定价有用[②]。但如果制造商自己制造独特的组件，市场价格就不太可能获取。即便能够获取类似品的价格，在任何情况下都不可能相关。

另外，上述分析还表明，企业之间的长期关系会影响市场交易价格。比如，为反映过去给予交易对手的优惠，交易价格有可能被抬高；或者，为反映企业与交易对手的关系中可能产生的未来收益的预期，交易价格有可能被降低。无论如何，这种市场交易的交易价格与完全独立的、没有历史关系也没有预期持续关系的企业之间的交易价格就不能画等号了。

三、代理理论与计量的目标

Armen Alchian 和 Harold Demsetz 在《生产，信息成本和经济组织》（1972）一文中指出，在上市公司，股东的权力往往通过向新的股东出售股份来行使。Eugene Fama 在《代理问题和企业理论》（1980）中也强化了这样的认知。他认为，企业只是“联系生产要素的一系列合同”“所有权是一个无关紧要的概念”，因此，他建议“抛开一家企业有所有者的假设”[③]。根据 Fama 的观点，企业资本的所有者不该浪费时间对企业的活动作任何深入调研，“投资组合理论告诉我们，投资者的最佳投资组合应该是分散投资多家公司的证券，以避免财富过于依赖某一家公司的情况”“个人投资者通常没有兴趣直接控制或亲自监督任何公司的具体活动”，他们的兴趣点只会放在“能有效地为企业证券定价的资本市场”上。这些观点的本质是：当企业的股票公开交易时，股东和管理层之间存在着明显的鸿沟，且对现任管理层不满的股东无法用新的管理层取代现任管理层时，股东不能指望直接行使控制权，他们只能通过“用脚投票”的方式威胁现任管理层来间接行使控制权。在这种情况下，股东的决策都是投资决策，决策内容仅限于是否出售股票，以及以什么样的价格出售股票。此时，财务报告没有必要区分哪些是满足受托责任评价目标的会计信息，哪些是满足投资估值目标的会计信息，因为股东除了出售股票以外，没办法行使受托责任评价这样的其他权利。

上述观点表明，财务报告计量结果必须对股东进行企业价值评估有用。另外，财务报告奉行决策有用和受托责任双目标由来已久，但近来准则制定机构在概念框架和具体会计准则

① Geoff Meeks 和 G. M. Peter Swann（2009）曾指出：“在电子领域，全球化的速度特别快，因为有许多明确的生产标准，这些标准使得将标准化部件的生产外包给低成本的在产业链上专门从事这些业务的公司变得更加容易。”

② 当然，如果组件基本相同，一个制造商自己制造组件，而其他制造商外购组件的情况不太可能是一个稳定的情况。要么市场解决方案，要么企业解决方案，总有一个方案会被证明是对企业最有效的。但随着市场的发展，一家企业和另一家企业之间总是会有暂时的差异，因为不同的企业需要长短不同的时间来发现什么是在不断变化的环境中最有效的方案。

③ “资本提供者只是企业的一组缔约方，他们拥有资本，但他们不拥有企业”（Fama，1980）。

的修订中总是试图弱化财务报告的受托责任评价作用（至少在上市公司群体中）[①]，上述分析也表明，这种做法至少在企业理论中是找得到依据的。

四、代理成本与计量的作用

Michael Jensen 和 William Meckling 在《企业理论：管理层行为、代理成本与所有者结构》（1976）中指出，“在任何涉及合作的情况下都会产生代理成本”，因为企业本质上是“一系列个体契约关系的纽带”，代理问题是它特有的。他们的分析集中在代理问题如何帮助解释如下问题：（1）企业通过债权和股权融资的程度；（2）为什么一些行业的企业通常是由所有者经营；（3）为什么企业会自愿向股东和贷款人提供财务报告，并接受独立审计。最后一个问题是我们感兴趣的。企业之所以自愿向股东和贷款人提供经过独立审计的财务报告，是因为这种做法降低了与企业有契约关系的当事方的监督成本。这不仅仅是提供可靠信息的问题，会计计量的结果也可用于限制或触发某些特定行动，例如限制股息，或触发债券持有人的权利（如转股等）。从这个角度看，会计和审计有助于有效的订约，而有效的订约降低了交易成本。因此，概括地说，会计本身是一种交易成本，但它的存在是为了减少其他交易成本（包括市场交易成本和在企业内部各方之间的契约成本）的发生。财务报告主要通过三种方式降低交易成本：（1）它降低了信息获取的成本。在没有财务报告的情况下，管理层必须找到其他一些方式与利益相关者沟通有关企业的信息，而财务报告使用者也必须找到其他一些方式来获取信息。这些替代方式很可能比财务报告更没用或代价更高昂，否则，财务报告就不会在市场经济中发展起来了。实务中，财务报告和其他关于企业的信息源共存，在某种程度上，它们既相互竞争，也相互补充。（2）它降低了约束行为的成本。例如，某些国家法律规定，企业只能用“已实现的利润”进行利润分配，而这一数字由财务报告提供。（3）它降低了激励行为的成本。例如，管理层激励有时包括以业绩为基础的激励，业绩数字也是由财务报告提供的。

上述观点表明，从会计计量的角度，财务报告计量应能用以限制或激励构成企业关系纽带的缔约方的行为，这要求计量结果可靠，至少可验证。可验证的信息会增加人们对信息的依赖程度，提升市场参与者的信心，从而降低市场交易成本。另外，由于管理层可能会倾向于报道好消息而不报道坏消息，这也会增加那些相对保守的财务报告计量方法的价值。

五、小结

我们归纳本部分回顾的企业理论中与财务报告计量问题密切相关的论点包括：（1）企业对其资产价值创造的看法不同于要素市场。（2）企业是市场的一种替代经济组织形式。（3）如果交易是在企业内部进行而不是在企业之间进行的，市场价格将很难获取。（4）当市场交易发生于或多或少的长期和特殊关系中时，交易价格会反映这一点。（5）财务报告

---

① 在 2018 版财务报告概念框架中，IASB 明确将受托责任降为决策有用的次级目标。IASB 认为，“在大多数情况下，为资源配置决策而提供的信息也有助于对管理层的绩效进行评估（BC1. 29）。评估管理层的受托责任本身并不是目的，而是做出资源配置决策所需的输入值。例如，管理层受托责任的履行不尽如人意时可能会导致股东做出更换管理层以增加未来回报的决策，因此，为了避免混淆，不把提供信息以帮助评估管理层的受托责任视作同样重要的另一目标（BC1. 39）。”

计量可用来限制或激励构成企业关系纽带的缔约方的行为。在本章的第三节，我们将以这些论点为基础，考察财务报告不同计量基础是如何与企业的经济理论保持一致的。

第二节　财务报告中的商业模式

企业理论与财务报告计量问题很难直接联系在一起，我们认为它们最终产生关联是通过了“一座桥”——商业模式，本节我们简要探讨财务报告中的商业模式。

商业模式从本质上也是企业经济学的一种表述，表明企业自身或所处环境的关键变化将如何影响其经营成果。一些国家和组织要求企业通过非财务报告对外披露商业模式，以提升信息使用者对企业自身及其盈利方式的理解①。但披露商业模式绝不等于成功地运作商业模式，大多数企业的好坏不是由其商业模式来区分的，而是由比竞争对手更好地执行能力来区分的。执行能力也不是通过披露商业模式就能显露出来的，它只能通过业绩才能被证明，即通过财务报告。

然而，企业在财务报告中明确提及商业模式却是最近十年左右才出现的情况②。比如，IFRS 9 金融工具准则明确商业模式的作用，并允许企业基于管理金融资产的不同模式对同一资产执行两种不同的会计处理③。但如果我们追根溯源地去看，有关商业模式的假设其实一直隐含在财务报告准则中。同一项资产负债，由于其在不同企业发挥的作用不同，导致企业可能以不同的方式对其进行会计处理。例如，一栋商业楼在一家企业可能作为固定资产核算，但在另一家企业却要作为投资性房地产核算，到了第三家企业，它甚至可能变成存货，这完全取决于商业模式。而 IAS 16 不动产、厂场和设备准则，IAS 40 投资性房地产准则，以及 IAS 2 存货准则的会计处理规定截然不同，此时，商业模式的作用就隐含在企业应用哪一个准则的选择中了。想象一下，如果有一个专门的关于实物资产的会计准则，它就必须明确提及商业模式，以确定这一资产到底应如何核算了。

在其他情况下，会计准则通过将特定行业（如保险、石油和天然气）的交易事项单独进行界定，以避免提及商业模式。但所有对某一个准则不适用情况的界定似乎也是为了反映商业模式的差异，因为反向来看，正是一家企业的商业模式决定了它属于哪个特定行业。

---

①　如 2009 年英国下议院财政委员会要求上市公司披露商业模式。这项建议被英国财务报告委员会（FRC）在修订《公司治理准则》时采纳。又如，2013 年，国际整合报告委员会（IIRC）发布整合报告概念框架，将商业模式作为整合报告八大内容元素之一，强调了披露商业模式的重要意义。近年来，已有近 2000 家企业和知名财经职业团体会员单位对外披露整合报告。

②　ICAEW 的金融服务学院在 2008 年发布的研究报告《金融服务中的计量问题》中率先讨论了会计中的商业模式问题。这份报告指出，商业模式与会计计量明确相关，要采用一种恰当的但不反映商业模式的方法来计量财务报告是不可能的。但这一结论在当时让很多人感到不解，因为关于会计计量的争论，除与金融工具有关的以外，鲜少提及商业模式。

③　IFRS 9 通过“企业管理金融资产的商业模式”和“金融资产合同现金流量的特征”两个条件联合判断一项金融资产是以摊余成本计量还是以公允价值计量。在 IFRS 9 之前，IAS 39 金融工具确认与计量准则也在一定程度上依赖于企业的商业模式来确定金融资产应如何进行会计核算，只不过 IAS 39 并没有使用“商业模式”一词。比如，在 IAS 39 下，一项金融资产视其是否是可供出售的、是否用于套期保值目的、是否持有至到期，以及是否属于以公允价值管理和评估的金融资产的一部分可能执行不同的会计处理，所有这些选择都有赖于企业的商业模式。除金融工具准则外，EFRAG 在 2013 年发布的研究报告《财务报表中商业模式的作用》中还提到了其他一些国际会计准则对商业模式的明确运用和隐含应用，如 IAS 12 递延所得税、IFRS 17 保险合同等。

综上，商业模式在财务报告中的作用是普遍的。在下一节，我们将以商业模式为纽带，连接企业理论与会计计量，讨论常见的几种财务报告计量基础是否反映企业商业模式的切实可行的计量方法。

第三节　商业模式视角下的企业理论与会计计量基础

本节讨论的计量基础包括：历史成本、重置成本和公允价值。本节的目标不是回顾不同计量基础的利弊，而是分析各个计量基础在多大程度上是基于商业模式的，或者说，是与企业经济理论相一致的。为简化讨论，我们集中探讨了不同计量基础对资产和净利润的影响，更侧重于前者。

一、历史成本

（一）商业模式视角下的历史成本

历史成本会计的出现早于企业理论的诞生，更早于企业自愿在财务报告中反映商业模式的行为。然而，历史成本会计却是企业理论反映在财务报告中最明显的方式，因为它将市场价格的使用限制在企业与市场互动的那些时点上，如购买投入品或销售产出品时。因此可以说，财务报告历来反映企业的商业模式，会计实务与企业理论引导我们预期的情况存在无意识的一致性。

历史成本信息有许多用途，以下我们将简要地提及其中的一些用途，它们有助于我们评判历史成本作为在财务报告中反映企业商业模式的一种有用的计量基础所蕴含的理论依据。

1. 基于历史成本的资产负债表的作用。按照历史成本会计，资产负债表中的资产本质上是一系列未到期的成本（Unexpired Costs），即尚未从企业预期产生的未来收益中扣除的成本。在经营成功的企业，以历史成本为基础编制的资产负债表对净资产的计量往往是保守的，因为个别资产的现行价值很可能远远高于其账面金额，而另一些极有价值的资产，如一些无形资产（人力资本、结构资本、关系资本等），在资产负债表中根本就没有得到确认。然而，反向来看，这种计量方法又是证据确凿的。它反映了所有可以合理预期产生收益的资产的实际成本，规避了那些“模棱两可”的问题，比如资产的现行价值（其计量的主观性太强），又如上文提到的部分无形资产的估值问题（这些资产是否产生未来收益存在不确定性）。

总体上看，虽然以历史成本为基础编制的资产负债表被认为过于保守，但它可能对诸如银行等放贷机构有用，因为这些机构需要贷款对象的资产负债表避免高估资产，并在资产计量方面尽量客观。

2. 历史成本在测度商业模式成功与否方面的作用。企业家将按市场定价的所有投入组合在一起创造产出，只有在考虑了标准的资本回报之后，产出的价格能够超出要素市场的预期，企业才能创造“真正的利润”（Knight，1921），而描述企业家是如何做到上述过程的计划就是企业的商业模式。每个商业模式的最终目标都是实现利润。实现利润，是企业存活与成功的标志（Alchian and Demsetz，1972），也是对企业商业模式是否有效的最好测度。历史成本通过将按市场价格计算的实际成本与按市场价格计算的已实现收益相配比，衡量企业的商业模式是否成功，这与企业理论是契合的。

3. 历史成本对预测以后年度利润的作用。除特殊情况外，以历史成本为基础编制的资产负债表无法用于企业估值。但是，如果企业的运营环境没有发生变化，那么以历史成本计量的年度利润，将为预测以后年度利润提供依据，而将以后年度利润折现就可以获得关于企业价值的估计。现实中，企业的运营环境总是频繁多变的，因此任何以历史成本利润为基础对企业进行估值的方法都会考虑各种调整，以反映可能的变化的影响。但无论如何，历史成本利润仍然为推算以后年度利润提供了有用的起点。

4. 配比的作用。历史成本会计的核心原则是配比原则——成本与之创造的收入相配比。不论是在短期内，还是在长期内，对于长期资产，这都是一个主观的过程，可以通过许多不同的方式实现。例如，将成本归因于存货，或将折旧分配到不同的会计期间。配比原则的正确应用，既确保资产负债表显示有助于创造以后年度利润的“未到期成本”，也确保某一年度利润能够为预测以后年度利润提供一个有用的起点。

（二）商业模式视角下的可收回的历史成本

历史成本会计通常是指可收回的历史成本（Recoverable Historical Cost）。也就是说，当资产负债表中资产的可收回金额低于其账面价值（即未到期的成本，unexpired costs）时，该资产将被减记至可收回金额。在历史成本计量体系中，这种做法被认为是理所当然的。然而，从商业模式的角度看，计提减值似乎有两个不合理的地方：一是由于可收回金额有可能是通过现行市场价格计量的，这相当于将市场价格不合逻辑地入侵到企业内部使用的资产的计量中，因此，计提减值的做法与企业理论是相矛盾的；二是在计提减值的年度，净利润为预测以后年度利润提供了一个糟糕的基础。

然而，如果参照历史成本的各种用途来看待减值计提，我们会发现，这一做法本质上是对历史成本优势的强化，而且它仍然是一种兼容商业模式的方法。

1. 可收回的历史成本基础的资产负债表的作用。以历史成本为基础编制的资产金额反映企业能贡献未来利润的未到期成本。但如果某项资产的未到期成本超过了其盈利能力，还说它能贡献未来利润就是不合逻辑的了，在这种情况下，它贡献的其实是未来损失。如果该资产能被减记至可收回金额，这种异常情况就会被消除。对资产计提减值，也会使资产负债表对那些倾向于以保守方式使用资产负债表的使用者（如之前提到的银行之类的放贷机构）更加有用，对于用作抵押物的资产，银行等放贷机构当然不希望其被高估。

2. 可收回的历史成本在测度商业模式成功与否方面的作用。如果一项资产的未到期成本超过其可收回金额，那么这可能意味着企业对其实施的商业模式是失败的。从这一角度，确认资产减值损失为评估商业模式的可行性和有效性提供了有用的信息。

3. 可收回的历史成本对预测以后年度利润的作用。计提资产减值确实会导致计提年度的利润为预测以后年度利润提供一个糟糕的基础，因此，计提减值应该被充分披露，便于使用者预测时将这种一次性项目（one - off item）剔除。但如果企业的商业模式持续可行，在计提减值之后的年度，利润应会恢复到与不计提减值相比更连贯的水平。

4. 配比的作用。如果以后年度收入无法覆盖未到期成本，那么将未到期成本继续留在资产负债表中是没有经济意义的。这一点在极端情况下表现得尤其明显：一项毫无价值的资产，如果它仍然被留在资产负债表中，与之相关的成本将在某个时点（或一段时间内）从它没有作出任何贡献的收入中扣减。对于这样的成本，配比原则就没有意义了。正确的做法是尽快注销这些成本，以阻止它们妨碍恰当的配比过程。

综上，可收回的历史成本比“纯粹的”历史成本更能深度地展示企业的商业模式①。我们认为，计算可收回金额的方法也将这一做法与企业的商业模式密切地联系在一起。按照会计准则，一项资产的可收回金额是通过对比以下两组金额孰高确定的：出售资产可以实现的价值（可变现价值）和在业务中使用资产可以实现的价值（使用中的价值）。在实务中，如果一项资产是持有待售的，可收回金额就是可变现价值；如果一项资产是在企业内部使用的，可收回金额就是其在使用中的价值。准则制定者采用孰高的算法是考虑到管理层应会按照资产更有价值的用途使用资产，这体现了管理层的意图。从整体设计思路看，商业模式确切地反映在可回收金额的计量中。

当然，可收回金额通常难以确定，并且可能严重依赖管理层的主观判断②。正如 Frank Knight 所指出的，任何一家企业都倾向于比要素市场更乐观地看待从其投入中获得的最终价值。这种乐观情绪不会在企业经营情况变得糟糕时自动消失。因此，在评估管理层对可收回金额的期望时，我们需要秉持较高程度的审慎。总体上，计提资产减值至可收回金额的做法会降低历史成本计量的可靠性。但只要能保持合理可靠，就可以提升会计信息的有用性。

（三）小结

表 6－1 概括了历史成本（指可收回的历史成本，下同）的主要特征及其对利润表和资产负债表的影响。综合本部分内容，历史成本是编制财务报告最常用的计量基础，符合企业理论，对于为了节省交易成本而将市场交易内部化的企业，历史成本也与企业的商业模式相契合，较好地反映企业按照既定商业模式使用资产的业务特点。它通过将已实现收入与实际成本相配比的方式反映管理层的受托经营情况，对偏向保守方式使用资产负债表的使用者决策特别有用。

表 6－1　　可收回的历史成本的特征及其对财务报表的影响

主要特征	利润表	资产负债表
◆交易金额是客观的 ◆成本分配、减值计提是主观的	◆显示已实现的可验证的利润（除非有减值计提发生） ◆利润未包含未实现损益	◆资产负债表项目往往是净利润计量的剩余 ◆排除了未实现损益

二、重置成本

（一）商业模式视角下的重置成本

支持重置成本法的人认为，重置成本是对历史成本的改进和提升。如前所述，历史成本会计之所以被认为反映了企业的商业模式及企业理论，主要是因为它只在企业与市场互动的点上使用市场价格，重置成本会计没有改变这一点。在资产评估实务中，资产的重置成本往

① 应该指出，上述观点并没有得到普遍接受，一些主张历史成本的机构（如美国会计协会财务会计准则委员会）就限制资产减值的使用。

② 能够证实或证伪管理层期望的证据非常有限，因此可收回金额的计量存在固有的主观性。

往是通过各种数学方法估算而出的，比如，将价格变动指数应用于历史成本金额计算重置成本，通过这些算法得到的重置成本也确实不是市场价格①。因此，重置成本反映的商业模式仍然是只在出、入口点（即购买投入品或销售产出品时）使用市场价格，这就打开了通过核算重置成本修正历史成本数据的大门。

基于以下几个方面的理由，重置成本与商业模式可以说是密切相关的。

1. 重置成本基础的资产负债表的作用。投资者和其他会计信息使用者可能有兴趣知道，在企业重置资产负债表中的资产需要花费多大的成本。这可以被视为复制企业商业模式的基于成本角度的度量。整体上看这种度量并不完美，因为一家成功企业的商业模式往往包含了没有反映在资产负债表中的一些无形资产，而这些无形资产才是最典型的难以通过花钱来复制的②。尽管如此，以重置成本为基础编制的资产负债表，仍然可以视作已入表的重要资产在企业现有商业模式中的成本度量。

2. 重置成本对预测以后年度利润的作用。按重置成本计量的利润是比按历史成本计量的利润能够更好地预测以后年度利润的起点。举个例子，假设某个制造过程，投入品是按100万元的金额购买的，其创造的产出将在资产负债表日后以180万元的价格被出售，而在资产负债表日，这些投入品的重置成本是160万元。那么，即将在下个会计期间实现的利润中的80万元，有60万元不可归因于企业的商业模式，而是由于投入品市场价格的变化所产生（这是一种持有利得）。而正是这60万元让预测企业未来利润变得困难，因为以后的年度很可能看不到类似的投入品价格的上升。因此，为帮助预测，将归因于市场价格变化的利润（持有损益）剥离并单独披露是很有必要的，也有助于避免信息使用者对管理层经营情况的认知产生误导。

3. 重置成本在测度商业模式成功与否方面的作用。重置成本会计是常见的计算企业实物资本（即经营性资本）保全的方法。它核算两种损益——经营利润与持有损益③。如前所述，持有损益由重置成本与历史成本之差计算而得，代表企业为维系期初生产规模所必需的投入。在重置成本下，持有损益用于保全企业实物资本，不得参与利润分配。这种处理方法与商业模式息息相关，也明显优越于历史成本，尤其是在通货膨胀的时候。无论物价如何上涨，历史成本会计仍会允许所有的“利润”分配，这在某种程度上减少了企业的实物资本，企业的商业模式也因此受到损害。

另外，重置成本会计将持有损益单独列报于资产负债表的所有者权益部分，不认为持有损益是一种利润，因为它与其他可归因于企业商业模式的利润明显不同——持有损益不能用以预测未来业绩，也无法用以判断企业过去业绩的好坏，若将其视为利润的一个无差别组成部分，可能会对商业模式可行性的判断带来误导，而剔除这些损益，则能更好地衡量商业模

---

① 在资产评估中，仅单项资产重置成本的估算方法就有多种。除了价格指数法，常见的还包括：重置核算法、功能价值类比法、统计分析法等。这些方法估计的重置成本也都不是市场价格。

② 比如，一家企业无法简单地通过花费相同的营销成本来复制另一家企业与其客户之间的关系。这种关系显然具有价值，开发和维护这种关系毫无疑问发生了成本，但它无法通过复制产品的方式而得到。

③ 持有损益进一步可细分为已实现持有损益和未实现持有损益。

式是否成功①。

（二）商业模式视角下的可收回的重置成本

正如可回收的历史成本比“纯粹的”历史成本包含更多关于企业商业模式的信息一样，可回收的重置成本［也称为“剥夺价值”（deprival value）或“可收回的现行成本”（recoverable current cost）］也应比“纯粹的”重置成本反映更多的关于企业商业模式的信息。如前所述，资产的可收回金额是通过以下两组数孰高确定的：出售资产可以实现的价值（可变现价值）和在业务中使用资产可以实现的价值（使用中的价值）。而可收回的重置成本是以可收回金额与重置成本孰低计量的（图6－1列示了可收回的重置成本的计量流程）。这种计算方法背后的逻辑是：当可收回金额低于重置成本时，意味着这项资产不值得重置，至少对该资产而言，企业的商业模式是不可行的。这也可能是由于技术变化或市场变化所导致的。无论是哪种情况，这种现象都应该是暂时的。除非企业预计市场将发生进一步变化，使其商业模式再次奏效，否则它将不得不在短时间内改变使用该资产的商业模式。

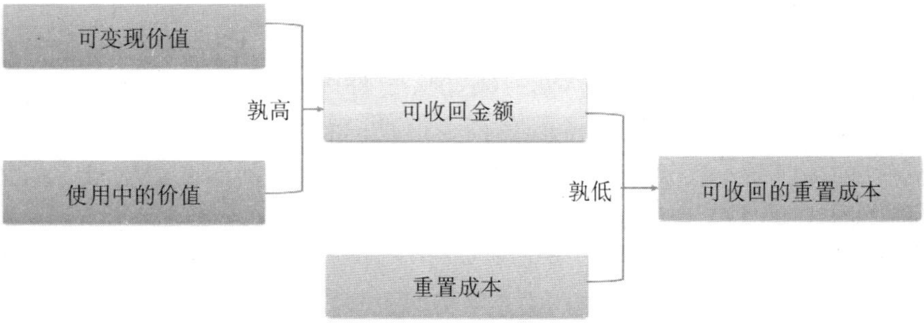

图6－1　可回收的重置成本计量流程

因此，我们认为，可收回的重置成本反映了两条有关企业商业模式的重要信息：（1）它考虑到资产是否值得重置，即使用该资产的商业模式是否可行；（2）按可变现价值或使用价值计量的重置成本，反映了企业追求的商业模式，即在出售资产和在业务中使用资产这两种行为选择哪一种更有意义。

（三）小结

表6－2概括了可收回的重置成本的主要特征及其对利润表和资产负债表的影响。综合本部分内容，重置成本符合企业理论，也反映了多种与企业商业模式有关的信息。与历史成本相比，重置成本将持有损益从利润中剔除，避免其对利益相关者评价管理层受托经营情况产生误导，也确保了持有损益用于重置企业实物资本而非用于利润分配。作为复制企业商业

① 当然，历史成本的支持者可能并不赞同上述观点，反驳的理由也很直接：①由于市场和价格是多变的，因此现行的重置成本可能是高度主观的，这样与之有关的信息就可能没什么用了；②在经营利润和持有损益之间做泾渭分明的切割有可能是错的。制造商可能会机会主义地挑选采购时机，比如，在低价而非高价时采购，在这种情况下，使用重置成本会计将意味着制造商的购买技能（或相反，他们的无能）有可能退化为一个“持有损益”的数字。相比之下，历史成本承认创造持有损益的能力（或无能）是管理层经营技巧的一个因素，也是公司商业模式的一部分。历史成本的支持者认为这样更为直截了当。但重置成本的支持者认为，在重置成本会计核算的损益中，经营利润与已实现持有损益之和就等于历史成本利润，因此，重置成本是对历史成本的改进和提升，重置成本核算的多重损益显然能比历史成本核算的单一损益承载更丰富的经济含义和信息含量。

模式的成本度量，重置成本属于一种现时计量基础，但对部分未入账无形资产的忽视是其无法回避的硬伤，且在缺乏市场交易价格的情况下，重置成本的计算过程常常过于复杂且颇为主观（虽然可验证），这大大影响了这种计量基础在实践中的应用普及。

表 6－2　　可收回的重置成本的特征及其对财务报表的影响

主要特征	利润表	资产负债表
◆市场交易价格是客观的 ◆估计的重置成本是主观的 ◆成本分配、减值计提是主观的① ◆技术和市场的变化使重置成本的计算变数大	◆显示可验证的利润（除非有减值计提发生） ◆显示企业经营性资本的保全情况 ◆利润未包含持有损益	◆显示资产负债表项目的现行价值（入手价格）

三、公允价值

（一）商业模式视角下的公允价值

一直以来，“公允价值”这个术语的含义都在不断发生着变化。曾几何时，公允价值一度意味着交易各方都认为是公允的价值，所以公允价值可能是现行市场价格，也可能不是。Oliver Williamson 在《资本主义经济制度》一书中举过一个例子，在这个例子中，折余的历史成本即被认为是公允价值。在财务会计制度框架内，公允价值最初意味着众多计算现行价值方法中的任意一种，但现在它已经被精确定位为“市场参与者在计量日发生的有序交易中，出售一项资产所能收到或者转移一项负债所需支付的价格”（以下有时简称“有序交易脱手价格”）。

我们首先从定义入手，剖析公允价值计量是否符合企业的商业模式。从定义看，公允价值是一种特殊的市场价格（Market Price）。必须指出，会计学所指的“市场价格”与经济学有着本质的不同。经济学中“市场价格”通常是指实际发生的资产负债交易的交易价格，这个价格的形成是一个商业模式充分参与的过程，包含了企业对交易市场的选择、对交易对手的选择，以及对与交易对手关系的考量，其金额是确定的，这一价格十分类似于会计学所指的“历史成本”。但在会计学中，如果一个资产负债科目以市场价格计量，市场价格通常是指假设发生的资产负债交易的交易价格②。这一价格的形成路径有两种：（1）企业及其商业模式参与其中，该价格会随着交易市场、交易对手以及企业与交易对手关系的不同而不同，即计量日一项资产负债可能会有多个“市场价格”，金额是不确定的；（2）企业及其商业模式置身事外，该价格是假设市场参与者参与的资产负债交易的交易价格，这便是现行会计准则对公允价值定义的起点。当然，根据准则的界定，公允价值还必须是在主要市场或最有利市场上进行的有序交易的交易价格，也就是说，与第一种路径形成的“市场价格”相比，公允价值的形成不仅不要求企业参与，而且还指定了交易市场、虚拟了交易对手，更不考虑与交易对手之间的关系，金额是确定的。从这一定义方式看，公允价值十分类似于一种

① 在实务中，重置成本的金额可能根据市场入手价格计量，也可能根据成本分配后的金额计量。如作为存货核算的库存商品，重置成本就是其现行市场入手价格；又如工厂的某台机器设备，其重置成本的计算就还包括了成本分配（折旧）的过程。

② 也许这种交易永远也不会发生。

“来自要素市场的、被约束的客观的价格”（Knight，1921），很明显，它与企业的商业模式并不相关。

不论如何，在会计计量基础上引入公允价值，毕竟为投资者等利益相关者提供了一个客观中立地看待企业资产和负债价值的视角。近年来，随着越来越多金融工具的运用，对公允价值信息的需求在持续增长①。在这一背景下，一些人提倡应在财务报告中更广泛地使用公允价值②。理论上，用公允价值代替历史成本，有可能避免管理层意图的多变性和商业模式的多样性所带来的挑战，即完全忽略商业模式。完全公允价值会计（full fair value）甚至颇具吸引力——一家企业的所有资产和负债（包括现行会计准则下未予确认的那些无形资产）都在资产负债表中确认，而且都以当前的市场价值计量。由于账面数字是对市场价值直截了当地反映，就没有必要考虑商业模式。单独来看，这是一种理想的会计模式，它有两个好处：（1）对信息使用者而言，了解资产的现行价值比了解其一段时间前的成本更有用；（2）以完全公允价值会计为基础编制的资产负债表能很好地展示企业的价值。企业股票市值与资产负债表净资产之间呈现一种近乎镜像的关系，额外的信息一概不要。这对代理理论提出的“财务报告计量结果须对股东进行企业价值评估有用”的财务报告计量目标是极大的满足。

然而，所有资产和负债都能获取公允价值（有序交易脱手价格）只是一种理想状态。不要说那些未入账的无形资产缺乏市场价格信息，就连企业进行特定交易和投资形成的专用性资产都很可能缺乏公允价值计量所要求的价格信息。根据我们在本章第二部分对企业经济理论的梳理，专用性资产与市场的唯一接触点是企业从市场上购买投入品，以及向市场出售产出品的时候。对于这类资产，在计量日通常难以寻找相互独立、熟悉交易情况并自愿进行交易的市场参与者，同时也缺乏活跃的主要市场或最有利市场以观察有序交易脱手价格。在这种情况下，如果通过估值技术估计公允价值，管理层参与估值的事实将无可避免地导致计量结果向管理层乐观的估计靠拢（Knight，1921），估计的公允价值与假设发生的市场参与者参与的专用性资产有序交易脱手价格很可能不同。此外，从商业模式的角度，专用性资产是为支持特定交易而进行的某种耐久性投入，它密切依赖企业规划的商业模式产生价值增值，评判其商业模式成功与否主要看投入产出之间的市场价格差。因此，最适合这类资产的会计计量基础应该是历史成本。若为避免商业模式的影响采用公允价值计量，却又无法回避管理层意图的作用从而使计量结果达不到“盯市价格”（mark to market prices）的目的，这种计量本身就是不相关、不恰当的。综上，对专用性资产采用公允价值计量实务上不可行，理论上也不符合企业理论，又与商业模式相背离，总体上看，资产负债表按照完全公允价值会计编制，只会是永远无法实现的“乌托邦”。

然而，现行会计准则却要求在一些情况下即便是针对专用性资产也必须采用公允价值计量，比如在非同一控制下的企业合并、部分债务重组和非货币性资产交换等业务发生时。在财务报告中，专用性资产最有可能存在于资产负债表非金融资产科目（包括固定资产、无

---

① 因为对这些工具采用历史成本计量被视为是缺乏信息含量的。

② 这方面的争论可以被看作有关历史成本和现行价值相对优点长期争论的延续，只不过在这场争论中，公允价值取代了早前现行价值（如现行成本、可变现价值和使用价值等）的概念。

形资产、存货等项目）当中[①]，FASB 和 IASB 的公允价值计量准则都对非金融资产的公允价值计量作了单独规定。例如，IFRS 13 要求："以公允价值计量非金融资产，应当考虑市场参与者将该资产用于最佳用途产生经济利益的能力，或者将该资产出售给能够用于最佳用途的其他市场参与者产生经济利益的能力。最佳用途，是指市场参与者实现一项非金融资产或其所属的资产和负债组合的价值最大化时该非金融资产的用途。"也就是说，如果非金融资产单独或与其他资产负债一起使用能产生最大价值的话，非金融资产的最佳用途就是"使用中的用途"，但如果通过出售它能产生最大的价值，非金融资产的最佳用途就是"用于交换的用途"。另外，IFRS 13 的应用指南在介绍成本法这种公允价值估值技术的时候还特别指出："企业主要使用现行重置成本估计与其他资产或其他资产和负债一起使用的有形资产的公允价值。……成本法下，公允价值取决于市场参与者获得或构建一项具有可比效用的替代资产的成本（须按陈旧贬值情况进行调整），因为市场参与者不会为资产支付超过可重置其服务能力的金额。"上述观点叠加在一起，已经使非金融资产的公允价值计量无限接近可收回的重置成本了。实际上，我们可以将 IFRS 13 的表述整理为：对于使用中（in - use）的有形资产，其公允价值是：（1）市场参与者通过出售资产所取得的金额与在经营中使用该资产可实现的金额孰高者；（2）如果该资产的重置成本低于该金额，公允价值就是其重置成本。所以，在理论上通过成本法估计的公允价值与可收回的重置成本的差别仅仅在于，前者是站在市场参与者的角度开展会计计量，而后者站在企业的角度。但在实务中，企业在估值时很难了解其他（假想的）市场参与者会如何进行具体评估。为完成估值，企业很可能不得不将自己的知识和假设强加给（假想的）市场参与者。因此，我们完全可以推断，对于这些项目，按照 IFRS 13 估计的公允价值往往与企业自行评估的可收回的重置成本相同。这时，公允价值肯定不是假设发生的有序交易的交易价格，但确是转变为了一种基于商业模式的计量。

（二）小结

表 6 - 3 概括了公允价值的主要特征及其对利润表和资产负债表的影响。综合本部分内容，公允价值计量与企业的商业模式可能存在严重背离，试图忽略商业模式的完全公允价值会计只是一种理想形态，与企业理论也不契合——如果企业可以随时以零交易成本的方式获得所有资产和负债的市场价格信息，企业就没有存在的必要。另外，在实践中，有序交易脱手价格的不易获取性，以及管理层意图对估值过程难以避免的影响，都给公允价值的应用带来许多实际的困难和挑战。这时，即便是公允价值，也必须考虑企业的商业模式，才有可能完成切实可行的估值过程。

表 6 - 3　　公允价值的特征及其对财务报表的影响

主要特征	利润表	资产负债表
◆市场交易价格是客观的 ◆估计的公允价值是主观的	◆显示净资产现行价值的变动	◆显示资产负债表项目的现行价值（脱手价格）

---

① 在经济学中，专用性资产和标准化资产的差异主要表现为资产流动性和可转换能力的差异。一般而言，流动性和转换能力差的资产专用性强。由此可见，专用性资产最有可能存在于资产负债表非金融资产（尤其是经营性长期资产）当中。

第四节 可选基础法——会计计量基础选择的一种思路

一、可选基础法

Stephen Penman（2006）在提交给 ICAEW 的一份会议论文中首次提出以企业理论为基础，从商业模式出发选择会计计量基础的思路。他认为："对那些在企业特定商业模式下无法创造价值增值的资产（及相应的负债）应采用市场价格（market prices）计量，剩余的则应采用历史成本（可收回的历史成本）计量"（这一方法以下简称"可选基础法"）[①]。

Penman（2006）在阐述可选基础法时从财务报告的目标出发。他提出，财务报告的目标是为股东进行企业价值评估和管理层受托经营情况的评价提供信息。从估值角度看，"股东使用会计信息了解权益的价值，即他们手里的股权价值几何?"；从评价管理层受托经营情况的角度看，"股东运用会计信息评价管理层和雇员受托经营责任的履行情况，即管理层在利用投资和运营以增加股东价值方面的效率如何?"在 Penman 的观点中，一个核心的概念是"对股东的价值"（value to shareholders），即他是站在股东视角（而非企业视角）看待财务报告的使用价值的，这与代理理论的观点完全一致。他认为，仅在某些情况下，资产和负债"对股东的价值"与其市场价值是等同的。比如，企业持有的在活跃和高流动性市场中交易的投资，在投资从购买（投入）到出售（产出）的整个过程中，商业模式对其价值增值的贡献为零，因此，投资"对股东的价值"就是它的市场价值——在活跃市场上未经调整的报价。此时，市场价格是投资最合适的计量基础，采用市场价格计量也与特定企业（如投行）以赚取价差为目的的商业模式兼容。在其他情况下，"企业利用市场价格套利，通过以市场价格购买投入品，并以市场价格出售产出品来为股东增加价值。此时，投入品的市场价值不会显示它们对股东的价值，对股东的价值是在投入品转换为在不同市场上出售的不同的产出品时产生的。"对于这些资产，企业的商业模式决定了它们的价值增值，此时，历史成本是更合适的计量基础。因为在这种情况下，如果资产负债以市场价格计量，将无法作为估值基础。相反，采用历史成本计量，利润表能成为估值的信息源——以当前损益预测以后年度损益，再乘以适当的市盈率就完成了企业估值。历史成本基础的利润表也方便评价管理层受托责任的履行情况。

图 6－2 描述了可选基础法的基本思路。这种方法的构建源自两种根植于企业理论的理念：（1）在现代企业中，大多数的经济活动发生在企业内部，而非通过市场交易发生于企业之间。企业内部正在使用的资产，以及由企业经营建造的资产，绝大多数密切依赖企业的内部流程产生价值增值，但它们的市场价格却难以获取，即便能够获取，价格信息也与这些资产并不相关（如本章第二部分提到的专用性资产）；（2）那些无法经由企业内部流程产生

① Penman 并未对市场价格计量作特别的界定，ICAEW（2010）倾向于将其作为公允价值计量解读，这或许是为了便利实操（顾及计量金额的唯一性）。我们认为，Penman 所指的"市场价格"并不一定能与公允价值直接画等号，在下文的论述中，我们保留了 Penman"市场价格计量"的表述，并在具体情境下根据具体情况加以说明。

价值增值的资产，市场价格通常是容易获取的，且价格信息与这些资产高度相关。

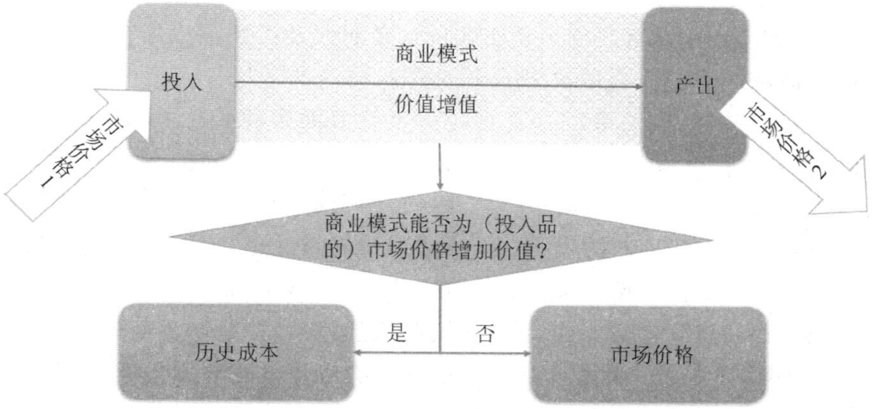

图 6-2　可选基础法的计量思路

因此，在可选基础法下，“商业模式能否为（投入品的）市场价格增加价值”决定了资产和负债“对股东的价值”与其市场价值之间是否存在一一对应的关系（以下简称“一对一关系”）。当“一对一关系”满足时，市场价格是更合适的计量基础，否则历史成本是更合适的计量基础。

上述分析均假设在“一对一关系”满足的情况下，市场价格是能直接获取的。然而，在现实中，很多情况下市场价格是无法直接获取的。例如，按照可选基础法，为转售目的而持有的投资应按市场价格计量，但由于缺乏活跃市场报价，在计量过程中很可能被迫采用来自不活跃市场的价格，或按类似项目估计的价格，或用可获取的信息估计的价格等。这些价格信息是否都可用以估计其市场价格？

（一）用不活跃市场的交易价格估计市场价格

设想有一个市场，市场上存在有关资产的报价，但交易相对不活跃（非有序交易市场）。然而，只要持续有一些买家、卖家及愿意报价准备购买或出售的交易方，这个市场上的交易价格仍然是可观察、可验证的市场报价，企业不必为了获取市场价格而刻意找寻一个买家并与之磋商交易价格，此时，以计量日附近不活跃市场的交易价格为基础进行估值，再作相应的调整，应该是合理的。

（二）用类似项目的市场交易价格估计市场价格

以房地产市场为例。绝大多数时候，大部分一线城市的房地产交易充分足够，这能够帮助企业了解它们手中为投机而持有的投资性房地产大概处于什么样的价格水平。但如要获取计量日的市场价格，企业仍有必要找到一个买家，并与之磋商交易价格。只不过在这种情况下，在一定范围内，交易价格是可以预测的。因此，尽管寻找买家并磋商价格可能被认为是企业商业模式的一部分，但事实是，投资性房地产的绝大部分损益来自市场价格的变动。综上，对于此类资产，以计量日附近类似项目的市场交易价格为基础进行估值，并根据资产特征进行相应的调整，似乎仍是适当的。

（三）使用所有可获取的信息估计市场价格

如果有关资产或类似资产都没有市场价格信息，企业就必须使用任何可用的信息（包括管理层的预测），动用所有可能的估值技术对市场价格进行估计，但估出来的结果就有可能是不适当的。比如前述为转售目的而持有的资产，使用估计的市场价格计量，意味着企业无须寻找买家并与之磋商交易价格。若果真如此，计量是适当的（参照上述第1点和第2点的场景），否则，如果使用该资产的商业模式包含在非流动市场中找寻客户并磋商交易价格这一过程的话，该资产的价值将取决于企业对这些技能的运用，而不仅仅是市场价格的变动。“这种情况下，‘一对一关系’是否真的满足就值得质疑了”（Penman，2006）。虽然Penman并未直言估计的市场价格总是应该被避免的，但他的分析隐含的意思是，它们通常是不合适的。换言之，如果上述为转售目的而持有的投资是对一家未上市的生物技术公司的投资，或是对一处独特的房地产的投资，尽管需要估值的时候，那些专业的估值机构总能给出一个数值，但将估计数作为投资实际出售的预测价格，其准确性就大大降低了。因为在这些情况下，寻找买家并磋商价格才是结果的关键决定因素。

因此，当“一对一关系”满足时能否采用市场价格计量是应用可选基础法必须解决的一个关键问题。ICAEW（2010）将市场价格计量作为公允价值计量解读，并认为是否采用公允价值计量的分界线大致落在第二层次的公允价值和第三层次的公允价值之间①。比如，对于企业持有的投资性房地产，如果以可观察的房地产交易价格为基础估值，估计出来的公允价值就是第二层次的公允价值；而对未上市的生物技术公司的投资，尽管市场上有一些类似的投资在售，但交易价格并不总是可观察的。更重要的是，这一行业中的每家企业都是独一无二的，需要单独评估。因此，对这样一家企业的投资，其公允价值估值很可能就是第三层次的公允价值。对于后一种情况，若强行忽略商业模式的影响采用公允价值计量，计量结果又一定不是有序交易脱手价格，计量本身就是不合时宜的，此时返回历史成本计量将比按估计的公允价值计量对股东提供更有用、更有价值的信息。我们基本赞同ICAEW的观点，但同时认为，如果将市场价格计量以公允价值计量解读，是否采用公允价值计量似乎还要看运用的估值技术，因为Penman的方法明显包含了对市场法估值技术的认同和对收益法和成本法这两种估值技术的相对不认同。比如，对于企业持有的投资性房地产，如果以可观察的房地产交易价格为基础估值（市场法）是合理的，但如果采用租金折现的方式估值（收益法）就存在问题：一是收益法忽略了商业模式（寻找客户并磋商价格）在价格形成机制中的作用；二是但凡管理层意图能够影响估值模型的选择和输入值的认定，估值结果便很可能向管理层乐观的估值结果靠拢，即用收益法估计的公允价值大概率不是假设发生的投资性房地产交易的交易价格，两者对Penman提出的“市场价格计量”（即mark to market）的理念都构成伤害②。

综上，我们的理解是，在可选基础法下，如下三个条件都满足时才可以合理地进行公允价值计量：（1）企业的商业模式没有增加资产负债的价值，资产负债的价值增值纯粹（或

① 根据IFRS 13，公允价值的输入值分为三个层次：第一层次的输入值是活跃市场中相同资产或负债未经调整的报价；第二层次的输入值是除第一层次输入值外相关资产或负债直接或间接可观察的输入值；第三层次输入值是相关资产或负债不可观察的输入值。三个层次输入值最大的差异在于第一层次和第二层次的输入值是可观察、可验证的，而第三层次的输入值是不可观察、不可验证的。公允价值计量结果也相应分为三个层次，具体所属的层次，由对公允价值计量整体而言具有重要意义的输入值所属的最低层次决定。

② 成本法更不用说，在本节第二大点中我们已经提到，忽视作用于有形资产上的无形投资的价值是其无法回避的硬伤。

很大程度上）依赖于市场价格的变化；（2）资产和负债的市场价格（公允价值）可以采用市场法估值技术合理地估计；（3）估值过程采用了第一层次或第二层次的输入值。图 6-3 列示了可选基础法的详细计量流程。可以看出，这套做法与目前会计准则要求的做法相比有着重大差异，表现在：（1）目前的财务报告实务对许多资产，比如各类金融工具，往往需要使用除市场法以外的估值技术，动用第三层次输入值估计公允价值①；（2）现行公允价值计量准则并未说明市场法、收益法和成本法三种估值技术除方法差异外的性质差异，更没有规定其应用的优先顺序，但其实上从对商业模式和企业理论的契合度考量，三种估值技术是存在明显“优劣”的，以市场法估计的公允价值从理论上应最接近公允价值的定义，收益法次之，成本法又次之。

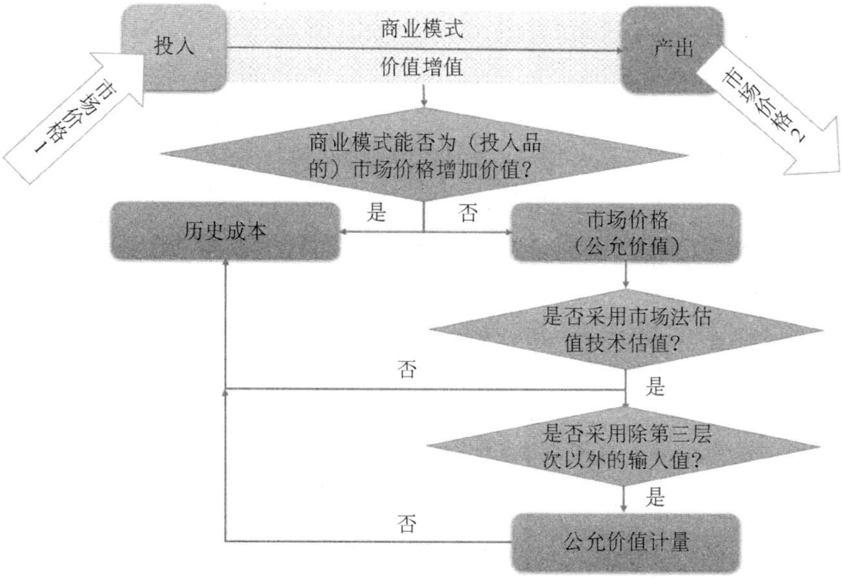

图 6-3　可选基础的计量流程

二、商业模式视角下的可选基础法

以下我们分析可选基础法的一些特点，它们也有助于我们评判可选基础在财务报告中能否反映企业商业模式，从而成为一种更好的计量方法。

---

① 站在准则制定者的角度，他们有充分的理由选择对所有为套利目的持有的资产一致采用公允价值计量（即使并非所有资产都存在活跃市场）。但在这种情况下，信息使用者可能希望适当谨慎地对待这些信息，或者可能要求制定特别的保障措施。Penman 举例说明了这方面的市场行为：“对冲基金适用公允价值会计，因此必须估计非流动资产的公允价值。但他们是在正规的估值委员会的严密监督下这样做的，他们的董事会和审计师也对此进行了监督。即便如此，如果投资者根据估值结果进行基金交易还是很危险的。因此，对冲基金通常会限制持有非流动性资产的百分比，或者在资产变现或结清前要求锁定或转移至侧袋账户。私募股权基金通常也要求在分配前必须清算。简而言之，股东对估计的公允价值的容忍度是非常有限的。”其他类型的公司的商业模式也需要使用市场价值——投资基金和投资银行的商业模式基于市场价值，对它们而言，公允价值会计不是一种选择，而是一种必须（Laux and Leuz，2010）。但这些公司的信息使用者也十分热衷于了解它们在市场价值评估，以及（受未实现损益影响的）利润分配和业绩相关的薪酬支付等方面的保障措施是否到位。

（一）“一对一关系”与企业理论相契合

按照 Coase 在《企业的本质》中的观点，如果企业除了持有市值变化的资产外一无所为，这可能是一种反常现象，因为这看起来像是一家没有“内在”的企业。现实中，绝大多数运用这种商业模式的企业都是提供服务的，典型例子包括：投资选择、购买、持有和出售。就投资选择而言，企业要比其竞争对手展示更多的技巧才有可能成功；就投资购买、持有和出售而言，企业要比竞争对手的交易成本更低才可能成功①。例如，对于共同基金，虽然股东财富取决于投资市场价值的变化（因此满足“一对一关系”），但要理解其商业模式，我们需要站在基金经理的角度。站在基金经理的角度，共同基金就是一个服务提供商。这是商业模式有趣的一面，因为客户也是股东，而企业家实际上是基金经理而不是股东。

（二）可选基础法是一种基于可靠性的方法

宽泛地说，在计量日存在有序交易脱手价格或能可靠估计有序交易脱手价格（因此存在可靠信息）的情况下，可选基础法认为公允价值将会被使用；如果不存在有序交易脱手价格，或需要通过复杂估计估算有序交易脱手价格从而导致越来越不可靠的信息的情况，可选基础法认为要使用历史成本。因此，它也可以被视为是一种基于可靠性的方法，这与代理成本理论要求会计计量可靠、可验证的观念相一致。

（三）可选基础法与适用于资产评估的组合法相契合

可选基础法也解释了在企业本质上是一个独立创造价值的资产组的情况下，市场价格的使用是合适的。这或许可以解释为什么财务分析师（CFA）协会一直都倡导对所有类型企业进行全面公允价值计量，就好像所有的企业都是资产组，其价值相互独立一样。

三、小结

从表6-1、表6-2和表6-3可知，历史成本、重置成本和公允价值这几种计量基础各有利弊，似乎没有一种计量基础能同时在利润表和资产负债表中最大化信息效用。可选基础法以“对股东有价值”为核心，先后根据商业模式能否创造价值增值及公允价值能否可靠估计这两个条件在历史成本与市场价格之间进行选择。尤其是对市场价格无法可靠估计的项目，可选基础法要求返回历史成本计量基础，这种处理兼顾了会计计量的相关性和可靠性，规避了“不可靠”的估值信息对财务报告决策有用和受托责任这两大目标的侵害，也与企业理论相契合。

当然，由于资产负债表和利润表都显示两种计量基础并存的信息，可能会给财务报告编制者带来额外的成本，并对部分信息使用者造成困惑。比如，报表中哪些是“真实”的数字，哪些是不确定的数字？又如，所有报告信息的质量是否一致？但对于那些有经验的信息使用者而言，这种披露方式是有帮助的②。

---

① 当然，其他因素也与商业模式成功与否有关，比如确保投资者的资金不被欺诈。

② 事实上，多年来，现行的会计准则体系也是采用了多种计量基础并存的做法。

第五节　结　　论

尽管经济学和会计学在很多时候是两种并不兼容的看待世界的方式，但经济理论却常常为会计问题的探讨提供有价值的观点。本章以商业模式为“桥梁”，分析了企业理论与历史成本、重置成本和公允价值三种常见会计计量基础之间的潜在关联。我们的分析旨在表明：(1) 引入商业模式，企业理论与会计计量之间的关联浑然天成。历史成本、重置成本和公允价值等常见的计量基础都能合理地从企业理论中获得不同程度的支持，只要反映了企业的商业模式。因此，作为连接企业理论与会计计量的桥梁，商业模式的地位和作用应当在财务报告概念框架中予以明确，为混合计量模式下会计计量基础的选择提供更加严谨的逻辑基础和理论依据。(2) 财务报告应以其有用性来评判，而这是一个经验问题。无论活动是发生在企业内部或企业之间，财务报告概念框架或具体会计准则应能解释为什么一种计量基础比另一种更有用，或在什么情况下一种计量基础比另一种更有用，了解这些情况有助于企业制定会计政策。(3) 企业理论的核心观点是，企业的大多数经济活动发生在企业内部，而非通过市场交易发生于企业之间。这一观点对基于市场价格的财务报告计量基础的实用性和相关性提出了两个关键问题：第一，如果资产是在公司内部使用或创造的，而并非在市场交换中取得的，那么市场价格会很难取得。而公司内部的经济活动数量众多，因此，难以取得市场价格是一种常态。第二，退一步，即使能够取得市场价格，对于那些构成企业内部流程的一部分但并非为交易目的持有的资产，交易价格也并非资产最有用的计量基础。在公允价值计量应用得越来越普及的今天，企业理论为会计计量基础的选择和应用提供了一个冷静的思考维度。

第七章　商业模式的会计影响分析

正如第二章所述，对于“商业模式”这一术语，一直没有被普遍接受的定义。在不同的商业模式下，企业会采取不同的方式管理类似的资产和负债，由此导致与这些资产和负债相关的现金流量在金额、时间分布和不确定性上产生差异。为了提供有用信息，财务报告应当尽可能如实地反映这些客观存在的差异，以帮助使用者评估企业未来现金流量的金额、时间分布和不确定性。

虽然商业模式缺乏权威的定义，学术界和实务界对商业模式的分类也是见仁见智，但商业模式在会计准则中的运用不仅不受妨碍，而且日益呈现常态化的趋势。通过对国际财务报告准则（IFRS）和国际会计准则（IAS）的梳理可以发现，国际会计准则理事会（IASB）及其前身国际会计准则委员会（IASC）对商业模式的运用非常普遍，运用方式包括两类：一是对商业模式的明确运用，如 IFRS 9（金融工具）、IFRS 12（在其他主体中权益的披露）、IFRS 15（源于客户合同的收入）；二是对商业模式的隐含运用，如 IFRS 4（保险合同）、IFRS 8（分部报告）、IAS 2（存货）、IAS 17（租赁）、IAS 36（资产减值）、IAS 39（金融工具）、IAS 40（投资性房地产）、IAS 41（生物资产）。在准则中的结论基础（Basis for Conclusions）部分对商业模式的运用更是屡见不鲜。

我们认为，商业模式在很大程度上影响了财务报表要素的分类、确认、计量和财务信息的列报，但财务报告概念框架和会计准则迄今尚未对商业模式的影响予以应有的重视。

第一节　商业模式对会计信息质量的影响

同样的资产和负债按不同商业模式加以运用，会产生不同的财务状况、经营业绩和现金流量，从而影响财务报告使用者的投资、信贷等决策。我们认为，财务信息质量的提升，有赖于企业将会计处理与商业模式密切关联，因为商业模式对财务报告的如实反映、相关性、可比性、可验证性和可理解性产生重大影响。

一、对如实反映的影响

IASB 在 2018 版《财务报告概念框架》中指出，有用的财务信息必须能够如实反映其旨在反映的现象的实质。如实反映的描述应具备三个特征：完整、中立和无误。其中，完整描述应包含使用者理解所描述现象必需的所有信息，包括所有必要的说明和解释；中立性是以不带偏见的方式选择和列报财务信息；无误是对现象的描述不存在错误或遗漏，以及用于生成所报告信息的流程在选择和应用的过程中没有发生差错。

我们认为，基于商业模式所反映的财务信息可以增强对企业所从事业务的经济现象的如实反映。企业最重要的经济实质，就是其价值创造过程及结果，而商业模式在价值创造中扮演着举足轻重的角色，对企业组合运用资产和负债所形成的经营成果和现金流量产生实质性影响。

会计处理产生的财务信息如果不能反映企业商业模式的特点，就无法做到如实反映。此时，企业对于资产和负债、收益和费用的会计处理及其结果，与采用不同商业模式的企业相比较，就看不出本质的区别和差异，而区别性和差异性正是使财务信息具有增量价值的关键所在。

我们认为，如果在财务报告中只是描述交易或事项对财务报表要素所产生的影响，而没有说明或解释企业是基于何种商业模式下从事这些交易或事项，有可能导致使用者将其与其他商业模式下的形式相同的交易与事项相混淆，难以了解这些交易对于企业的真实财务影响，进而作出不当的决策。比如，在价值转换型和价差获利型商业模式下，同样是买卖并持有一项资产，企业对于这项资产的分类、确认、计量、列报上都应该有所区别，体现其在不同商业模式下的作用和后果。

因此，我们认为，企业对交易和事项的会计处理以及提供的财务信息，应当特别重视和披露按照不同商业模式运营资产和负债的会计后果，尽可能实现财务信息的如实反映。

二、对相关性的影响

财务信息能够对使用者的决策产生重要影响即为“相关”，相关性包括具有预测价值（在预测未来结果的过程中作为参数）、证实价值（提供关于之前评估的反馈）或两者兼有（IASB，2018）。

商业模式是企业独特的“赚钱”方式，也是为客户和股东创造价值过程中所表现出来的与同行业其他企业有所区别的重要特点。不同行业甚至同一行业的不同企业选择的商业模式往往存在较大差异，同样的资产和负债按不同的方式交易或使用，产生不同的经营业绩和现金流结果。反过来看，即使是财务报表中同样类型和金额的项目，也可能是在不同商业模式运营下所产生的结果。增进对企业商业模式的了解，显然有助于使用者更好地理解财务信息背后的经济实质，提升财务信息对投资和信贷等决策的差异性影响。

不可否认，企业已发生的某些交易和事项，无论在何种商业模式下，都要进行相同的会计处理，比如，持有债权类金融资产都需要确认利息收入，但对于金融资产公允价值变动选择何种会计处理，生成的财务信息相关性却因商业模式的差异而有所不同。对于以赚取价差为商业模式的企业，将金融资产公允价值变动计入当期损益无疑是相关的，但对于拟长期持有且以获得稳定现金流量为商业模式的企业，将金融资产公允价值变动计入当期损益毫无意义，计入其他综合收益（OCI）则更为相关。企业的很多交易和事项，是在特定商业模式指导下进行的，如果忽略商业模式对该交易和事项的影响，企业可能会延迟，甚至错误地确认会计要素，作出不当的确认和计量，由此产生的财务报告，既无法向使用者提供其预测该交易和事项的未来结果，也不利于使用者评估其对受托责任的影响。

因此，我们认为，在会计处理中体现商业模式特点所产生的财务信息，对于使用者更加相关和有用，使用者通过财务报告才能更好地预测企业的未来财务状况、经营业绩和现金流情况，更好地评价企业的管理层是否有效履行其受托责任。

三、对可比性的影响

IASB 在 2018 版《财务报告概念框架》中指出，所谓“可比性”，是指能够帮助使用者识别和理解各项目之间的相似性和差异性的定性特征。需要注意的是，一致性（Consistency）与可比性（Comparability）有关，但两者存在明显区别。一致性是指同一企业在不同报告期间，或者不同企业在同一报告期间，针对相同项目使用相同的处理方法。实现可比性是目标，而一致性有助于实现这一目标。因此，可比性并不要求硬性统一。

在会计处理中考虑企业的商业模式，并不是对相关性和可比性进行权衡，不是通过损失可比性来达到相关性。相反，考虑商业模式可以增强可比性，提供更相关的信息，协助使用者作出更好的决策。在价值创造过程中，资产和负债的使用方式是企业重要的经济特征之一，而这些使用方式本身就是在企业特有的商业模式指导下进行的。如果在会计处理中忽略这种特征，有可能产生的结果是：尽管列报的资产和负债非常相似，实际上，它们产生的现金流或承受的风险敞口完全不同，这些重要的信息若无法在财务报表中体现，将对使用者产生误导。

因商业模式差异，同样的资产和负债被分类为不同的要素或项目。对此，不少人担心会因此影响财务信息的可比性。关于这个问题，应当如实反映，特别是从实质重于形式的角度加以评判。实际上，在会计处理中考虑商业模式这一因素，有助于具有类似商业模式的企业编制的财务报表更具可比性。反之，对于不同商业模式下的交易和事项均要求采用无差别的会计处理，表面上看似一致，本质上却抹杀了客观存在的差异。对于这样的交易和事项，采用不同的会计处理，所生成的财务信息反而更具可比性。

如果硬性要求按不同商业模式运用的资产和负债都作为同类要素和项目，以保持其“一致性”，进而希望以此提升财务信息的“可比性”，这是对“可比性”的曲解。为了达到“可比性”目标，有时需要“一致性”的会计处理，有时则不需要。为强行保持“一致性”以实现“可比性”的某些会计处理，可能适得其反。为了编制符合信息质量特征的财务报告，2018 版《财务报告概念框架》在“列报与披露——分类”中的 7.9 段作出说明：“有时，将一项资产或负债分为具有不同特征的几个组成部分，或将这些组成部分划分为不同类别，可能更为适当。如果将这些组成部分划分为不同类别会提高最终提供的财务信息的有用性，则这样分类是适当的”（IASB，2018）。

从实质上看，因商业模式差异而将同样的资产和负债分类为不同的要素或项目的做法，促使企业根据某项具体资产或负债在创造价值和现金流量过程中的真实运用方式来决定其具体分类，把貌似相同但实质不同的资产或负债加以区分，不仅不会降低，反而提升了会计信息的可比性。既然会计界历来信奉实质重于形式原则，而商业模式又有助于如实反映经济现实，企业在报表要素和项目的分类上考虑其具体商业模式的影响，将会提升而不是降低其财务信息质量。

我们认为，在会计处理中考虑并反映商业模式特点，有助于提升财务信息的可比性。无论如何，企业不能为了追求会计处理形式上的一致性而损害财务信息的可比性。如果忽略商业模式的影响，对于在不同商业模式下的交易和事项采取整齐划一的会计处理，所形成的财务信息的有用性可能因此减损，甚至可能会误导财务报告使用者的决策。

通过将腾讯与三大电信公司、脸书和微博的横向对比财务分析，我们认为，现有行业分类方法罔顾不同企业之间商业模式的差异，极大地削弱了财务分析的可比性和有效性。因此，有必要倚重商业模式和分部报告的穿透分析，以营业收入、经营利润和现金流量的相似性作为对标分析的基准，可显著提高财务分析的质量，但穿透分析的有效运用既需要改革和完善合并报表、分部报告和研发费用等准则，也需要强化和细化对成本费用、商业模式和经营要素的披露要求。具体分析，详见本书“附录C”。

四、对可验证性的影响

反对在会计处理中考虑和反映商业模式因素，经常被列举的主要理由是商业模式缺乏可验证性（Verifiability）。不论是财务报告编制者和审计者，还是使用者，对此都非常关注。

可验证性有助于使用者确信有关信息如实反映了其旨在反映的经济现象。某些说明及前瞻性财务信息可能直至未来的某一期间才能被验证，在这种情况下，为协助使用者决定其是否希望使用该信息，通常有必要披露基础假设、信息汇编的方法以及支持该信息的其他因素和情况（IASB，2018）。

必须承认，商业模式具有无形的特征，不易验证。但不易验证并不等于商业模式不可验证，更不能因此忽视商业模式在企业中的作用而拒绝在会计处理中予以考虑。

事实上，对商业模式缺乏可验证性的指责，源自对商业模式与管理层意图（Management Intention）的混淆。管理层意图难以捉摸、随意性大，容易改变，很多人因此怀疑，如果在会计处理中反映企业的商业模式，在管理层意图已经改变的情况下，如何验证这些财务信息是否如实反映企业经营活动的经济实质，如何确保据此反映的财务状况、经营业绩和现金流量不受管理层的操纵。

这两个概念都是针对某个特定的企业而言，也就是说，反映商业模式和管理意图的财务报表都会显示企业实际发生的事情、如何赚钱或亏损。因此，财务报告提供的信息可以用于评估管理层的责任感或管理能力，所产生的信息符合相关性标准。如果足够详细地予以记录，那么，商业模式和管理层意图信息都可以得到验证。有些人将这些相似之处往前推进，认为商业模式与管理意图相同，或者至少在财务报告方面，这两个概念是相关的。他们认为，管理层具有各自不同的目的，并将采取行动实现这些目的，在会计处理中反映企业的商业模式，就是要捕捉这家企业的管理意图。管理层对某个具体项目的意图，必然与对该项目采取的行动之间有所联系。因此，需要在财务报告中反映企业管理层管理资产和负债的意图。

在这里必须要澄清，商业模式与企业管理层意图有明显的区别，两者不可混同。两者之间最重要的区别是，财务报告使用者可以通过现金流量的产生方式以及对过去和当前的交易的观察来确定企业的商业模式，而不是管理层意图。管理层意图（管理层想要做什么、怎么做）与无法观察到的未来行动有关，也与管理层中的某个人的个人行为有关，在具体交易中，跟某项具体资产或负债更相关。换言之，管理层意图难以观察，而商业模式易于观察。此外，管理层意图可能随时改变、波动性更大。相比之下，商业模式往往侧重于全局，通常更加稳定，不会经常更改，更易于预测，用以验证的证据更易获得；并且，依照商业模式开展的交易和事项，所形成的信息更易于描述和解释。如果发生变动，其后果将作为主要事件进行列报和解释。

因此，我们认为，基于商业模式进行会计处理，将得出可验证的信息。财务报告应当描绘商业模式，以便如实地反映企业的经济现实，因为它关注的是过去和当前的实际交易和事件。一旦确定并观察到商业模式，就应当根据商业模式的特点选择与之最相关的会计处理方法。

五、对可理解性的影响

2018版《财务报告概念框架》指出，清晰和简明地对信息进行分类、界定其特征和列报，使信息具有可理解性。某些现象具备固有的复杂性并且无法使其易于理解，从财务报告中剔除关于这些现象的信息可能使财务报告中的信息更容易理解。然而，这样的报告可能并不完整，因而可能产生误导。财务报告是为具有合理的商业和经济活动知识以及拟认真审阅和分析财务报表的使用者而编制的。

基于商业模式的会计处理有助于提高财务信息的可理解性。使用者需要通过企业的财务报告，了解企业的业务是什么、业务表现如何、业绩如何受到各种因素的影响。这些重要信息都是商业模式的核心信息。对财务报告的理解，前提条件是了解企业经营活动的性质和特点，而商业模式无疑是了解企业经营活动的最重要环节之一。作出重大的投资和信贷决策前，不了解企业的商业模式是令人无法想象的鲁莽行为。

如果财务报告不重点关注商业模式及其对财务状况和财务成果呈报的影响，使用者与管理层之间的对话就很难通过财务报告得以有效实现。只有掌握了这些信息，对于管理层过去是否有效执行商业模式、未来选择何种商业模式、企业将如何（或应该如何）应对新机遇和挑战等问题，财务信息使用者才能与企业管理层进行有意义的讨论。

当前，由于商业模式的相关信息经常被列示于表外，或者未被详细披露，这些主要业绩指标无法轻易地从财务报表中获得，或者被各种资料所掩盖，迫使越来越多的企业通过非公认会计原则业绩指标（Non - GAAP measures）与投资者进行沟通。这些非公认会计准则业绩指标之所以深受投资者欢迎，很大程度上与这些指标契合企业的商业模式有关。可见，对商业模式的会计影响视而不见，显然有损于财务报表的可理解性。

第二节　商业模式对财务报表要素分类的影响

商业模式决定企业如何利用相关资产、需要以何种方式承担负债、怎样产生收益、付出哪些费用，进而影响所有者权益。因此，商业模式直接或间接地影响企业的资产、负债、权益、收益和费用等财务报表要素及其子类（项目）的具体分类。

一、商业模式决定要素和项目的分类

商业模式决定企业盈利的实现方式和现金流量的创造方式，进而决定报表要素的分类。简单理解，商业模式是企业为股东为社会创造价值的方式。某个项目在企业的价值创造中充当什么角色，决定了它应该被认定为什么样的报表要素。针对同样的客户，基于不同的商业模式，同样的资产和负债将发挥不同的作用，甚至同样的交易或事项，也会因为商业模式的差别，而被分类为不同的财务报表要素，或是同一要素（如资产）类别下的不同子类别。

（一）商业模式的系统性决定要素和项目的不同分类

对于财务报告使用者而言，了解企业的商业模式如何运作，它所拥有或控制的不同资源

之间如何相互作用，对于认识企业的经营现状和发展前景大有益处。企业中的一些资产或负债之间相互联系、相互作用，这是由商业模式的系统性所决定，企业不能只是孤立地分析它们的性质和金额，否则，不足以评估未来现金流量的前景。因此，对于企业组合起来用于制造商品或提供服务的不同资源，使用者需要了解这些资源之间相互作用的信息。另外，由于同一资产或负债项目在不同商业模式中的使用方式不同，其所产生的现金流量金额及其导致企业所面临的风险敞口也会有所区别，财务报告中有必要根据企业在具体商业模式下对各种资源在现金转换周期中发挥的不同作用，将同一项目归类于不同的财务报表要素。

（二）资产因商业模式差异而分类为不同项目

会计准则对报表要素的分类，在很多场合使用了商业模式的概念。同样一项资产，不同的企业由于本身的商业模式不同，或同一企业对其采用的商业模式不同，可能被分类为不同的项目。

例如，棉花对于以价值转换为商业模式的服装生产商而言，应分类为存货，而对于以赚取价差为商业模式的棉花期货交易商而言，则应分类为金融资产。又如，房屋建筑物，对于以价值转换为商业模式的房地产开发商来说，是存货；对于以赚取租金为商业模式的物业持有者来说，属于投资性房地产；在以价值转换为商业模式的其他企业的报表中，则被划分为固定资产。再如，农场饲养的牛，如果农场将其作为菜牛，应分类为消耗性生物资产；如果将其作为奶牛或种牛，则应分类为生产性生物资产。同样地，金融资产是被分类为以摊余成本计量的金融资产，还是以公允价值计量且其变动计入损益的金融资产（以下简称“FVTPL金融资产”），或是以公允价值计量且其变动计入其他综合收益的金融资产（以下简称“FVOCI 金融资产”），也离不开对持有这些金融资产的商业模式的分析和判断。可见，不论明确与否，报表要素的分类，直接或间接地受到商业模式的影响，甚至同一家企业的资产和负债也可能因为运用这些资产和负债的商业模式差异而得出不同的分类结果。

（三）业绩因商业模式的不同而计入损益或其他综合收益

利润表应提供企业运用不同商业模式所形成财务业绩的相关信息。财务业绩的界定，既受到损益的影响，也受到其他综合收益（OCI）的影响。其中，OCI 是一个比较特殊、颇具争议的项目。一些财务业绩有时计入损益，有时则计入 OCI，表面上令人费解，唯有从商业模式的角度分析，才能理解不同会计处理背后的商业逻辑。

有时，企业应当将在资产负债表和利润表中使用不同计量属性所产生的影响计入 OCI。例如，在长期投资型商业模式下，企业持有的金融资产项目被出售之前的公允价值变动，在利润表中不宜作为损益，如果将这些短期变动计入损益，对于以长期持有为商业模式的企业而言毫无意义。但是，为了反映该项金融资产在当前市场条件下可望创造的现金流量，有必要在资产负债表中按公允价值计量。如果将未实现的公允价值变动影响计入当期损益，不仅与企业的商业模式相悖，而且可能会歪曲企业的财务业绩。反之，对于以赚取价差为商业模式的企业，将金融资产公允价值变动计入当期损益显然比计入 OCI 更加合乎商业逻辑。

关于 OCI 是否重分类进损益，需要考察不同商业模式及其指导下的交易实质。在某些情况下，已计入 OCI 并与特定资产或负债相关联的累计净额会随着时间的流逝而自动恢复为零。而在其他情况下，例如，出售一项在长期投资型商业模式下所持有的资产，出于利润表和财务状况表的不同目的而产生的计量差额（已计入 OCI）就应当在该资产出售时重分类进损益。这种会计处理可以让财务报表使用者认识到，从企业已选择的商业模式角度来看，这项交易的发生是重要的。该信息对于评价企业管理者从该资产中产生现金流入而创造利润的能力也是有用的。经过这种处理，在利润表中，已经重分类进损益的金额可以更清楚地体现出来，OCI 的变动对于未实现损益的减少提供了相关信息。

二、商业模式对金融资产分类的影响

商业模式在会计准则中的运用，在金融资产的分类上体现得淋漓尽致。以下从相关准则的规定及其在实务中的应用角度，分别考察商业模式对金融资产分类的深远影响。

（一）会计准则的规定

《企业会计准则第 22 号——金融工具确认和计量》（CAS 22）是我国最早明确提出“商业模式”术语的准则。该准则第十六条规定，企业应当根据其管理金融资产的业务模式[①]和金融资产的合同现金流量特征，将金融资产划分为以下三类……企业管理金融资产的业务模式，是指企业如何管理其金融资产以产生现金流量……企业确定管理金融资产的业务模式，应当以客观事实为依据，不得以按照合理预期不会发生的情形为基础确定。在此基础上，结合其他信息，企业应当将金融资产分为三类：以摊余成本计量的金融资产，FVTPL 金融资产，FVOCI 金融资产。判断分类的依据及其相关会计处理如图 7－1 所示。

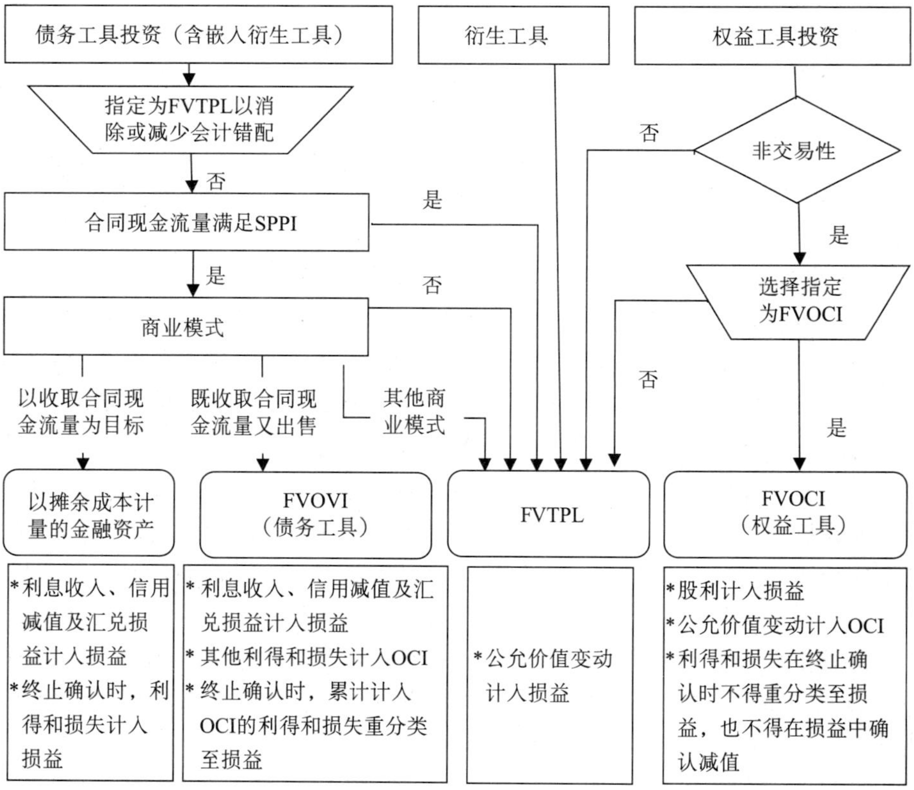

图 7－1 金融资产分类及其相关会计处理

资料来源：致同会计师事务所网站，https：//www. grantthornton. cn/enterprise3/。

---

① 我国的会计准则与国际财务报告准则实现了趋同，“业务模式”翻译自 IFRS9 中的“Business Model”。该术语更常见的中文翻译为“商业模式”。

在初始确认后，CAS 22 要求，当且仅当企业变更管理相关金融资产的业务模式时，才须对金融资产进行重分类。由于企业管理相关金融资产的业务模式的变化预期发生频率很低，所以，仅当企业开始或停止开展某项对其经营而言重要的活动时，例如企业收购、处置或终止某一业务线时，企业的业务模式才会发生变更。重分类时，企业对于金融资产的相关会计处理规定如表 7 – 1 所示，对财务报表的影响如表 7 – 2 所示。由此可见，商业模式对于金融资产的分类与重分类的判断至关重要。

表 7 – 1　　金融资产重分类的相关会计处理

<table>
<tr><td colspan="2" rowspan="2"></td><td colspan="3">重分类至</td></tr>
<tr><td>FVTPL</td><td>FVOCI</td><td>摊余成本</td></tr>
<tr><td rowspan="3">由此重分类</td><td>FVTPL</td><td>—</td><td>重分类日公允价值 = 新的账面总额。以新的账面总额为基础计算实际利率。
后续公允价值变动计入 OCI</td><td>重分类日公允价值 = 新的账面总额。以新的账面总额为基础计算实际利率</td></tr>
<tr><td>FVOCI</td><td>在重分类日将 OCI 的累计余额重分类至损益</td><td>—</td><td>按公允价值重分类金融资产，转出 OCI 的累计余额，并用此金额调整重分类后的公允价值，调整后金额 = 摊余成本。初始确认时确定的实际利率与账面总额不因重分类而调整</td></tr>
<tr><td>摊余成本</td><td>重分类日公允价值 = 新的账面总额。
摊余成本与公允价值之间的差异计入损益</td><td>按照公允价值重新计量。产生的差异计入 OCI。
初始确认时确定的实际利率不因重分类而调整</td><td>—</td></tr>
</table>

资料来源：致同会计师事务所网站，https：//www. grantthornton. cn/enterprise3/。

表 7 – 2　　金融资产重分类对财务报表的影响

<table>
<tr><td>原类别</td><td>新类别</td><td>对资产负债表的影响</td><td>对当期损益的影响</td><td>对 OCI 的影响</td></tr>
<tr><td>摊余成本</td><td>FVTPL</td><td>重分类日以公允价值计量</td><td>利得或损失 = 原摊余成本与公允价值之间的差额</td><td>无</td></tr>
<tr><td>FVTPL</td><td>摊余成本</td><td>重分类日公允价值变成新的账面余额</td><td>无</td><td>利得或损失 = 原摊余成本与公允价值之间的差额计入</td></tr>
<tr><td>摊余成本</td><td>FVOCI</td><td>无</td><td>无</td><td></td></tr>
<tr><td>FVOCI</td><td>摊余成本</td><td>重分类日公允价值变成新的账面余额</td><td>无</td><td>重分类日原 OCI 的利得或损失重分类作为对公允价值的调整</td></tr>
<tr><td>FVTPL</td><td>FVOVI</td><td>无</td><td>无</td><td>无</td></tr>
<tr><td>FVOCI</td><td>FVTPL</td><td>无</td><td colspan="2">之前在 OCI 至确认的利得或损失从权益重分类至损益</td></tr>
</table>

资料来源：致同会计师事务所网站，https：//www. grantthornton. cn/enterprise3/。

（二）实务工作的应用

企业根据 CAS 22 进行会计处理时，需要考虑客观事实中出现的具体情况，判断企业管理某项金融资产的商业模式，进而决定该资产的分类。

比如，在正常情况下，企业都将应收账款/票据分类为以摊余成本计量的金融资产，但企业有时对某些应收票据采取的措施可能导致管理该票据的商业模式有所变化，进而影响到对该金融资产分类的判断。例如，企业如果频繁且重大地通过无追索权保理或资产证券化业务出售应收账款/票据，那么，其商业模式很可能已经不满足 CAS 22 中对于以摊余成本计量的金融资产的有关规定。在初始确认时，企业就应当将这类应收账款/票据分类为 FVTPL 金融资产或 FVOCI 金融资产。

第三节 商业模式对会计确认的影响

商业模式不仅决定着报表要素的分类，而且影响着交易和事项的确认。不同的商业模式导致企业对同一类交易活动作出不同的会计确认，包括是否确认、确认为何种要素或项目。例如，期货交易商与能源生产商签订了一份能源交易合同，对于期货交易商而言，其商业模式决定了应将这份合同确认为金融工具，而对能源生产商来说，这份合同属于待执行合同，在实物交易之前无须确认相关资产和负债。

一、新商业模式对会计确认提出新的要求

在新经济时代，新的商业模式不断涌现，对会计确认提出了新的要求，会计准则必须与时俱进，才能适应商业模式创新带来的挑战。

（一）新业务和新商业模式不断涌现

近年来，由于互联网和大数据的广泛运用，大卖场、商店等传统营销渠道被各种网络平台所取代，涌现出许多新的业务类型和商业模式。例如，通过提供免费产品或服务吸引客户购买其增值服务或投放广告、网络订票平台用售票业务的亏损换取其他业务的收益、某些平台专门经营积分兑换、SaaS（Software - as - a - Service 的缩写，意思为软件即服务，即通过网络提供软件服务）云服务等业务。这些新业务及其运营的新商业模式产生了新的会计处理问题，对会计确认提出挑战和要求。下文以腾讯公司为例，分析其免费增值商业模式对会计确认提出的挑战。

（二）腾讯公司的免费增值商业模式简介

免费增值商业模式是 Osterwalder 和 Pigneur（2011）提出的一种免费模式。由于信息服务具有零边际成本的特点，许多互联网企业通过其构建的平台提供免费信息服务，吸引并连接了众多用户，以此为基础，企业通过互联网平台向客户提供增值服务，获得丰厚的收入，补偿其构建平台等方面的支出。换言之，这种商业模式通过免费服务吸引大量的用户，然后以庞大的用户群吸引付费的客户（如内容提供商和服务提供商），期望来自客户的有偿收入能够超过向用户提供无偿服务所发生的支出。腾讯公司就是对免费商业模式运用自如的典型例子。

腾讯公司的主要业务目前分五大板块：社交与通信、基于社交网络与网络游戏的增值服

务、在线广告、支付以及公共事业和基础设施。在这五大业务板块中，以 QQ 和微信为代表的免费社交通信平台是一级平台，支撑起网络游戏、微信支付、QQ 空间、腾讯视频等免费的二级内容平台。基于此，腾讯公司展开一系列的增值业务，成为“一站式在线生活平台”。

免费的一级社交通信平台具有显著的直接网络效应，与建立其上的收费增值服务之间形成双向正反馈效应。数量庞大、高黏性的用户群体的形成，为腾讯公司的业务拓展提供了无限的想象空间。同时，筑起了社交通信市场的进入壁垒，造成赢者通吃的局面，其他同类型平台很难再获得足够的市场份额。

二级内容平台包括社交网络（含网络游戏、特权订阅、数字内容）、支付以及在线广告等。网络游戏包括 QQ 游戏中心、高级休闲游戏、大型多人网络游戏和手机游戏四大类，每一大类游戏都是一个二级内容平台——它们通常将入口开在 QQ 或微信这样的一级平台上，以借助一级平台的网络效应聚敛用户。微信支付以用户资源为基础，快速渗透入各传统行业，通过移动电商入口、用户识别、数据分析、支付结算、用户关系维护、售后服务和维权、社交推广等，形成移动互联网商业解决方案的闭环。微信支付与微信之间形成了良好的正反馈效应：微信支付大幅提升微信用户的效用，增加微信平台的使用价值；使用价值更高的微信平台又吸引更多的用户使用微信。QQ 空间向用户提供免费的基础服务，向 VIP 用户提供特权订阅增值服务或按项目为用户提供增值服务。总体来看，二级平台借助一级平台的流量入口，在内容方面，有所为，有所不为。所为内容做专做精，经营表现卓越，尤其是网络游戏平台和支付平台等，奠定了腾讯公司收入规模和商业版图的坚实基础。所不为的内容交给合作伙伴，保证用户得以接触到高品质的内容，提升用户体验。

（三）免费增值商业模式对会计确认的挑战

1. 大量研发支出费用化。为了维持并强化免费增值商业模式，腾讯公司一直维持相当高的研发支出。2020 年 3 月 9 日，腾讯公司正式对外发布了《腾讯研发大数据报告》。这份报告披露：2019 年，腾讯公司研发人员占比高达 66%，在中国诸多科技公司中位居前列。同年，新增研发项目超过 3500 个。新增代码行数高达 12.9 亿，相比 2018 年增长了 30%。这些花费和成果的背后是高额的研发支出。腾讯公司是中国互联网企业中研发投入较高的企业，2017—2019 年研发开支分别为 174.56 亿元、229.36 亿元和 303.87 亿元，保持快速增长趋势，研发开支占收入总额的比重为 7%—9%。高额研发投入换来了产品服务的不断创新与迭代升级以及大量的专利。截至 2020 年 3 月底，腾讯公司在全球主要国家和地区专利申请公开数量超过 3.7 万件，授权专利超 1.4 万件。其绝大多数专利与产品服务密切相关，这使得腾讯成为中国互联网企业中最有产品经理文化的公司①。

根据现行会计准则，这些研发开支绝大多数因不符合会计准则关于研发支出资本化的条件而被费用化了，只能形成少量的无形资产。腾讯公司财务报告附注显示，其无形资产（剔除商誉后）仅包括：经授权的网络内容（包括视频及音乐内容）、游戏特许权、版权、电脑软件及技术以及不竞争协议等。这意味着，平台产品的建设和维护的绝大多数支出在发生时即作为费用处理，没有形成资产。也就是说，巨大的平台资源一直被排除在腾讯公司的

---

① 资料来源：http://baijiahao.baidu.com/s?id=1597964340696713405&wfr=spider&for=pc。

资产负债表之外。另外，由于数字产品的建设和维护开支大都存在“前多后少”的现象，而营业收入则表现出“前少后多”的特点，这导致腾讯公司利润表中收入和成本的高度不匹配，网络效应的经济后果被拆解、无从观察。从这个角度看，腾讯公司的财务报告对外部信息使用者的决策有效性因此大大降低。

2. 人力资源支出费用化。腾讯公司认为，激励制度也是一种产品，需要不断改进、迭代，员工是使用这种产品的顾客，企业必须关注员工的激励需求。在这一理念的指引下，腾讯公司创造了如“名品堂”等激励产品[①]。2016 年，手游《王者荣耀》以 68 亿元的营业收入进入“名品堂”；2017 年，这款游戏实现大众普及，成为当年全球最赚钱的手游产品，营业收入 19 亿美元[②]，约占腾讯公司当年网络游戏总收入的 12.7%。这一年，《王者荣耀》团队拿到腾讯公司激励制度最高等级荣誉“创始人奖”。这种“重金留英雄”的薪酬福利制度显示了腾讯公司对优秀人力资源的高度重视。

遗憾的是，与研发支出相似，人力资源支出因难以量化，只能作为费用，也被排除在资产负债表之外。这些重要的人力资源没有被纳入资产负债表，明显弱化了财务信息的相关性。许多新经济企业采用与腾讯公司一样的免费增值商业模式，在很大程度上依赖人力资源进行产品创造和维护，将人力资源支出费用化且不确认人力资源价值的会计处理，所形成的会计信息在决策有用性和受托责任评价方面的功效大打折扣。

3. 互联网平台及其网络效应在报表中无从反映。许多互联网企业生产的数字产品都是“零边际成本”，对它们来说，免费增值商业模式是一种理想的商业模式。但要想使该模式能够成功实施，企业需要具备聚集大量活跃免费用户的平台为前提，借助网络效应推动增值服务赚取收入。在以腾讯公司为例对免费增值商业模式的核心资源进行检视的过程中，我们发现，腾讯公司之所以能够成功实施这种商业模式，在于它对核心资源——两级平台的建设和维护作得极为出色，对其产生的网络效应的利用也非常有效。

但是，受限于现行会计准则，财务报告对以用户平台为核心资源、受平台网络效应驱动的免费增值商业模式相当“不友好”，平台资源建设维护支出与营业收入的确认期间不匹配，导致网络效应的经济后果很难在财务报表中得以体现。由于财务报告对平台资源及其网络效应的无视，腾讯公司这样成功的互联网企业只能按照其账面资产状况，宣称自己的主要业务是“投资控股”。而作为“投资类”企业，现行准则体系下，除了合并报表，进入利润表的只有财务投资的公允价值变动损益，以及以权益法进行后续计量的股权投资的“投资收益”。

这些事实强烈地提示我们，新经济时代的商业模式创新对财务会计产生重大冲击和挑战，要求企业在会计确认等方面进行全面革新。具体而言，对于采用免费商业模式的企业，如何将服务免费用户的研究支出、人力资源支出、平台资本支出等与向客户提供有偿服务的收入进行配比，对于使用者了解这类企业的实际盈利能力至关重要。

---

① “名品堂”是腾讯为尖兵团队保有创业公司般的活力而设立的。腾讯内部许多产品团队在其所处行业中处于领先地位，为了留住他们，“名品堂”首先明确给予这些团队殿堂级的荣誉，将他们的产品和成绩载入公司的史册，同时兑现的还有沉甸甸的奖金。奖金的分配不按人头或工作量，只按团队取得的绩效。资料来源：http：//www.sohu.com/a/164514409_349392。

② 资料来源：http：//chanye.07073.com/guonei/1727411.html。

二、商业模式决定会计确认

商业模式是企业为了为客户和股东创造价值而选择并执行业务方式，这些业务的执行将给企业带来一定的财务影响，而这些财务影响，需要通过会计确认和计量来体现，或者说，企业的商业模式导致其所执行业务的特点，进而导致企业在会计上需要通过一定的确认和计量来反映这些业务所导致的财务结果。

会计确认是其中的核心环节，它要求企业在判断商业模式给自己带来的财务后果的基础上，决定是否确认、何时确认、确认什么项目（由此需要判断财务报表要素的分类）等；同时，考虑会计计量的不确定性等问题，作出合适的会计确认。

另外，会计确认需要以记账单元为对象，记账单元的确定直接受商业模式的影响。对于记账单元的确定，我们需要考虑企业如何组合使用资产负债组合、组合内的资产负债有哪些、它们如何被组合起来、组合起来的价值有多少等问题，而这些问题都由商业模式来决定，也都影响企业的商业模式能否顺利进行。

三、商业模式对收入确认方法的影响

商业模式在收入确认中扮演着十分重要的作用，在很大程度上影响着收入是按总额法还是按净额法确认。例如，亚马逊、京东和阿里巴巴等世界上三大电商巨擘，2019 年利润表上确认的营业收入分别为 2805 亿美元（折合 19350 亿元）、5769 亿元和 5097 亿元。尽管亚马逊和京东确认的营业收入远高于阿里巴巴，但其商品交易总额（GMV，亚马逊为 4408 亿美元，京东为 20854 亿元）却大幅低于阿里巴巴（70530 亿元）。确认的营业收入与商品交易总额形成如此巨大的反差，原因在于不同商业模式导致的收入确认方法差异。亚马逊和京东均采用自营型商业模式，扮演着主要责任人（Principal）的角色，即对商品销售和服务提供承担主要责任，负责定价政策，承担存货和信用风险，因而按总额法确认收入，而阿里巴巴采用的则是平台型商业模式，扮演的是代理人（Agent）的角色，故按净额法将向平台上的商家收取的商品推介费和服务费确认为收入。同样地，Uber 和神州专车尽管从事的都是网约车业务，但 Uber 采用的 C2C 商业模式，具有轻资产、少人员等特点，其客户是网约车司机，而不是乘客，故按净额法确认收入。2019 年，Uber 的毛营业额（Gross Bookings）高达 650 亿美元，但确认的营业收入只有 142 亿美元，后者代表其向网约车司机收取的服务费和佣金等。相比之下，神州专车采用的则主要是 B2C 商业模式，具有重资产、多人员的特点，其客户是乘客，而不是网约车司机，故其在 2018 年按总额法确认了 59.5 亿元的营业收入（统计口径相当于 Uber 的毛营业额）。可见，收入确认对主要责任人和代理人的区分，离不开对商业模式的实质性判断。

如果收入确认中不考虑商业模式因素，或者说，企业不考虑其商业模式而作出与收入确认有关的会计处理，有可能会降低财务信息质量。例如，新收入准则规定，以捆绑销售为商业模式的电信运营商，必须把捆绑销售分拆为手机销售和电信服务，还需要考虑融资成分的影响，再以单独售价为基础，将一揽子价格分摊至各组成部分。同样地，对于以系统集成为商业模式的企业，新收入准则也要求企业将一揽子价格分摊至硬件和软件销售，并考虑融资成分。我们认为，收入准则关于区分履约义务和分摊交易价格的要求，表面上很精细、很严谨，但在某些情况下，实质上可能未必能如实反映企业的商业模式，据此产生的会计信息，既不符合成本效益原则，也不一定能够提供增量信息，甚至可能造成信息使用者的困惑。

仍然以上述捆绑销售为例，信息使用者关心的是电信企业和系统集成企业捆绑销售这种商业模式的整体创收能力，而不是细分的信息，也不会将电信运营商的手机销售收入与手机制造商的手机销售收入进行比较、将系统集成企业的硬件和软件销售收入与电脑硬件和电脑软件企业进行比较，因为它们相互之间显然不可比，强行对比并没有任何经济含义。电信运营商和系统集成企业的核心竞争力和价值创造能力，既不单独取决于硬件，也不单独取决于软件，而是取决于其整合服务和营销能力。

由此可见，制定和实施会计准则时如果不兼顾会计整体理论体系和企业的具体商业模式，会计处理结果就很可能与业务实质相背离，从而对会计信息质量产生负面影响。

第四节 商业模式对会计计量的影响

商业模式的本质是为客户和股东等利益相关者创造价值，价值创造过程及其结果需要通过会计处理得以体现，在这个过程中，不仅需要会计确认，也需要会计计量，从计量属性的选择上，反映商业模式给企业带来的财务影响。商业模式对会计计量的影响，主要体现在计量属性的选择和对计量结果变动的处理。

一、商业模式连接企业理论与计量属性

IASB 在 2018 年版《财务报告概念框架》中指出，资产或负债如何产生未来现金流量在一定程度上取决于主体经营活动的性质。例如，取决于主体经营活动的性质，同一资产可能作为存货出售、出租给另一主体，或用于该主体的业务。采用同一方法计量以不同的方式产生现金流量的资产或负债，会使不同的事项看起来相同，从而降低可比性。我们认为，企业的商业模式直接影响其经营活动的性质，进而影响其创造未来现金流量的方式，及其在记录某个交易或事项对企业财务影响时的会计计量，包括计量属性的选择，以及对于某个会计要素和项目的具体计量问题。

从商业模式角度可以窥见不同计量属性背后的逻辑所在。诚如英格兰与威尔士特许会计师协会（ICAEW）指出的，将企业理论与计量属性联结在一起的恰恰就是商业模式（ICAEW，2010）。按照科斯（Coase）的理论，企业存在的理由就是为了降低交易成本，通过组建企业，将一些契约行为内部化，从而降低包括签约在内的交易成本（科斯，1937）。对于大量经营活动在内部进行的商业模式（如大部分制造业企业）而言，没有与外部发生市场交易，没有市场价格可供参照，或者参照市场价格的计量不符合成本效益原则，历史成本就成了合理的计量属性。而对于大量经营活动在外部进行的商业模式（如大部分金融机构）而言，与外部频繁发生市场交易，形成大量可观察的市场价格，采用公允价值计量顺理成章。可见，商业模式是将企业理论与计量属性连接在一起的桥梁。换言之，借助商业模式这座桥梁，就可以解释混合计量模式下各种不同计量属性的选择。反之，离开商业模式，计量属性的选择就显得杂乱无章、一片混沌。从这个意义上说，财务报告概念框架在会计计量部分可借鉴 ICAEW 的分析框架，从理论上阐明“企业理论—商业模式—计量属性”之间的逻辑关系，为混合计量模式提供理论依据。

二、商业模式可以解释计量属性的选择

如前所述，欧洲财务报告咨询组（EFRAG）将商业模式划分为四种类型，并以这四种不同商业模式解释其对计量属性选择和对计量结果变动采用差异化处理的逻辑依据，如表7－3所示。

表7－3　商业模式及其对应的计量属性选择和计量变动处理

商业模式	计量属性的选择	计量变动的会计处理
价值转换型	历史成本	遵循配比原则
价差获利型	公允价值	计入当期损益（FVTPL）
长期投资型	公允价值	计入其他综合收益（FVOCI）
负债驱动型	公允价值选择权	匹配负债与资产计量属性

对于采用价值转换型商业模式的企业，存货和固定资产等资产主要用于经营，而不是为了出售，历史成本理所当然成为首选的计量属性，计量结果变动的会计处理遵循配比原则，将其与当期确认的相关收入相配比，据此编报的信息有助于评价企业投入产出的效率和效果。

对于采用价差获利型商业模式的企业，其购买存货或其他金融资产，目的是获得价格变动的收益，采用公允价值计量且将其计量变动结果计入当期损益合乎商业逻辑，据此编报的信息有助于评价企业价值管理和风险管理的效率和效果。

对于采用长期投资型商业模式的企业，其进行权益类的证券投资，是为了实现长期战略目标或平衡资产组合，公允价值计量虽然是恰当的计量属性，但如果将每个资产负债表日的计量结果变动直接接入当期损益，不仅与长期投资的初衷相悖，且缺乏经济意义，将其计入其他综合收益无疑更加科学合理，据此编报的信息有助于评价企业战略管理的成效。

对于采用负债驱动型商业模式的企业如保险公司，其利用保费等负债性收入投资于有价证券，只有赋予其公允价值选择权，才可避免金融资产与金融负债由于采用不同计量属性而产生错配效应（mismatched effect），据此得出的信息有助于评价企业的资产负债组合是否有效。

三、基于商业模式的计量属性选择可以提升财务信息质量

从EFRAG研究报告可以看出，对于同样的资产和负债，之所以存在多种计量属性，且其计量结果的变动采用不同的会计处理，正是因为不同企业，甚至同一家企业对相同的资产和负债采用不同商业模式的结果。

商业模式的差异，不仅较好地解释了企业对同类资产和负债采用不同计量属性及其相关会计处理的原因，也更加如实地反映企业在不同商业模式下的管理效果和效率，提升企业的财务信息质量，向信息使用者提供更有用的信息。可见，引入商业模式概念，有助于财务信息提供者对计量属性的合理选择，也有助于提升信息使用者对企业会计信息的理解。

第五节 商业模式对会计信息列报的影响

商业模式阐述企业如何创造价值，财务报告则描述企业在一定会计期间是否已经创造价值、创造了多少价值（反映在利润表中）、用于创造价值的各项资源状况如何（反映在资产负债表中）、由此带来了多少现金流（反映在现金流量表中），为财务报告使用者评估企业的相关财务情况提供信息。会计信息的列报和披露方式，在很大程度上受到商业模式的影响。

一、投资者希望结合商业模式使用财务报告

企业的投资者，特别是长期投资者，非常重视企业的商业模式，它们会借助财务报告等信息了解企业的商业模式，财务报告如果无法充分反映企业的商业模式，其作用将会大幅减弱。购买或持有企业股份的长期投资者，在比较并选择所要投资的企业之时，通常会首先考虑市场上企业现有业务的主要参与者是谁、企业所实施的战略是否有利于在该行业保持市场份额、企业内部如何组织起来赚钱。换句话说，它们的商业模式是什么。既然商业模式会影响企业的价值创造能力和核心竞争力，那么，以结构化方式对影响企业创造价值和维持竞争力的驱动因素进行披露，显然有助于提高会计信息的质量特征，使投资者更好地评价企业的业绩以及企业管理层是否按既定商业模式有效履行受托责任。

运用商业模式是为了创造价值，所创造的价值需要借助利润表的列报来反映，用于创造价值的资产和负债需要借助资产负债表来反映。商业模式之所以可以被称为“模式”，是因为企业选择商业模式创造价值的过程具有可复制性，因此，在会计处理上，特别是在会计信息的列报方面，需要让使用者理解哪些是可复制性的商业模式造成的财务影响，哪些不是，这需要在列报中列示和披露区分是否经常/日常经营结果等会计信息。

商业模式能够有效地对收入和费用进行区分、排序和组合，使得按商业模式处理后的会计信息更加有用。例如，可以根据商业模式判断是否重复发生，将损益项目区分为正常项目和非正常项目，帮助投资者恰当识别和评估企业未来的盈利能力和现金流量创造能力。

二、使用者关注商业模式因素对企业业绩的影响

近年来，TMT（电信、媒体和技术）行业以及资本密集型行业，越来越多地披露“非公认会计原则业绩指标”。这些指标日益盛行，在一定程度上与会计准则的规定对行业特点和商业模式考虑不足有关。为此，越来越多的企业根据行业特点和商业模式，在按照公认会计原则计量的税后利润基础上，剔除与经营业务无关且没有现金流入或流出的因素，调节为非公认会计原则的税后利润，以便向投资者呈现企业真实的经营业绩和财务状况。

同时，许多新经济企业由于具备与旧经济企业迥异的商业模式和竞争环境，出于对其未来前景的展望，在短期亏损或薄利的情况下仍被资本市场过高估值，财务分析师在对这些企业估值时，经常会根据企业的商业模式特点，参考月活跃用户人数（MAU）等非财务指标，甚至将这类数据作为企业估值的主要参考依据。

这充分说明，引入商业模式的概念，有利于提高信息披露的质量，避免非公认会计原则

业绩指标日益普遍而削弱会计准则的权威性和相关性。

三、基于商业模式的列报有助于增强会计信息质量

一家企业可以有不同的“赚钱”方式，因此可以有多种商业模式。如上所述，EFRAG认为，关注企业的一种或多种商业模式，应能反映该企业的运营及其获利程度，因此为预测未来现金流量和评估受托责任提供有用信息。为了达成这一目标，EFRAG建议，与企业的价值创造过程，即如何创造现金流量的相关活动应当被报告在损益中。EFRAG进一步认为，考虑企业资源的流入和流出是其财务业绩的最佳反映（EFRAG着眼于资源，而不是现金流量的流入和流出，以避免过于狭隘地将商业模式解释为仅限于现金交易，且应当确认非现金交易的影响）。

披露商业模式信息，有助于投资者评估并了解企业如何“赚钱”、如何向资本提供者提供其所投入资源的适当回报、如何承受风险，以及如何组织资源以减轻这些风险。我们对“商业模式”一词的假定含义着眼于企业的价值创造，即如何产生现金流量的过程。如果是非金融机构，商业模式代表企业在其所经营的行业和地域市场内端到端的价值创造过程。

四、商业模式对分部报告的影响

商业模式也会对经营分部的划分和披露及其费用的分摊产生影响。表7－4列示了腾讯公司2016—2019年的分部报告。

表7－4　2016—2019年腾讯公司分部报告（倒序）　单位：亿元

		增值服务	网络广告	其他服务	合计
2019年	营业收入	2000	684	1089	3773
	占比	53%	18%	29%	100%
	营业毛利	1059	335	281	1675
	占比	63%	20%	17%	100%
2018年	营业收入	1766	581	780	3127
	占比	56%	19%	25%	100%
	营业毛利	1027	208	186	1421
	占比	72%	15%	13%	100%
2017年	营业收入	1540	404	433	2378
	占比	65%	17%	18%	100%
	营业毛利	926	148	94	1168
	占比	79%	13%	8%	100%
2016年	营业收入	1078	270	171	1519
	占比	71%	18%	11%	100%
	营业毛利	702	116	27	845
	占比	83%	14%	3%	100%

资料来源：腾讯控股2016—2019年度财务报告。

截至2019年年底，微信的用户已经超过11亿，这些用户是腾讯通过免费式商业模式获取的。为了维护微信这个拥有海量用户的社交平台，腾讯每年需要耗费数十亿元，在披露分部报告时，是否应将微信平台的维护费用（即用户获取成本）分摊至增值业务（主要是网络游戏）、广告服务和其他服务等三个分部？

推而广之，在免费增值商业模式下，企业向用户和客户提供的免费服务所发生的费用，是否应分摊至衍生的收费业务？目前，腾讯尚未将用户获取成本分摊至这三个分部，其结果夸大了这三个分部的盈利能力，不利于投资者评估和预测不同分部的真实盈利前景。可见，在免费增值商业模式日趋盛行的背景下，分部报告有必要明确考虑商业模式对经营分部划分及其费用分摊的影响。

第八章　基于商业模式视角的会计改革建议

通过上一章的分析，我们可以清楚地认识到，商业模式对会计的分类、确认、计量、列报和披露产生全面影响，我们有必要正视并重视这种影响，并在企业会计处理中予以反映。尽管商业模式对会计处理产生如此深远的影响，但会计准则制定机构迄今尚未明确承认商业模式在会计处理中的角色和地位。为此，本章基于商业模式的视角，提出改进和完善基本准则和具体准则的政策建议。

第一节　基本准则层面的建议

商业模式差异较好地诠释了企业作出不同的财务报表要素分类、收入确认方式、计量属性选择和财务信息列报背后的逻辑基础。既然如此，对于理论基础，我们有必要在财务报告概念框架（我国称为“基本准则”）层面澄清和明确商业模式在财务报表要素分类、确认、计量、列报中的地位和作用，为会计准则如何考虑商业模式因素提供明确的指引，从而以系统的、一致的方式指导会计准则的制定，避免目前在准则中以零散和临时的方式（ad hoc approach）考虑商业模式的权宜做法。简言之，会计准则的制定和会计政策的选择，应当将商业模式作为一个重要的变量。

一、基于商业模式产生的信息与财务报告目标相契合

财务报告不仅为使用者提供企业通过何种方式管理和使用资产和负债以创造价值的信息，也反映了企业过去执行特定商业模式的效果，有助于使用者从持续经营的角度预期企业按照现有商业模式的运行将会在未来产生的财务成果，这些信息都是评估未来现金流和受托责任的主要依据，与财务报告的决策有用观和受托责任观相契合。

财务报告的目标，归根结底是满足使用者的信息需求，而投资者、债权人等信息使用者在作出投资和信贷决策前，往往要先了解关乎企业核心竞争力和价值创造能力的商业模式。不了解商业模式之前，他们是不可能贸然决策的。因此，为了更好地实现财务报告目标，在基本准则和会计准则层面同时引入商业模式概念是十分必要的，与财务报告以满足使用者信息需求为导向相一致。

我们建议，在基本准则中明确商业模式的角色地位，有利于更好地实现财务报告目标。特别是商业模式是联结企业理论和计量属性的天然“桥梁”，能够为混合计量模式下计量属性的选择提供合乎经济学的理论解释，有必要在基本会计准则的层面，明确商业模式在会计

政策选择和具体会计处理的角色和地位。

二、基于商业模式产生的信息符合信息质量的要求

从相关性的角度看，如果考虑商业模式的影响，财务报告以企业最可能采用的价值创造方式来描述现金流量的获取和使用，将顺应使用者对企业商业模式信息需求的关注，具有相关性的质量特征；从如实反映的角度看，商业模式本身就是企业的经济实质之一，基于它而编制的财务报告所反映的现金流量信息也是最接近企业的经济现象，具有如实反映的质量特征；从可比性的角度看，对于看似相同的交易，如果企业采用不同的商业模式，就会对其现金流量产生不同的影响，基于“实质重于形式”的原则，对这样的相似交易采用不同的会计处理，实际上提高了可比性；从可理解性的角度看，财务报告如果能够让使用者通过它更好地理解企业的商业模式，相当于了解企业重要的经济实质的一部分，即创造价值和现金流量的方式，必然会提高会计信息的可理解性。

三、识别商业模式是准则制定的重要参考依据

事实上，IASB 在一些会计准则的结论基础部分，经常用商业模式来解释支持或反对财务报表要素的不同分类、确认、计量和列报方法的理由。

这或许是 IASB 于 2013 年发布《财务报告概念框架的评论》（*A Review of the Conceptual Framework for Financial Reporting*）讨论稿（DP）的原因之一。在该讨论稿第九节中，IASB 以非常开明包容的态度，用相当大的篇幅分析了商业模式在会计准则中的运用问题，并广泛征求各界的意见。对此，欧洲财务报告咨询组（EFRAG）在 2013 年发布了三份极具深邃思想性的研究报告，分别是 2013 年 6 月发布的研究公报《获取一个更好的框架：商业模式在财务报告中的角色》、2013 年 12 月发布的研究报告《商业模式在财务报表中的角色》和 2015 年 7 月发布的《获得一个更好的框架：损益与其他综合收益》。这三份研究报告极力主张并建议 IASB 在修订财务报告概念框架时明确商业模式的角色地位。

遗憾的是，基于对商业模式缺乏权威定义和担心商业模式可能降低会计信息可比性的考虑，IASB 在财务报告概念框架的征求意见稿和最终稿，选择回避“商业模式”一词，用“业务活动”（business activities）取而代之。在 2018 年版财务报告概念框架的“结论基础”第 29 至 33 段中，IASB 指出，尽管商业模式对分类、确认、计量和列报产生了重大影响，但它并不认为商业模式是一个“影响一切的概念”（overarching concept），对财务报告所有方面的影响方式和影响程度不具有普遍性，因而更倾向于在准则层面拓展对商业模式的运用，并以 IFRS 9 中对商业模式的讨论为例来解释如何运用此概念。IASB 认为，未来对概念框架作进一步修订时，可考虑从计量单元、计量属性的选择以及资产、负债、权益、收入和费用的分类等角度，明确商业模式在其中的角色地位。

我们认为，商业模式对于企业会计处理的影响将持续加大，这既是商业模式不断创新的必然结果，也是公允价值计量冲击下的思维创新，它改变了原有计量模式以实际交易作为确认基础的要求，转而从资产创造价值、贡献现金流量的角度入手对财务报表要素分类、确认、计量和列报进行规范，更加符合企业的经济实质，更有助于投资者对企业决策的判断和对受托责任的评价。反对在会计准则中推广商业模式的意见，主要是出于商业模式现有定义不明确导致被滥用风险的担心。这反而说明，在财务报告概念框架层面上厘清商业模式的定

义、明确商业模式的地位、给予商业模式应有的名分是极其必要的。

四、有必要在基础概念中澄清商业模式的影响

上述分析表明，基于商业模式产生的会计信息不仅契合财务报告目标，有助于提升会计信息质量特征，可用于指导会计准则的制定和会计政策的选择，而且影响财务报表要素的分类、确认、计量和列报。现行基本准则和具体准则对商业模式的明确和隐含运用大量存在，商业模式的差异往往要求企业对相似交易或事项进行不同的会计处理。基于此，我们认为，有必要从商业模式角度，对基本准则进行修订，据此编制的财务报告将会更加清晰地反映企业在商业模式方面的相关信息。

商业模式应在包括财务报表在内的财务报告中发挥作用。如果不这样做，将会导致会计信息的相关性降低，无法如实反映经济现实，有损于可比性和可理解性。因此，商业模式概念应纳入基本准则。

基本准则中应当明确商业模式的角色和地位。我们不认为应该维持现状，只是在准则层面临时或明或暗地提及商业模式。我们支持在基本准则中开宗明义地说明商业模式对报表要素分类、确认、计量和列报的影响，为准则制定提供更具针对性的指引。这些指南将有助于在具体准则层面识别企业是否以及何时考虑商业模式。基本准则还应要求商业模式应当是可观察且可验证的。如果应用商业模式相关术语，就应当在基本准则和具体准则层面对这些术语进行描述和界定。基本准则还应突出并阐述在具体准则层面，商业模式如何在确认、计量、列报和披露中发挥作用。

五、基于商业模式修订基本准则的建议

我们建议，从以下几个方面修订我国的基本准则，以反映商业模式对财务报告产生的深远和广泛的影响。

（一）定义商业模式

如前所述，学术界和实务界基于不同角度对商业模式进行界定，形成五花八门的定义。尽管这些定义各有其合理基础，但大多与财务报告的关联性不大。为了实现决策有用性和受托责任评价这两个核心目标，财务报告应当如实反映企业创造价值和现金流量的方式。从这个意义上说，我们比较认可 EFRAG 关于从价值创造和现金流量角度来定义商业模式的主张，以免商业模式概念无限扩大化。我们建议，在基本准则的“总则”里，按下列方式对商业模式进行定义：

商业模式是报告主体通过其核心经营活动创造价值和现金流量的主要方式。

该定义有四个显著特点：一是从报告主体层面，而不是具体业务层面来辨识和确定商业模式，具有较大的稳定性；二是商业模式与报告主体的核心经营活动相关联，而不是从次要经营活动、投资活动和融资活动等其他活动方面来理解；三是商业模式的核心要义是创造价值和现金流量，后者包括来自核心经营活动业务收入的现金流入和为了获取该收入而发生的现金流出，从整体上看，两者的差额再减去股权资本投入就是报告主体为股东创造的价值；四是商业模式关注的是报告主体创造价值和现金流量的主要方式，而不是难以穷尽的其他次要方式。

（二）明确商业模式的地位

与国际财务报告准则体系一样，我国不论是在基本准则层面还是在具体准则层面上，都存在着对商业模式的明确运用和隐含运用。既然商业模式对财务报表要素分类、确认、计量和列报产生全方位的影响，用于指导准则制定和专业判断的基本准则就有必要明确商业模式的角色，给予其名正言顺的地位，而不应遮遮掩掩，更不应采用诸如“业务活动”（Business Activities）等模棱两可的术语，试图回避“商业模式”这一日益为投资者所接受的术语，与千方百计满足投资者等使用者的信息需求背道而驰。如果以这样的鸵鸟心态对待商业模式，将导致相关会计信息的供给不足，是对投资者等信息使用者的不负责任。

（三）增加相关条款

为此，建议在保持基本准则现有框架结构的情况下，增加以下一些条款。

1. 在第一章“总则”中，增加有关商业模式的两个条款：一是说明会计准则的制定必须考虑商业模式对财务报表要素分类、确认、计量和列报的影响；二是说明企业应当选择与其商业模式相契合的分类、确认、计量和列报方法。

2. 在第二章“会计信息质量要求”中，增加一个条款，要求企业的会计处理与其商业模式相吻合，且能够反映其价值创造驱动因素。

3. 在第三章、第六章、第七章和第八章，分别增加一个条款，说明资产、收入、费用和利润的分类和确认应当考虑商业模式的因素。

4. 在第九章“会计计量”中，增加一个条款，说明商业模式是会计计量属性选择的一个重要变量，并阐明商业模式、企业理论和计量属性之间的相关关系，指出商业模式是联结企业理论与计量属性的“桥梁”，有助于企业根据商业模式选择恰当的计量属性。

5. 在第十章“财务会计报告”中，增加一个条款，要求企业编报的资产负债表、利润表和现金流量表必须契合其商业模式，有助于信息使用者了解和评估企业按现行商业模式使用资产和负债、为客户和股东创造价值的关键驱动因素。

（四）明确商业模式的属性

如果商业模式要为企业针对相同交易采用不同会计处理提供正当理由，有必要在基本准则中阐明商业模式的属性，以便企业辨识商业模式时作为参考。我们在借鉴 EFRAG 研究报告《商业模式在财务报表中的作用》（EFRAG，2013）的基础上，提出商业模式必须具备以下 6 个属性。

1. 核心经营活动周期的长度。核心经营活动周期的长度直接影响到企业将投入转化为产出所需要的时间，进而影响到企业通过核心经营活动创造现金流量的时间分布（Timing）、金额（Amount）和不确定性（Uncertainty），这些信息显然是投资者和债权人等会计信息使用者进行决策所关心的。核心经营活动周期的长度，在很大程度上决定着会计处理方法的选择。例如，企业的存货拟在短期内出售，采用成本与可变现净值孰低（Lower of Cost or Net Realizable Value）计价是合适的，因为这样可以更加准确地反映这些存货预期的变现时间、变现金额和变现不确定性；企业如果拟长期持有存货，则这种计价结果显然与这些存货的预期变现周期和金额不相关。又如，投资银行持有的金融资产如果拟在短期内出售，则采用 FVTPL 的会计处理与这些金融资产的预期变现周期和变现金额相吻合。反之，如果金融资产拟作为投资银行的战略性投资准备长期持有，FVOCI 的会计处理结果与这些金融资产预期产生的现金流量更为相关。

2. 投入要素的运用方式。这涉及企业以何种方式将投入转化为产出，是将投入要素用于生产过程，还是不需要作出任何改变就可直接出售。如果企业购入的存货只有进一步加工生产方可出售，这时采用成本计量就比较合理；如果企业购入的存货不需要进一步加工即可出售，则以成本与市价孰低或者公允价值计量更为合理；如果企业的固定资产不准备继续用于生产，而是拟在短期内出售，此时，根据《企业会计准则第 42 号——持有待售的非流动资产、处置组和终止经营》的相关规定，将按历史成本计量改为按公允价值减出售费用计量无疑更加合适。

3. 产出用于创造现金的方式。这关系到企业的产出是用于出售以立即创造现金，还是通过出租的方式而在长期内获得稳定的租金。例如，企业持有一项房产，如果是前者，以成本与市价孰低进行计量是恰当的，如果是后者，将其作为投资性房地产，并按公允价值计量无疑更加合适。

4. 经营活动的风险类型。经营活动的周期和对相关资产的控制程度，直接影响到企业所暴露的风险类型和风险程度。例如，对于出租人而言，资产租赁的期限长短、对租赁资产解除控制的程度，背后所隐含的风险类型和风险程度是不一样的，这决定着出租人是将该租赁作为经营租赁还是作为融资租赁进行会计处理。

5. 创造现金流量的不确定性程度。上述四种属性直接影响到不同商业模式创造现金流量的不确定性程度，而这恰恰是财务报告致力于反映的最重要信息之一。

6. 资本的密集程度。资本性投资的密集程度可能影响到投资的回收周期，进而影响到企业是否遭受更为长期的额外风险。例如，技术迭代迅速的资本密集型企业，其固定资产可能因为技术进步和商业模式创新等原因而遭受更大的减值风险，对其进行定期减值测试并及时计提减值准备的会计处理就显得特别必要。反之，对于技术迭代缓慢且资本密集程度不是很高的企业，进行固定资产减值测试和计提减值准备就没有那么迫切。

（五）明确商业模式的运用标准

为了提高会计准则的质量、防止企业滥用商业模式进行盈余操纵，有必要在基本准则层面明确指出，用于指导会计准则制定和企业选择会计政策的商业模式应当遵循适当的标准。我们认为，EFRAG 在《商业模式在财务报表中的作用》中提出的下列 6 个标准极具借鉴价值。

1. 经济实质标准。基于商业模式的会计处理能够更好地反映交易或事项的经济实质，且采用不同的确认和计量基础能够使财务报表更好地反映价值创造驱动因素。

2. 一致性标准。基于商业模式的会计处理能够带来所有报告信息的一致性，能够通过在资产负债表与利润表之间建立一种自然关联性的方式反映财务信息，能够让使用者以可理解的方式形成对企业业绩的有效看法和预期。

3. 业绩评价标准。基于商业模式编制的财务报表能够让使用者获取真实反映企业业绩的评价指标。目前很多企业诉诸在主要财务报表之外披露非公认会计原则业绩指标，就是为了便于使用者获得能够更好地反映其商业模式的业绩评价指标。此外，分部报告也有助于实现类似的目标，而分部的划分显然与商业模式密切相关。

4. 可比性标准。基于商业模式的财务报表能够以相似的方式反映相似的经济现象，以提高会计信息的可比性。

5. 预测性标准。基于商业模式的会计处理产生的信息更有助于使用者预测包括现金流量在内的企业未来业绩。

6. 可验证性标准。企业能够根据历史经验或其他方法提供有关商业模式的可验证性证据。

只有符合上述一个或多个标准，以商业模式为基础，针对表面相同的交易采用不同会计处理方法才有其正当性。必须说明的是，EFRAG 提出的上述标准是探索性的，尚未获得权威支持。我们认为，在这 6 个标准中，第一个标准最为重要，即使其他 5 个标准未能全部满足，也应当在准则制定或会计政策选择中将符合此标准的商业模式作为一个重要的参考因素。

第二节 具体准则层面的建议

在实务工作中，企业的会计处理必须遵循具体准则，因此，有必要在基本准则的指导下，改进具体准则，反映商业模式对会计的影响。以下将分析具体准则对于商业模式影响的反映，进而对相应的具体准则修订提出建议。

一、在具体准则中反映商业模式的影响

在具体准则中，有必要根据不同的商业模式，要求或允许企业采取不同的会计处理政策，以反映企业的业务特点及其财务结果。

（一）在相关准则中要求考虑商业模式

对于存货、投资性房地产、生物资产、所得税、租赁、保险合同、金融资产分类、分部报告等，有必要从商业模式的角度来考虑具体的确认和计量问题，因此，建议在相关准则中增加会计处理必须如实反映企业的商业模式等相关要求。

（二）收入准则

在收入确认五步骤的第二步——识别单项履约义务和第四步——分摊交易价格中，对于系统集成业务，建议作出专门的规定，以体现这类商业模式对企业的财务影响。在判断企业是主要责任人还是代理人时，有必要考虑企业的商业模式。另外，由于技术和业务创新层出不穷，而它们对于企业未来的收入可能产生巨大的影响，因此，在披露要求中，应当鼓励企业披露来自新技术、新产品和新商业模式的营业收入，以及企业的相关非财务数据。

（三）财务报表列报准则

考虑到商业模式对企业影响的深远性和多样性，建议要求并鼓励企业在报表“附注”部分尽可能披露与商业模式相关的信息；对于费用分类，要求企业考虑商业模式的影响；对于知识和技术密集型企业，建议要求其披露被计入费用的研发支出等无形的投资金额；对于资产负债表和利润表中的项目分类与列报，需要考虑划分为经营类、投资类和融资类（三分类法）的必要性和可行性；鼓励企业披露对于未来具有不同影响效果的支出。

（四）分部报告准则

在编制合并财务报表的情况下，分部报告信息对于投资者、债权人等信息使用者进行有效的横向对比、分析十分重要。尽管该准则要求同时披露主要分部的收入和费用，但目前大多数上市公司只披露主要分部的收入，鲜有对主要分部的费用进行披露，不利于信息使用者

评价分部的业绩表现。对此，应当予以严格要求。此外，建议要求企业说明分部的划分如何受到商业模式的影响。

二、基于商业模式的修订建议

国际财务报告准则已经以明确或隐含的方式大量运用商业模式概念，这必然影响到与之高度趋同的我国会计准则。基于商业模式对具体准则的广泛影响，我们提出以下修改建议。

我国涉及商业模式的会计准则包括两类：明确运用商业模式概念的会计准则和隐含运用商业模式概念的会计准则。前者包括《企业会计准则第22号——金融工具确认和计量》《企业会计准则第14号——收入》和《企业会计准则第18号——所得税》，后者包括《企业会计准则第2号——存货》《企业会计准则第3号——投资性房地产》《企业会计准则第5号——生物资产》《企业会计准则第21号——租赁》《企业会计准则第25号——原保险合同》《企业会计准则第30号——财务报表列报》和《企业会计准则第35号——分部报告》。下文按这些准则号的顺序，分别针对这些准则提出修改建议。

1. 对《企业会计准则第2号——存货》的修改建议。将第二章第十五条修改为："资产负债表日，存货应当按成本与可变现净值孰低计量，但商品经纪商可按公允价值减去销售费用计量，并将其变动计入损益，以契合其商业模式。"

2. 对《企业会计准则第3号——投资性房地产》的修改建议。一是将第一章第二条修改为："投资性房地产，是指以赚取租金或资本增值，或两者兼有的商业模式而持有的房地产。"二是将第四章第十三条修改为："企业有确凿证据表明其持有房地产的商业模式发生改变时，满足下列条件之一的，应当将投资性房地产转换为其他资产或将其他资产转换为投资性房地产"。

3. 对《企业会计准则第5号——生物资产》的修改建议。将第三条修改为："生物资产根据企业对其运用的商业模式，分为消耗性生物资产、生产性生物资产和公益性生物资产。消耗性生物资产是指企业以出售或者在将来收获农产品为商业模式而持有的生物资产，包括生长中的大田作物、蔬菜、用材林以及存栏待售的牲畜等。生产性生物资产，是指企业以产出农产品、提供劳务或出租等为商业模式而持有的生物资产，包括经济林、薪炭林、产畜和役畜等。公益性生物资产，是指以防护、环境保护为商业模式而持有的生物资产，包括防风固沙林、水土保护林和水源涵养林等。"

4. 对《企业会计准则第14号——收入》的修改建议。一是将第二章第九条修改为："合同开始日，企业应当对合同进行评估，识别该合同所包含的各单项履约义务，并确定各单项履约义务是在某一时段内履行，还是在某一时点履行，然后，在履行了各单项履约义务时分别确认收入。但以系统集成为商业模式的企业，可以将整份合同视为单项履约义务，在转移系统集成控制权时一次性确认收入。"二是将第三章第十四条修改为："企业应当按照分摊至各单项履约义务的交易价格计量收入，但以系统集成为商业模式的企业除外。"三是将第六章第三十四条修改为："企业应当根据其商业模式以及在向客户转让商品前是否拥有对该商品的控制权，来判断其从事交易时的身份是主要责任人还是代理人"。此外，在第六章"列报"部分，应当鼓励企业披露来自新技术、新产品和新商业模式的营业收入，以及企业在特有的商业模式下可能严重影响其未来收入规模增长的非财务数据。

5. 对《企业会计准则第18号——所得税》的修改建议。将第五章第十八条修改为：

“递延所得税资产和递延所得税负债的计量，应当反映资产负债表日企业预期收回资产或清偿负债方式的纳税影响，即在计量递延所得税资产和递延所得税负债时，应当采取与收回资产或清偿债务的预期商业模式相一致的税率和计税基础。”

6. 对《企业会计准则第 21 号——租赁》的修改建议。一是将第二章第五条修改为：“为确定合同是否让渡了在一定期间内控制已识别资产使用的权利，企业应当结合其商业模式，评估合同中的客户是否有权获得在使用期间内因使用已识别资产所产生的几乎全部经济利益，并有权在该使用期间主导已识别资产的使用。”二是第二章第九条第二款修改为：“合同中同时包含租赁和非租赁部分的，承租人和出租人应当根据其商业模式将租赁和非租赁部分进行分拆，除非企业适用本准则第十二条的规定进行会计处理，租赁部分应当分别按照本准则进行会计处理，非租赁部分应当按照其他适用的企业会计准则进行会计处理。”三是将第四章第三十五条修改为：“出租人应当在租赁开始日按照其商业模式，将租赁分为融资租赁和经营租赁。……融资租赁，是指以实质上转移了与租赁资产所有权有关的几乎所有全部风险和报酬为商业模式的租赁。其所有权最终可能转移，也可能不转移。”四是将第三十六条修改为：“一项租赁属于融资租赁还是经营租赁，取决于出租人的商业模式以及交易的实质，而不是交易的形式。如果一项租赁的商业模式实质上转移了与租赁资产所有权有关的几乎全部风险和报酬，出租人应当将该项租赁分类为融资租赁。”五是将第六章第五十五条第一款修改为：“承租人应当根据理解财务报表的需要，披露有关租赁活动的其他定性和定量信息。此类信息包括：（一）租赁活动的性质，如对租赁活动基本情况的描述和相关商业模式。”六是将第六章第五十九条第一款修改为：“出租人应当根据理解财务报表的需要，披露有关租赁活动的其他定性和定量信息。此类信息包括：（一）租赁活动的性质，如对出租人商业模式的描述。”

7. 对《企业会计准则第 22 号——金融工具确认和计量》的修改建议。一是在“总则”中增加一个条款，明确金融资产的分类以及公允价值变动的会计处理受到商业模式的影响，并对商业模式的定义进行界定。二是在第三章第十六条和第十七条以及第六章第二十七条中将“业务模式”修改为“商业模式”。

8. 对《企业会计准则第 25 号——原保险合同》的修改建议。一是将第二章第四条第一句修改为：“保险人与投保人签订的合同是否属于原保险合同，应当考虑保险人的商业模式，在单项合同的基础上，根据合同条款判断保险人是否承担了保险风险。”二是将第三章第八条修改为：“保险人应当根据其商业模式，按照下列规定计算确定保险费金额。”三是在第六章第二十四条增加一款，说明商业模式对会计处理的影响。

9. 对《企业会计准则第 30 号——财务报表列报》的修改建议。一是将第二章第四条最后一句修改为：“如果按照各项会计准则规定披露的信息不足以让报表使用者了解特定交易或事项对企业财务状况和经营成果的影响时，企业还应当披露包括商业模式在内的其他必要信息。”二是将第四章第三十条修改为：“企业应根据其商业模式，在利润表中对费用按照功能分类，分为从事经营业务发生的成本、管理费用、销售费用和财务费用等。”三是将第六章第三十九条第二款第二项修改为：“企业的商业模式和主要活动。”四是将第六章第三十九条第七款第二项修改为：“企业应当在附注中披露费用按性质分类的利润表补充资料，可将费用分为耗用的原材料、职工薪酬费用、折旧费用、摊销费用等。对于知识和技术密集型企业，还应当列示主营业务成本、研究开发费用、销售费用和管理费用中所包含的职工薪酬费用。”

此外，建议在准则制定过程中，认真斟酌将资产和负债、收入和费用进一步划分为经营类、投资类和融资类（三分类法）的必要性和可行性。我们认为，资产和负债以及收入和费用的三分类法有助于提高资产负债表和利润表的信息含量，对于投资者、债权人等信息使用者评估企业的经营业绩以及业绩的可持续性很有益处，值得探索和尝试。

最后，建议在该准则中鼓励企业披露细化的支出，将支出细化为三类：与当期经营有关的成本费用、与未来发展有关的支出、一次性特殊支出。目前的做法是将这三种不同性质的支出高度浓缩、混为一谈，不利于信息使用者对支出的性质进行评估。

10. 对《企业会计准则第 35 号——分部报告》的修改建议。一是将第二章第四条修改为：“企业披露分部信息，应当按照商业模式区分业务分部和地区分部。”二是将第二章第五条第二款修改为：“企业在确定业务分部时，应当结合商业模式和内部管理要求，并考虑下列因素……”。三是将第二章第六条第二款修改为：“企业在确定地区分部时，应当结合商业模式和内部管理要求，并考虑下列因素……”。

建议在修订该准则时严格要求企业同时披露主要分部的收入和费用。此外，对于采用免费商业模式的企业，应当要求其说明免费服务与有偿服务之间的关系，并根据因果关系或其他基础，将免费服务发生的支出合理分配至有偿服务项目中，以便投资者更好地评估有偿服务项目的真实盈利能力。

第三节 会计处理层面的建议

在基本准则和具体准则的规定下，企业还要根据具体业务，考虑其商业模式，作出恰当的会计处理。以下从会计处理角度着手，提出企业在会计处理中反映商业模式的相关建议，主要以收入、金融工具及租赁业务为对象，提出企业在会计确认、计量、列报和披露中应当如何反映不同商业模式下的财务影响。

一、收入确认应反映商业模式特征

随着经济社会的发展，特别是信息通信技术的高速发展，企业正在不断创新商业模式，以便提升价值创造能力和市场核心竞争力。新经济和新商业模式的出现和发展，给企业在会计上如何确认收入提出新的挑战。

对于新经济和商业模式，目前还没有一个权威的、公认的定义。但大都认为，新经济本质上是一种知识经济，以智力、研发、创意、创新、数据等无形资源为主要驱动因素，依靠信息技术进步和商业模式创新推动经济全球化的智慧型经济形态；商业模式关注的核心问题是如何为客户和股东创造价值。无论是新经济，还是新商业模式，都要求企业利用现有资源来创造价值，也都必须获得收入，在财务报表上，通过收入的确认体现其在新环境下创造价值的能力和结果。因此，商业模式对于企业如何确认收入影响重大，在某些情况下，甚至直接决定企业何时确认、应当确认多少收入。新经济企业在新经济环境下逐渐成长，大多伴随着信息通信技术的蓬勃发展而壮大，是创造和利用新商业模式的主力军，它们获取收入的特点经常有别于传统企业，在收入确认上的会计处理也值得我们深入研究。

我国财政部于2017年7月公布修订后的《企业会计准则第14号—收入》（以下简称“新收入准则”，并将修订前的准则称为“旧收入准则”），要求企业遵循识别客户合同、识别履约义务、确定交易价格、分摊交易价格、确认收入等五个步骤（统称“五步法”）来分析相关业务并确认收入。根据规定，该准则分步实施。

可以预见，不少企业将在执行新准则中遇到一些问题，特别是新经济企业和采用新商业模式的企业，由于其创新的业务特征，在某些业务的收入确认方面，很可能会面临更大的困惑。以下对此进行探讨，提出需要注意的问题点和解决办法，希望新经济企业能够更顺利地执行准则，向利益相关方提供具有良好质量特征的会计信息。

（一）运用五步法分析商业模式对收入确认的影响

企业应当结合自己的业务特点，根据其在收入确认五个步骤中的不同情况，作出恰当的判断和估计，并据此进行相应的会计处理，以便如实反映企业因不同业务而产生的收入信息。具体来说，对于某项业务带来的收入，企业需要识别相关客户合同及其中的履约义务，确定并分摊交易价格，在履行某单项履约义务时，确认相应的收入。另外，企业还需要考虑由此产生的合同成本，包括合同取得成本与合同履约成本，对其进行确认和计量。

值得注意的是，在收入确认过程中，企业需要同时考虑这五个步骤及合同成本问题，它们之间相互联系，不能被完全割裂开来，某些业务对于收入确认的影响，可能同时涉及其中的不同步骤，必要时需要针对同一种业务分析其对收入确认不同步骤所产生的影响。

（二）客户合同的相关判断

在确认收入之前，企业可能需要判断自己与对手方签订的合同是否是客户合同、某些合同是否需要合并或分拆、如何处理合同变更等问题。

1. 合同变更。新收入准则第八条规定，企业应当根据不同的情况，考虑合同变更的影响及其会计处理。变更部分可能作为单独合同，也可能被视为原合同的终止并签订新合同，还可能作为原合同的一部分。

新经济企业与客户签订了固定造价合同，合同开始履行之后，因其处于初创期、谈判地位比较弱，客户要求增加订单中履约义务的同时，并没有增加对价。此时，企业需要判断原合同中已履约部分与未履约部分是否可以明确区分，由此决定如何看待这类合同的变更，并采用相应的会计处理来确认收入。如果两者不可明确区分，可能导致已履约部分在变更后的新合同中所占比例变小，企业因此需要调减当期收入。

2. 合同合并。许多新经济企业（如电信运营商）会向市场提供不同的单位套餐，使单位成员之间可以按照折扣价格互相分享服务（比如，分享数据流量或通话时长）。在这种商业模式下，企业在识别客户合同时，需要考虑是否合并相关合同，是将其与整个单位的合同视为一份合同，还是将其与每位单位成员的合同作为多份单独合同来处理。

如果认定为多份合同，企业还需要进一步分析组合法核算与单独核算的结果有没有重大差异，在确定没有重大差异的前提下，企业应当将具有类似特征的合同组合起来进行会计处理。关于是否组合处理、哪些项目可以构成一个组合等问题，企业需要从不同商品或服务、时间跨度、地理位置及合同变更的影响等角度来评估。为此，企业还需要持续评估组合法是否会使其与单独处理的会计结果出现重大差异、是否符合成本效益原则等。

（三）单项履约义务的识别

新收入准则第九条规定，只有在企业履行某项可区分的单项履约义务时，才能确认相应收入。企业在创新商业模式的同时，也在收入确认上面临新问题，有必要鉴别客户合同中的某项义务是否单项履约义务，如何将其与其他履约义务相区分。

1. 额外购买或续约权。对于被评估为实质性权利的客户购买额外商品或服务的选择权，企业应当将其作为单项履约义务来处理。如果合同赋予客户以折扣价格续约的权利，只有在客户不签约就无法获得额外利益的情况下，该选择权才代表实质性权利。

不少软件企业为了维护老客户而给予其续约选择权优惠，企业如果认为因此向客户提供了重大权利（比如，续约折扣超过给予其他客户的正常折扣范围），应当将该选择权作为单项履约义务，估计其单独售价；如果企业在续约期间将按照原合同条款给老客户提供服务，则可简化处理，直接估计拟提供的服务数量，并将预计在续约期间收取的对价纳入原合同的交易价格。如果企业认为并未因此提供重大权利，则作为一项销售要约，在实际续约时进行会计处理。

2. 提前升级权。为了吸引客户，很多电信和软件企业经常会向客户提前提供升级服务的权利（提前升级权），客户在合同期内需要升级软件或其他服务时，无须支付其他客户当时需要支付的升级服务费，或只需支付更少的升级费。此时，企业需要确定这项提前升级权是否授予客户购买额外升级服务的选择权。如果是，还要考虑它是否作为单项履约义务，并基于这些判断，采取适当的会计处理方法。

在作出判断之前，企业需要考虑自己是否向客户授予了一项关于升级的重大权利。如果是，还需要考虑这项升级服务是否可以与合同中的其他商品或服务明确区分，在认定其为单项履约义务时，还要考虑如何分摊交易价格，并在客户行使这项升级权利时确认相应收入。另外，客户行使升级权时，有可能被认定为合同变更，原来未升级的服务变更为已升级的服务。此时，企业需要判断是这是何种合同变更，并采取相应的会计处理。还有一种可能，具有提前升级权的客户比其他客户少交的升级费只是企业为了激励其与自己签订新合同的经济诱因，此时，企业应当将其作为新合同的销售费用。

3. 捆绑销售。近年来，捆绑销售已成为一些行业新的商业模式，许多手机运营商经常将“免费”手机和电信服务捆绑起来销售。根据新收入准则的要求，在大多数情况下，企业应当将手机和电信服务区分开，按其单独售价的相对比例来分配交易价格，这可能导致这些企业提供手机和电信服务的收入确认时间和金额与之前的会计处理不一样：在前期就商品销售确认比以往更多的收入，在后期就服务确认比以往更少的收入；而且，由于存在大量此类合同及服务套餐，这些企业在执行新收入准则时将面临相当复杂的情形。

同样，电商企业也经常将各种商品和服务捆绑成套餐进行销售，其总价小于各商品和服务价格的总和，这包括买 n 个赠 m 个、买 A 赠 B、加 1 元多 1 件等各种促销活动。为此，企业有必要识别这些销售中是否含有多项履约义务，如果是，就要将交易价格分摊至这些单项履约义务中。

4. 软件许可。在通常情况下，软件许可合同都包含多项商品和服务，如软件许可、特定或非特定的未来升级或优化、维护和其他专业服务等。对于此类合同包含几项单项履约义务及其如何分摊交易价格等问题，企业需要根据其商业模式的特点进行分析。

对于提供在线服务的软件产品（如炒股软件），软件企业由于前期研发投入较大，为加速现金回流，通常会要求客户在安装软件、配置账号时支付一笔较高的费用，而在未来享受在线服务时支付相对较低的费用。在这种情况下，如果客户仅在同时使用许可服务时才能获益，例如，客户需要通过授予许可才能访问相关内容，那么，这类许可就应当被认定为不能与安装服务明确区分，由此不能将安装服务视为单项履约义务而在安装时确认收入。

5. 总额法与净额法。在与其他企业合作向客户提供商品和服务的情况下，企业需要判断自己的履约义务是提供商品或服务还是提供中介代理服务，由此认定自己是主要责任人还是代理人，进而决定采用总额法还是净额法确认收入。主要责任人和代理人的认定，显然离不开对商业模式的分析。

新收入准则第三十四条对于提供有形商品业务中的主要责任人与代理人的判断标准较为明确，但是，以无形商品（如网络游戏中的道具等）为交易对象的业务，大都不涉及存货风险、不存在信用风险，风险报酬的转移也不够明确，难以据此作出明确判断。比如，在各种网络游戏运营过程中，游戏开发商、运营商、渠道商等各方承担的风险和报酬不同，要想确定哪一方是主要责任人，就应当深入考察这些企业的商业模式和特定交易的业务特点，以及它们在合作过程中的权利义务，并结合准则中的相关规定，作出合理的判断。

同样是电商企业，有的商业模式相对简单明确。比如，在自营模式（即“进货—销售”模式）下，电商企业进货后，在自己的电子商城上销售，并提供统一的仓储、物流、整体品牌营销等服务，从而赚取商品的进销差价。而在电商平台模式（即“商铺—客户”模式）下，由于不直接销售商品，企业只是为买卖双方提供交易的平台，通过收取交易佣金、提供增值服务、网络广告等获得收入。通常情况下，我们可以判定，电商在自营模式下是主要责任人，在平台模式下则是代理人。当然，也要注意一些特殊情况。比如，在与终端客户的交易中，电商和供应商都承担了一部分商品销售责任和风险，此时，电商企业应当根据新收入准则第三十四条所提供的判定主要责任人的情形及相关事实和情况，综合分析自己在向客户转让商品前是否已经拥有对商品的控制权，以判断自己是否为主要责任人。

电信企业通过向经销商返还设备补贴费用来促销手机和网络服务，也要考虑这类业务是否委托代销安排。在这种情况下，关键是要确定商品和服务的控制权在转移给最终客户（电信服务用户）前是否（如果是，何时）转移给经销商。这需要电信企业分析具体的业务特点，结合手机的法律权属是否转移、经销商是否承担手机的实质性存货风险等情况来判断。如果经销商是主要责任人，那么电信企业就不能将销售手机和网络服务的合同合并起来，而应当各自作为单独合同进行会计处理；如果经销商是代理人，那么电信企业就是主要责任人，它的履约义务就是向最终客户提供手机和网络服务。

许多网络游戏都是在游戏开发商和运营商等多方合作下，向游戏玩家提供游戏服务的，游戏企业需要考虑道具出售方式、游戏维护责任方认定等合作协议中的条款，判断自己是代理人（采用净额法）还是委托人（采用总额法），并确认相应收入。

（四）交易价格的确定

随着商业模式的不断创新，市场上涌现出各种奇特新颖的促销活动。企业对于交易价格的确定，需要考察具体业务对自身的影响，分析各种促销活动中涉及的可变对价，以便估计交易价格。另外，某些企业还需要辨别沉淀收入的性质，以便计量应当确认的收入金额。

1. 各种促销活动涉及的可变对价。《2018 年上市公司年报会计监管报告》指出，零售企业（包括零售电商）提供的销售激励有很多种形式，包括现金奖励、折扣和销量返利、免费或打折商品或服务，以及客户奖励积分等。在新收入准则下，折扣、返利、减免、价格优惠、绩效奖金或是类似的激励措施均作为可变对价核算，可能会改变部分零售企业的会计处理。具体来说，对于不同的促销活动，企业需要考虑其商业模式和具体的业务特点，判断其是否涉及可变对价，如果是，还需要估计合适的交易价格。

为了维持客户黏性，获得更长久的商业利益，有些企业（如电信企业）会给老客户一些折扣，企业需要判断这些折扣是可变对价还是合同变更。这需要根据具体的业务特点和对准则的理解来判断①，并可能影响到收入确认的时点。如果是可变对价，需要采取合适的方法作出估计。

新收入准则第三十二条规定，附有销售退回条款的销售也存在可变对价，预期因销售退回将退还的金额不属于交易价格，不应确认为收入，而应确认为一项负债；从客户处收回退货的权利则应被确认为一项资产，该资产按照商品转让时的账面价值扣除收回这些商品预计发生的成本（包括退回商品的价值减损）之后的余额计量。很多电商企业广泛实行“七天无理由退货”等销售政策，希望以此吸引客户，有必要遵循这项规定进行会计处理。

2. 间接渠道销售中的补贴返还。有些电信企业通过经销商来销售手机和网络服务，约定经销商在满足一定条件时可以获得设备补贴返还。当客户通过经销商签订后续服务合同时，电信企业在确认收入时就要考虑这部分费用的会计处理。

如果补贴款与提供给最终客户的折扣直接关联，电信企业应当考虑是否含有应付客户的对价，还是作为该合同的可变对价，以确定交易价格。如果不与提供给最终客户的折扣直接关联，该付款很可能是付给经销商的佣金，应当作为取得合同的成本。

（五）交易价格的分摊

随着商业模式的创新，不少企业通过搭售、“免费赠送”等方式向客户销售各种商品和服务，包括一些以往市场上从未有过的商品和服务（特别是服务），由于它们没有可观察的单独售价，企业就必须采取恰当的方法，估计其单独售价，以此为基础，进行交易价格的分摊。

对于单独售价的估计，新收入准则第二十一条、第二十二条规定有三种方法，其中特别强调，只有在商品或服务近期售价波动幅度巨大，或者因未定价且未曾单独销售而使售价无法可靠确定时，才可采用余值法估计其单独售价。另外，新收入准则第二十三条规定，除非有确凿证据表明折扣仅与合同中一（多）项履约义务相关，否则，企业应当按照履约义务单独售价的相对比例来分摊折扣。在实务工作中，有些软件公司对于合同中包含的某个新软件，因为之前从来没有定价过，也没有单独销售过，就采用余值法来估计其单独售价，由此导致合同中的全部折扣被分配至先被交付的其他项目，而没有按比例分配折扣。如果没有足够证据表明这种折扣分配的合理性，这样的会计处理可能会被认定为不符合新收入准则。

（六）收入确认方式

新收入准则第十一条、第十三条规定，在符合一定条件时，企业应当在合同期的某个时段内根据其履约进度（时段法）确认收入。除此之外，企业要在客户控制商品或服务的某个时点（时点法）确认收入，该条文还给出时段法确认收入的三项条件，以及判断控制权转移的某些迹象，以帮助企业作出恰当的会计处理。

1. 授权许可和特许经营。在新经济时代，知识产权的授权许可（例如，授予第三方使

① 可参考本章第二部分“合同变更”中的示例及其分析。

用其商标、版权）在零售（包括零售电商）和消费品行业中越来越普遍。新收入准则第三十六条将其分为两大类：如果企业向客户授予获取知识产权的权利，应当采用时段法确认收入；如果企业授予客户的是使用知识产权的权利，则应当采用时点法确认收入[①]。对于前者，该条文提出需要同时满足的三项条件，并在“应用指南”中分别予以解释，特别明确指出，对其中的第一项条件（合同要求或客户能够合理预期企业将从事对该项知识产权有重大影响的活动），应关注活动是否显著改变知识产权的形式或功能。

因此，企业需要根据授予知识产权的业务特点来决定其应当如何确认收入。例如，电影制片企业就一部已完成的电影授予知识产权许可，并在后续开展多项营销活动，如果这些活动将对该电影知识产权许可的价值产生重大影响，但不影响知识产权许可的形式或功能，那么，通常要用时点法来确认这项知识产权许可的收入。同时还要注意，相关企业应当对每一份可明确区分的授权许可合同进行审核，以评估其业务特点，再分别决定其收入确认方式。

2. 游戏道具的收入确认。网络游戏是不少网络企业的主要收入来源，游戏收入的确认问题相当复杂，一直存在不少争议。在旧收入准则下，有些企业将出售游戏道具视为销售商品，在游戏玩家使用虚拟货币购买道具时一次确认收入。有些企业将其视为提供劳务，认为网络游戏企业提供道具服务，并使玩家从中获得游戏娱乐的享受，需要根据道具的使用性质来决定收入的确认方式：对于有限使用期间的道具，在玩家使用该道具的未来期间内按照直线法确认收入；对于有限使用次数的道具，按照该道具的使用次数占总次数的比例确认收入；对于永久性道具，在该道具的剩余服务期间内按照直线法确认收入。有些企业将出售道具视为提供劳务，但认为自己是为玩家提供虚拟环境，以使玩家在购买道具后能从虚拟环境中获得游戏娱乐的享受，因此应在提供虚拟环境的期间分期确认收入。

根据新收入准则，在线游戏软件的免费下载一般不属于软件行业收入确认的范围，游戏道具的出售是一项服务，而不是现实商品的销售，玩家付费是为了获得增值体验。如果企业在玩家取得道具的某一时点就履行了全部义务，则在该时点确认收入。在很多情况下，这种增值体验都被设定为玩家在一定期限内享有，因此，企业的履约义务是在特定期限内向玩家提供增值体验服务，即“客户在企业履约的同时即取得并消耗企业履约所带来的经济利益”，应当按照时段法确认收入。

至于时段内履约进度的确定，需要根据游戏的收费模式以及道具的使用规则来决定：有的要基于道具的寿命（从玩家购买道具起至其被消耗完为止，被称为“基于项目的收入模式”，IBRM）；有的要基于玩家预期玩游戏的寿命（从玩家购买虚拟货币或道具起至该玩家被认为不活跃为止，被称为“基于用户的收入模式”，UBRM）；有的要基于道具所归属的游戏寿命（从玩家购买道具起至该游戏结束为止，被称为“基于游戏的收入模式”，GBRM）。在根据道具特点及其他实际情况确定合适可行的收入确认方式后，企业还需要一定的资源和技术来跟踪收入确认所需的信息，以支持其会计处理。

3. 电商自营销售下的收入确认时点。电商的网购平台包括自营和代理，如果是自营平台，企业从供应商那里取得商品所有权，并销售给终端客户。客户签收货物后，在平台上确

---

① 这是《国际财务报告准则第 15 号——源于客户合同的收入》（IFRS15）中的用语，分别采用“access”（获取）和“use”（使用）两个术语，在我国新收入准则第三十六条中，将时段法确认知识产权许可收入需要同时满足的三项条件直接列出，没有采用这两个术语，但表达的意思一样。

认收货并办理确认付款，电商企业通常都会向客户赋予7天无理由退货的权利。

在这种商业模式下，商品从企业运输到客户手中之间有很多关键时点，包括企业发货、客户收货、客户在电商平台系统中确认收货、无条件退货期满等。实施新收入准则后，企业需要结合准则规定和业务特点，判断客户在哪个时点取得相关商品（或服务）的控制权，据此确认收入。

（七）合同成本的相关会计处理

在新经济时代，为了获得今后的网络效应和市场份额，不少企业在前期花费大量精力和金钱来获取客户资源，为合同的取得和履行作各种准备，这些支出有可能与收入相关，有可能需要被认定为合同成本，并进行相应的会计处理。

1. 合同成本的资本化。新收入准则第四章规定，如果符合特定条件，企业应当将取得合同的增量成本进行资本化，如果企业预期可以通过该合同的未来收入而收回成本，那么，应当随着相关收入的确认，将该资产摊销计入损益，并根据《企业会计准则第8号——资产减值》对其进行减值测试。

初创的新经济企业经常为销售团队提供激励，以刺激其获得新的客户合同。在预计可收回成本的前提下，企业需要将取得该合同的增量成本（如销售佣金）和履行该合同的成本（如安装成本）予以资本化。因此，企业需要结合所实施业务的具体特点，判断相关成本是否为增量成本。如果是，需要进一步判断其是因取得合同而发生，还是因履行履约义务而发生。如果确定应当资本化，还要考虑后续的摊销和减值问题。

2. 游戏平台使用费用。网络游戏企业在与其他企业合作向玩家提供游戏服务时，如果认定自己是主要责任人，需要根据新收入准则的有关规定，结合其业务特点，判断自己向代理人支付的游戏平台使用费用是哪一类合同成本、是否资本化等问题。游戏企业向玩家出售永久性道具和有限期限使用道具时，应当采用时段法确认收入。相应地，与此相关的渠道方费用在同时满足新收入准则第二十六条规定的三项条件时，应当确认为一项资产，即合同履约成本，并按照所出售道具的履约进度进行摊销，计入当期损益。

二、金融工具确认计量应反映商业模式

会计确认的基础是会计要素和项目的分类，只有在明确了解某个交易或事项对企业财务影响的基础上，才能判断这种影响应该归属于哪一类会计要素和项目，进而在合适的时点或时段在财务报表中加以确认。因此，商业模式对于会计确认的影响很难与其对报表要素和项目的影响隔离开来。上一节已经介绍金融工具分类在准则规定与实务中的基本情况，这里主要介绍商业模式对于金融工具确认的影响，在实务应用中，两者需要联系起来考虑。

（一）金融工具的确认

金融创新日新月异，资本市场上的金融工具种类越来越多，企业出于不同目的，在不同商业模式下选择各种金融工具，加之金融工具准则本身较为复杂，实务中，金融工具准则的具体运用一直是个难点和争议点。企业有必要针对所持有的金融工具，考虑自己在投资过程中的商业模式，理顺自己与被投资单位及其他相关方的权利义务关系，判断金融工具的性质。

《2018年上市公司年报会计监管报告》指出，根据企业会计准则及相关规定，附在主合同上的衍生工具，如果可以和主合同分开并能够独立转让，或者具有与主合同不同的交易对

手方，应被视作一种单独存在的衍生工具。通过分析年报发现，个别上市公司通过协议转让方式取得被投资单位40%的股权，根据协议约定能够向被投资单位派驻2名董事（共5名），且五年后有权要求转让方（被投资单位控股股东）以约定价格回购上市公司持有的被投资单位股权。上市公司将上述投资作为其他非流动资产核算。

该监管报告认为，依据股权转让协议，上市公司实质上取得了两项资产：一是对被投资单位具有重大影响的长期股权投资；二是一项看跌期权。在两项资产中，前者合同对手方为被投资单位，应根据长期股权投资准则采用权益法核算，后者合同对手方为被投资单位控股股东，应将其单独确认为衍生金融资产。两项资产的合同对手方不同，而上市公司基于很可能行权的判断，将两项资产确认为一项其他非流动资产，这种做法不符合准则规定。

上述示例表明，这家上市公司持有这项投资的商业目的有两个：一是在未来五年内通过持股和派驻董事对被投资单位产生重大影响；二是在五年后，通过向被投资单位控股股东出售股份收回投资。出于以上目的，该公司在与被投资单位及其控股股东协商并征得一致同意后，设置适当的商业模式。为此，该公司有必要考虑当前的商业模式，根据准则规定，分析自己与不同利益相关方之间的权利义务关系，分别确认相应项目。

（二）金融资产的转移

《2018年上市公司年报会计监管报告》还指出，根据企业会计准则及相关规定，企业既没有转移也没有保留金融资产所有权上几乎所有风险和报酬，但未放弃对该金融资产控制的，应当按照其继续涉入金融资产的程度确认有关金融资产和负债。当继续涉入方式是提供财务担保方式时，继续涉入资产应当根据转移日所转移金融资产的账面价值和财务担保金额两者的较低者确认，继续涉入负债应当按照财务担保金额和财务担保合同的公允价值之和确认。其中，财务担保合同的公允价值通常指提供担保应收取的费用，应当在财务担保合同期间内按照时间比例摊销，确认为各期收入。通过分析年报发现，个别上市公司报告期内向金融机构转让长期应收款，同时以存款向金融机构提供部分质押担保。对此，上市公司终止确认长期应收款，根据担保金额相应确认了继续涉入资产和继续涉入负债，但计量时未考虑财务担保合同的公允价值。

根据会计准则相关规定，当企业向金融机构转让应收账款并提供财务担保时，其所收取的转让对价实质是包含了金融资产转移对价和应收取的财务担保费用两个组成部分，其中，财务担保费用部分应当予以递延，按照时间比例摊销计入各期收入。上市公司对此事项进行会计处理时，未考虑财务担保合同的公允价值，导致长期应收款转让年度损益增加，财务担保合同执行期间的损益减少。

企业进行风险与报酬测试时，应当比较转移前后该金融资产未来净现金流量的金额及时间分布的波动使其面临的风险。当企业面临的风险因金融资产转移已经（相对于所转移金融资产本身的现金流量波动风险而言）不再重大，表明该企业已将金融资产所有权上几乎所有的风险和报酬转移给了转入方；当企业面临的风险没有因金融资产转移发生重大改变的，表明企业仍保留了金融资产所有权上几乎所有的风险和报酬；当企业面临的风险因金融资产转移发生重大改变的，但其保留的风险（相对于所转移金融资产本身的现金流量波动风险而言）也十分重大，则表明企业既没有转移也没有保留金融资产所有权上几乎所有的风险和报酬。

在通常情况下，企业可以通过定性的方式直接判断金融资产转移交易中风险与报酬是否发生转移。例如，企业将应收账款以附有追索权的方式出售给银行，由于企业面临的应收账款的信用风险在转让前后未发生变化，即使信用风险较低，也不能因此终止确认该应收账款。

如果风险与报酬测试的结果表明企业既没有转移也没有保留金融资产所有权上几乎所有的风险和报酬，企业未放弃对所转移金融资产的控制，那么，应当按照其继续涉入所转移金融资产的程度确认有关金融资产，并相应确认有关负债。

由此可知，企业对于金融资产是否予以终止确认，需要考虑其所执行的商业模式，结合准则相关规定，作出判断，并据此进行会计处理。

（三）金融工具的计量

在新金融工具准则中，商业模式直接决定着金融工具的分类、确认和计量。需要注意的是，仅仅从企业使用某项金融资产的目的或该资产本身的性质来看，并不能合理判断应该选择哪种计量属性，还需要结合企业使用该项资产的商业模式来考察。

例如，某些银行会将黄金出租给特定企业，同时与该企业签署协议，即期买入黄金，远期卖出黄金。这类交易造成的结果是，该企业无法接触黄金，但通过上述一揽子安排，获得固定金额及租赁费率的资金，在这种情况下，银行与企业都有必要考虑，这类交易应当作为一笔交易还是两笔不同的交易进行处理。

根据 CAS 22，贵金属不属于金融工具，但由于贵金属天生的类货币属性，其公允价值会随市价波动，如何对金融机构以及非金融机构持有的贵金属进行计量，成本法还是公允价值法，都有其合理性，关键是应当契合其商业模式。

银行租入贵金属，需要考虑是自用还是转租给金融或非金融客户，然而，租入的贵金属和自有的贵金属之间难以区分，此时，银行需要在会计上作出判断，租入的贵金属的是否需要在资产负债表上确认？自有贵金属的租出业务是否可以在资产负债表上终止确认？同一家银行租入、租出端的会计处理是否应当对称？租出银行或企业与租入银行之间的会计处理是否应当对称？不同类型的承租方是否影响会计处理？租出贵金属是否计提减值损失？对于这些问题，都需要认真考察银行与企业之间业务的具体商业模式，再根据相应的准则规定，作出合适的会计处理，包括对相关资产的计量问题。

三、租赁业务会计确认应反映商业模式

新租赁准则对于承租人的会计处理作出重大改变，要求企业需要根据交付的标的物是否已识别资产（其中包括对于供应方对其是否具有实质替换权的判断）、使用权的控制是否已经从供应方转给客户等信息，来判断某项交易是否租赁，或是否包含租赁。在不同商业模式下，出租人和承租人针对标的物在未来某个期间的使用可能作出不同的约定。这些约定的具体条款将直接影响租赁业务是否确认、如何确认等问题。

（一）对是否有实质替换权的判断

租赁准则第四条规定，在合同开始日，企业应当评估合同是否为租赁或者包含租赁。第九条指出，合同中同时包含租赁和非租赁部分的，除非属于第十二条中规定的简化处理，承租人和出租人应当将租赁和非租赁部分进行分拆，租赁部分应当分别按照租赁准则进行会计处理，非租赁部分应当按照其他适用的企业会计准则进行会计处理。可以发现，企业因其商业模式的差异，有可能采取不同的方式使用某项资产，进而影响其对该资产的会计处理，包

括是否确认使用权资产和租赁负债。

例如，A 公司是一家云服务提供商，在共享云上开发了一套考勤系统供客户使用。该考勤系统可供多家客户同时使用。使用时，客户将根据 A 公司授予的用户名和密码登录云端，完成信息初始化工作（如录入相关员工信息等）之后就可以使用。A 公司在后台系统中将布置各客户的物理位置，并可根据各客户使用系统的情况，调配可使用的物理空间。某客户与 A 公司签订了一项该系统租用协议，租期 5 年，每年租金为 12000 元，并要求 A 公司对其人员信息保密，防止外泄。

根据新租赁准则，合同包含租赁的要素之一是存在一项已识别资产，而已识别资产存在的前提是供应方没有对资产的实质性替换权。在该案例中，客户使用该系统是通过网页的用户名、密码登录实现，进入云考勤系统后并不关注 A 公司具体提供的物理空间在哪里、是否锁定，而更关注相应的考勤系统服务是否有效提供，例如，员工打卡后是否有及时登记，员工未打卡时是否确保未对打卡进行记录等。与此同时，A 公司作为云考勤系统提供商，对客户租用的物理空间有实质的替换权。因此，该项租用业务由于不存在已识别资产，不包含租赁。

（二）试用期供客户使用设备业务的判断

在诸如大型设备、医疗设备等高价值商品买卖中，卖方为吸引买家，往往会采用先租后售的策略，先将商品以试用等方式短期出租给潜在顾客使用并提供购买选择权。在实务中，对试用期间的机器设备的会计处理包括以下两种方式：（1）将商业模式认定为出租设备，在试用期内出租该设备实现收入，该设备作为固定资产核算。如果客户选择不购买设备，应转回存货核算。如果客户选择购买，作为销售商品处理，确认营业收入。（2）将商业模式认定为销售设备，试用期安排类似于一年内退货权或是销售的激励政策，仍作为存货核算。

我们认为，鉴于卖方对设备的主要经营目的是出售，这些设备是否处于试用期均应当按存货处理，即采用上述第二种会计处理方式更为合适。然而，如果卖方将部分设备反复用于试用出租，即试用期结束收回设备后，经过加工处理又提供给其他客户试用，这种情形下作为固定资产更为合理。在这一情形下，假如设备最终实现销售，则应结合卖方的商业模式和交易实质进行判断。如果卖方以生产并对外出售设备为主要业务模式，该笔销售可以确认为营业收入。也就是说，出售设备产生的损益列示为营业收支还是资产处置损益，主要取决于企业的商业模式和日常活动，而非其资产分类。

四、在列报和披露中体现商业模式特点

商业模式在收益和费用分类、排序、分组与合计的项目中扮演着重要角色。这有助于区分经常性项目和非经常性项目，以及受不同因素影响的项目，协助使用者识别对评估未来盈利和现金流量更相关的项目。当然，也可以将其区分为核心与非核心活动，这样产生的会计信息将与商业模式更为相关。

另一个问题涉及会计信息的优先次序，这与为不同目的或需求而进行的相同业务所列报的位置有关。为了帮助使用者清楚地识别出最重要的信息元素，可以假定最重要且相关的信息应当在主要财务报表中列报，与商业模式相关的信息通常都是最重要的信息。次要信息将在其他地方如“附注”列报。特别是，如果有两种方法可以计量同一项目或交易，那么，与企业在现有商业模式下创造现金流量更紧密相关的方法应当被置于主要财务报表中，而另

一种方法可以放在表外披露。

我们认为，与商业模式直接相关的财务信息必须在报表中列报，而相对不重要的财务信息则可以在“附注”中披露。而且，考虑商业模式这一重要因素，能够有效地对收益与利得、费用与损失、净收益与其他综合收益进行区分、排序和组合，使得基于商业模式考虑的会计处理后的信息更为有用。

例如，考虑商业模式可以通过区分重复发生的正常项目和偶然发生的非正常项目，帮助投资者恰当识别和评估与未来盈利和现金流量相关的项目。又如，会计准则要求企业将现金流量区分为经营活动、投资活动和筹资活动产生的现金流量，这显然离不开对商业模式的考虑。制造业企业购买有价证券的现金流量，理应划分为投资活动产生的现金流量，而券商和基金公司购买有价证券的现金流量，则应划分为经营活动产生的现金流量。企业向金融机构支付利息所形成的现金流量，属于筹资活动产生的现金流出，而商业银行向储户支付利息所形成的现金流量，则属于经营活动产生的现金流出。

此外，即使在同一个行业，不同企业在收入方式上可能存在很大差别，因为收入根据对应的客户消费量的性质不同可以被分为进场费（按资格收费）、过路费（按次数收费）、停车费（按时间收费）、油费（按使用量收费）、增值费（按增加的价值收费），体现其不同的商业模式，而在财务报表中，这些不同方式形成的收入都只体现为某个金额的收入。因此，有必要在财务报表外披露适当的对应信息，以如实反映企业的收入相关情况。

IASB 也认识到商业模式对于财务报表列报的影响。在其于 2019 年 12 月发布的《一般列报和披露（征求意见稿）》中，IASB 对利润表的结构作出比较大的调整建议，要求列报企业在两个方面的活动结果：营业活动或筹资活动，其中，营业活动又被分为经营活动和投资活动。“经营活动”作为默认（兜底）类别，其他活动被严格定义：由此导致“经营利润”未必反映营业回报，它将成为其他项目没有要求报告的收益和费用之外的剩余金额。由于它的重要性，经营利润不应该是一个包含那些不符合其他标准的所有剩余金额。据此报告的经营成果，其有用性被“聚合性”原则进一步削弱了，例如，该原则要求，养老金负债的变化，包括利息支出和精算损益，应在经营结果中报告。与 IASB 调整建议有关的另一个问题是，对于金融机构（如银行、保险公司）来说，营业活动、筹资活动和投资活动要素之间的区别并不适用，因为金融机构的商业模式与企业存在重大差别。财务业绩列报的改革建议需要进一步斟酌和完善，以使营业利润成为一项有用的业绩计量尺度，并确保其能够如实反映采用不同商业模式的会计主体的经营成果。

附录 A 新经济企业估值迷思解析[①]

黄世忠

【摘 要】本文探讨了新经济企业股票市值与账面净值之间产生重大差异的原因，试图解开新经济企业高估值、高市净率的迷思。首先，以净盈余估值模型为基础，说明会计信息在证券估值中的作用，分析其在新、旧经济时代的适用性；其次，借鉴 FASB 一份调研报告的分析框架，剖析新经济企业市净率居高不下的原因，指出会计计量调整、会计要素调整、非会计要素调整、前瞻性因素调整和非理性市场噪音是造成新经济企业股票市值与账面净值存在重大差异的五大原因；最后，得出结论与启示，阐明会计边界的限定与拓展并非不可调和矛盾。

【关键词】新经济 股票市值 账面净值 市净率 净盈余估值模型

新经济企业居高不下的市净率（PB ratio），历来是资本市场的一个奇特现象。2018 年年末，谷歌（Google）、苹果（Apple）、脸书（Facebook）、亚马逊（Amazon）、腾讯（Tencent）、阿里巴巴（Alibaba）和微软（Microsoft）等七家新经济代表性企业的平均市净率高达 6.31 倍，同日，道琼斯、标准普尔、纳斯达克上市公司的平均市净率分别只有 3.7 倍、2.9 倍和 3.9 倍。新经济企业市净率高企的现象在我国同样存在。WIND 数据库显示，2019 年 12 月 25 日，新经济企业居多的科创板上市公司动态市净率（当日股票市值除以最新一期财务报告的净资产）为 5.9 倍，显著高于上证主板（1.41 倍）、深圳主板（1.81 倍）、中小板（2.64 倍）和创业板（3.89 倍）的市净率。对新经济企业市净率居高不下的现象，存在着两种截然不同的观点。一种观点认为新经济企业市净率高企，源自投资者对新经济企业高成长性的心理预期；另一种观点则认为源自投资者对新经济企业的概念炒作。这两种解释都有一定道理，但不够全面，没有考虑会计因素的影响。本文指出，会计准则未能与时俱进，导致新经济企业大量无形资产没有入表反映，严重低估了其净资产，也是造成新经济企业市净率居高不下的一个重要原因。

一、净盈余估值模型与会计信息的作用

证券估值理论和方法可谓汗牛充栋，其中的剩余收益估值法（Residual Income Valuation）由于大量运用基于会计信息的变量，因此备受会计学术界和实务界的关注。将证券估值与会计信息直接联系在一起的最大贡献者非詹姆斯·奥尔森（James A. Ohlson）教授莫

---

① 本文发表于《商业会计》2020 年第 3 期。

属。1995 年，奥尔森发表了影响深远的“权益估值中的盈利、账面净值和股利：一种经验视角”，提出了著名的净盈余估值模型（Clean - Surplus Valuation Model）。奥尔森认为，上市公司的股票市值等于净资产账面价值与预期未来超额收益折现值之和，其数学公式表述如下：

$$P_t = b_t + \sum R^{-\tau}E_t(x^{-a}t_{+\tau})$$

其中的 P_t 代表上市公司在 t 期的股票市值，b_t 代表 t 期末净资产账面价值，$\sum R^{-\tau}E_t(x^{-a}t_{+\tau})$ 代表超额收益折现值，超额收益 = 当期净利润 -（期初净资产账面价值 × 无风险报酬率）。

值得说明的是，奥尔森在推导净盈余估值模型时，提出了三个基本假设：股票市值由未来股利的折现值所决定；会计数据和股利满足剩余盈余关系；线性模型反映了超额收益时间系列的随机行为。在模型推导中，奥尔森根据财务报表之间的钩稽关系，指出上市公司发放的股利多寡不会对其股票市值产生直接影响，而只会产生间接影响，因为股利发放减少了净资产和超额收益。这个观点与 MM 理论中的股利无关论如出一辙。正是基于股利无关论，奥尔森在净盈余估值模型中将自变量简化为净资产账面价值和超额收益折现值。当超额收益折现值为零（即不存在经济学意义上的商誉）时，上市公司股票市值等于净资产账面价值，此时，会计信息处于无偏差的理想状态。但在现实中，这种理想状态几乎不存在，因此，净资产和净利润都是决定股票市值的重要变量。

奥尔森的净盈余估值模型最大的学术贡献是提出了会计信息具有价值相关性（Value Relevance）的观点，为会计信息的决策有用性提供了理论依据。奥尔森基于会计变量的净盈余估值模型提出后，国内外的大量实证研究如 Dechew 等（1999）、Lee 等（1999）、陈信元等（2002），纷纷对该估值模型的有效性进行检验，检验结果证明了上市公司的股票市值与净资产和超额收益之间存在的相关性，间接论证了会计信息在证券估值中具有不可或缺的作用。

必须指出，奥尔森净盈余估值模型只是众多基于经济学理论的估值模型中的一种，但股票市值除了受财务因素的影响外，还受心理因素的影响，后者并没有在估值模型中得到任何反映，这无疑是所有基于经济学理论估值的估值模型不足之处。

二、新经济企业市净率高企的原因分析

2001 年，美国财务会计准则委员会（FASB）的高级技术职员 Weyne S. Upton 在其撰写的研究报告中，提出了用于解释股票市值与账面净值产生差异的分析框架，如表 A1 所示。

表 A1　股票市值的要素分解

1	净资产账面价值	金额（$）或影响
2	± 市场对已确认资产和负债的会计计量和基础价值之间差异的评估	×××（$）
3	± 市场对虽符合资产和负债定义但未在财务报表确认的基础价值的评估	×××（$）
4	± 市场对不符合资产和负债定义的无形价值驱动或价值减损因素的评估	×××（$）
5	± 市场对主体未来计划、机会和风险的评估	×××（$）
6	± 其他因素，包括鼓吹、悲观和其他市场心理	×××
7	股票市值	×××（$）

资料来源：Upton（2001）。

借鉴表 A1 的分析框架，新经济企业市净率居高不下的现象，可以从五个方面进行解析，用公式表示为：

$$StockCap = NABV \pm AMA \pm AEA \pm NAEA \pm FLA \pm IMN$$

其中，StockCap 代表股票市值，NABV 代表上市公司净资产账面价值，AMA 代表会计计量调整，AEA 代表会计要素调整，NAEA 代表非会计要素调整，FLA 代表前瞻性因素调整，IMN 代表非理性市场噪音。

（一）会计计量调整

虽然自 20 世纪 90 年代以来，作为现行计量属性的公允价值计量法日益受到青睐，但混合计量仍然居于主导地位，上市公司的大部分资产和负债仍然采用历史成本计量，这无疑削弱了会计信息在证券估值中的作用，降低了奥尔森净盈余估值模型的适用性和相关性。在理想的状态下，如果所有资产和负债均采用公允价值等现行价值计量属性，奥尔森基于净资产和超额收益的估值模型就可以更加真实地反映股票市值，避免市净率被高估甚至扭曲。为了纠正会计计量存在的偏差（主要表现为对净资产价值的低估），资本市场在证券估值时不得不对按历史成本计量的资产和负债价值进行调整，相应调整（对新经济企业往往是调增）股票市值。调增的股票市值除以净资产账面价值，不可避免地造成了市净率的高企。

（二）会计要素调整

从奥尔森的净盈余估值模型中可以看出，决定股票市值大小的两个变量均与净资产有关，因此，净资产准确与否，直接关系到估值的有效性。在旧经济时代，上市公司以有形资产为主，净资产相对准确和全面，净盈余估值模型适用性较强。在新经济时代，上市公司特别是 TMT（通信、媒体和科技）行业的上市公司，其无形资产在价值创造中的作用与日俱增，但由于旧经济时代制定的会计准则为无形资产的确认设置了比有形资产更高的门槛，导致大量的无形资产（如数据、算法、品牌、内部研发的技术专利等）没有在表内反映，不仅极大削弱了净盈余估值模型的适用性，而且严重低估了新经济企业的净资产价值，造成新经济企业市净率居高不下的局面。

进入新经济时代，数字资产的重要性日益凸显，已成为新经济企业开拓市场、获取商机、降低成本、确立竞争优势、赚取超额利润的无形资产。尽管数字资产如此重要且符合资产要素的定义，但并没有在新经济企业的财务报表上确认。同花顺公司就是一个典型的案例。与 Wind、大智慧和东方财富一样，同花顺公司也是以出售金融财务数据为商业模式的，数字资产才是同花顺创造价值的核心资源。从其财务报告可以算出，2016—2018 年数字资产合计为同花顺公司带来了 45.30 亿元的营业收入和 22.09 亿元的经营利润，但这一核心资产，却没有在同花顺公司的资产负债表得到任何的反映。对于以出售数据为生的企业，最重要的数据资产不在表内确认，次要的资产（如长期待摊费用和递延所得税资产等）反而予以确认，这种主次不分的会计处理确实匪夷所思。

将数字资产排除在资产负债表之外，造成同花顺公司的股票市值与账面净值之间产生巨大差异，导致该公司的市净率严重失真，可能误导投资者。2019 年 9 月 30 日，同花顺公司的股票市值高达 533 亿元，但其净资产账面价值只有 35.53 亿元，市净率高达 15 倍，远高于同属创业板的其他上市公司 3.67 倍的平均市净率，给人以该公司股票被过度炒作的印象。实际上，同花顺公司市净率居高不下，并非投机炒作，而是数字资产未入表确认造成的。若采用行业惯例按市销率（过去三年平均营业收入的 6—9 倍）对同花顺的数字资产进行估值，其数字资产的价值高达90亿—135亿元。对未在表内确认的数字资产进行调整后，同花顺公司的市净率便从15倍降至3.13—4.25倍。

（三）非会计要素调整

与新经济企业可以拥有或控制的数字资产、品牌价值和内部研发形成的技术专利等无形资产不同，人力资源、客户关系、平台流量、行业地位、网络效应等资源，不受新经济企业的拥有或控制，不符合资产的定义，因而没有在财务报表加以确认。虽然这些资源因不符合资产定义而没有在表内确认，但同样有助于新经济企业维持核心竞争力和提升价值创造能力，甚至比其他在表内确认的资产项目更加弥足珍贵，因此资本市场对新经济企业进行估值时，通常会对这些非会计要素作出调整，其结果是加剧了市净率高企现象。

笔者认为，资本市场在估值时对非会计要素进行调整的现象将长期存在，由此造成的股票市值与账面净值的差异短期内难以消弭。以智慧资本（包括人力资本、结构资本和关系资本）为例，人力资本、结构资本和关系资本虽然在新经济企业的价值创造中发挥重大作用，但人力资本和关系资本并不由新经济企业所拥有或控制，高素质的人才随时可能另谋高就，重要的客户和供应商也可能随时改换门庭，结构资本（组织结构设计和各种规章制度预期能够带来的经济利益）虽然被新经济企业所拥有或控制，但与人力资本和关系资本一样难以可靠计量。由于智慧资本要么不符合资产要素的定义，要么难以可靠计量，会计是难以对其加以正式确认的，唯一可行的做法是表外披露。

（四）前瞻性因素调整

尽管引入了三阶段金融资产减值模型后，会计的前瞻性有所增加，但会计在本质上仍具有重过去、轻未来的特征，会计信息的历史回顾成分明显多于前景展望成分，这与以未来为导向的证券估值模型形成较大反差。此外，行业生命周期、企业发展前景、重大重组计划、技术迭代速度、模式创新趋势、监管环境变化、风险偏好改变等前瞻性因素，都会对新经济企业的股票市值产生重大影响，但由于尚未实际发生，按照会计准则的规定是不得确认的。这些与股票市值密切相关的前瞻性因素，在具有明显滞后性的净资产和超额收益等会计信息中是反映不出来的，不可能纳入净盈余估值模型。因此，在新经济企业的估值过程中，资本市场也会对这些因素进行调整，从另一个角度造成市净率居高不下。

资本市场在估值时之所以对前瞻性因素进行调整，与“重市场交易、轻未来事项”的会计倾向有关。市场交易的金额再微不足道、对投资者决策的影响再小，也必须及时确认，而对投资者影响再大的未来事项，如重组计划、并购意向、技术突破、合同签订、客户获取、监管新规等，除非已经对经营业绩和财务状况产生影响，否则只能披露、不得确认。这种做法源自市场交易具有可验证性而未来事项不具可验证性的传统观念。对未来事项的确认姗姗来迟，会降低会计信息的相关性。为了克服会计信息的滞后性，有效的资本市场在估值时一般会对未来事项等前瞻性因素进行调整。这或许是各国证券监管部门均要求上市公司及时披露有可能导致股价变动的重大未来事项的根本原因。

（五）非理性市场噪音

估值与其说是科学，毋宁说是艺术，既受经济因素影响，又受心理因素制约。股票市值的大小由股价变动所决定，但经济学和心理学对股价变动的解释却迥然不同，且他们之间对投资者特征、投资行为、市场效率、信息披露和股价变动所作出的基本假设也存在重大差异，如表A2所示。

表 A2　　经济学和心理学对资本市场的不同假设

要素假设	经济学	心理学
投资者特征假设	投资者是理性的	投资者是非理性的（如追涨杀跌）
股价变动因素假设	基本面决定股价变动	心理预期决定股价变动
投资行为假设	个体的投资行为不受群体的影响	个体的投资行为深受群体影响
资本市场效率假设	资本市场有效，至少半强式有效	资本市场是无效的
信息披露假设	信息披露是资本市场有效运行的基石	信息披露可有可无，情绪重于信息

心理学和行为金融的研究表明，资本市场存在诸多非理性市场噪音甚至是反智行为（Anti – intellectual Behavior），干扰了股票市值，加剧了股票市值与账面净值之间的差异，推高了包括新经济企业在内的上市公司的市净率，在一定程度上削弱了净盈余估值模型的有效性。1963 年，美国著名的社会学者 Richard Hofstadter 在《美国生活中的反智主义》一书中，将反智行为定义为对知识分子和精英阶层的不信任以及对他们所倡导的理性思维、理性质疑、理性批判充满敌意和顽强抵制的非理智行为。广义的反智行为还包括任何有悖常理、不合逻辑的荒诞想法和行为。在资本市场特别是不成熟的资本市场中，形形色色的反智行为时有发生，引起上市公司股票价格的非理性变动。例如，2016 年美国总统大选中，特朗普（又称“川普”）出乎意料地击败希拉里，当天，川大智胜因读音类似“川普”大胜，其股价飙涨了 9.57%，而西仪股份的简称“西仪”与“希姨”（希拉里阿姨）谐音，其股价则惨遭跌停，反智行为暴露无遗！又如，在科创板首批上市的 25 家公司中，西部超导、嘉元科技、天准科技和南微医药都是从新三板转板而来的，在基本面没有发生变化的情况下，仅仅因为改变了上市场所，转板上市当日股票市值却发生了翻天覆地的变化，分别增长了 5.23 倍、4.03 倍、4.41 倍和 3.45 倍，如图 A1 所示。

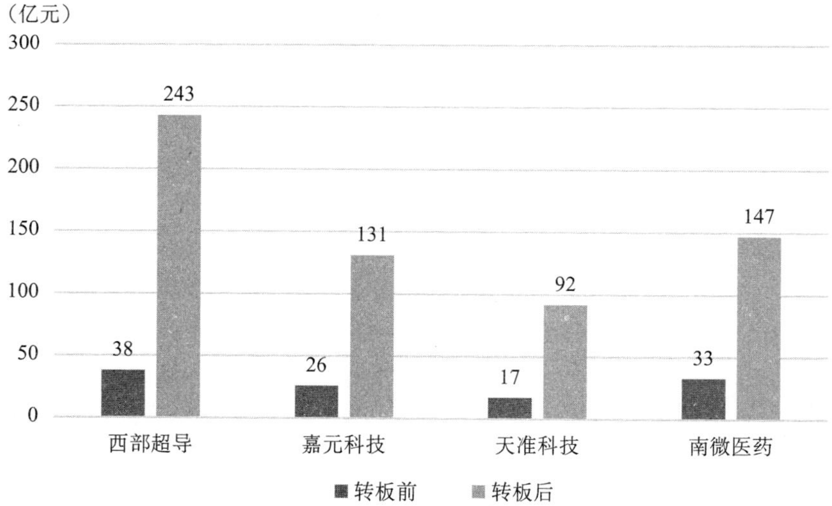

图 A1　转板前、后股票市值变动图

茅台股份与中石化的市值反差，提供了资本市场存在反智行为的另一个鲜活例证。中石化不论在经营规模、经营效益还是在社会贡献方面，均大幅优于茅台股份，但其 2019 年第三季度末的股票市值却不及茅台股份的 42%，如表 A3 所示。

表 A3　　茅台股份与中石化的业绩和市值对照　　单位：亿元

		茅台股份	中石化
经营规模	资产总额——2018 年末	1598	15923
	——2019 年第三季度末	1625	18263
	净资产——2018 年末	1174	8577
	——2019 年第三季度末	1626	8729
	营业收入——2018 年度	773	28912
	——2019 年前三季度	635	22333
	净利润——2018 年度	378	631
	——2019 年前三季度	324	545
社会贡献	上缴税收——2018 年度	243	3470
	——2019 年前三季度	187	1958
	当前雇员人数（万人）	2.7	42.4
股票市值	股票市值——2018 年末	7411	6114
	——2019 年第三季度末	14444	6078

资料来源：上市公司年报和季报数据。

三、初步结论与启示

本文的分析表明，按照净盈余估值模型，会计信息特别是净资产和超额收益（以净资产和净利润为基础计算）等信息在上市公司估值中发挥重大作用，具有价值相关性。在旧经济时代，表外资产问题并不突出，净资产相对比较准确，但进入新经济时代，表外资产问题变得十分突出，有助于创造价值的大量无形资产没有在财务报表中得到反映，严重低估了新经济企业的净资产，降低了净盈余估值模型的有效性，加上非理性市场噪音的干扰，导致新经济企业的市净率大幅高于旧经济企业。本文的分析表明，股票市值与账面净值之间的巨大差异，既有会计确认和计量方面的原因，也有非会计特别是非理性市场因素方面的原因。本文分析得到的一个启示是，不应过分夸大会计信息在证券估值中的作用，会计信息的决策有用性并不等同于估值有用性，合理界定会计的边界确有必要，但适度拓展会计的边界也值得探索。

笔者认为，会计界必须直面“会计的边界何在”这一基本命题。对此，有两种代表性的观点。一种观点是以葛家澍教授为代表提出的，认为会计边界的界定应当本着实事求是的精神，切实做到有所为、有所不为，切莫将不能为、不可为的功能（如估值功能和预测功能）勉为其难纳入财务报告。另一种观点是以 Lev 教授等为代表提出的，认为会计的边界不是一成不变的，主张应因环境的变化不断拓展财务报告的边界。会计边界的限定和拓展，并非不可调和的矛盾，这两种观点不存在孰对孰错的问题，都有其合理性。合理限定会计的边界，将计量上存在重大不确定性的因素排除在财务报告之外，有利于提高会计信息的可靠性，避免在会计系统里引进太多不确定性因素从而“污染”财务会计的受托责任评价功能和经济利益分配功能。另外，借鉴成熟的计量理论和方法，合理拓展会计的边界，更多地将价值创造的驱动因素（如数字资产、算法技术和研发成果等）纳入财务报告，可以提高会计信息的投资决策功能，扭转会计信息相关性不断下降的趋势。这两种观点都有不少的支持者，从另一侧面说明会计边界是个值得深入探讨的重大理论和实际问题。

附录B　横看成岭侧成峰

——评小米令人困惑的财务报告[①]

黄世忠

【摘　要】本文以小米发布的招股说明书为基础，分析可转换、可赎回优先股会计处理在经营业绩和财务状况方面给投资者造成的困惑，探讨国际财务报告准则（IFRS）在区分负债和权益方面的规定，说明现行IFRS对可转换、可赎回优先股的规定严重扭曲了上市公司的经济现实，且可能产生意想不到的经济后果，最后介绍披露非公认会计原则业绩指标的争议。

【关键词】可转换可赎回优先股　金融负债　权益工具　公允价值　非公认会计原则业绩指标

相信大多数投资者读完小米5月3日在港交所发布的招股说明书，尤其是其中晦涩难懂的财务报告，都会情不自禁地想把著名歌手蔡琴演唱的“读你千遍也不厌倦，读你的感觉像春天”改为“读你千遍也不明白，读你的感觉像天书”。小米令人费解的财务报告所引发的热议，不禁使我们赞叹：苏轼当年写下“横看成岭侧成峰，远近高低各不同”的名句，不仅适用于庐山，居然也适用于会计。浏览了网络上的文章和评论，可以发现投资者对小米的财务报告充满困惑：小米到底是严重亏损还是高额盈利？到底是资不抵债还是实力雄厚？按照IFRS计量，小米2017年亏损439亿元，若不按IFRS计量，则盈利54亿元，两者相差高达493亿元，其中仅可转换可赎回优先股调增的利润就高达541亿元。按照IFRS编制的资产负债表，小米2017年年末的股东权益为－1272亿元，但若剔除可转换、可赎回优先股的影响，其股东权益则高达343亿元，两者相差1615亿元。孰对孰错，见仁见智，众说纷纭，莫衷一是。

一、可转换、可赎回优先股性质认定的争议

对金融工具而言，负债与权益之间的界限，并非总是泾渭分明，有时甚至是错综复杂、相互交织。与普通股不同，优先股既可以是“像股的债”，也可以是“像债的股”（范勋、田雪彦，2016），具体是债是股，取决于合同条款的约定。小米发行的可转换、可赎回优先股，到底应划分为金融负债还是权益工具？小米的可转换、可赎回优先股，IFRS将之称为复合金融

---

① 本文2018年5月5日刊载于厦门国家会计学院“云顶财说”，整理修改后以“优先股性质认定、会计处理及其经济后果分析——基于小米财务报告的案例研究”为题，于2018年5月发表于《财务与会计》。

工具（Compound Financial Instruments），而美国的公认会计原则（GAAP）则将其称为混合金融工具（Hybrid Financial Instruments），意思是这类金融工具同时包含有负债和权益的成分。

招股说明书披露的信息显示，2010 年 9 月—2017 年 8 月，小米通过 18 轮的融资，累计向投资者发行了 12 个系列的优先股，与此相关的对价收入约为 98 亿元。这些优先股具有 4 个特点：（1）持有者有权收取非累计股息外加按原发行价的 8% 计算的应计利息；（2）持有人可自 2015 年 7 月 3 日起，在小米公开上市或超过 50% 的持有者要求赎回时，按当时有效的转换价转换为普通股；（3）自 2019 年 12 月 23 日起，按发行价加 8% 应计利息及已宣派但未支付股息之和与优先股公允价值孰高者的价格，赎回全部优先股；（4）持有人有权在清算时按发行价加上应计或已宣派但未支付的股息，或发行价的 110% 优先收取剩余的权益，倘若可供分配的剩余权益不足以悉数支付优先股受偿金，持有人有权优先于普通股持有人分配剩余权益。

由于小米优先股的持有者具有按变动对价而不是固定对价转换为普通股的权利，且小米在 2019 年 12 月 23 日起行使可赎回权（Callable Option）的价格也不是固定的，持有者可以按"原发行价加 8% 应计利息及已宣派但未支付股息或公允价值孰高的价格"行使可出售权（Puttable Option），不符合第 32 号国际会计准则（IAS 32）的"固定对固定"（fixed - for - fixed，即履行转移现金或股票的义务所需要付出的转换对价或清算对价是固定的）认定标准，故小米将其发行的可转换、可赎回优先股划分为金融负债，按公允价值计量且将其变动计入当期损益。从会计准则层面上看，小米这一做法完全符合 IFRS 的要求，因为小米确实存在着向优先股持有人支付现金或发行股份的不可避免的义务，作为负债有其正当性。

问题是，若按美国公认会计原则（GAAP）的规定，小米的可转换、可赎回优先股能否划分为权益工具？与 IFRS 采用的"固定对固定"认定标准不同，GAAP 采用"两步法"（Two - step Approach）将混合金融工具区分为金融负债和权益工具。第一步应考虑是否存在权变性的行权条款（Contingent Exercise Provisions），若存在，这些条款只能与发行人自己的股票挂钩。第二部应考虑履行现金或股票转移义务的金额，当该等金额等于所发行股份公允价值与一个固定的货币金额或所发行债务工具的一个固定金额之间的差额，可将混合金融工具视为权益而不是负债。即使预定价格（Strike Price）不符合上述条件，混合金融工具也有可能划分为权益，如可能影响履约金额包含了"固定对固定"的远期合约或期权。可见，GAAP 对权益工具的认定标准不像 IFRS 那么严苛，在很多情况下，即使履行转移现金或股票的义务所需要的对价不是固定的，也可以认定为权益工具。小米发行的优先股存在权变性行权条款，符合第一步的规定，其转换对价虽然不是固定的，但赎回对价是在一个固定金额与公允价值之间抉择，看似符合第二步的规定。依据笔者的判断，按照 GAAP 的要求，小米发行的优先股可以划分为权益工具。

优先股是划分为金融负债还是权益工具，直接影响到其后续计量，会产生完全不同的经济后果。若将小米的优先股划分为金融负债，后续的资产负债表日必须按公允价值计量，并将公允价值的变动计入损益，结果导致小米 2017 年的利润减少 542 亿元，年末出现 1272 亿元的资不抵债。若将其划分为权益工具，后续的资产负债表日不需要重新计量，则小米 2017 年的利润将增加 542 亿元，净资产也将由 -1272 亿元变为 343 亿元。可见，对优先股性质归属的不同认定及其后续的不同会计处理，可为小米描绘出两幅迥然不同的财务图像：一幅是经营严重亏损、资不抵债、濒临倒闭的财务图像；另一幅则是获利能力超强、财务实力雄厚的财务图像。在这两幅财务图像中，哪幅图像更加逼近小米的真实情况呢？答案是显而易见的：第一幅财务图像与小米的真实情况背道而驰，第二幅财务图像准确地映射了小米的真实情况，否则，小米公开招股就不会受到热捧。由此可以推断，对小米而言[①]，IAS 32貌似严谨细致，实则扭曲事实，显然不是一个高质量的会计准则。

会计界信奉的实质重于形式原则，也支持上述结论。按照IAS 32的规定，小米尽管将优先股划分为负债，但这种负债既不是法律意义上的债务，也不是具有经济实质的债务，充其量只能算作一种纯理论的虚拟债务。首先，优先股持有者当初支付的总对价只有不到98亿元，而其2017年年末的公允价值却高达1615亿元，持有者不论以什么价格将优先股转换为普通股，都可获得丰厚的回报。基于理性人假设，持有者放弃其转股机会或行使其可出售权的概率几乎为零，这说明这些优先股并不构成小米向优先股持有者支付现金或转移其他资产的现时义务。其次，这些优先股转换为普通股时，负债便消失殆尽，且不需要小米支付现金或转移其他资产，只需小米额外发行一些股份即可。伴随着负债的减少，是小米净资产的增加，现金流量并没有因此而减少，这说明优先股并非传统意义上的债务。最后，尽管小米为履行转股义务需要增发股份，会稀释普通股股东的权益，但这属于业主之间的交易，与小米这一会计主体无关，作为独立会计主体的小米并不会因此发生利益的减损。

二、可转换、可赎回优先股计量损益的争议

为了遵循IFRS，小米将其可转换、可赎回优先股作为金融负债进行会计处理，并在后续的资产负债表日上将这些金融负债公允价值变动计入当期损益。这种损益不仅有悖于经营情况，而且缺乏经济实质。小米2015—2017年的经营情况蒸蒸日上，营业收入从2015年和2016年的668亿元和684亿元猛增至2017年的1146亿元，经营利润也从2015年和2016年的14亿元和38亿元飙升至2017年的122亿元，因此受到资本市场的热捧，其可转换、可赎回优先股的公允价值在2017年增加了541亿元。面对这种大好形势，小米却不得不在2017年的利润表上确认了高达541亿元的金融负债公允价值变动损失。对于这种利润表与实际情况严重背离的荒唐局面，郑朝晖博士评论道："这个案例说明了将优先股作为负债并按公允价值计量之缺陷，经营业绩大幅改善，股价暴涨，利润表却体现巨额亏损，经营业绩严重恶化，股价暴跌，利润表却体现巨额盈利，公允价值会计的逆周期现象令人哭笑不得。"更重要的是，小米2017年确认的这541亿元亏损，并没有导致小米的现金流出，纯粹是因会计游戏规则不合理所产生的账面损失（paper loss）。

上述情况与2008年全球金融危机如出一辙。按公允价值计量金融负债并将其变动计入当期损益的做法，早在2008年就被广为诟病。当时的IFRS和GAAP均要求金融机构确认因自身信用风险变动对其负债公允价值的影响。如果金融机构因经营改善导致信用等级的提高，其负债的公允价值将增加，必须确认为一项损失。反之，如果金融机构因经营恶化导致信用等级的下降，其负债的公允价值将减少，则必须确认为一项利得。这种因经营好转必须确认损失、经营恶化反而可以确认利得的做法，明显有悖于商业逻辑。2009年第一季度很多金融机构的"利润"就是来自因自身信用等级下降导致其负债的公允价值减少而确认的

---

① 其实，对美图秀秀也是如此。该公司于2016年赴港上市时披露了"累计亏损63亿元"的信息，也格外引人注目。这同样归因于按照IAS 32的要求将优先股作为负债并按公允价值计量。剔除这一因素，累计亏损锐减至1.2亿元。

利得。花旗集团 2009 年第一季度报告了 16 亿美元的净收益，其中包含了 25 亿美元因其信用情况恶化而确认的负债公允价值变动利得。同样地，汇丰银行 2009 年第一季度报告了 8.72 亿美元净收益，其中高达 66 亿美元也是因为信用等级下降而确认的负债公允价值变动利得。与此相反，摩根士丹利却因经营改善导致信用等级提高而不得不在 2009 年第一季度确认了 15 亿美元的负债公允价值变动损失。正因为将自身信用风险变动所导致的金融负债公允价值变动计入当期损益扭曲了金融机构的经营业绩，严重误导投资者的决策，IFRS 和 GAAP 后来修改规定，要求将这种误导性的损益计入其他综合收益（OCI）。

尽管小米的管理层认为因信用风险变动导致的优先股公允价值变动不大，但按公允价值计量优先股对小米经营成果造成的扭曲，其性质与确认因自身信用风险变动形成的金融负债公允价值变动损益并无两样。既然 IFRS 和 GAAP 已对后者作了修订，没有理由不允许小米等公司将划分为金融负债的优先股公允价值变动计入 OCI。计入 OCI 而不是当期损益，既可从根本上纠正优先股公允价值变动对经营业绩的歪曲，避免误导投资者，还可避免其对利润分配政策的不当干扰。

诚如 Zeff 教授所言，会计准则具有严重的经济后果。优先股的性质认定和计量结果，直接影响到企业的利润分配。按照 IFRS，小米将其优先股划分为金融负债，并将公允价值变动的计量结果确认为当期损益，导致 2017 年巨亏、无利可分。若小米按照 GAAP 将优先股划分为权益工具，则不存在此问题。小米若将发行的优先股认定为权益工具，初始计量按发行时收到对价的公允价值计量，不存在后续计量问题，剔除优先股的影响，2017 年其利润就可增加 541 亿元，就有利可分。事实上，公允价值变动损益，只是一种未实现的账面利得（Unrealized Paper Gains）或未实现的账面损失（Unrealized Losses），对企业的现金流量没有丝毫影响，本不应当对企业的利润分配产生影响。但《公司法》规定只有盈利才可分配利润，而没有考虑公允价值变动损益对盈利的影响。因此在实践中，绝大多数企业在利润分配中没有剔除公允价值变动损益的影响，造成超额分配（公允价值变动为净利得时）或分配不足（公允价值变动为净损失时）的现象十分普遍。小米的财务报告显示，2017 年年末其保留盈利为 -1504 亿元，这几乎都是由优先股的公允价值变动所造成的，因为 2017 年年末优先股的公允价值是 1615 亿元，而发行优先股的对价收入只有 98 亿元，两者差额高达 1517 亿元。-1504 亿元的保留盈余若不处理，将严重限制小米嗣后的利润分配。小米将如何处理巨额负数的保留盈余，目前不得而知。笔者查阅了遭遇类似问题的美图秀秀 2017 年年报，其做法是由董事会通过决议，用 88 亿元的股份溢价抵销优先股公允价值变动造成的累计亏损，使其保留盈余由 2016 年年末的 -103 亿元降至 2017 年的 -18 亿元。这种做法相当于用资本公积弥补以前年度亏损，我国的《公司法》过去允许这种做法，但 2005 年修订的《公司法》对此加以禁止。

三、披露非公认会计原则业绩指标的争议

既然按照 IFRS 或 GAAP 编制的财务报告所体现的经营业绩有时会严重背离企业的实际经营情况，企业只好诉诸非公认会计原则业绩指标（Non-GAAP measures[①]，以下简称 Non-

① 与 Non-GAAP measures 相似的英文名称是 alternate measures，国内将其译为“另类业绩指标”。笔者不太认可这一译法，因为它有抬高自己（IFRS 和 GAAP）、贬低他人之嫌，给人的印象是，按 IFRS 和 GAAP 编制的业绩指标才是正统的，按其他基础编制或调整的业绩指标都是另类的。

GAAP 业绩指标），也就是将按 IFRS 或 GAAP 编制的净利润调节为 Non - GAAP 业绩指标，并随同审计的财务报告一并披露、以正视听。引入并披露 Non - GAAP 业绩指标，剔除与经营无关的影响因素的做法，近年来日趋流行，在 TMT（电信、媒体、科技）行业尤为盛行。小米披露的招股说明书也不例外。小米 2017 年利润表上的净利润为 -438.89 亿元，剔除 4 个调整项目的影响后，Non - GAAP 的净利润为 53.62 亿元。这 4 个调整项目分别是：（1）可转换、可赎回优先股公允价值变动损失 540.72 亿元，调增净利润；（2）以股份为基础的薪酬 9.09 亿元，调增净利润；（3）投资公允价值增益净值 57.32 亿元，调减净利润；（4）收购导致的无形资产摊销 0.02 亿元，调增净利润。这 4 个调整项目有两个共同特点，一是都与小米的经营业务无关，二是都不涉及现金的流出或流入。

披露 Non - GAAP 业绩指标的做法，与上市公司按照中国证监会的要求，披露归属于母公司股东的扣除非经常性损益的净利润有点类似，但其范围更广，且呈上升趋势。张为国教授的课件显示：在金融时报 100 指数公司中，81 家在年度报告中披露了 Non - GAAP 业绩指标；在标普 500 公司中，88% 的公司披露了 Non - GAAP 业绩指标；在道琼斯指数公司中，按照 GAAP 和 Non - GAAP 业绩指标之间的差异从 2014 年的 12% 上升到了 2015 年的 30%。Non - GAAP 日益盛行，引发了不少争议。一方面，投资者特别是机构投资者和编制者普遍对此持欢迎和支持态度，认为 Non - GAAP 业绩指标在很多情况下可以纠偏，即纠正 IFRS 或 GAAP 不适时宜的规定所造成的对企业经营业绩的扭曲甚至歪曲。另一方面，准则制定者、监管部门和审计师则持谨慎态度，担心过多地披露 Non - GAAP 业绩指标，不仅会降低 IFRS 和 GAAP 的权威性，而且会给财务报告使用者造成混乱、带来困惑，给企业管理层操纵业绩提供机会。此外，不受 IFRS 或 GAAP 约束的 Non - GAAP 业绩指标，往往未经审计，质量无法保证，也缺乏可比性和一致性。

笔者认为，Non - GAAP 业绩指标大行其道，表明资本市场对此有强烈的信息需求，这在一定程度上说明了 IFRS 和 GAAP 正在日益丧失权威性和相关性。与其对 Non - GAAP 业绩指标防堵打压，不如疏导规范。一是引入 Non - GAAP 业绩指标的审计机制，以提高这些指标的信息质量；二是修改不合时宜的规定，如放松将优先股确认为权益工具的标准，或者允许将优先股划分为金融负债的企业，将金融负债公允价值的变动计入 OCI，以缓解公允价值计量对经营业绩报告的影响；三是加强对 Non - GAAP 业绩指标的监管，只允许企业调整与经营无关且没有现金流量含义的项目，以提高 Non - GAAP 业绩指标的可比性和一致性；四是加强投资者教育，让他们了解基于 IFRS 和 GAAP 的业绩指标与 Non - GAAP 业绩指标的联系与区别，避免被少数别有用心的企业所误导。

四、结束语

小米披露的招股说明书，引发了意想不到的热议。笔者 5 月 3 日晚上与几个学生就小米的优先股会计处理到底有没有问题进行了热烈讨论。兴业证券的陈玮博士认为，懂会计准则的知道这不是个问题，不懂会计准则的不知道这是个问题，所以结论是，没问题！我则认为，懂会计准则的，知道这是个问题，不懂会计准则的，不知道这是个什么问题，结论就是，是问题，又不知道是什么问题。陈玮博士最后感叹道：是问题又不知道是什么问题，这真是个大问题！

附录 C　免费增值商业模式的资源解析

——以腾讯为例

叶丰滢

免费增值商业模式是 Osterwalder and Pigneur（2011）提出的三种免费商业模式[①]之一。新经济时代，这种商业模式借助互联网传播的数字产品大行其道。本文以 Osterwalder 的商业模式画布为工具，以腾讯控股（以下简称“腾讯”）为例，深度剖析免费增值商业模式所依赖的资源及其对商业模式运转的驱动作用。

一、免费增值商业模式画布

免费增值商业模式（Freemium）的价值主张以免费的基础服务和收费的增值服务相结合为核心。应用这种商业模式的企业通常将用户细分为免费和收费两大类。免费用户数量众多，他们可以使用企业提供的没有任何附加条件的免费产品并从中受益；收费用户数量较少，通常不会超过总用户数的 10%（Osterwalder，2011），且大部分的免费用户不会转变为收费用户。企业通过收费用户所支付的费用补贴免费用户，因此，只有在服务免费用户的边际成本极低的时候，这种商业模式才会成为可能。

互联网企业提供的数字产品，不论是在生产、销售还是售后环节，其主要成本构成都是研发和维保支出等固定成本。一旦产品被创造出来，供给可以无限大，边际成本微小到足以忽略不计。达成“零边际成本”的根本原因是互联网企业多倾向于提供自动化的服务来维系与用户之间的关系。良好的自动化服务能够识别用户特点，进而为用户提供与其需求相关的信息。用户则根据这些信息经由互联网自主获取产品或产品更新。这种客户关系有效避免了边际成本的发生。综合以上，大多互联网企业有着实施免费增值商业模式的天然基因。

然而，这种商业模式绝非互联网企业的灵丹妙药，其能否成功运转与企业是否具备高质量的聚合免费用户的平台资源密切相关。在这一过程中，网络效应发挥了重要作用。网络效应大致可分为直接网络效应和间接网络效应两类（Katz and Shapiro，1985）。直接网络效应是指使用同一产品的用户可以增强彼此之间的效用。直接网络效应导致用户与产品之间产生双向正反馈关系：一种产品的用户数量越多，用户效用越大，产品的价值也越大；而产品的

---

① 另外两种是基于广告的免费模式和诱钓模式。

价值越大，就会吸引更多的用户使用这种产品。间接网络效应源于关联产品之间的技术依赖，即用户使用一种产品的效用取决于该产品关联产品的数量和质量。间接网络效应也会导致用户与产品及关联产品之间产生双向正反馈关系：一种产品的关联产品数量越多、质量越高，用户效用就越大，产品的价值也越大；而产品的价值越大，就会吸引更多的用户使用这种产品及其关联产品。对于应用免费增值商业模式的企业，直接网络效应是其掠夺免费用户、夯实平台资源的利器，间接网络效应则是以免费为基础嫁接增值服务、创造营业收入的背后推动力。

综上，免费增值商业模式是一种受平台资源驱动的商业模式。用户平台是这种商业模式的绝对核心资源，其引致的网络效应的显著程度决定了这种商业模式成功与否（见图 C1）。

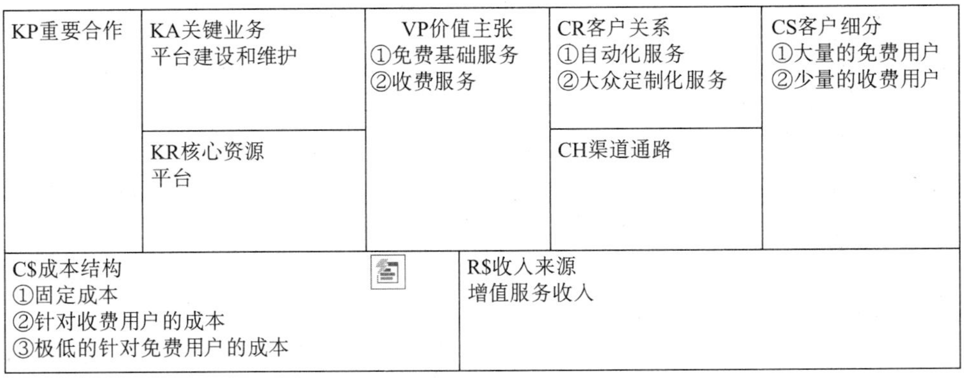

图 C1　免费增值商业模式画布

二、免费增值商业模式的核心资源

本部分以免费增值商业模式的典范企业腾讯为例，观察其核心资源用户平台在商业模式塑造过程中的重要作用。

（一）平台概况

按照腾讯官网的描述，腾讯目前的业务分五大板块：社交与通信、基于社交网络与网络游戏的增值服务、在线广告、支付以及公共事业和基础设施（具体见表 C1）。这五大板块中，以 QQ 和微信为代表的免费的社交通信平台是腾讯的业务基石（一级平台）。以其为支撑，腾讯建设了像网络游戏、微信支付、QQ 空间、腾讯视频等免费的二级内容平台（二级平台）。在这两级平台的基础上，腾讯展开一系列的增值业务（见图 C2），树立起建设“一站式在线生活平台”的战略目标。

表 C1　　腾讯服务内容与收费方式

模块		内容	收费方式
1	通信与社交	QQ	免费
		微信	免费

续表

模块		内容	收费方式		
2	社交网络与网络游戏增值服务				
2.1	社交网络				
2.1.1	数字内容	视频	免费	+	VIP特权/增值内容订阅费20元/月；或按项目收费
		音乐	免费	+	VIP特权/增值内容订阅费8—20元/月；或按项目收费
		在线文学	免费	+	VIP特权/增值内容订阅费15元/月；或按项目收费
		动漫	免费	+	按项目收费
		体育	免费	+	NBA赛事月订阅费30—90元/月
		广播直播	免费	+	按项目收费
2.1.2	特权订阅	QQ超级会员	收费，20元/月		
		QQ会员	收费，10元/月		
		QQ空间	免费	+	VIP特权订阅费10—20元/月；或按项目收费； 或按开放平台App上游戏内项目销售收费
		QQ秀	免费	+	VIP特权订阅费10/月；或按项目收费
		QQ邮箱	免费		
2.2	网络游戏	QQ游戏中心	VIP特权订阅费10—30元/月；或按项目收费		
		高级休闲游戏	VIP特权订阅费10—30元/月；或按项目收费		
		大型多人在线游戏	VIP特权订阅费20—30元/月；或按项目收费；或按时间收费		
		手机游戏	VIP特权订阅费10元/月；或按项目收费		
3	在线广告	媒体	基于各大平台和应用投放		
		社交和其他	基于各大平台和应用投放		
4	支付	微信支付	免费	+	提现费（1元/1000元）；代理费（0.6%—2%）
		QQ钱包	免费	+	代理费（0.6%—2%）
		理财通	代理费		
		微粒贷	利率（年化18%）		
		微保	免费	+	代理费
5	公用事业和基础设施	腾讯云	以交易为基础收费		
		腾讯手机管家	免费		
		手机QQ浏览器	免费		
		应用宝	免费		

资料来源：http：//www.tencent.com。

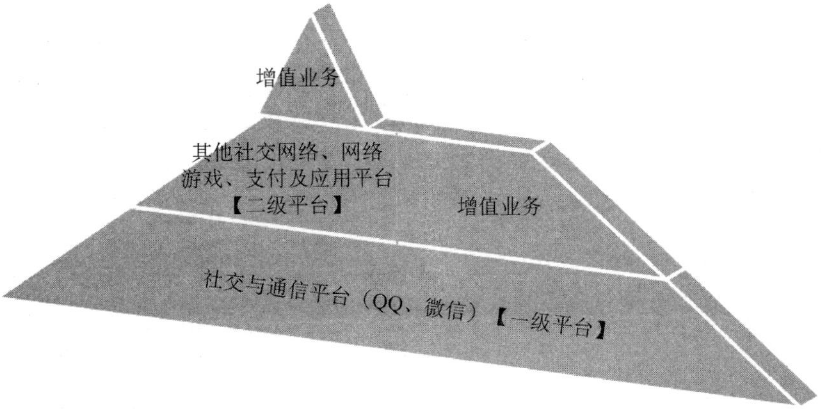

图 C2 腾讯业务板块框架

（二）一级平台状况

1. QQ

根据 Wind 统计的 2012—2017 年主要几款社交通信软件①（不包括微信）的每周使用情况（图 C3），腾讯 QQ 的覆盖人数几乎等于这几款社交通信软件的总覆盖人数，在即时通信细分市场中处于毫无疑问的垄断地位。图 C4 显示，2005—2010 年这 6 年，QQ 月活跃账户数和最高同时在线账户数的增速最快，这充分体现了直接网络效应，即足够大的用户规模会吸引更多的用户加入其中。至 2016 年 6 月，QQ 月活跃账户指标在经历了长达 10 余年的持续增长后，到达接近 9 亿的峰值。此后该指标开始下降，2017 年的单年降幅达到 8.7%。2018 年，QQ 月活跃账户数大致稳定在 7 亿—8 亿的规模，基本触及市场上限。

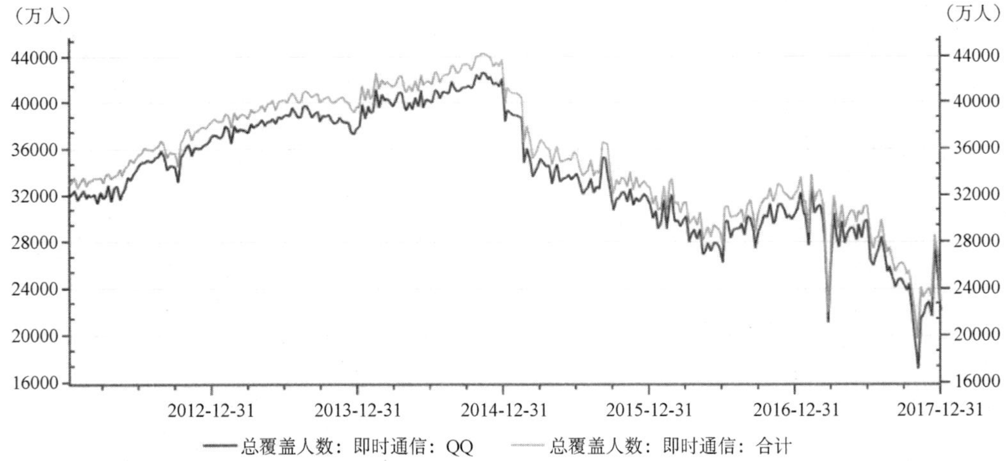

图 C3 中国互联网社交通信软件使用情况统计（每周）

资料来源：Wind 数据库。

① 包括 QQ、阿里旺旺、中国移动飞信、微软 MSN、人人桌面（校内通）、Skype、腾讯 TM、百度 HI。

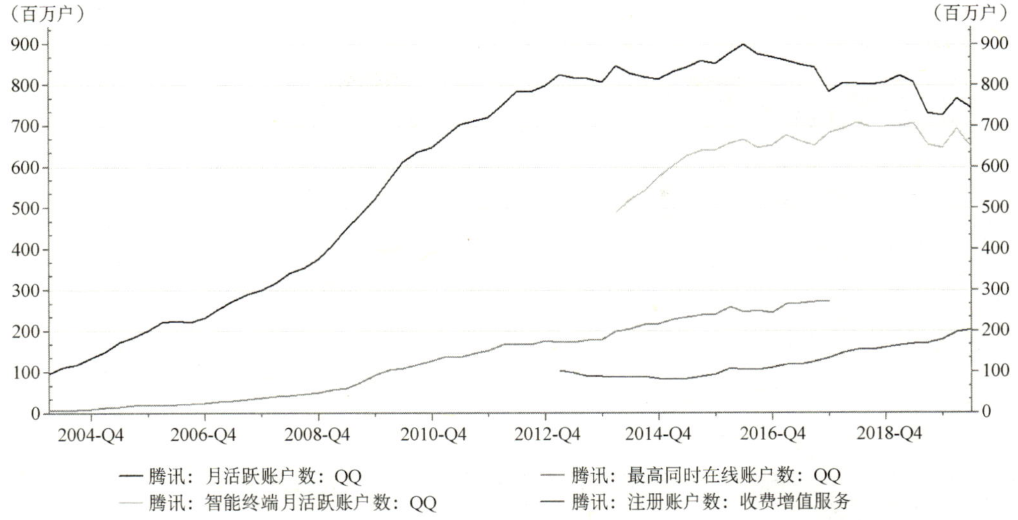

图 C4　QQ 相关运营指标

资料来源：Wind 数据库。

2. 微信

相较于 QQ，微信是腾讯近年来表现更为出色的社交通信平台。根据腾讯发布的《2018 微信数据报告》显示，截至 2018 年年底，微信和 WeChat 合并月活跃用户达到近 11 亿，其中 55 岁以上的用户 6300 万人。用户每天发送消息 450 亿次，同比增长 18%。每日音视频通话 4.1 亿次，同比增长 100%。尤其值得一提的是微信月活跃账户数这一指标。网络效应的持续发酵使得这一指标保持持续高速增长。2018 年第三季度微信和 WeChat 合并月活跃账户与 2012 年第一季度①相比增长了 17.29 倍（见图 C5、图 C6），目前尚难以判断其市场上限。

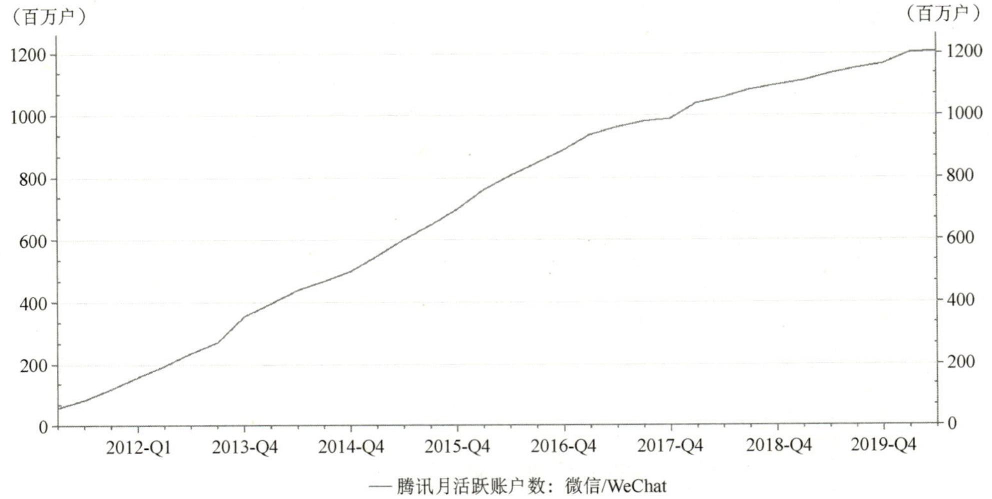

图 C5　2012—2019 年微信月活跃用户数统计

资料来源：Wind 数据库。

① 关于微信和 WeChat 合并月活跃账户的统计始于 2012 年第一季度。

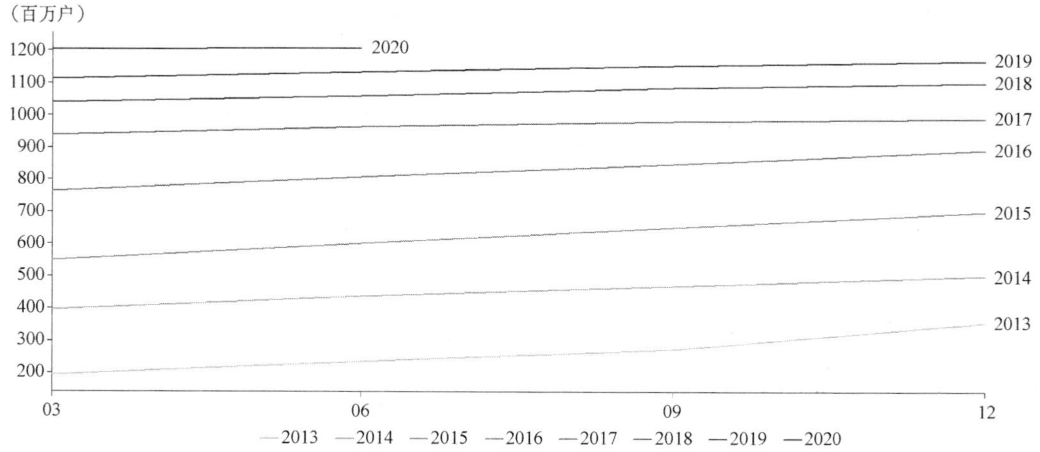

图 C6 2013—2020 年微信月活跃用户数统计（分年）

资料来源：Wind 数据库。

Osterwalder（2011）认为，免费用户转化为收费用户的转换率是免费增值商业模式最重要的经营度量指标。考虑到 QQ 月活跃账户数基本近似于腾讯的用户规模，我们尝试以月注册订阅账户数[①]占 QQ 月活跃账户数的比重衡量转换率，以此作为对腾讯一级社交通信平台产生的间接网络效应的一种粗略考察。由图 C7 可知，过去 6 年，该转换率指标呈现较稳定增长趋势。结合前文对 QQ、微信月活跃账户数等经营指标的分析，腾讯免费的一级社交通信平台存在显著的直接网络效应，与建立其上的收费的增值服务之间亦存在双向正反馈的间

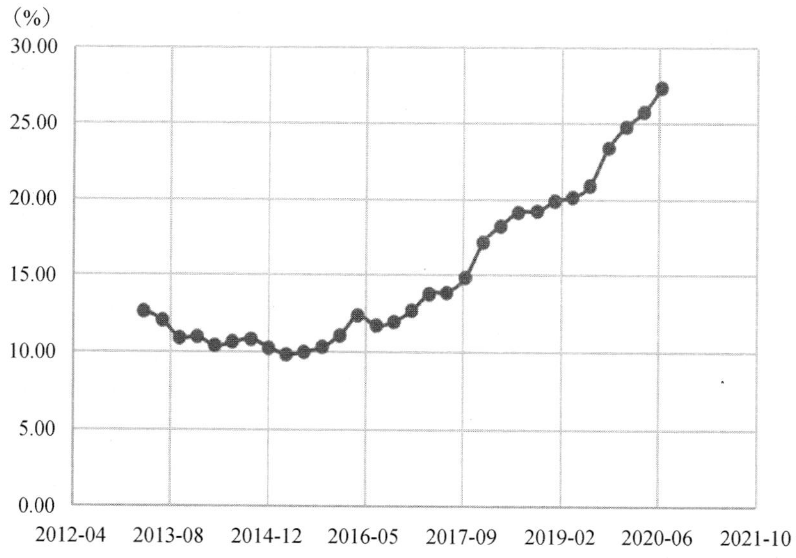

图 C7 2013—2020 年腾讯收费账户转换率

资料来源：Wind 数据库。

① 即嫁接于免费的 QQ 和微信之上的收费增值服务注册账户数。

接网络效应。因此，一级社交通信平台及其所聚敛的用户资源是腾讯免费增值商业模式的重要奠基石。腾讯围绕着一级平台产品的所有改进和创新都是以用户价值为依归，旨在提高用户黏性，充分发挥网络效应。在庞大、高黏性的用户群体形成后，一方面，能为腾讯的业务拓展提供了无限的想象空间，另一方面，也形成了社交通信市场的进入壁垒，其他同类型产品再难获得市场份额，赢家通吃的局面形成。

（三）二级平台状况

以 QQ 和微信为依托，腾讯构建了庞大的二级内容平台，包括社交网络（含网络游戏、特权订阅、数字内容）、支付以及在线广告等。本部分，我们观察几个典型的二级内容平台状况。

1. 网络游戏

腾讯网络游戏包括 QQ 游戏中心、高级休闲游戏、大型多人网络游戏和手机游戏四大类。这四种类别其实是众多相应类型游戏的统称。而每一个游戏都是一个二级内容平台——它们通常将入口开在 QQ 或微信这样的一级平台上，以借助一级平台的网络效应聚敛用户。

腾讯几乎所有的网络游戏都允许用户免费使用，再通过向 VIP 收费或按项目收费的方式取得增值服务收入。其公开的经营数据显示：高级休闲游戏、大型多人网络游戏和手机游戏的每收费用户平均收入（ARPU）指标持续表现出众。十二年间，高级休闲游戏的 37 款产品 ARPU 值增长了 6—9 倍，大型多人网络游戏的 22 款产品 ARPU 值增长了 5—13 倍；七年间，QQ 和微信手机游戏的 104 款产品 ARPU 值增长了 2—3 倍。考虑到腾讯庞大且仍在增长中的网络游戏用户数（参见图 C7 至图 C10 的 ACU 值和 PCU 值），网络游戏增值服务长期为腾讯贡献着健康且高速增长的营业收入。2017 年，腾讯网络游戏收入 978.83 亿元，占腾讯全年营业总收入的 41%，同比增长 38%。以这一年为观察点，腾讯的营收规模占据了中国游戏市场份额的近 60%，是市场份额第二名网易的 3 倍有余（图 C11）[①]。根据数据机构 SuperData 公布的 2017 年全球游戏市场产品数据，腾讯有多款游戏入围三大榜单的前十名。其中，PC 端游戏的前三名全部是腾讯的产品，《英雄联盟》更是以 21 亿美元的营业收入拿下“2017 年最赚钱游戏”的称号。这些数据彰显了腾讯在中国游戏市场的垄断者地位。

综上，腾讯在网络游戏平台的建设上不可谓不成功。究其原因，首先，网络游戏平台受到 QQ、微信等一级社交通信平台间接网络效应的辐射。其次，腾讯自研和代理的产品线全面，游戏种类丰富，各类高品质游戏能够满足各类游戏玩家的不同需求。值得一提的是，腾讯极其善于模仿。即便别的公司推出了大火的新游戏，腾讯总能快速模仿，而且模仿的产品往往功能更加丰富、用户体验更好，从模仿出发最终实现超越。从历史来看，模仿曾让腾讯背负了“山寨帝国”的绰号，也遭到了很多诟病，但从产品市场表现评判，腾讯的模仿是成功的。再次，近年来腾讯收购了 Riot Games，CJ Games，Epic Games，Supercell，Nexon 等实力雄厚的国外游戏开发厂商，极大丰富了其产品和技术储备。最后，腾讯的开放平台拥有大批独立游戏开发者，源源不断地为用户供给个性化、新鲜的新游戏。因此，尽管游戏产品

---

① 这一收入数字甚至超过了动视暴雪、EA、育碧、Take Two 这四家著名的欧美游戏公司 2017 年营业收入的总和。

的生命周期通常较短，但这一市场整体蓬勃向上，腾讯的业务模式健康、发展情况良好，在市场规模的掠夺中表现出强大的攻击力和明显的优势，对利润表的首栏收入而言，这是难得的健康凭证。

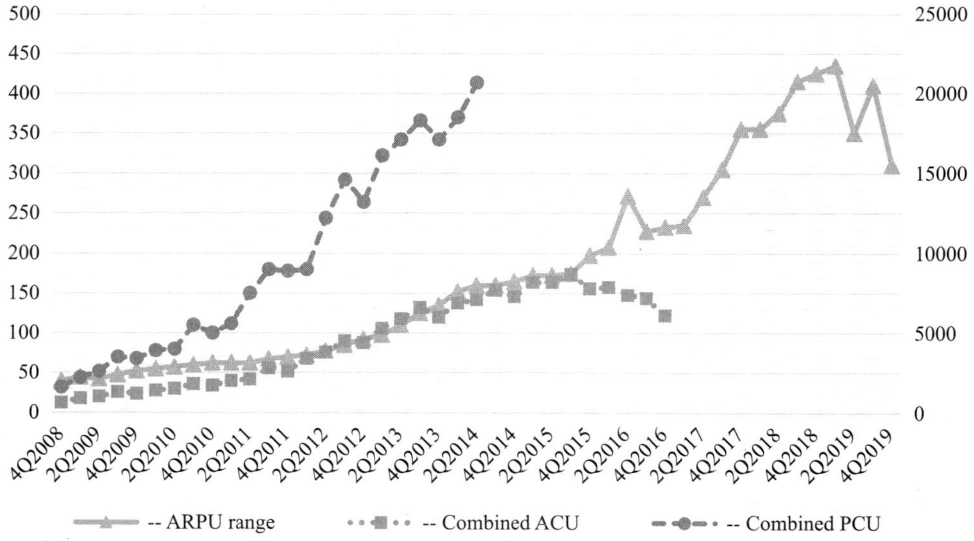

图 C8 2008—2019 年高级休闲游戏 ACU、PCU 和 ARPU 纵向

资料来源：http：//www. tencent. com/。

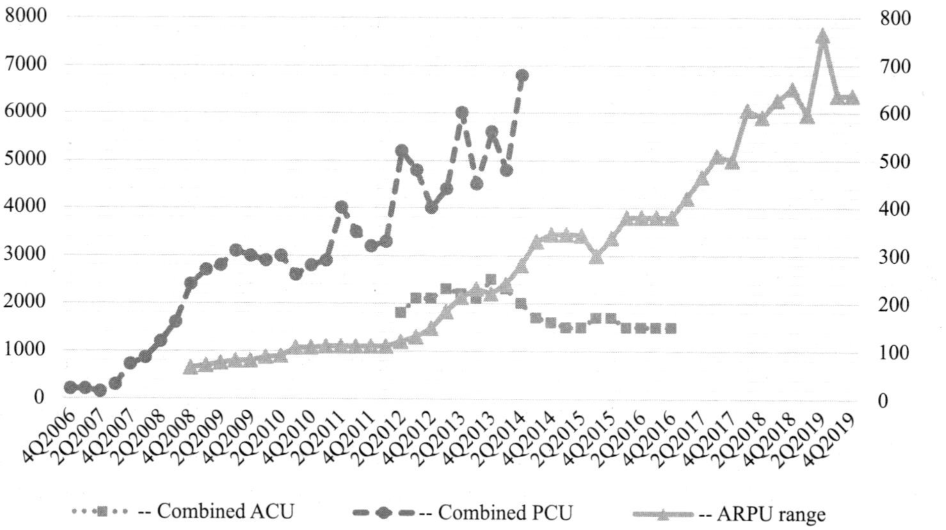

图 C9 2006—2019 年大型多人网络游戏 ACU、PCU 和 ARPU 纵向

资料来源：http：//www. tencent. com/。

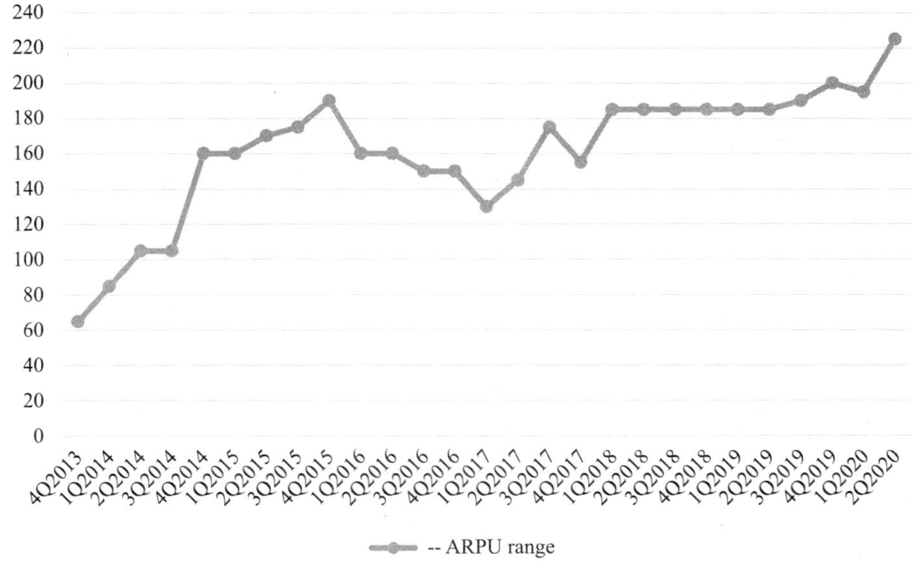

图 C10　2013—2020 年手机 QQ 和微信游戏 ARPU 纵向

资料来源：http：//www. tencent. com/。

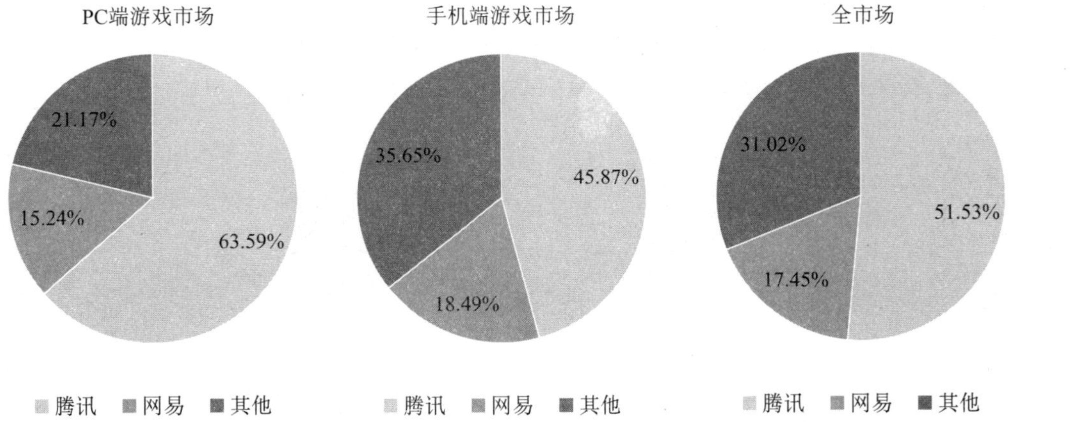

图 C11　2019 年 Q1 中国上市游戏企业营收规模

数据来源：艾瑞咨询. 2019 年 Q1 中国网络游戏季度数据发布研究报告。

2. 微信支付

微信支付是腾讯搭建于微信之上的一个重量级的二级内容平台。早期微信仅仅是一款社交通信软件，加入“朋友圈”之后整合为一个社交通信平台。凭借着通信与社交这两项功能，微信积累了初始用户。之后，公众号上线，微信通过向用户开放公众号接口，帮助用户实施差异化营销和服务，在资源变现的路上走出了第一步。但最终完成微信生态圈构筑的关键步骤是微信支付的出现。它使得微信以“公众号 + 微信支付”为手段、以用户资源为渠道，快速渗透各传统行业，通过移动电商入口、用户识别、数据分析、支付结算、用户关系维护、售后服务和维权、社交推广等形成闭环式移动互联网商业解决方案。微信支付与微信之间产生强烈的间接网络效应——微信支付的出现，急剧提升了微信用户的效用、微信平台的使用价值；而使用价值更高的微信平台又吸引更多的用户使用微信。随着双向正反馈关系在用户与微信和微信支付之间建立，微信商业化的进程一日千里，盈利空间也快速增大①。

按照腾讯披露的经营数据，微信支付平台于2013年年初上线，此后，其月线上、线下支付次数数据持续迅猛增长。至2017年9月，微信支付的月线上支付次数同比增长23%，月线下支付次数同比增长了280%，月活跃账户每月发生近8亿次移动支付②。腾讯2017年的分部报告显示，以支付业务为核心的其他业务分部创收433.38亿元，同比增长153%，是三大分部中收入增速最快的。而由于互联网对传统行业的渗透和改造才刚刚起步，可以预计微信支付平台所创造的增值收入对腾讯整体营业收入的贡献会越来越大。

3. QQ空间

QQ空间是关联于QQ的一个社交网络平台产品。QQ空间向用户提供免费的基础服务，向VIP提供特权订阅增值服务或按项目为用户提供增值服务。根据艾瑞咨询的统计，QQ空间的设备覆盖率和使用时间占比均超过了5%，这证明这款产品也是社交网络的流量大户。由图C12可知，跟随QQ积累用户的过程，QQ空间月活跃账户数一度扩张迅速。从2008年12月的1.5亿活跃账户到2010年6月的4.5亿活跃账户，仅耗时18个月，这充分体现出了间接网络效应——强大的社交通信平台具备惊人的产品推广速度，能够让关联产品的用户触达次数在短时间内呈现几何量级的增长。受微信的影响，QQ空间月活跃账户数在2015年3月到达6.7亿的峰值后下降，QQ空间智能终端月活跃账户数在2017年3月到达6亿的峰值后下降。截至2019年第四季度，这两项指标的用户数大约在5亿出头的规模。因QQ月活跃账户数已经触及市场上限，这两项指标应在5亿左右时趋于稳定。

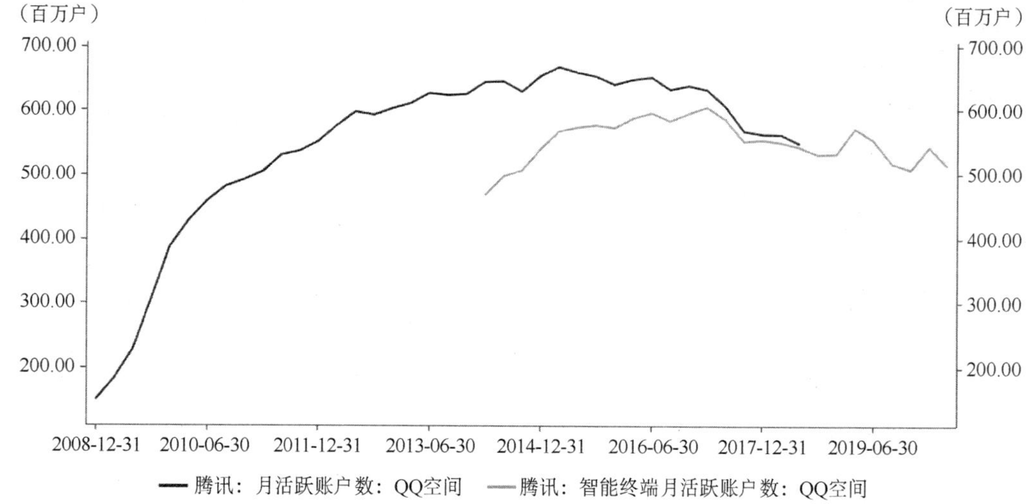

图C12　2008—2019年QQ空间月活跃用户数统计

资料来源：Wind数据库。

腾讯财务报告没有单独公布QQ空间的增值服务收入状况，但披露了一个很有意思的经

① 资料来源：http：//finance. eastmoney. com/news/1354，20141106442776281. html。

② 微信支付可以从每笔交易中收取交易金额0.6%—2%的手续费，用户提现也要收取1元/1000元的费用。

营数据：从2010年第三季度开始，QQ空间在腾讯的开放平台上正式向第三方开发者开放。至2017年10月，这一平台已经迎来了500万人的开发者和570万个的注册开发应用，对平台建设而言，这意味着极大的运维更新成本的节约。

4. 其他外部合作平台

作为一家互联网综合服务提供商，腾讯很早就将建立“一站式在线生活平台”作为自己的战略目标。但是在2010年之前，腾讯意图打造的在线生活平台整体上是一个封闭式的生态圈，资源独享、排他经营。2010年，腾讯与360之间爆发激烈的产品竞争，这让腾讯意识到仅靠自身力量很难保持竞争优势，于是开始以打造“开放平台”作为自己新的价值主张，借助外部合作提升竞争优势。一方面，随着用户需求的多元化和复杂化，腾讯确实需要借助外部合作为用户提供更加丰富的内容及应用，提升用户体验，以维持稀缺的注意力资源；另一方面，社交通信平台积累的庞大用户群体蕴含了巨大的商业价值，通过向外部第三方提供接口，可以实现共享共赢，为注意力资源变现开拓更广阔的渠道。

典型的例子是腾讯在电子商务方面的运作。早期腾讯也通过收购兼并拥有自己的电子商务二级内容平台，如易迅网、拍拍网，但这些平台持续不断巨额亏损，最终，腾讯将电商业务出让给京东商城，换取了京东的股权。两者之间的战略合作，不仅使腾讯摆脱了电商业务的拖累，也让京东接入腾讯生态圈实现了资源整合，使得京东在B2C市场的份额大幅度提升，现约为天猫市场份额的44%[①]。同时京东移动端订单量快速增长，2014年3月京东移动端订单量占总订单量比例仅为9.79%，而到2017年年底这一比例已经剧增至80%，资源整合之后的规模效应十分明显。

总体来看，腾讯的二级平台以一级平台为流量入口，在内容方面，有所为，有所不为。所为的内容做专做精，经营表现卓越，尤其是网络游戏平台和支付平台，几款产品奠定了腾讯的营收规模和商业版图。所不为的内容交给合作伙伴，保证用户得以接触到高品质的内容，提升用户体验。腾讯的二级平台可以用两个词概括：连接和内容。以此为价值主张，腾讯持续提供着具有特色和个性的客户价值，且具有远远高于竞争对手的价值水平。正是平台资源成就了腾讯的免费增值商业模式。

三、免费增值商业模式的其他主要资源

Osterwalder在《商业模式新生代》一书中将商业模式构建所需要的主要资源分为四类：实体资产（physical）、金融资产（financial）、知识资产（intellectual）、人力资源（human）。免费增值商业模式所倚重的用户平台应属于实体资产类资源[②]。而对其他三类资源，这种商业模式亦或多或少有所依赖。本部分，我们同样以腾讯为例，观察金融资产、知识资产和人力资源对免费增值商业模式的塑造作用。

（一）金融资产

不少商业模式需要动用金融资源或财务担保。腾讯在推行免费增值商业模式的过程中，同样对金融资产重视有加，这主要表现在权益投资上。从共同比资产负债表（表C2）中可

① 资料来源：https://baijiahao.baidu.com/s?id=1615283393990125542&wfr=spider&for=pc。

② Osterwalder认为，实体资产类资源既包括像生产设施、不动产等看得见摸得着的资产，也包括像平台系统、人脉网络等无形资产。

以看出，2010 年左右，腾讯明显加大了对外投资的步伐，2014 年以后，步子迈得更大。2017—2019 年，权益性投资、可供出售投资和商誉这三项资产的合计占总资产的比重高达 53.1%。毫无疑问，权益投资是腾讯最重要的账面资产。

表 C2　　　　2004—2019 年腾讯共同比资产负债表（部分）

	2014-12-31	2005-12-31	2006-12-31	2007-12-31	2008-12-31	2009-12-31	2010-12-31	2011-12-31	2012-12-31	2013-12-31	2014-12-31	2015-12-31	2016-12-31	2017-12-31	2018-12-31	2019-12-31
流动资产：																
现金及现金等价物	30	46	40	42	31	35	29	22	18	19	25	14	18	19	14	14
交易性金融资产	23	11	4	4	3										1	1
其他短期投资	27	13	25	9	18	30	33	24	18	18	6	13	14	7	9	5
应收款项合计	8	7	11	10	14	9	6	7	8	8	7	5	6	6	6	7
应收账款及票据	7	6	9	8	10	7	5	4	3	3	3	2	3	3	4	4
其他应收款	2	1	2	2	4	2	1	4	5	5	5	3	3	3	3	3
存货		0	0	0	0				1	1	0	0	0	0	0	0
其他流动资产				4		1	3	9	3	4	5	18	0	0	0	0
流动资产合计	89	78	80	69	66	75	71	63	49	50	44	51	38	32	30	27
非流动资产：																
固定资产净值	5	11	12	14	21	15	10	11	11	10	7	5	5	5	6	5
权益性投资				0	3	3	3	8	10	11	32	22	20	26	31	23
持有至到期投资	6	7		1		2										
可供出售投资		1	1	1	1	1	12	8	7	12	8	14	21	23		
其他长期投资				1	1	0	0	0	15	11	3	2	2	2	20	24
商誉及无形资产		1	3	10	4	2	2	7	6	4	5	4	9	7	8	15
土地使用权			0	1	0	0	1	1	1	1	0	1	1	1	1	2
其他非流动资产		3	3	4	5	2	2	4	2	2	1	1	3	3	5	4
非流动资产合计	11	22	20	31	34	25	29	37	51	50	56	49	62	68	70	73
总资产	100	100	100	100	100	100	100	100	100	100	100	100	100	100	100	100

1. 从表 C2 看，2017 年，在权益性投资、可供出售投资和商誉三项中，占比最大的是权益性投资，即腾讯持有的对被投资单位具有共同控制或重大影响的权益性质的投资，其次是可供出售投资，即腾讯持有的对被投资单位不具有控制、共同控制或重大影响的投资，占比最小的是商誉。这表明，腾讯参股型投资较多而收购兼并较少，或收购兼并的溢价不高。马化腾 2018 年曾明确表示：腾讯投资的基本逻辑是，除了通信社交和内容，其他都交给合作伙伴。腾讯不追求控股，甚至不要求做大股东，而是通过小比例占股的方式投资①。这基本

① 资料来源：https：//www. admin5. com/article/20180502/850168. shtml。

属实。根据IT橘子的统计，截至2019年2月，腾讯总计发生投资675起，目前尚持有投资556起，投资总金额超过6700亿人民币。从投资对象来看，遍布多达17个细分行业，文化娱乐、电子商务和游戏是腾讯投资数量最多的三个领域，而汽车交通、企业服务和本地生活则是腾讯投资金额最大的三个领域（见表C3）。上述投资内容大多是对腾讯以社交通信平台为中心的生态圈的丰富，少数则属于竞争防线构筑，或是为未来抢占制高点。

表C3 腾讯投资概况

细分行业	投资数量	投资金额（亿元）
教育	31	84.7
金融	29	666.1
汽车交通	49	1417.3
房产服务	8	460.6
医疗健康	29	147.8
旅游	9	86.3
本地生活	32	839.7
游戏	56	85.4
广告营销	6	61.3
硬件	20	179.9
文化娱乐	127	711.4
企业服务	45	1020
社交网络	21	8.7
电子商务	58	637.7
工具软件	14	12.4
体育运动	8	13.8
物流	14	332.2

2. 从综合收益表看，腾讯庞大的投资资产尚未为其创造相应的收益。图C13和图C14显示：①可供出售投资的公允价值变动起伏较大，2015—2019年这五年出现浮盈，2017年可供出售投资的浮盈相当于18.66%的营业利润。但对联营和合营企业的投资收益对营业利润的贡献则几乎可以忽略不计，情况最好的2017年占比还不到1%。主要原因是可供出售投资以公允价值计量，公允价值变动尚可进入综合收益表，对联营和合营企业的投资则是以权益法计量，公允价值变动没有机会进入财务报表。而2018年腾讯投资年会公布的数据显示，其总投资700家企业，其中有63家上市和122家体量突破10亿美元，说明腾讯整体投资资产的盈利潜能巨大，而财务报表未能充分反映。②2015—2019年这五年，腾讯所投联营企业有除净利润变动以外的其他所有者权益变动，导致腾讯其他综合收益增加，说明这段时间腾讯所投联营企业较多或较频繁地发生再融资之类的权益结构变动。对腾讯投资的数据统计结果同样证实了这一点。腾讯的投资从投资轮次来看，种子轮到上市公司都有发生，天使轮次最多①，如此，投后投资对象频繁发生权益变动也就顺理成章了。③2016年、2017年以及2019年的其他综合收益中出现重分类进损益的可供出售投资公允价值变动且其值为负数，说明在权益性投资上，腾讯开始“有进有出”，存在可能的不当或不良投资清理行为。

① 资料来源：https：//www.itjuzi.com/tencent。

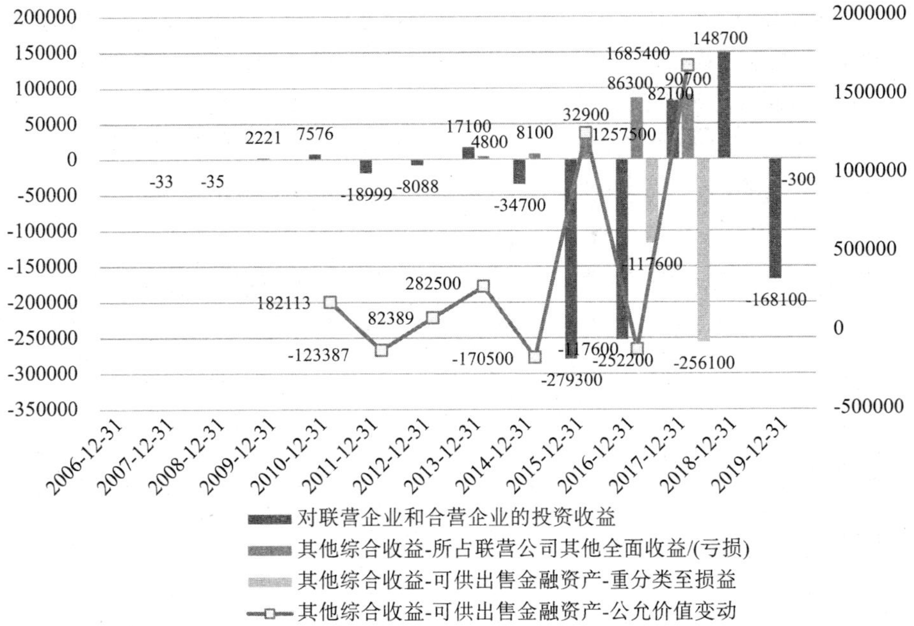

图 C13 2006—2019 年腾讯投资损益科目绝对值纵向

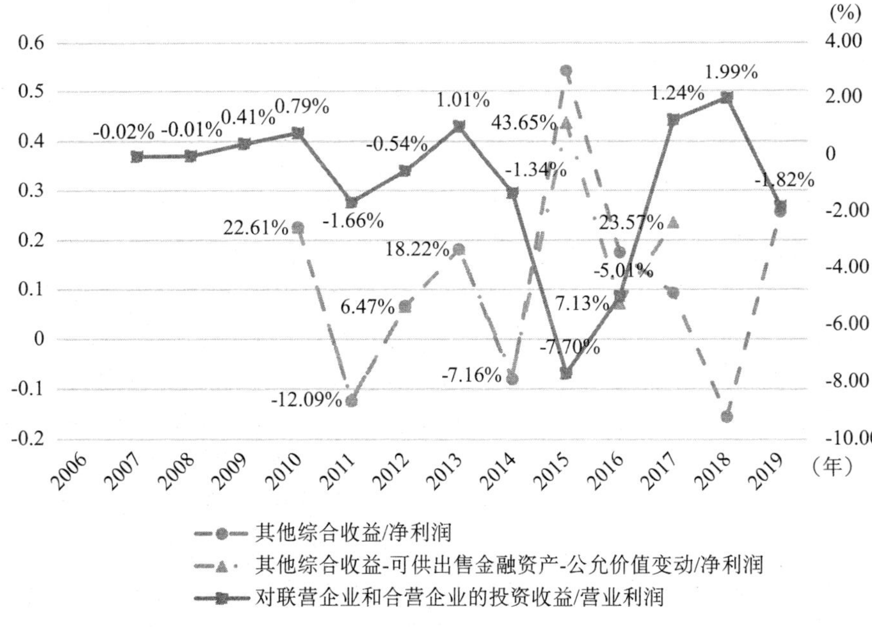

图 C14 2006—2019 年腾讯投资损益科目相对值纵向

3. 所有的投资行为都需要支付对价。样本期间，腾讯的股本结构总体变动不大，这意味着它的投资付出的都是真金白银，其背后一定需要强大的现金流量作为支撑。我们考察了腾讯的现金收入比、现金利润比和自由现金流量这三项现金指标，以及长期负债占比和带息负债占比这两项偿债能力指标。结果显示，这家互联网巨头在三项现金指标的表现上称得上是“壕无人性”（见图 C15、图 C16、图 C17）。比如，2017 年，传统行业的“现金奶牛”

代表——沃尔玛 2019 年的现金收入比仅为 4.82%，腾讯是它的 8.17 倍。自由现金流量指标被认为是衡量一家企业持续盈利和发展潜能的最强指标。2019 年，沃尔玛的自由现金量大约是 194 亿元，腾讯是其 5.61 倍，且总体保持着高速增长的趋势。另外，从两项长期偿债能力指标看，伴随着企业的投资扩张，这两个指标并没有大幅度上升，始终保持在 30%—50% 的水平，这更进一步证明了腾讯投资扩张的对价主要来自其经营活动创造的充沛现金流量。

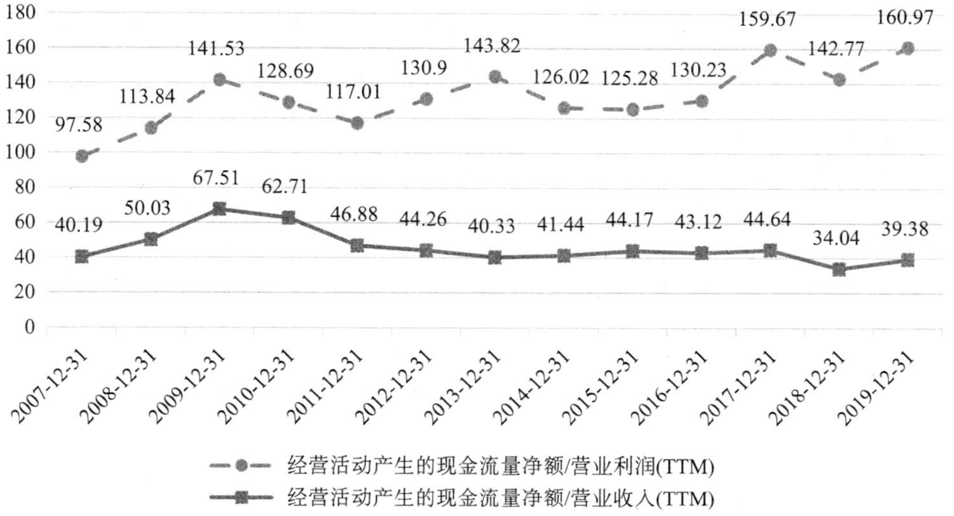

图 C15　2007—2019 年腾讯现金利润比与现金收入比纵向

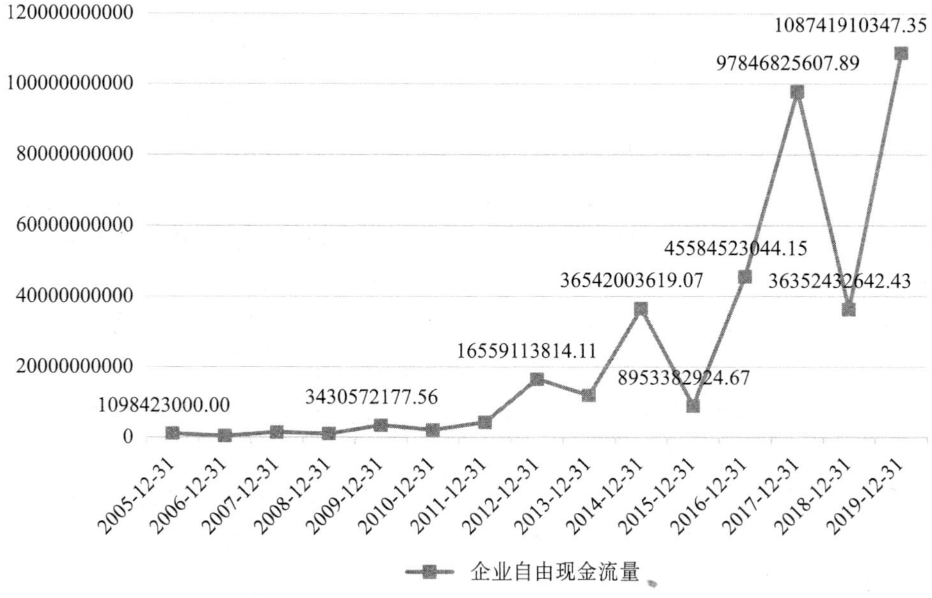

图 C16　2005—2019 年腾讯自由现金流纵向

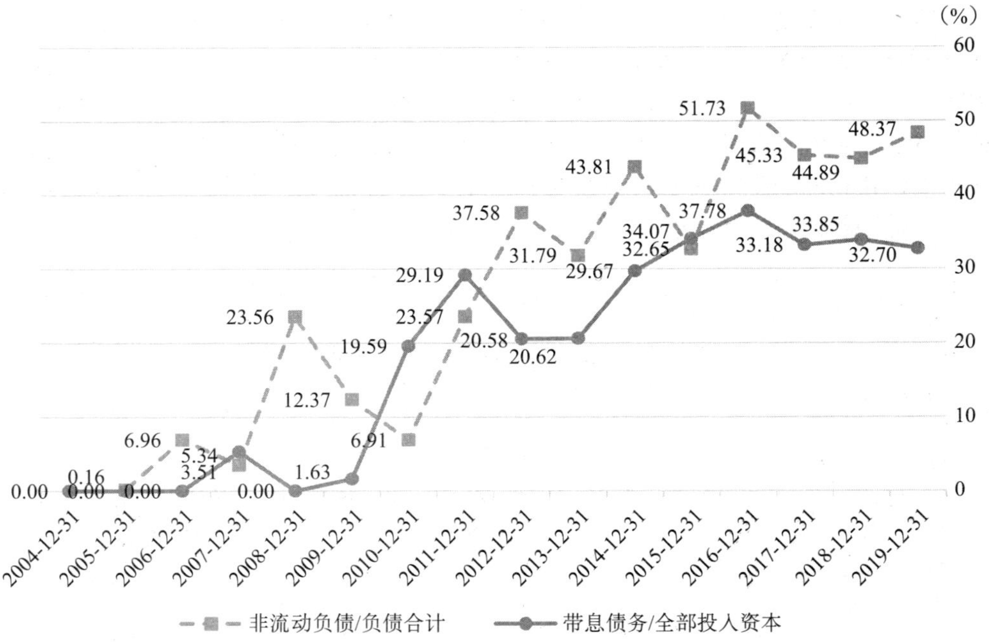

图 C17 2004—2019 年腾讯带息债务占全部投入资本百分比纵向

资料来源：Wind 资讯。

4. 腾讯作为中国香港上市企业，已于 2018 年开始执行新金融工具准则。根据新金融工具准则，权益工具投资必须以公允价值计量。如投资为交易目的持有，放 FVTPL 核算，如投资并非为交易目的持有，可放 FVOCI 核算，但处置时累积的其他综合收益将无法重分类进损益。首次执行日，腾讯将 2018 年期初可供出售投资中的 687 亿分类为 FVTPL，占期初存量可供出售投资的 54%，占期初总资产的 12.4%。这相当于分出了权益投资中财务投资的份额，剩下的即腾讯为战略或业务需求而持有的战略投资，占期初总资产的比例为 43.6%。战略投资与财务投资的相对比例为 3.5∶1。这证明腾讯的投资不止于为企业的发展找伙伴，一定程度上，也是在为其巨大的经营活动现金净流量找寻出路。

综上，我们认为，庞大的权益投资是腾讯的一大主要资源。其投资来源健康、可持续，投资对象内容丰富、多层次，投资时机把握良好，投资升值空间大。曾有人批评腾讯的投资过于广撒网、财务投资众多、缺乏目的性，但我们认为：一方面，出于业务协同和战略发展的目的，腾讯的投资可能带有“宁可错投，不能错过”的使命①；另一方面，受金融工具准则变更的影响，未来只有财务投资才有机会在表内释放投资增值。因此，腾讯账面的财务投资很可能会越来越多，即便是战略投资，也可能以财务投资为先导。这块主要资源的存在既是为企业找未来，也是为经营活动的热钱找出路。

另外，从市场反馈看，腾讯的投资还有好的精准率，优越于其他企业，甚至能比风投更早地发现优质的企业。根本原因是微信平台的存在。腾讯通过对微信后台交易与支付数据的分析，敏锐地发现了那些交易活跃、成长迅速的企业。比如，每日优鲜还只是一个公众号时

① 资料来源：http：//www.ebrun.com/20180502/275424.shtml。

就被腾讯发现，二手交易 APP“转转”也是如出一辙。对于腾讯公司而言，这是种无可争议的成功，且其他竞争对手极难复制①，也从一个侧面印证了一级社交通信平台的绝对核心资源地位。

（二）知识资产

知识资产包括品牌、专有知识、专利和版权、合作关系和用户数据库等。知识资产的开发很难，但成功建立后可以为企业带来巨大的价值。最能体现企业对知识资产投入的是企业的研发支出。以腾讯为例。一直以来，腾讯都是中国互联网企业中研发投入较高的企业。如图 C18 所示，腾讯 2019 年度研发投入达 303.87 亿元，且保持了快速增长的趋势，研发投入占收入总额的比重在 7%—9%。高额研发投入换来了产品服务的不断创新与迭代升级以及大量的专利。在 2018 年 4 月 IncoPat 创新指数研究中心发布的“中国互联网 100 强企业发明专利排行榜”上，腾讯以 4933 件发明授权专利位列第一（见表 C4）。其绝大多数专利与产品服务密切相关，这使得腾讯成为中国互联网企业中最有产品经理文化的公司②。

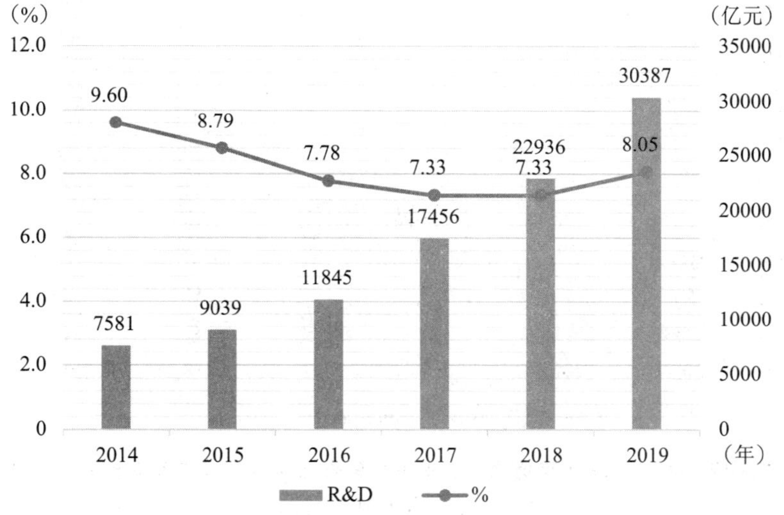

图 C18　2014—2019 年腾讯研发投入及占收入百分比纵向

资料来源：腾讯控股 2014－2019 年财务报告。

表 C4　　IncoPat“中国互联网 100 强企业发明专利排行榜”前五名

企业	历年发明授权专利数量	排名
腾讯	4933	1
奇虎	2281	2
百度	1790	3
阿里巴巴	1566	4
小米	1415	5

① 资料来源：http://www.ebrun.com/20180502/275424.shtml。

② 资料来源：http://baijiahao.baidu.com/s?id=1597964340696713405&wfr=spider&for=pc。

有趣的是，腾讯每年的研发支出绝大多数因不符合会计准则资本化的条件都费用化了，形成无形资产的少之又少。图 C19 显示，过去四年中有三年，研发支出的期间发生额高于期末无形资产（剔除商誉后）的余额。根据腾讯的期间财务报告附注可知，其无形资产（剔除商誉后）仅包括：经授权的网络内容（包括视频及音乐内容）、游戏特许权、版权、电脑软件及技术以及不竞争协议这几项。这意味着，绝大多数平台产品的建设和维护支出在发生当时即没入对应报告期间的损益，没有机会形成资产。换言之，巨大的平台资源实际上在腾讯的资产负债表之外。另外，虽然研发支出进入了利润表，但由于绝大多数数字产品都存在建维支出前多后少、营业收入前少后多的特点，这导致腾讯的期间利润表收入成本的匹配高度不合理，即网络效应的经济后果被肢解在利润表内、彻底无形化。从这个角度看，腾讯的财务报告对外部信息使用者的决策是无效的。

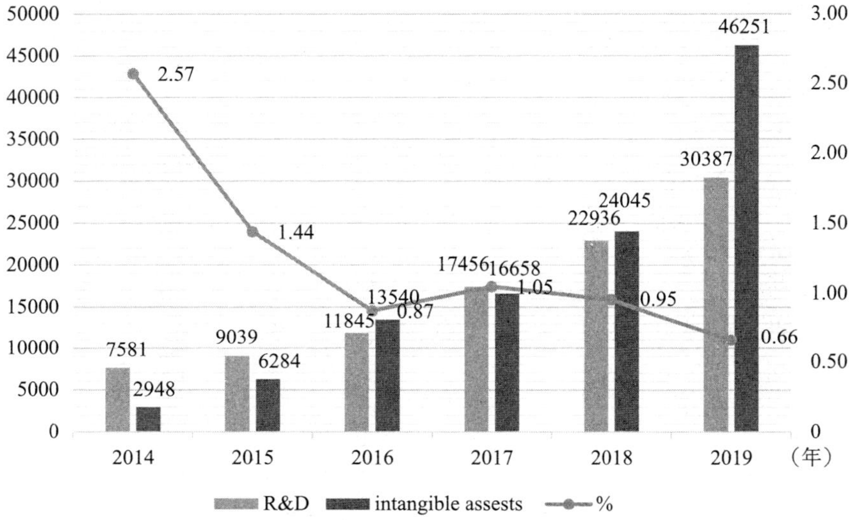

图 C19 2014—2019 年腾讯研发支出与期末无形资产（剔除商誉后）对比

（三）人力资源

任何一家企业都需要人力资源，但是在某些商业模式中，人力资源更加重要，比如，受用户平台驱动的免费增值商业模式。平台资源的建维是商业模式得以运转的基本保障，而这毫无疑问需要大量的人力资源运用其知识、能力、经验，通过团队合作达成。为激发员工的工作热情，优厚的薪酬福利制度必不可少。在这方面，腾讯就有一套独特的理念和做法，这主要体现在其以产品思维打造的薪酬福利制度。

腾讯认为，激励制度也是一种产品，需要不断改进、迭代。员工则是使用这种产品的顾客，企业必须关注员工的激励需求。在这一理念的指引下，腾讯创造了如“名品堂”等激励产品。“名品堂”是腾讯为尖兵团队保有创业公司般的活力而设立的。腾讯内部许多产品团队在其所处行业中属于领先地位，为了留住他们，“名品堂”首先明确给予这些团队殿堂级的荣誉，将他们的产品和成绩载入公司的史册，同时兑现的还有沉甸甸的奖金。奖金的分配不按人头或工作量，只按团队取得的绩效①。2016 年，手游《王者荣耀》以 68 亿元的营

① 资料来源：http：//www. sohu. com/a/164514409_349392。

业收入进入“名品堂”；2017 年，这款游戏实现大众普及，成为 2017 年全球最赚钱的手游产品（营业收入 19 亿美元①，约占腾讯当年网络游戏总收入的 12.7%）。这一年，《王者荣耀》团队拿到腾讯激励制度最高等级的荣誉“创始人奖”。网传其团队人均奖金 100—120 薪②，虽未经证实，但亦从侧面印证了腾讯以绩效为本、“重金留英雄”的薪酬福利制度和对优秀人力资源的高度重视。

遗憾的是，与研发支出相似，人力资源因难以量化，长期徘徊在资产负债表之外。虽然其创造的经济利益与使用成本被纳入了利润表，但重要人力资源的表外化无疑使得会计信息的相关性弱化。对类似于免费增值商业模式这种很大程度上依赖人力资源进行产品创造的商业模式，影响会更大。

四、总结

（一）资源驱动的免费增值商业模式

免费增值商业模式对生产“零边际成本”数字产品的互联网企业是一种理想的商业模式。但它的实施以企业是否具备聚集大量活跃免费用户的平台为前提，借助网络效应推动增值服务赚取收入。在以腾讯为例对免费增值商业模式的核心资源进行检视的过程中，我们发现，这种商业模式之所以在腾讯手中运作得无比成功，在于其对四类主要资源的把控都做得极为出色，尤其是对核心资源——两级平台的建设和维护，以及对其产生的网络效应的利用。当然，过去十年，腾讯的快速发展一定程度上依赖于中国互联网网民规模剧增所释放的人口红利，在未来互联网用户规模增速放缓、市场竞争更加激烈的情况下，腾讯能否继续将庞大的用户群体锁定在其生态圈内是其继续前行的关键因素。腾讯需要运用更加综合性的措施挖掘用户价值，同时在战略上精准把握互联网未来发展的潮流和方向，保持收入来源的稳定性和多样性。

（二）财务报告不友好的免费增值商业模式

根据前文的分析，现行企业期间财务报告对以用户平台为核心资源、受平台网络效应驱动的免费增值商业模式是相当的“不友好”，具体表现在：（1）大量的研发支出因为不符合无形资产的定义和确认条件无法资本化，这导致平台资源表外化；（2）平台资源建维支出的确认期间与营业收入的确认期间不匹配，导致网络效应的经济后果无形化；（3）创建平台资源的人力资源表外化。上述几个问题在腾讯身上表现得淋漓尽致。财务报告对平台资源及其网络效应的无视，逼得像腾讯这样一家成功的互联网企业只能按照其账面资产状况宣称自己的主要业务是“投资控股”。而作为“投资”企业，现行金融工具准则又只允许其释放重大影响以下的权益工具投资的公允价值变动进入利润表或综合收益表，而无视重大影响以上的权益投资的公允价值变动。这导致投资者对腾讯占总资产比重最大的重大影响以上的权益投资不知其公允价值为几何，这种相关性如何能够决策有用？这些事实强烈地提示我们，新经济时代的商业模式创新要求会计确认、计量、披露、报告制度的全面革新，因循守旧等来的很可能是会计学科自身的消亡。

---

① 资料来源：http：//chanye.07073.com/guonei/1727411.html。

② 相当于一次性发放 100—120 个月的工资。

参考文献

阿里研究院，2018. 2018 全球数字经济发展指数 [R/OL]. www. aliresearch. com.

阿里研究院，2019. 结构与重组：开启智能经济 [R/OL]. www. aliresearch. com.

阿特金森，科尔特，2000. 美国新经济：联邦与州 [M]. 焦瑞进，刘新利，译. 北京：人民出版社.

艾瑞咨询公司，2019. 2019 年中国工业互联网平台研究报告 [R/OL]. www. iresearch. com. cn.

艾瑞咨询公司，2019. 冰山之下：2019 年中国产业互联网系列研究之二 [R/OL]. www. iresearch. com. cn.

陈朝琳，叶丰滢，2015. 互联网游戏虚拟货币的收入确认相关问题探讨 [J]. 财务与会计 (2)：49 - 51.

陈燚，2018. 折旧？升值？——从 GAAP/NonGAAP 联想会计教育 [R]. 国会大学堂.

程愚，孙建国，2013. 商业模式的理论模型：要素及其关系 [J]. 中国工业经济 (1)：141 - 153.

奈特，2005. 风险，不确定性和利润 [M]. 王宇等，译. 北京：中国人民大学出版社.

葛家澍，2002. 关于财务会计基本假设的重新思考 [J]. 会计研究 (1)：5 - 10.

工信部，2016. 信息通信业发展规划 (2016 - 2020 年) [EB]. www. miit. gov. cn.

国家统计局，2018. 2017 年全国科技经费投入统计公告 [EB]. www. stats. gov. cn.

国家信息中心分享经济研究中心，2019. 中国共享经济发展年度报告 [R/OL]. www. miit. gov. cn.

韩同影，2002. 美国“新经济”的内涵 [J]. 电子外贸 (02)：9 - 13.

黄世忠，黄晓韡，黄静如，等，2018. 公允价值计量影响分析：基于财务报告概念框架的视角 [M]. 北京：经济科学出版社.

黄世忠，黄晓韡，2018. 商业模式的角色地位亟待明确 [J]. 商业会计 (21)：6 - 8.

黄世忠，2018. 旧标尺衡量不了新经济：论会计信息相关性的恶化与救赎 [J]. 当代会计评论 (11)：1 - 23.

黄世忠，2019. 会计的十大悖论与改进 [J]. 财务与会计 (20)：4 - 11.

黄世忠，2018. 旧标尺衡量不了新经济——论会计信息相关性的恶化与救赎 [J]. 当代会计评论 (7)：1 - 23.

黄晓韡，黄世忠，2016. 财务报告概念框架修订热点问题综述 [J]. 会计研究 (01)：

21－27.

李端生，王东升，2016. 基于财务视角的商业模式研究［J］. 会计研究（06）：63－69＋95.

列夫，谷丰，2018. 会计的没落与复兴［M］. 方军雄，译. 北京：北京大学出版社.

刘大为，2006. 新经济条件下企业人力资源价值计量研究［D］. 哈尔滨工业大学.

刘拂尘，刘闲月，2011. 企业商业模式概念及分类研究［J］. 市场周刊：理论研究（8）：8－12.

罗珉，曾涛，周思伟，2005. 企业商业模式创新：基于租金理论的解释［J］. 中国工业经济（07）：73－81.

罗珉，李亮，2015. 互联网时代的商业模式创新：价值创造视角［J］. 中国工业经济（01）：95－107.

庞学卿，2016. 商业模式创新的前因及绩效：管理决策视角［D］. 浙江大学.

齐严，2010. 商业模式创新研究［D］. 北京邮电大学.

钱志新，2008. 新商业模式［M］. 江苏：南京大学出版社.

商务部，2006. 中国电子商务报告（2004－2005）［R］. www. mofcom. gov. cn.

商务部，2019. 中国电子商务报告（2018）［R］. www. mofcom. gov. cn.

商务部，2018. 中国电子商务报告（2016－2018）［R］. www. mofcom. gov. cn.

宋璐，王东升，2017. 商业模式中的财务要素——基于商业模式表达方式的文献回顾［J］. 会计之友（01）：14－19.

孙时联，2003. 新经济的基本内涵［J］. 经济工作导刊（17）：21－23.

王国海，2015. 企业商业模式与财务特征研究［D］. 武汉大学.

威廉姆森. 2011. 市场与层级制［M］. 蔡晓月等，译. 上海：上海财经大学出版社有限公司.

威廉姆森. 2002. 资本主义经济制度［M］. 段毅才等，译. 北京：商务印书馆.

文豪，李洪月，2013. 中国的无形资产投资及其国际比较［J］. 宏观经济研究（12）：26－34.

邬贺铨，2017. 信息技术发展对经济转型的影响［J］. 领导科学论坛大讲坛（4）：41－58.

谢德仁，何贵华，黄亮华，2020. 新会计准则下我国会计信息价值相关性提升了吗?［J］. 投资研究（3）：35－69.

须德，1995. 信息高速公路计划及其对我国现代化的影响［J］. 铁路计算机应用（4）：7－9.

徐志新，2008. 新商业模式［M］. 江苏：南京大学出版社.

原磊，2008. 商业模式分类问题研究［J］. 中国软科学（05）：35－44.

原磊，2007. 商业模式体系重构［J］. 中国工业经济（06）：70－79.

张俊芳，郭永济，郭戎，2017. 我国知识密集型无形资产总量到底有多少？［J］. 科学学研究（3）：372－378.

张为国，2017. 其他综合收益、另类业绩指标和会计信息的相关性［R］. IFRS 系列讲座资料.

张为国，王文京，2019. 从帕乔利到正在发生中的深刻会计革命——纪念乔治·H. 索特的《会计理论的“事项”法》发表50周年［J］. 财务与会计（24）：1－8.

致同研究之IFRS网站［EB］. https：//www. grantthornton. cn/grantthorntonifrs/.

中关村互动营销实验室，2019. 2018中国互联网广告发展报告［R/OL］. www. imz－lab. com.

中国互联网协会，2019. 中国互联网发展报告2019［R］. www. isc. org. cn

中国互联网信息中心，2019. 中国互联网发展状况统计报告［R］. cnnic. com. cn/sjzs/SLAtj

中国人民大学劳动人事学院课题组，2019. 阿里巴巴零售平台就业机会测算与平台就业体系研究报告［R］. slhr. ruc. edu. cn

中国信息通信研究院，2019. 全球数字经济新图景（2019）［R/OL］. www. caic. ac. cn.

中国信息通信研究院，2019. 中国数字经济发展与就业白皮书（2019）［R/OL］. www. caic. ac. cn.

中国信息通信研究院，2020. 中国数字经济发展（2020）［R/OL］. www. caic. ac. cn.

朱曦，陈俊芳，许拯，2008. 沪深A股市场惯性效应与反转效应的比较分析［J］. 上海交通大学学报（11）：1788－1792.

ALCHIAN，DEMSETZ，1972. Production，information costs，and economic organization［J］. American economic review，62：777－795.

ALEXANDER C，1983. The new economy［J］. Time magazine，5：7－12.

AMIT R，ZOTT C，2001. Value creation in E－business［J］. Strategic management，22：493－520.

BELLMAN，CLARK，MALCOLM，et al.，1957. On the construction of a multi－stage，multi－person business game［J］. Operation research，5：469－503.

CHARLES BADEN－FULLER，STEFAN HAEFLIGER，2013. Business models and technological innovation［J］. Long range planning，6：419－426.

COASE，1937. The nature of the firm［J］. Economica，4：386－405.

CORRADO C A，HULTON C C，2010. How do you measure a “Technological Revolution”［J］. American economic review，5：99－104.

DRUCKER，PETER，1994. The theory of the business［J］. Harvard business review，72：95－104.

DUCKER P，1999. Management challenges for the 21st Century［M］. New York：Harper Collins US.

EFARG，2015. Getting a better framework：profit or loss versus OCI［EB］. www. efrag. org.

EFRAG，2013. Getting a better framework：the role of business model in financial reporting［EB］. www. efrag. org.

EFRAG，2013. The role of business model in financial statements［EB］. www. efrag. rog.

EFRAG，2015. Getting a better framework：profit or loss versus OCI［S］. Bulletin.

EFRAG，2013. Getting a better framework：the role of the business model in financial statements［S］. Bulletin.

EFRAG, 2013. The role of the business model in financial statements [S]. Research Paper.

FASB, 2011. SFAS 157: fair value measurement [EB]. www. fasb. org.

GOVINDARAJAN V, RAIGOPAL S, SRIVASTAVA A, 2018. Why we need to update financial reporting for the Digital Era [J]. Financial management, 6: 19 –27.

GOVINDARAJAN V, RAIGOPAL S, SRIVASTAVA P, 2018. Why financial statements don't work for digital companies [J]. Harvard business review, 2: 2 –8.

HASKET J, WESTLAKE S, 2018. Capitalism without capital: the rise of the intangible economy [M]. Princeton: Princeton University Press.

HENRY CHESBROUGH, 2009. Business model innovation: Opportunities and barriers [J]. Long range planning, 2: 354 –363.

HOLMSTRÖM, ROBERTS, 1998. The boundaries of the firm revisited [J]. Journal of economic perspectives, 12: 73 –94.

IASB, 2018. Conceptual framework for financial reporting [S]. www. ifrs. org.

IASB, 2001. IAS 39: financial instruments: recognition and measurement [S]. www. ifrs. org.

IASB, 2011. IFRS 13: fair value measurement [S]. www. ifrs. org.

IASB, 2009. IFRS 9: financial instruments [S]. www. ifrs. org.

IASB, 2013. Discussion Paper: a review of the conceptual framework for financial reporting [S]. www. ifrs. org.

IASB, 2015. Exposure Draft: conceptual framework for financial reporting [S]. www. ifrs. org.

ICAEW, 2010. Business models in accounting: the theory of firm and financial reporting [EB]. www. ifcew. com.

ICAEW, 2010. Business models in accounting [R]. www. icaew. com.

ICAEW, 2008. Measurement in financial service [R]. www. icaew. com.

IIRC, 2013. Integrated reporting [R]. http: //integratedreporting. org.

IITF, 1999. Intellectual property and the national information infrastructure [EB]. www. commerce. gov.

ITIF, 2017. The 2017 State new economy index [EB]. www. Itif. org.

ITIF, 2017. The 2017 State new economy index: benchmarking economic transformation in the states [R/OL]. www. itif. org.

JENSEN, MECKLING, 1976. Theory of the firm: managerial behavior, agency costs and ownership structure [J]. Journal of financial economics, 3: 305 –360.

JOHNSON, MARK, Christensen, et al., 2008. Reinventing your business model [J]. Harvard business review, 11: 50 –60.

JONES G M, 1960. Educators, electrons, and business models: a problem in synthesis [J]. Accounting review, 4: 619 –626.

JORGENSON D W, 2001. Information technology and the U. S. economy [J]. The America economic review, 91: 1 –32.

LANEY D, 2015. Why and how to measure the value of your information assets [R].

www. gartner. com.

LAUX, LEUZ, 2010. Did fair - value accounting contribute to the Financial Crisis? [J]. Journal of economic perspectives, 24: 93 - 118.

LEV B, GU F, 2006. The end of accounting and the path forward for investors and managers [M]. Wiley.

LEV B, ZAROWIN P, 1999. The boundaries of financial reporting and how to extend them [J]. Journal of accounting research, 37: 353 - 385.

LEV B, 2000. New accounting for the new economy [D]. Working paper, 3 - 11.

MAGRETTA, JOAN, 2002. Why business models matter [J]. Harvard business review, 80: 86 - 92.

MANDEL M, 1996. The triumph of the new economy: a powerful payoff from globalization and the Info Revolution [J]. Business week, 12: 1 - 8.

MAYERS S, 1977. The determinants of corporate borrowing [J]. Journal of financial economics, 5: 147 - 175.

MEEKS, SWANN, 2009. Accounting standards and the economics of standards [J]. Accounting and business research, 39: 191 - 210.

NICOLAI, FOSS, TINA, 2017. Fifteen years of research on business model innovation: how far have we come, and where we should go [J]. Journal of management, 43: 200 - 227.

NVCA, 2019. The 2019 yearbook [EB]. www. nvca. org.

OECD, 1996. The knowledge - based economy [EB]. www. oecd. org.

OU J, PENMAN S, 1989. Financial statement analysis and the prediction of stock returns [J]. Journal of accounting and economics, 11: 295 - 329.

OSTERWALDER, ALEXANDER, PIGNUE, et al., 2010. Business model generation [M]. Wiley.

OSTERWALDER A, PIGNEUR Y, TUCCI C L, 2005. Clarifying business models: origins, present, and future of the concept [J]. Communications of AIS, 16: 1 - 25.

Pankaj Ghemawat, José Luis Nueno, 2006. ZARA: fast fashion [M]. Harvard Business School Publishing.

PENMAN J OU S, 1989. Financial statement analysis and the prediction of stock returns [J]. Journal of accounting and economics, 11: 295 - 329.

HOLTHAUSEN R W, WATTS R L, 2001. The relevance of the value - relevance literature for financial accounting standard setting [J]. Journal of accounting and economics, 31: 77 - 104.

RAMON CASADESUS - MASANELL, JOAN ENRIC RICART, 2010. From strategy to business models and onto tactics [J]. Long range planning, 2: 195 - 215.

RIFKIN J, 2014. The zero marginal cost society: the internet of things, the collaborative commons, and the eclipse of capitalism [M]. St. Martin's Griffin Press.

ROBERTS, 2004. The modern firm [M]. Oxford University Press.

SABRINA SCHNEIDER, PATRIC SPIETH, 2013. Business model innovation: towards an integrated future research agenda [J]. International journal of innovation management, 17: 134 - 156.

SHY O, 2004. The Economics of Network Industries [M]. Cambridge University Press.

STEWARD, 1998. Intellectual capital [M]. Crown Business.

STEWART T A, 1998. Intellectual capital: the new wealth of organization [M]. Crown Business.

TEECE D J, 2010. Business models, business strategy and innovation [J]. Long range planning, 43: 172 - 194.

The Institute of Chartered Accountants of Scotland, 2012. Making corporate reports readable [R]. www. icas. com.

The International Integrated Reporting Council, 2013. The International Integrated Reporting framework [R]. www. integratedreporting. org.

TRIGEORGIS L, 1988. A conceptual options framework for capital budgeting [J]. Advances in futures and options research11: 145 - 167.

U. S Department of Commerce, 1998. Emerging digital economy [R]. www. commerce. gov.

U. S Department of Commerce, 2003. Digital economy [R]. www. commerce. gov.

UK Financial Reporting Council, 2010. The UK Corporate Governance Code [S]. www. frc. org. uk.

UN. 2019. Digital economy report 2019: value creation and capture: implication for developing countries [R]. www. unctad. org.

ZANINI M T, 2007. Trust within organization of the new economy: across - industrial study [M]. Deutscher Universitats - Verlag.

ZOTT C, AMIT R, Massa L, 2011. The business model: recent development and future research [J]. Journal of management, 27: 1019 - 1042.

ZOTT C, AMIT R, 2007. Business model design and the performance of entrepreneurial firms [J]. Organization science, 18: 181 - 199.

ZOTT C, AMIT R, 2009. Business model design: an activity system perspective [J]. Long range planning, 43: 216 - 226.